存真集
——纪念陆林先生

杨辉　王卓华　裴喆　张小芳　胡瑜 编

西南交通大学出版社
·成都·

图书在版编目（CIP）数据

存真集：纪念陆林先生 / 杨辉等编. —成都：西南交通大学出版社，2022.1
ISBN 978-7-5643-8562-0

Ⅰ. ①存… Ⅱ. ①杨… Ⅲ. ①陆林－纪念文集 Ⅳ. ①K825.76-53

中国版本图书馆 CIP 数据核字（2021）第 274520 号

Cunzhenji—Jinian Lulin Xiansheng

存真集——纪念陆林先生

杨 辉　王卓华　裴 喆　张小芳　胡 瑜　编

责 任 编 辑	居碧娟
助 理 编 辑	徐茂嘉
封 面 设 计	原谋书装
出 版 发 行	西南交通大学出版社 （四川省成都市金牛区二环路北一段 111 号 西南交通大学创新大厦 21 楼）
发行部电话	028-87600564　028-87600533
邮 政 编 码	610031
网　　　址	http://www.xnjdcbs.com
印　　　刷	四川煤田地质制图印刷厂
成 品 尺 寸	146 mm × 208 mm
印　　　张	16.5
字　　　数	396 千
版　　　次	2022 年 1 月第 1 版
印　　　次	2022 年 1 月第 1 次
书　　　号	ISBN 978-7-5643-8562-0
定　　　价	99.00 元

图书如有印装质量问题　本社负责退换
版权所有　盗版必究　举报电话：028-87600562

前　言

感谢陆林的学生们这几年来一直在筹划和收集有关陆林的纪念文章，编辑陆林的纪念文集。2019 年冬，玉林师范学院曾在举办"20 世纪以来古典文学文献整理的回顾与展望"高端论坛会议时，举办了陆林追思会。他的部分生前好友和学生，一起缅怀陆林几十年来对古典文学文献整理工作的贡献和严谨务实的治学态度。如今纪念他的文集《存真集》出版，又是一次对他的最好纪念。

陆林出生在书香世家，从小得到良好的教育，自幼就喜欢看书、记笔记。中学时期就已开始写小剧本、读后感；听他父亲说，家里书架上的书他都看了几遍，爱读书读到背都驼了，家里只好请武术老师每周来几次给他矫正锻炼，几个月后身体才得到恢复。上大学后，他从没有放松过对学术的追求，做学问做到了一种"入定"的状态，因为他始终沉浸在他的学问当中，以至于每到吃饭时，喊他三四次都不来吃，只有手头上的工作有个段落才会离开工作台。有时，夜里想到了白天没考虑到的文章内容，他便会立刻起来写。从最早的古典戏曲研究，到古文献研究，再到古代文学研究等，他的研究方向有了跨越性的发展，取得了丰硕成果。

对家庭，他充满了爱和责任心。我们家大大小小搬过四次，每一次家里的装修和购置都是他独自设计和参与一起做。女儿出生后，都是他带的，因为我每天要按时上下班，他是边带孩子边做研究，自己搞研究时，把女儿放在他工作台边上的板凳上，时而给她讲讲故事，时而教她认认画。他常说，好的教育，就是自己要给孩子做好的榜样，身教胜过言教，自女儿小时他就启发她学习的兴趣，引导她读各类书籍、做笔记，告诉她成才没秘诀，就是要下功夫，努力学习；上学以后女儿经常跟他讨论在学习中遇到的困惑和问题，他都不厌其烦地给她指导和启发，女儿陆洋继承了他认真而严谨的学术态度，对待研究一丝不苟。

陆林在生病期间,始终没有放弃他的学术研究和对学生的指导。刚做完第一次手术,我就劝他好好休息,外出疗养一段时间,他说,"我不能等死,你让我做我喜欢做的事,就不会去想生病的事了",所以他一直坚持做他喜欢的学术。在身体已感到非常疲惫的阶段,仍然坚持看学生送来的论文并给他们提出修改建议。陆林能跟病魔抗争十几年,不仅是医疗方面的帮助,同时也是来自各方面温暖的鼓励,来看他的朋友们的关心和学生的照顾,帮他缓解了病魔带来的痛苦,支撑着他将挚爱的学术研究进行到生命的结束。生病这十几年时间里,陆林先后出版、发表专著和论文近百部(篇)。今天大家在这里缅怀他的学术思想和学术精神,相信他在天之灵会感到非常欣慰。

陆林还有很多要研究课题和工作任务没做完,希望他的学生能替他完成,同时陆林的学术精神也希望学生们能发扬下去,期盼每一位学生都能成为国家的栋梁。

陆林生病期间，他的师长以及多位好友、同学、学生关心关怀，有的不远千里来南京来探望，有的电话、书信问候。陆林去世后，各方朋友撰文悼念，让我深受感动。借此追念之时，一并表达诚挚的谢意。

杨　辉
二〇二一年七月

目录

生平、哀挽

南京师范大学教授陆公墓志铭 …………………………… 3
讣　告 ……………………………………………………… 5
陆林先生生平 ……………………………………………… 6
哀挽录 ……………………………………………………… 10

纪念与回忆

想念陆林，为了净化我的心灵 ………………… 宁宗一　31
戏曲原是君家事，文坛痛失真学人 …………… 赵山林　42
无愧77级学人
　　——悼陆林 ………………………………… 沈时凯　46
忆陆林 …………………………………………… 项纯文　51
春暖花开送陆林 ………………………………… 石钟扬　58
陆林与安徽古籍整理 …………………………… 诸伟奇　68
勤勉、坚毅的学者 ……………………………… 邬国平　74
祭陆林文 ………………………………………… 卜　键　79
为了纯粹的学术
　　——追思陆林先生 ………………………… 罗时进　83
赤子情怀　学者风范
　　——与陆林交往琐记 ……………………… 李剑军　86

一个把学问看得比生命还重的人
　　——怀念陆林教授……………………………傅承洲　97
著作永生
　　——对陆林兄的追怀……………………………蒋寅　100
新知故友圣叹缘
　　——忆陆林教授…………………………………张小钢　106
江东有才俊，清逸学林称
　　——读《耄年集：陆林文史杂稿三编》
　　　　兼怀陆林教授……………………………倪培翔　110
才名千古不埋沦
　　——纪念陆林教授………………………………冯保善　115
在学术世界中永生！
　　——悼古代文学研究著名学者陆林先生………蒋永华　119
真性情　真朋友
　　——回忆陆林先生………………………………张廷银　130
同舟风雨十余载　踽踽独行忆故人
　　——怀念陆林先生………………………………孙书磊　134
崚嶒傲骨在，日月自光华
　　——回忆和陆林老师交往的点滴………………许伯卿　139
沉痛悼念南师大陆林老师……………………………纪永贵　147
陆林先生的意义………………………………………刘水云　150
我与陆林先生相交二三事……………………………徐永斌　156
怀念陆林先生…………………………………………曹辛华　160
陆林老师二三事………………………………………刘立志　166
摩诘在床仍论义
　　——怀念陆林老师………………………………葛云波　169

红梅散尽时，您走了
　　——缅怀陆林老师 ················· 柏红秀　179
学海之灯
　　——怀念陆林先生兼记与先生的交往 ······ 邓晓东　190
七月流火
　　——忆陆林老师 ···················· 任荣　199
金陵一晤慰平生
　　——悼念陆林先生 ················· 孙甲智　204
陆老师给我沉静的力量 ················· 孙甲智　209
祭先师陆公文 ······················· 王卓华　214
一甲子高标范后学
　　——记先师陆林先生 ··············· 侯荣川　216
学高身正　垂范学林
　　——忆恩师陆林先生 ··············· 张岚岚　221
秋雨初霁寄怀思
　　——追忆恩师陆林先生 ················ 梁帅　225
回忆陆林师 ························· 路露　231
回忆恩师 ························· 潘伟娜　237
怀念陆林师 ······················· 韩郁涛　239
吊陆林兄 ··························· 张强　244
哭陆林教授 ························· 曹红军　245
金陵别陆林 ··························· 鲍恒　246
悼陆林
　　——步鲍恒《金陵别陆林》韵 ·········· 黄克咸　247
读鲍恒、克咸君《悼陆林》有感 ············ 过仕刚　248

三月九日薄暮得陆林兄讣，晚乘高铁赴宁道中悲吟，
　　心绪错乱，难计格律也……………………朱万曙　249
哭陆林师……………………………………刘于锋　250
声声慢………………………………………曹辛华　252
秋雨中的栾树
　　——悼陆林……………………………龚刚　253

著作评论

新学院派批评与戏剧学的建构
　　——陆林著《元代戏剧学研究》序………宁宗一　257
学术规范与文献意识
　　——谈《元代戏剧学研究》的著述特色……许伯卿　266
廓清戏剧史的迷雾
　　——评陆林《元代戏剧学研究》…………陈碧波　271
文学文献学的一部力作……………………王华宝　274
四美具，二难并
　　——评陆林先生《知非集》………………刘立志　276
知非矻矻廿余载，珠玉聚集映学林
　　——读陆林《知非集》有感………………葛云波　283
广搜博考　融会贯通
　　——读陆林先生《知非集：元明清文学文献论稿》…裴喆　292
精雕细琢，嘉惠学林
　　——《金圣叹全集》简评…………………苗怀明　299
整理工作本身也是研究工作
　　——陆林教授辑校整理的《金圣叹全集》评述……张小芳　303

作家史实研究的硬功夫
　　——评陆林《金圣叹史实研究》………………邬国平　311
灵眼觑见　灵手捉住
　　——陆林的金圣叹扶乩降神研究三议…………卜键　327
一部体大思精的学术力作
　　——读《金圣叹史实研究》……………………冯保善　334
功深熔琢，纯青而出
　　——读陆林《金圣叹史实研究》………………葛娟　340
论明清文学史实研究的"自足"之境
　　——以陆林教授的新著《金圣叹史实研究》为例……张小芳　352
通达有识　发覆表微
　　——读陆林先生《金圣叹史实研究》…………解玉峰　376
史实研究的范式
　　——读陆林先生《金圣叹史实研究》……………韩石　387

陆林先生学术年谱

谱　文……………………………………………张小芳　401
附录　陆林先生科研成果目录……………………………497

后　记

生平、哀挽

南京师范大学教授陆公墓志铭

公讳林,安徽望江人。公元一九七七年冬考入安徽大学中文系,德业兼修,秀出兰丛。学业既成,精进无已,复于南开大学中文系攻读硕士学位。三年磨砺,终成翘楚,遂就职于南京师范大学古文献研究所。历任南京师范大学文学院教授、博士生导师,《南京师大学报》社科版副主编。

公为剧作名家陆洪非、林青两先生哲嗣,幼承庭训,敏而好学,长而弘毅,立德立言。以元明清文学与文献为志业,所著有《元代戏剧学研究》《知非集》《求是集》《曲论与曲史》《耆年集》等,合著《元杂剧研究概述》《明代戏剧研究概述》《清人别集总目》,主编《清代笔记小说类编》《笔记小说名著精刊》等。其学淹博,文史通贯,释证融会,探赜阐微,朴实精严。晚年虽为二竖所困,犹焚膏继晷,尽萃精力于金圣叹史实文献研究,辑校《金圣叹全集》,撰著《金圣叹史实研究》,以为明清文学史实研究示轨则,树范式。

公性耿介,清贞绝俗。生平以学术为性命,脱心志于俗谛,唯真理是求,故其论学,守正出新,高山景行。作育英才,善诱能教,弟子辈皆能风从影随,各自树立。

夫人杨辉,琴瑟相庄。自公遘疾,十余年护持如一,公之著述不辍,夫人之功至伟矣。女一:陆洋,蕙性凤成,苕华绝出,丹山清声,公所属望也。

公以公元一九五七年十二月二十五日生于合肥,二〇一六年三月九日逝于南京,享年六十。是岁八月十四日,葬公于雨花台功德园。乃镌泉石,以存懿范。其辞曰:

> 伟哉陆公,渊岳德名。
> 光风霁月,玉振金声。
> 滋兰树蕙,咀华含英。
> 明文清史,策鳌掣鲸。
> 韶光熠耀,流芳氤氲。
> 如何昊天,竟丧斯文。
> 葬公九原,松风日曛。
> 紫霄青霭,纷其迎君。

讣 告

古代文学研究著名学者，《南京师大学报（社会科学版）》副主编，南京师范大学研究员、博士生导师陆林先生因病医治无效，于2016年3月9日16时15分在江苏省人民医院不幸逝世，享年60岁。

陆林先生1957年12月生于安徽省合肥市，汉族，籍贯安徽望江，中共党员。1982年元月毕业于安徽大学中文系，获文学学士学位。1987年6月毕业于南开大学，获文学硕士学位。1987年至1999年在南京师范大学古文献研究所进行文学文献整理与研究，1999年至今在学报编辑部从事文史编辑工作，并担任文学院元明清文学和戏剧戏曲学硕士生导师，文献学和戏剧戏曲学博士生导师，戏剧戏曲学二级学科博士点带头人。陆林先生是全国古代戏曲学会理事，江苏省明清小说研究会副会长。他为人师表，治学严谨，研究成果丰硕，在学界享有盛誉。陆林先生的逝世是我国学术界及学校的重大损失，先生风范与著作长留人间，沾溉学林。

按照陆林先生的遗愿，丧仪一切从简。兹定于三月十一日上午8时在南京市殡仪馆福安厅举行遗体告别仪式。参加者请于十一日上午前往，随园校区早晨6:50在停车场集体乘车，仙林校区早晨7:00在三号门内乘车。

谨此讣闻。

陆林先生治丧委员会
二〇一六年三月十日

陆林先生生平

陆林先生治丧委员会

今天，我们怀着沉痛的心情，在此送别陆林先生。

陆林先生因病医治无效，于 2016 年 3 月 9 日 16 时 15 分与世长辞，享年 60 岁。

陆林先生生前为《南京师大学报（社会科学版）》副主编、文学院教授、博士生导师，是享誉全国的古代文学研究学者。

陆林先生 1957 年 12 月生于安徽省合肥市，1977 年作为恢复高考后第一届大学生考入安徽大学中文系，1982 年 1 月毕业，获文学学士学位。1987 年 6 月毕业于南开大学，获文学硕士学位。1987 年至 1999 年，在南京师范大学古文献研究所进行文学文献整理与研究，1999 年至今在学报编辑部从事文史编辑工作，同时担任南京师范大学文学院硕士生、博士生导师，戏剧戏曲学博士点带头人，并任全国古代戏曲学会理事、江苏省明清小说研究会副会长。

陆林先生精于中国古代文学研究，在古典戏曲理论和文献研究、明清文学史实和实证研究、明清文言小说整理研究等方面，都做出了巨大贡献。1999 年出版学术专著《元代戏剧学研究》，至今仍是元代戏剧思想研究领域中为同行反复引述、无法被超越的杰构。这一时期，他还进行了十多部明清小说戏曲诗文作品的整理，合作编撰《清人别集总目》。2006年，陆林先生将其元明清文学与文献研究的系列论文辑为《知非集》，此后，又陆续集合了《求是集》《曲论与曲史》等论文集。

进入新世纪以来，陆林先生的主要精力，用于从事金圣叹史实研究，整理辑校了《金圣叹全集》；先后撰写专题论文40余篇。2015年由人民文学出版社出版的《金圣叹史实研究》一书，更是先生多年学术积累而成，全书71万字。该书入选"国家哲学社会科学成果文库"，体现了学术界对此一研究成果的高度认可。

陆林先生曾主持过多项国家社科基金、教育部人文社科基金、江苏省社科基金项目，以及"国家'八五'重点规划图书""中国古籍整理出版'九五'重点规划"等项目，著作多次获得江苏省哲学社会科学优秀成果奖。在身患重症、与病魔搏斗的同时，还继续进行"金圣叹年谱长编""金圣叹学术史编年""金圣叹事迹、影响编年考订"的研究。同时，还参与了《全清戏曲》的整理编纂，完成了论文集《耆年集——陆林文史杂稿三编》的集合，合作完成了《慎墨堂诗话》《梅鼎祚戏曲集》的编校整理工作。

在研究过程中，陆林先生运用多重史料，通过考订人物生平事迹，来揭示研究对象的精神生活状态。这种独特的研究旨趣与学术追求，十多年前已经引起学界的注意。他的《金圣叹史实研究》，被学界同仁评价为"是一部代表迄今金圣叹史实研究方面最高水平的著作"，是"为金圣叹建立了一宗翔实可靠的档案"。这凝结着陆林先生的学术理念、治学方法和人格精神的鸿篇巨制，在具体研究方法方面，构建了由家谱、方志、地方科举史料和郡邑乡镇诗文总集组合成的文献系统，将传统的文献研究法推向了科学、专业、有效的高度，另一方面采用了以史实研究"复现"人物心史和人文生态的研究思路，将文献考证从以往的史料排比，转变成了真正有意味、有活气、有人文担当的史实研究。陆林先生曾经说过，史实文献研究应该是一门具有强烈独立性、需要专攻的术业，而不是仅仅作为文学研究的基础与附庸。因此，他立意要在明清文学史实研究领域，写出一部无论在人文深度还是在研究方法方面，都可以成为学科范式的著作。这一心愿，不仅是一位学者名山事业心的表现，更是对学术之道的千秋担当。正是这一点，使他能够枯坐冷板凳，二十年成一书；正是这一点，使他能够在人生的最后几年里，以常人难以想象的坚忍，克服病痛的折磨，坚持著述。

作为学报的副主编，陆林先生勤勤恳恳，任劳任怨，他是学报社科版编辑团队的核心成员与学术骨干，先后协助五任常务副主编、四任主编开展工作，他为《南京师大学报（社会科学版）》从普通学术期刊成为全国中文核心期刊、中国人文社会科学核心期刊、中文社会科学引文数据库（CSSCI）来源期刊乃至国家教育部名刊工程入选期刊，做出了突出的不可磨灭的学术贡献，赢得了学界的尊重与口碑。他的英名必将伴随着学报而载入史册。

在学科建设方面，陆林先生主持了我校戏剧戏曲学博士点的建设，为戏剧与影视学成功申报一级学科博士点、江苏省重点学科做出了突出贡献，为戏剧戏曲学博士点、硕士点的长远发展积极规划，身体力行，为该学科赢得了良好的声誉。在学生教育方面，他培养了一届又一届优秀的博、硕士，并始终用他宽厚刚直的人格精神，严谨务实的治学态度，细致温和的关爱之心，引导激励学生，让每一位学生都能够学有所成，感受到"师门如家"的温暖和凝聚力。

陆林先生一生倾心学术研究，热爱教育事业，淡泊名利，无私奉献，为中国古代文学的研究工作，为我校教学与科研做出了重大贡献。其渊博的学识和高尚的人品，深受广大师生与学界同人的尊敬和爱戴。

陆林先生与我们永别了！从此，我们失去了一位德高望重的师长，失去了一位温良厚善的朋友。陆林先生的离世，是古代文学研究界的损失，更是南京师范大学的损失！陆林先生的风范与著作将长留人间，沾溉学林！

陆林先生千古！

哀挽录

惊悉陆林教授仙逝，我们万分悲痛！谨致深切哀悼，并向陆林教授的亲属致以最亲切的慰问。

陆林教授长期担任学术出版编辑，为人作嫁。同时，刻苦治学，严谨求实，功力深厚，是我国当代著名的古文学研究专家，在古代小说戏曲研究、金圣叹研究等领域取得了卓越的成就，享誉学界。陆林教授英年早逝，是我国古代文学研究界的重大损失！

陆林教授本科毕业于我院，是我院杰出系友，长期以来热情关怀、大力支持安徽大学文学院的建设、发展。陆林教授是我们文学院永远的骄傲！

著述永传，哲人其萎，西山钟鼓奏哀曲；斯文长在，懿范犹存，淝水碧波寄悲思！

陆林教授千古！

安徽大学文学院
二〇一六年三月九日

尊敬的陆林老师家属：

惊闻陆林教授去世，深感惋惜。陆林教授致力于中国戏曲小说研究，学风严谨，成果卓著。他的去世，是学术界的巨大损失。他的治学精神，将激励后人不断学术出新；他与疾病的抗争精神，也将垂范后人！敬请家属节哀顺变！

陆林教授千古！

东南大学人文学院
东南大学中文系

南京师范大学陆林教授治丧委员会：

惊悉陆林教授辞世，不胜哀痛，恳请向其家人转达我们的伤悲与慰问之情。

陆林教授多年来潜心于中国古代文学与中国古典文献学研究，创获甚多，于明清文学与戏曲史领域已自成一家，对其坚实之功力、新睿之识见，学界向有佳评，亦当永存于学术史中而得不朽。陆先生近十年来，身染沉疾，心力坚定，孜孜不倦，迭出杰著，在与生命的竞跑中创造了学术的辉煌，谱写了一个学者的生命华章，其于学术执着之精神、坚韧之意志当为学人楷模。陆先生与本系同仁多有交往，亦曾多次参与本系各类学术活动，对其精湛的学术发表，记忆犹新。故友一逝，吾辈痛心，英才殒落，学界伤悼，我们永远怀念这位卓越的学者。

陆林先生千古。

复旦大学中文系
二〇一六年三月九日

南京师范大学陆林教授治丧委员会：

惊悉陆林教授不幸病逝，敝所全体同仁深感哀痛。先生生前潜心学术，长期致力于古典戏曲、小说和清代文学文献研究，尤其在金圣叹研究方面呕心沥血，成就卓著。又以刚正品德、严谨学风垂范后学，为学界培养了众多青年隽才。他的离世不仅使我们失去了一位良师益友，也是学界的重大损失。谨致悼唁，并祈请陆林先生家属节哀顺变。

复旦大学古籍整理研究所

  惊闻陆林教授辞世，我等万分悲痛。谨向陆林教授表示沉痛哀悼，向其家属表示亲切慰问。陆林教授传道授业，春风化雨，实为教师楷模；编辑学报，提携后辈，是为编辑榜样；问学论道，精益求精，堪称学术标杆。感谢陆老师对我社古籍出版的指导，我们将铭记于心。

  陆林教授千古！

国家图书馆出版社

陆林先生治丧委员会并转家属：

  惊闻享誉海内外的著名学者、古籍整理出版领域令人尊敬的专家陆林先生辞世，不胜悲痛与惋惜。

  先生一生致力于古籍整理出版事业，学识渊博，为人宽厚诚挚，谦和近人。先生的离去是海内外学术界和出版界的绝大损失，先生的遗泽永将嘉惠学林，长存人心。

  请转达黄山书社全体同仁的惋悼之意，并向先生家属表示慰问之心，并望节哀顺变。

  先生千古！

黄山书社
二〇一六年三月十日

南京师范大学陆林教授治丧委员会：

惊悉陆林先生仙逝，深感悲痛。兹谨致深切哀悼，并祈请陆林先生家属节哀保重！

陆林先生治学严谨，多年潜心中国古代文学与中国古典文献学领域，创获甚多，于明清文学及戏曲史研究自成一家，新见迭出，学界多有佳评。陆林先生才学识超群绝伦，文史哲融会贯通，其逝世是学术界的巨大损失。

陆林先生千古！

兰州大学文学院
中国古代文学与古典文献学研究所

惊悉陆林教授仙逝，非常悲痛。陆林教授治学严谨，功力深厚，成果丰硕，他的去世是学术界的重大损失。其与病魔斗争的精神令人敬佩。

南京大学文学院

陆林先生治丧委员会：

惊闻陆林先生仙去，《社会科学战线》编辑部全体同仁不胜悲痛！陆林先生作为中国文学研究领域的著名学者，取得了卓越的成就，多年来赐下多篇力作支持我刊，先生的仙去，不仅使我刊失去了一位杰出的作者，更是学界的重大损失。兹致上我们的深切哀悼，并祈请先生家人节哀！

陆林先生千古！

《社会科学战线》编辑部

惊悉陆林先生驾鹤西归，不胜悲悼！陆先生是中国古典戏曲研究的著名专家，在与病魔抗争的岁月里仍然以常人难有的坚强毅力完成了大部《金圣叹全集》的点校整理,陆先生在古典文学领域研究功绩至伟,陆先生的早逝是学术界的一大损失!他的为人做事的高贵品质值得我们永远学习和传承。陆先生安息吧!希望家属节哀顺变!
苏州大学中国古代文学学科

陆林先生治丧委员会并转陆林先生家属:

惊悉陆林先生仙逝,《文学遗产》编辑部全体同仁深感悲痛。兹谨致深切哀悼,并祈请陆林先生家属节哀保重!

陆林先生是我们刊物的老作者和老朋友,治学严谨,为人刚方,是中国文学研究领域的著名学者,学术成就得到学界公认。陆林先生的逝世是本刊和学术界的巨大损失。

陆林先生千古!
《文学遗产》编辑部
二〇一六年三月十日

惊悉著名古典文学研究专家、著名编辑家陆林先生病逝,我们不胜悲痛,谨向你们致以沉痛哀悼,并通过你们向陆林先生的亲属致以诚挚的慰问!

陆林先生毕生致力于我国的文化出版、教育、学术事业,学风朴实,治学严谨。陆先生在中国古典文学研究,尤其在明清文学研究领域,成果斐然,影响甚巨。作为敝刊的重要作者,陆先生在《文史哲》杂志上发表的多篇高质量学术论文,在学术界产生了重大而深远的影响。陆先生的逝世,是我国学术界、出版界的巨大损失,也是《文史哲》杂志的重大损失!先生虽逝,风范永存。陆林先生永垂不朽!
《文史哲》编辑部

南京师范大学陆林先生治丧委员会：

惊悉陆林先生不幸病逝，敝所同仁深感悲痛，不胜哀悼！陆先生与敝所两代学者都有学术往来，情意拳拳。已故著名学者徐朔方先生生前称陆林先生是他治学路上"真正的同行"，颇多赞许；敝所的一些中青年教师蒙其厚爱，时得大作惠赐。不意天妒英才，在陆先生年富力强之时夺其生命，岂不痛哉！

陆林先生治学严谨，成果丰硕，其为人和为学在学界都享有盛誉。尤其在身患重病的情况下，陆林先生依然完成了《金圣叹全集》《金圣叹史实研究》等高质量的学术成果，其精神令人可感可敬！他的逝世，是南京师范大学的重大损失，也是我国古代文学研究界的重大损失。

请向陆林先生的家属转达我们的深切问候，并请节哀。

浙江大学中国古代文学与文化研究所
二〇一六年三月十日

惊悉陆林先生仙逝，我们深感悲痛！

陆林先生一生致力于明清戏曲以及金圣叹的研究，注重理论与文献、史实与实证相结合的研究方法，给学术界贡献了很多重要著作。可惜天不假年，留下太多遗憾。陆林先生是中华书局的重要作者，与书局交往多年，情深谊厚。谨代表书局同人对陆林先生的不幸逝世，表示沉痛的哀悼，并恳望家属节哀！

中华书局

惊悉陆林教授不幸逝世，深感悲痛。陆先生为人耿直，治学严谨。在中国古代戏曲小说领域做出重要成就，对本学科建设和发展给予了大力支持。对陆先生的逝世表示深切哀悼,并望亲属节哀。陆林教授千古!

中央民族大学中国古代文学学科

得知陆林老师不幸逝世,十分悲痛!陆林老师一直以乐观的心态与病魔抗争!他为人为学令人敬仰!

南京师范大学法学院蔡道通

甚是震惊悲痛!虽与陆老师未谋一面,然其人品学问,晚生早有所闻。老师精神和著述足以传世。杨师母节哀顺变,多多保重!

陈斐

南京师范大学陆林教授治丧委员会:

惊悉陆林先生不幸病逝,曷胜哀痛!先生品行淳厚,志致高迈,勤勉治学,尤于古典戏曲、小说及清代诗文研究建树良多,道德学术堪为吾辈楷模。斯人虽逝,风范长存。谨致哀悼,并向其家属转达慰问之意,尚祈节哀顺变,善自珍摄。

陈广宏　郑利华

南京师范大学文学院:

惊悉陆林教授去世,噩耗传来,深感震悼。陆林教授一生奉献学术,兢兢业业,对元明清文学文献学尤其是小说戏曲文献造诣精深,论著多种,皆立足于实证研究,无一字空言,嘉惠学林。其病中完成的《金圣叹史实研究》更以厚实专精、攻坚克难,称誉于同道。不意苍天不仁,遽夺学人。谨此代表南京大学古典文献研究所同仁,表达深切哀悼,并乞转请陆林教授家属节哀,保重身体。

程章灿

陆林先生治丧委员会并转陆林家属:

  惊闻陆林先生不幸辞世,哀恸万分!先生致力于戏曲理论与明清文学研究,精研学理,考辨详实;于明清文人与金圣叹研究用力深著,成果累累;于小说笔记文献校理,搜求实证,廓清疑伪。先生性情平易深挚,笃实敦朴;先生学问楷模学林,励耘后学。去年十月先生亲临戏曲会议,提交学术史反思长文,同仁感佩不已,未曾想南京一别竟成永诀!先生驾鹤西去,痛思萦怀;再阅《求是》一集,音容宛在。惟愿先生在天之灵安息!

  陆林先生千古!

四川大学　丁淑梅

  惊悉陆林先生溘然辞世,不胜悲悼!先生人品道德,自有高格;学问文章,建树良多。素为学者所敬重,亦当流芳后世而不朽!愿先生安息。

杜贵晨　敬挽
二〇一六年三月十日于济南

  陆先生风范与著作长留人间,沾溉学林。一位纯真的学者去了,学术界会永远怀念他。请转达我深切的哀悼!

南开大学　查洪德

惊悉噩耗，陆林教授的逝世是学界的重大损失，对陆先生的逝世表示深切哀悼，并望亲属节哀。

傅承洲

惊悉陆林兄不幸病逝，我甚为悲痛！敬请家人节哀！

高峰

悲闻陆林先生不幸英年早逝，万分悲伤！愿先生一路走好！

陕西师范大学文学院　高益荣

惊悉陆林兄病逝，深感震惊与哀痛！多么扎实而有成就的学者！谨此向陆林兄家属致以深切的悼念！

中华书局　顾青

惊悉陆林老师遽归道山，哀痛非常。陆老师音容笑貌犹在眼前耳际，一夕之间却已天人永隔。先生之义，高风亮节，先生之风，山高水长。愿陆老师一路走好，家人节哀保重。

安徽大学郝敬、合肥工业大学张莉敬挽

惊悉陆林先生逝世，无比哀痛。

从当年编写《文言小说鉴赏辞典》结识陆先生起，陆先生对在下有许多帮助，对文学院有重大贡献，我们中心永志，向他致敬。

陆先生是君子，好人。永远怀念他。陆先生的学术成就永存。

陆先生千古。

何永康　拜呈

惊闻陆林先生仙逝，不胜哀悼之至。陆先生为人勤勉质朴，学术精深恳切，真是师之楷模者！他之去世，真学界之大损失，朋辈之大悲哀。因身在外地，无法亲临送别陆先生，谨此以表深切悼念之情。也望亲人节哀，多多保重身体。

暨南大学贺仲明　敬悼

闻噩耗，心痛。沉痛悼念陆林老师！

闽南师范大学胡明贵　敬挽

得知陆林兄病逝消息，何其痛哉！陆林与我大学四年同窗同室，数十年情同手足！陆林兄学术人品，我每引为自豪。多年来他与病魔抗争，还笔耕不已，成果斐然，为学林称誉。失此挚友，我情何堪！唯愿节哀珍重！愿陆林兄安息！因参加北京两会，不能前往送别，还乞谅宥。

黄德宽
三月九日于北京

惊悉陆林老师不幸辞世，万分悲痛。先生学问精湛，造诣深厚，为人厚道，谦和儒雅，令吾等敬重。先生之风，山高水长；英年早逝，实乃学界之巨大损失。逝者长已矣，生者如斯夫，敬请节哀顺变，保重身体。因公务缠身，无法赴宁吊唁，深感遗憾。

扬州大学　蒋鸿青

南京师范大学文学院：

惊闻陆林先生病逝，不胜意外，不胜哀痛！

陆林先生是研究古典戏剧和清代文献的杰出学者，也是我的挚友,他英年早逝,是学界的重大损失,也让我们失去一位同声同气的道义之交!我正在香港访问,不及赶回去送别,谨致最诚挚的哀悼,并请向陆林先生的眷属转达我的慰问。

愿陆林先生在天之灵安息!

中国社会科学院文学研究所蒋寅　鞠躬

沉痛悼念敬爱的陆林老师不幸逝世。他的学问人品和功德永垂不朽!

后学李朝军　敬挽

陆林先生治丧委员会并转陆林先生亲眷苫次:

惊悉陆林先生魂归道山,曲界学人莫不为之扼腕痛惜。先生幼承庭训,壮游上庠,自栖金陵学府以来,含英咀华,专研日进。虽罹病十载,一念耿光,犹熠熠不昧,但求是而知非,慨然而自任,一时著作辈出,后生学子,沾溉者众。余自拜诵《知非》一集以来,慕其人其志,飞鸿请教者数。噫!斯人已杳,后生失仰,识者同悲。专此。

敬祈

节哀!

华东师范大学中文系　李舜华（复庵）
二〇一六年三月十一日敬挽于沪上

陆林老师逝世,我很难过。我与陆老师未曾谋面,但他的正直、勤奋和学术建树,近些年我有了了解,深为敬佩。陆老师还帮助过我。我心里记着这份情!

上海大学　梁临川

陆林先生治丧委员会：

惊闻陆林先生不幸逝世，万分哀痛。陆先生是我们这一辈学者中勤奋扎实，堪称一代翘楚，在文献学和文学研究领域都卓有建树，辨难解惑，嘉惠学林。其人虚怀谦冲，友朋交相赞誉。十年与病魔抗争，意志感人。陆林先生著述不朽，陆林先生千古！

苏州大学罗时进　哀吊
二〇一六年三月九日晚

对陆林离世深感悲痛，对家人谨表深切慰问，请节哀顺变！

南开大学孟昭连　敬上

陆老师千古！我国传统文化研究领域的莫大损失！陆师母和其他亲人节哀！

晚学浙江潘承玉　恸奉

尊敬的陆林老师家属：

惊闻陆林老师去世，深感惋惜。陆林老师执著于中国戏曲小说研究，学风严谨踏实，他提掖后学，关心友朋，达观开朗，锐意进取，为一代学人之楷模。

早在南师读书期间，因在图书馆借阅《青楼集笺注》而结识陆老师，后断续交流不辍；在江苏小说会，三五同仁聚会更为频繁，切磋学术，明辨事实，陆老师书生意气，教授风范，影响无数学人！

他的去世，是学术界的巨大损失。他的治学精神，将启示和激励后人；他与疾病的抗争精神，也会鼓舞世人，大雪压松，青松益直！

先生知此意，化作一青烟。遥寄不尽哀思！

陆林教授千古！

东南大学人文学院　乔光辉
二〇一六年三月十日

惊闻陆先生不幸逝世，内心极为悲痛，又一位学界名宿离我们而去，是学界的不幸。我在甘肃兰州遥祝先生在天之灵安息，也希望家人节哀顺变。

冉耀斌

陆老师是我院杰出系友，也是我的好兄长，他因病去世，我非常悲痛！

安徽大学　吴怀东

早上打开计算机，接到这消息，实在难过，眼泪不禁掉下。他是在那不能忍受的痛苦中坚持平和的心情走的吧？我心里酸酸的，说不出话来，先向陆老师的遗族表示哀悼之意！去年秋季能见一面，我又高兴又难过的记忆还很清晰。可惜在中国戏剧界又陨落了一颗星！

吴秀卿　哀悼

惊闻陆林老师不幸辞世，本人因公务出差正在外地，不克亲往吊唁送别，谨此致以深切哀悼，并请陆老师家人节哀顺变！相信陆林老师坚持不懈孜孜以求的治学精神一定会留芳后世！愿陆林老师一路走好！

省社科联　吴颖文

惊闻陆林先生逝世,悲痛之至。先生于金圣叹生平史实与清文学史料研究呕心沥血,成果卓著,学界同行无不景仰。斯人虽逝,馨德永驻。幸节哀顺变!明晨谨赴随园校区参加告别仪式。

南大中国思想家研究中心吴正岚　敬上

编辑部诸先生同鉴:

前日惊悉陆林先生逝世,不胜悲痛!余有幸拜识陆先生近二十年,多年往还,于陆先生学术之高境界亦有感知,惜天不假其年!今日贵学报所主办之告别仪式,一切周当,出席者甚众,先生实至名归,亦令人稍慰。

南京大学解玉峰　顿首

陆老师的逝世让我十分震惊,请陆老师的家人节哀顺变,善自珍摄。

海南师范大学　徐仲佳

陆老师逝世,深感悲痛,深表惋惜,为老友痛,为学术惜。我出差在外,下周才能返宁,故不能参加追思告别,怀思铭心。

南京大学许结

隽超多年来,一直受陆老师提携关爱,闻此噩耗,五内俱焚,悲从中来!陆老师虽未得上寿,然著作宏富,影响深远,大名已足不朽!隽超身在哈尔滨,虽无法为陆老师送行,届时亦将请同道代奉一炷心香!请杨老师及女公子节哀!

黑龙江大学　许隽超

高风嘉学，音容宛在，陆林老师千古！

薛勤　哀吊

惊闻陆林先生去世，深感痛心。陆先生在中国古典戏曲研究、文献研究等领域方面取得了显著成就，尤其是在金圣叹研究方面做出了重大贡献。我们失去了一位好朋友。对陆老师的去世表示哀悼，对陆先生的亲人表示慰问！陆先生千古！

陕西师大文学院　张新科
二〇一六年三月九日

陆林兄是我多年的好朋友，一直保持联系，去年国庆节期间还曾到医院看望他。对他的逝世，我倍感哀痛！

张廷银

先生曾给晚生许多鼓励与肯定，更给晚生提出过中肯的建议。晚生铭感于心，亦将勉力以行，不负先生之赐教。愿先生安息，家人节哀。

国图张燕婴　上

惊悉挚友、著名学者陆林教授不幸逝世，震悼痛惜！陆林教授诚朴磊落的人品，深厚扎实的文献功底，独辟蹊径的研究成果，在学界有口皆碑。愿陆林兄一路走好！并向陆林兄家人表示诚挚的问候！

张仲谋

惊闻陆林先生病逝，不甚悲痛！请家人节哀顺变！

北大哲学系章启群　敬启

请节哀顺变。陆林的学问将垂之不朽。

赵生群

陆老师一路走好！永远记得您对我的关心和教诲。届时前去送别。请杨老师节哀，保重身体。

赵天为　泣别

惊悉著名学者陆林教授仙逝，不胜悲慨。余与先生相交数十年，同任江苏省明清小说研究会副会长多年，深知先生学养深厚，治学谨严，培桃育李，泽被四方。然月沉星坠，兰摧玉折，事业未竟，哲人先萎，曷其悲哉！先生深谙乾嘉学术之精髓，出经入史，文心缜密，《元代戏剧学研究》《知非集》《求是集》《金圣叹史实研究》诸杰构，探赜索隐，钩沉致远，求真求实，享誉学林。先生的逝世，实乃南京师范大学、江苏省明清小说研究会乃至全国古代文学研究界的一大损失！陆林先生病重期间仍矢志向学、孜孜以求，踵武前贤，垂范后学，其精神长留天地！

陆林先生千古！

赵兴勤
二〇一六年三月十一日

陆林是一位优秀的学者，我的好同学，好兄弟。请杨辉节哀顺变，保重身体。

周维培

沉痛哀悼陆林先生！痛惜一位真学者、真君子遽然离去！惭愧不能去送陆先生最后一程，愿先生一路走好、永得安息！向陆夫人及家人表示深切慰问，请多多保重！

华南师范大学　左鹏军于广州

惊悉陆先生遽逝，曷胜悲悼。先生奋身学术，忧乐以系，生命是殉。为学旁通经史，尤精子集。考校同异，商榷古今。功深镕琢，卓然大家。不才学浅望卑，穷蠛海陬，沈废淹滞，放旷无聊。蒙先生不弃，数度赐书勉励。殷勤眷顾，振起顽懦。今者哲人云逝，遗言在耳，遗文在几。追念凤昔，不能自已。复撰一联以挽先生曰：

玉树凋零，念兹情兹义，长忆音容悲永夜

文星陨堕，感斯人斯世，遥知风雨黯秣陵

后学刘水云　敬挽

陆林教授千古

青灯不灭已著众书播众口

绛帐遽寒忍闻斯疾殒斯人

莫砺锋　敬挽

钩沉索隐珠玑吐纳叹君驾鹤西征复返何时

寻行数墨日居月诸许我运斤成风更能几人

陆林教授千古！

安徽省古籍整理出版办公室彭君华　谨挽

去岁仲秋欢酒祝康复

现今驾鹤弃我泪满襟

许建中　泣拜

痛悼陆林先生
治学醉心在圣叹
论交披腹是朔方

     徐永明　敬挽

深切哀悼陆林先生
一曲黄梅一曲徽调君又精研曲史曲论曲学原是君家事
一腔真情一身真功独能抉发真谛真知文苑痛失真学人

    华东师范大学赵山林　敬挽

敬挽陆林教授
陆海潜龙惊圣叹
林泉楚凤岂知非

     周建忠　敬挽

痛悼陆林吾弟
几回蹭蹬未辞行，岂意人天真永诀？
十年病疾复求知，当令苏皖共长悲！

     诸伟奇　泣撰

先师陆林先生千古
学术惟严谨考史辨疑三十载心血寄圣叹
持身总是正自力刚强一甲子高标范后学

     门弟子　哀挽

求是知非,考史辨疑惟严谨

梁折岱颓,杏林绛帐馀深恩

        门弟子　泣挽

纪念与回忆

想念陆林，为了净化我的心灵

宁宗一

2015年下半年，就知道陆林的病情有了恶化的趋势。我的心情也越来越显得沉重，甚至有些坐立不安了，后来决定必须去南京看望他。于是，我约上了陆林读硕士时期的同窗好友田桂民博士，于11月11日坐上了去南京的高铁。

杨辉以她一贯的热情和周到亲自接站，直接把我们俩送到省人民医院。在我们三个人紧握双手、相拥相抱的一刻，我真正体验到了百感交集的滋味。我们仨似乎都在控制着激动的情绪，但又都不由自主地流出了泪水。这次相聚，陆林虽然已经不能正常进食了，但还是掰了一块我们专门给他带去他喜欢吃的起士林糕点。为了缓和气氛，我借着给他带去的我的导师许政扬先生的《文存》增订本的机会，向他述说了9月19日南开文学院纪念许师90周年诞辰的情况。他一边认真地听着我的絮叨，一边开始翻阅着《文存》，并念念有词地说："师恩永恒这个主题很好。"我顺便对照顾他的弟子们说："你们有空儿给先生读读许师的大女儿许檀教授为新版《文存》写的长篇后记吧！"可是，第二天我们又去医院看望他时，他却告诉我们，他已读完了许檀的后记，并且说了一句："很感人，我对许先生有了更真切的认识了。"

由于桂民还有课，我也有个讲座，我们又匆匆回了天津。但是，我得承认，这次与陆林相聚却大大加重了我的不安，心情异常抑郁，一种说不出的沉重一直纠缠着我，难以摆脱！进入梦境，又多是碎片式的情景——浮现眼前。我几乎隔三差五给我在南京的朋友或老学生打电话，探询陆林的情况，而每一次都是每况愈下的回音。这就使我不仅坐立不安，心情竟然显得非常烦躁，总觉得会有不祥的事就要发生。终于，在12月13日我在没和任何人打招呼的情况下，再次登上了去南京的高铁。这次与陆林相聚，我深知对我们俩的特殊含义！他已经慢慢地和我失去了言语交流的可能，大部分时间是闭着眼睛静静地听着我的所有诉说！此时此刻，我充分意识到，我的这次南京行在我们俩三十多年亦师亦友、肝胆相照的岁月中，属于真正生命历程性的占据着我心灵深处的最宝贵精神财富。

裴喆博士为了编辑陆林的纪念文集，多次催我交稿，但我始终惶惶不敢下笔。是的，我可以在陆林病中的十来年，几次专程或转车去看望他，但，一旦要命笔，要追思过去的一切时，我的感情就处于难以支撑的地步。一幕幕、一桩桩的景象就会一股脑地涌向心头，陆林的音容笑貌就会清晰地浮现在我眼前，这可能是我的脆弱情怀造成的。但是人们又会问我，曾经作为陆林三年硕士导师的我，何以对陆林有此特殊的深沉的情谊？为什么会不辞辛劳远道看望他？又为什么在所列标题时用了"净化心灵"几个字？这到底在我心灵深处有什么可以、也应当倾诉的呢？

这需要交代一件事。在2015年12月中旬的那次南京行时，在陆林的病房，杨辉再一次提出，陆林的研究生们希望"师爷"给他们讲一次课。这次，我真的不好意思拒绝了。因为陆林在病中，虽然他从未停止过他的工作，坚守他的职责，讲课、审稿照常进行。但是，不可否认南师大文学院的师生对他的关怀和照顾也是尽心尽力了。我作为陆林过去的老师，理应表示衷心的感谢。另外一个原因是我想借此机会对同学谈谈我和陆林的师生情，特别是我眼中、心中的陆林。14日下午,我面对孙书磊教授、黄大夫和杨辉以及一百多位同学,在感谢之余,我说出了心底里一句真诚的话:"同学们想听听这位'师爷'讲点什么学术问题,但是我首先要告诉你们的是,你们的导师、老师陆林的学问比我大!请相信一个老人的话,这绝不是我故作谦抑之词,而是事实。"下面我做了比较简括的介绍,来说明我的话不是一般的虚词假意。我指出,我缺乏甚至没有陆林那种以个体生命与学术一体化的追求!长时期以来,我一直在思索,陆林几十年来在他整体生命中,除了他挚爱的妻女、尊师重道以外,他的生命和他所从事的学术事业始终紧紧地结合在一起。他把学术事业当作生命,而学术事业又延长了他的生命!陆林对于他热爱的学术所进行的生命投入,他的执着的追求,乃至献身精神,都是因为他有着一份强烈的文化使命感。我们应当承认,陆林正式步入学术研究的殿堂正是80年代初。这个时期,我们普遍地把它称之为中国学术文化大发展大繁荣的黄金时代。文风大开,学坛百家,多元文化扑面而来。此时的南开大学也是最具活力和富有创造力的学府之一。在此生活和工作的学人凭借各自的学历与智慧,理所当然地充满了生命活力,并沉浸于体现出自主性的学术探索活动。陆林一经踏入南开校园,享受的就是浓浓的学术自由的空气。而陆林除去凭借他家庭赋予的优质文化基因以外,更重要的是他的热爱、勤奋、执着、追求,充分调动了他最宝贵的才智。他学术潜力的逐步显示,正是回应了这个黄金时代对学人的文化使命的呼唤。

举一个例子,在我记忆中,陆林在读研时发表的第一篇考订元杂剧中所说的"四大家",即"关马郑白"之郑,是否是学界所说的郑廷玉?这是一篇立论和考订极具说服力的文章。今天我为了说得更准确,我需要检索这篇文章的全名和发表在刊物上的哪一期?就在这个时候,一个"奇迹"发生了。一个不可否认的事实是,我已是八十六岁的老人,忘性大已经达到提笔忘字和说话屡屡"卡壳"的地步。但就是在查找陆林这篇文章时,出现了我视之为"灵异"现象,或者就是人们说的"通灵"吧!正如前面所写,我是要找到文章发表在哪个刊物上,又是哪一期?就在这时我脑海中突然跳出:在《戏曲研究》第二十一辑上。此时的灵光一闪,让我忘记陈旧性腰病的疼痛,从旧书橱中找到了整整三十年前的《戏曲研究》,并抽出了第二十一辑,打开目录,我自己都惊呆了,赫赫然有陆林所写的《〈"元曲四大家"质疑〉的质疑》!我想,我不可能还葆有年轻时的记忆吧,这不就是上帝赐予我一份与陆林灵犀相通的情志吗?今天翻开陆林1984年写就,1986年得以在权威刊物上发表,陡然又让我勾起这件小事的续篇,即在当时收到戏研所寄赠的刊物时,并发现有陆林的文章,我立即通读了全文。当时我拿起座机把电话打给陆林,问他为什么没让我先看看。他大致回答的是:小文章不值得您看!但我至今依稀记得说了赞扬的话:"很有说服力!你的名香天下与名不虚传后先呼应,郑应是谁,已飘然欲出了。""你这个'飘然欲出'用词语太俏了!"一则往事,勾起的就是这样无限的遐想。这些他人几乎不可想象的小事、小细节,但却一一铭刻于心,因为这些都是实实在在在我们俩中间发生过的。

我说"陆林的学问比我大",既不是我的谦抑之词,又非虚妄之语。有两件学术研究和写作上的事可以充分证明:

其一,大约1984年的上半年,在天津古籍出版社工作的我的师弟许幼珊先生找我,谈及他们和教育出版社正在共同策划一套学术性的丛书,在征求吴小如先生的意见以后,打出了"学术指南"的旗号,准备约请人文学科的专家撰写"指南"性的专著。当时我一听"指南"二字,立即辞谢,并声言:"谁敢担当指南呀!"当然,许兄的反复游说,希望我先就较熟悉的元杂剧编写一部研究概述性质的"指南",作为"试点"。几经商量,我还是答应试试看。因为我当时想到了陆林和田桂民二位硕士生,不妨借此机会让他们练练编著的能力。一天,我们三个人碰了一次头,记得我谈了一些初步想法,并希望在我授课的基础上,把资料再搜集得更完整更充实一些,并建议他们尽可能向"指南"的题旨靠近。可是没想到,数日后陆林就给我送来一份他设计的《元杂剧研究概述》一书相当完善的细目。这个细目就是今天读者可以看到的"四编一导言"。这个细目思路清晰,构想全面,是一个很好的建构,我深感满意,只做了一些微调和补充,这就成为我们写作该书整体框架的基础。后来出版社一位负责人对我说,你们的《元杂剧研究概述》的写作框架及细目已印成"样本"发给了其他各书的写作者,供其参考。许幼珊先生也曾用两个"非常"肯定了我们的"试点"是很好的"样板":非常符合指南丛书的体制和题旨,非常值得推荐给其他书的作者参考。许兄的鼓励之词,也佐证了出版社负责人对我们的肯定。当然,陆林在其中所起的"核心作用",是功不可没的。

在受到极大鼓舞的驱动下,经过陆、田二位紧锣密鼓夜以继日地奋战,他们拿出了书稿,我也于1986年5月1日拿出了万字导言。1987年12月我们的这部36万字的《元杂剧研究概述》即作为整个"指南丛书"的第一部推向了社会,而反馈回来的读者意见又是正面的。不久,我们又接受了教育出版社和古籍出版社窦永丽女士的委托,三个人一鼓作气又完成了31万字的《明代戏剧研究概述》。而这部明代戏剧研究概述,仍然是在陆林的策划下完成的。而我也只是又写了一篇较长的导言,对内文略做了一些调整修改工作而已。

遗憾的是,这部书没有像《元杂剧研究概述》出版得那么顺利。因为我们的责编窦永丽女士手里活儿太多,所以这部《明代戏剧研究概述》的出版就被拖了下来,直到陆林已到南师大工作了几年以后的1992年才得以正式出版。不过两部戏剧概述在当时受到了读者的鼓励，发行量也不错，后来都分别进行2~3次的印刷，并且出版了很大气、很典雅的精装本，这当然又是对我们的一次鼓励。可惜的是，陆林、桂民和我没有像出版《元杂剧研究概述》那样，为了庆贺还小聚了一次！

用了这么多文字叙述两部书出版的全过程，绝无意为陆林评功摆好，而是意在说明，陆林在我们三个人亲密合作的过程中，他凭着他的才智、学术功底和缜密思考，才使这两部书的质量得以保证，他的核心作用是绝不能低估的。

其二，关于《中国小说学通论》。接受这项任务，我深知它和"学术指南丛书"一样都是一项庞大工程的组成部分。很快，我知道这个项目派给我做又和陆林向安徽教育出版社大力推荐我去承担有关。这个项目刚刚落实，我就发现，诗学、散文学、戏剧学的主撰人都是这方面的大专家，我深深觉得忝列其间实在不够格儿，所以还是强烈要求陆林加盟。但陆林却婉拒了，也许是他手里有太多的活儿要做，也许是让我"锻炼"一下。不过他还是推荐了南师大的李忠明博士加盟。最后，参与撰写这个大部头的小说学通论就有了罗德荣、孟昭连和李忠明。当进入具体操作时，我还是请陆林提供意见，今天人们看到这部书的大框架，即"五编一导言"就有陆林的很具体的建议在。在我们设定的小说观念学、小说类型学、小说美学、小说批评学和小说技法学中，他特别强调，后三编一定要互补相生，因为其中有很多交叉的问题，既要分工又要互补。今天记忆犹新的是，在他的电话中说了这样一句话："导言，您一定要自己执笔，全书立论是否成功和导言有密切关系！"就这么一句话，给了我太大的压力。因为一开始我的顾虑和担心就是对自己的怀疑，我能否驾驭这样的"学"与"通论"呢？我虽然在粉碎"四人帮"后参与过南开中文系的《中国小说史简编》的工作，但是对"小说学"，却视之为一块陌生的地带。所以受命编著"小说学"，乃是一次对小说文类认知的转型。更何况，此套中国文学四大文体之学的"通论"还是一个国家级"八五"重点图书规划之一种！当时，我最重要的方法就是密集地与陆林交换意见，并听取他的各种建议。直到我惶惶然下笔写作"导言"时，才一步一步明晰地认知到，小说学似应看作对小说研究的研究。这就要求我们必须在更高的理论层次上对小说这一叙事文类的理论与实践进行整体性、全局性的观照与把握。在我记忆中，我写这篇"导言"可能费时近两个月，其中仅确立导言的章节我都会和陆林"通气"，听取他的意见。最后，我拿出了六万字的草稿给陆林过目，我仍似小学生向老师交卷子一样心存忐忑。直到他寄回我的草稿，其中就有一二十处经他修改和润饰的地方。后来他在给我的电话里我印象最深的是，他说："您的导言再和各编内容前后呼应！"现在看《中国小说学通论》一书，从建构到出版"幕后指挥者"竟然是没有撰述者、策划人署名的陆林先生。所以我在这部82万字的大书"后记"上才明确地点明："在本书的稿约、酝酿和建构框架等方面，除参加本书写作的李忠明、罗德荣、孟昭连诸友外，陆林兄出力最多，所以本书是不折不扣的集体努力的结果。"后来，安徽教育出版社的这套书多次获教育部及其他单位授予的奖项。而这部小说学通论一书理所当然有陆林一份功劳、一份荣誉，他对这部书同样投入了他的心血和智慧。在今天，我回忆往事时，仍然难掩激动、感到温暖和自豪。因为我深切地感悟：当师生关系进入一种不分彼此，相互承担，共同追求美好而崇高的事业时，那才是师生情化为一体的境界。

　　一般地说，文学的研究有四种"方式""方法"，即文学的文献学研究，文学的历史学研究，文学的美学研究，文学的哲学研究。

这四个层面的研究,每位研究者都有所选择、有所侧重,也有个体兴趣的追求。我的文学文献学研究功底太差,带研时第一门课即"类书与丛书",那是从我的导师许政扬先生那儿学来的;第二门课讲的是我喜欢的"中西方文学方法论研究",这和当时的方法论热有关。可是陆林在读硕时即在文献意识、文学修养和文学品位等方面,具有当年学子中难得的优势。前面我提到的陆林关于"元曲四大家"中郑为何人的几千字的文章,就因为资料翔实,辨析充分,很快就得到戏曲研究界的肯定。

我在不可抗拒的自然规律支配下,已无力细读陆林多年来的学术成果了。但是他的《元代戏剧学研究》和《金圣叹史实研究》,是我最看重、也是他的真正成功之作。而他辑校整理的《金圣叹全集》(六卷本),则全面地展示了陆林的知识系统、实证精神和积极追求新知的学术品格。

陆林来自学院,经过系统的学院式训练,学术功底是厚实的。他既了解传统,又不拘泥于传统的陈规陋习,最少保守思想;他绝不玩五花八门的流行色;既严守学术规范,又努力创新,充分体现了80年代成长起来的学者群体的活力。他不断提出建设性的构想,又善于对历史上的"定论"提出学理性的质疑并加以辨证。他的戏剧学研究值得再次重读重评,就在于他体善思新。戏剧学之于陆林,是他的一个特定的学科构想,是他审视戏剧文类的一个新的视角,一个新路数。原来的戏剧理论史范式大多是戏剧理论论著评述史的连缀,而陆林则未简单地套用这种理论模式。他的研究特点是更加实证化,更加科学化,即在实证研究与理论探索交错上升的过程中,将宏观问题包含在每一个具体问题之中,从而通过后者加以解决,于是戏剧学的新框架得以从容建立。由此,陆林的戏剧学研究完成了这样一项重大的学术使命,即对蕴涵丰富的中国古典戏曲初始阶段的批评理论做了一次科学的"转换"式的清理,从而发掘出对当代戏曲学建设具有重大意义的因素,并加以系统的理论归纳。

陆林对于金圣叹的研究,我知道他是费时最多最长,功夫下得最大的国家级科研项目。当我先后收到他的《金圣叹全集》和《金圣叹史实研究》两部大书后,我都为之长长喘了一口气。这两部大书是他生命中必须做好做完的特大学术工程,它们互补又互证,是典型的"姊妹"篇。对于《金集》的历史性贡献,大家有目共睹,而凤凰出版集团出版这部大书同样是出版规划中的大工程之一。我深知陆林在病中,内心始终储存着几件心愿,希望在他有生之年得以完成,而金圣叹研究肯定是他心愿中的重中之重。

从客观的人文环境上来说,南师大名师如云,高论如雨,无疑对陆林学术潜力的开发必有重大影响,而陆林个人的资质恰好在这个健康的学术环境中得以长足的发展。他在文献所工作时对古籍文献整理研究进行了严格锻炼,在文献意识、史学修养和文学感悟等方面都显示了青年学者的创造性活力。

在《金圣叹史实研究》中,我们可以明显地感到陆林其下笔矜慎,无征不信,朴实精核,把实证考据与理论思辨加以结合,绝无繁杂琐碎之弊和故作玄奥晦涩之乏味。事实上,我们通过对这部厚重的专著的阅读,会深深地感受到陆林那凝练冷静的学术话语,看到论者学术生命所蕴含的理性和感性张力。这本大书给我的启示是:过去考据和理论思维往往相互隔阂,甚至相互排斥,结果二者均得不到很好的发展,而本书正是把二者纳入历史和方法的体系之中加以审视,力求所谓的考据与义理"双翼齐飞",即考以求其实,实以求其是,体现了资料与理论和文本细读的互补相生、互渗相成的新的学术个性。从而使这部金圣叹的史实研究显得血肉丰满,有根有据,达到了"有思想的学术与有学术的思想"的高度。它被纳入"国家哲学社会科学成果文库",绝对是实至名归。

上面我写了这么多。绝非为陆林撰写"书评",我只是为了证明,我在南师大文学院同学面前说的那句话,陆林的学问就是比我大。另外我想用这些文字告诉陆林的学生,我的学识的局限当然有诸多客观原因,时代的影响,内心的烦躁,心理上的压力,我确实很难沉下心去认真读书、思考和写作。而从主观上来说,就是我前面承认的,我缺乏甚至没有那种以个体生命与学术一体化的追求,这才是我在学术道路上远远落后于很多精神同道包括陆林在内之处。今天独自沉思,不是什么懊悔,而是在叙述我和陆林的亲情厚谊中回望自己。是的,一个八十六岁的老人还有什么追求吗?不!当我叙述这一切时,越来越清晰地认知,我的心灵仍需要从逝者的生命精神中汲取力量,通过对比,更看清自己的缺失,从而以此净化自己的心灵。

想念陆林,为了净化我的心灵,应当说还有另一方面,那就是人品和素质的问题。我很看重家庭教养,因为除了学术环境,社会教育以外,家庭教养对一个学人成长和人品素质是具有重要影响的。陆林出生于一个充满书香气的艺术之家。1987年我到合肥讲学时,曾和陆林的父母有过一次愉快的聚会。作为黄梅戏的经典之作《天仙配》《牛郎织女》的改编、创新者,和剧种史专著《黄梅戏源流》的作者,洪非先生具有南方学者艺术家的儒雅风采。陆夫人林青女士也是一位著名的导演,自有一股灵秀之气。在从事戏曲编导的同时,诸如艺术评论、传记文学,陆氏夫妇都有突出的贡献。所以从心性来说,陆林之优渥气质和家庭的文化气韵当然有密切的关系。

遗憾的是,1984年陆林、田桂民、张惠杰入学的次年,我就因个人的感情问题,在激愤之余演出了一场亲者痛仇者快的悲喜剧。在谣言横飞时,陆、田两位同学不为流言所惑,给了我最大的感情安慰和生活上的照顾，他们顶着压力，对我真是不离不弃。我因为手术，右臂透析，切断了动脉，右手也失去功能。在我治疗过程中，陆林和桂民轮流"值班"住在我家，帮我料理生活杂事，并帮我进行一些辅助治疗。桂民每天用艾条为我熏伤口，陆林从我的"家庭医生"杨大夫那儿学了几手按摩术，每隔一天帮我放松颈椎病和右手的病痛。可是千不该万不该，一天，我不知受了什么闷气，心情极坏，结果竟然像中了邪一般对给我正在按摩的陆林说了一句："你别给我按摩了。"一切都来得太突然，陆林真是"忍气吞声"怏怏而去。事后，我知道我深深伤害了陆林的心，我几次三番向他解释，并且真诚地道歉。陆林对我的宽容竟然达到这种程度：仍然隔一天就来家给我按摩，并安慰我，他能理解我当时的异常情绪。就是这一次我的极缺乏教养的粗暴行为，让我背了三十多年的心理包袱。甚至我还要向杨辉道歉，说我伤害了他的夫婿。三十年前的道歉，今天的忏悔，都难以弥补自己的情绪化造成的过失。

　　桂民和陆林到我家照顾我，背后还有不为人知的一些情节。当时中文系有关部门曾做出一项决定：如果宁的女友来他家，你们俩必须"撤"，不要到他家照顾他。而陆、田二位同学的回答却也很明确：先生有难，老师有病，生活不能自理，作为学生理应照顾他的生活起居。通过这件事我清晰地体会到他们俩的人格精神和师生情。时至今日，写此文章，我仍不由得再次老泪纵横。

　　陆林走了整整八个月了。我知道，他的躯体我再也看不到了，但是他的灵魂却永在我心中！今天我不愿说怀念他，我只愿说：我想念陆林！今天我的每一次反思、忏悔和对照，都有陆林的心性、人品和精神作为一种助力，让我发自内心地说：继续提升我的情操，净化我的心灵，是我未来人生之路。请你放心！

二〇一六年九月九日

戏曲原是君家事，文坛痛失真学人

赵山林

2016年3月9日，我的老同学、老朋友陆林永远离开了我们。

我与陆林同学的交际，始于三十八年前。我们是恢复高考之后的77级大学生，于1978年2月底一道进入安徽大学中文系学习。入学不久，我就听说陆林的父亲是大名鼎鼎的"黄梅戏编剧第一人"陆洪非先生，《天仙配》《女驸马》等脍炙人口的黄梅戏代表剧目即出于先生之手。但陆林本人很低调，从不与同学谈论此事。

由于"文化大革命"十年，一旦恢复高考，积压的考生蜂拥而来，所以77级学生年龄悬殊，陆林在班上属于年轻的，整整小我十岁，但我们有不少共同语言。我们都对小说、戏曲感兴趣，因此也经常向李汉秋老师请教。李汉秋老师当时集中精力研究关汉卿、吴敬梓，将自己的书斋命名为"关吴斋"。我们都上过李老师《关汉卿研究》的选修课，李老师讲得十分细致，我们也听得津津有味。选修者期末要交一篇论文。李老师对我说，陆林的论文写得好，思考深入，文笔也好。到了毕业论文写作阶段，我们也都由李老师指导，我写的是《儒林外史》的白描手法问题；陆林写的是包公艺术形象问题，其中的一部分整理成为《包公艺术形象的早期塑造——宋金笔记、话本、杂剧摭谈》，发表于《中国典籍与文化》1997年第3期，后来收入他的论文集《求是集》。关于此文，陆林在《求是集》

后记中写道:"其初稿实际上是本科毕业论文中的一节,它令人想起曾给我许多帮助却已多年没有联系的指导老师。"对于师生情谊珍重如此,使人感动。

陆林十分勤奋,文献功夫很深,他涉猎极广,眼光又敏锐,经常会有各种发现。比如元人赵半闲的《构栏曲》是关于元杂剧演出的一则珍贵资料,便是由陆林首先发现,写进了《元人戏曲表演论初探》一文,发表于《戏曲艺术》1987年第4期。我于1990年出版的《中国戏曲观众学》第一章《瓦舍勾栏与早期市民观众,兼论演员的观众意识》中便引用了这一则珍贵资料,使有关论述增色不少。其后陆林在戏曲、小说方面,特别是金圣叹史实方面,进一步发掘了大量珍贵资料,并据此进行了极为深入、极有创造性的研究,这一卓越成就,已经为学术界所公认。

陆林很有思想,思维缜密,对于复杂的研究对象,能够作出准确的把握,条分缕析,令人叹服。1992年,我应安徽教育出版社约请,撰写《中国戏剧学通论》,这是一本篇幅比较大的书,为了全书构架问题,我曾多次向陆林请教。陆林知无不言,畅抒己见,对我启发极大。再加上与齐森华、谭帆等师友反复研讨,终于将全书构架确定下来,比较顺利地进入写作过程。对于陆林的无私帮助,我是永远不会忘记的。

陆林对我的帮助还不止这些。1993年,陆林应黄山书社约请,主编《清代笔记小说类编》,这是一套十卷本的大书,陆林特邀我选注其中的《言情卷》。对于选目和体例,陆林都作了细致的考虑,讲得一清二楚。有了这样的基础,又得到杭州师范大学郭梅老师的帮助,我顺利地完成了这项任务。后来,受陆林重视文献的启发,我撰写了《宋杂剧金院本剧目初探》一文,发表于《南京师大学报(社会科学版)》2001年第1期,此文也是在陆林指导之下进行修改,才变得比较规范而充实的。

陆林出生于合肥，祖籍是望江，即古语"无过雷池一步"的"雷池"所在的望江县，而陆洪非先生正是1923年出生于古雷池北岸的一座小渔村。由于陆洪非先生重视乡贤典籍，陆林继承其遗志，精心校点了清代望江籍剧作家龙燮的《芙蓉城记》与《琼花梦》两部剧作，以《皖人戏曲选刊·龙燮卷》为书名，2009年由黄山书社出版。陆林赠我此书时，题名"郡人"，这是相当贴切的，因为我虽然祖籍江苏邗江，但从读小学时就随先父到了安徽安庆，而望江正属安庆一郡，我与陆林同饮一江水，关系也就格外亲近。

陆林是一个重情重义的人。2011年11月25日至27日，吴敬梓诞辰310周年纪念大会暨中国《儒林外史》高峰论坛在全椒县举行，李汉秋老师，陆林、朱万曙和我参加了这次盛会。同为安徽大学校友，见面非常高兴。26日晚，我因家中有事，提前返回上海。陆林要到火车站送我，我怕他吃力，再三婉谢，他坚持要送，一路攀谈，到候车室之后又继续攀谈，直到我检票上车，才挥手告别。2015年10月17日，第十一届全国戏曲学术研讨会暨中国古代戏曲学会2015年年会在东南大学举行开幕式，我坐在陆林身边，当时他已经坐在轮椅上，但精神尚好。我们在东南大学校园里面合影留念。当晚，他和夫人邀请几位老朋友聚会，虽然看得出他略显疲倦，但席上交谈甚欢，他还请万曙演唱了他喜爱的黄梅戏选段。这些情景，都历历如在眼前。

杜甫《宗武生日》诗云："诗是吾家事，人传世上情。"在沉痛悼念陆林的时候，深有感于陆洪非老师是"黄梅戏编剧第一人"，又曾担任《中国戏曲志·安徽卷》副主编，所著《黄梅戏源流》一书，堪称黄梅戏历史研究的奠基之作。而陆林的母亲林青老师原为安徽徽剧团导演，同时也创作了《风尘女画家》《牡丹亭》等优秀黄梅戏剧本，有些唱段至今也是脍炙人口。有感于陆林对于曲史、曲论的精深研究和卓越贡献，特别是有感于他以"真"为追求的学术品格、献身精神，于是不揣浅陋，撰写了一副挽联，亦以此作为这篇短文的结束：

一曲黄梅，一曲徽调，君又精研曲史曲论，一脉相传，戏曲原是君家事；

一腔真情，一身真功，独能抉发真谛真知，一朝永诀，文坛痛失真学人。

无愧 77 级学人

——悼陆林

沈时凯

2016年3月10日接到安徽大学中文系77级同学会秘书长王晓玲同学发来的陆林同学病逝的消息,不禁悲从中来,黯然神伤。在我记忆中那么一位英俊、神气、灵动的同学怎么说走就走了呢?他送我的一大摞书,在告示着他的博学、厚重和勤勉;他穿梭于宁庐间笔削文史、编纂典册的身影,在体现着同学谊、故乡情;他已竟和未竟的一项项科研任务,在彰显着他的巨大勇气和舍我其谁的担当精神……他还有许多工作要做,老天,你何其不明焉至不公如此啊!悲哉!痛哉!

如今,摩挲翻阅着他的著述,回想起他因工作回到合肥期间的交往,他对自己钟爱的学术的执着奉献精神,不辞劬劳焚膏继晷地探赜索隐的工作干劲,让我肃然起敬的同时,也为他给后来学者做了如此多的铺路工作而感到骄傲。从他送我的著述和后来了解到的情况看,陆林学术生涯中有四项重要贡献:补苴类纂;嘉惠学林;辨章学术;考镜源流。其成就可观,定当留驻史册。这四项贡献的前三项体现在他的四部书中，即《清代笔记小说类编》《元代戏剧学研究》《明代戏剧研究概述》和《清人别集总目》（这四部书陆林或领衔主编或承担重要写作任务）。

《清代笔记小说类编》是陆林担任主编的一套十大册丛书，全书约 350 万字。该丛书编纂者对汗牛充栋的清代笔记小说作了爬罗剔抉的分析处理。按主题对其进行分类编纂，列"言情""劝惩""世相""武侠""案狱""奇异""神鬼""精怪""计骗""烟粉"十类。这为文化史工作者进行相应领域的研究和不同风格的文学家借鉴我国传统文学的创作手法提供了方便，嘉惠学林。《元代戏剧学研究》《明代戏剧研究概述》两书，后者作于我国百废待兴的历史转折年代，其时，陆林研究生毕业不久，握管操觚便出手不凡，做了许多开创性的工作。当然，这得益于他的导师宁宗一先生的指导和他戏剧家父亲的影响。前者晚出，这是陆林经过多年积累、修炼后，独立完成的专著，是他对中国戏剧学和戏剧史研究的重要贡献。有评论认为这是陆林"'十年磨一剑'的作品。该书有述有论，有史有典，构建了一个元杂剧的完整理论框架，是继叶长海先生《中国戏剧学史稿》之后，在中国戏剧学和元代戏剧研究领域的重大收获"。最能体现陆林潜心学问功夫的则是《清人别集总目》。这部三巨册的书共约 550 万字，陆林承担了其中超过三分之一的撰著工作。版本目录向为我国学者所宝，版本目录学是我国传统学术的显学之一。名垂史册的我国传统目录学著作不胜枚举。可见这一学问在我国学术建设中的重要基础地位和指引学术研究的特殊作用。翻阅这部书中陆林承担的编撰部分，令我感叹的同时也令我心痛，那是多么艰苦的劳作啊！仅就"厉鹗"一条看，我对比了手边能找到的"爱如生"（中国基本古籍库目录电子检索软件）和上海古籍出版社出版的《樊榭山房集》附录,《清人别集总目》提供的版本比"爱如生"多出 18 项;列出的厉鹗生平资料目录与《樊榭山房集》相当,但是新材料显然要多些。这在电子检索还不太发达的二十年前,对编撰《清人别集总目》的人来说确实是个极大的考验。陆林用他坚定的学术抱负和坚韧的毅力扛了过来。此书甫一面世,便得到了中国学界的高度重视。国学耆宿、学术新锐先后做出了允当的评价。一致认为,《清人别集总目》"是一项嘉惠学界功德无量的工程"。因此,此书也先后获得了江苏省第七次哲学社会科学优秀成果一等奖、第三届全国古籍整理图书一等奖、国家图书提名奖(二等奖)、安徽图书一等奖。可以说这是陆林学术生涯中的一个丰碑。人生如此,应无遗憾了。

陆林所做的第四项贡献是《金圣叹史实研究》的撰著。金圣叹是我国近古时期杰出的天才文学评论家,但是,由于他所处明清交替时代的特殊性,内心的矛盾和挣扎常常使这位饱读诗书的天才流露出狂狷气质,招致不少偏见和訾议,致使其在相当长的时期里未能得到公允的评价。陆林的著作在明清文学史实研究的大视野下,以金圣叹的身世、交游、著述情况为研究中心,以史实考索的细密坚实为质量追求,以学术史评价为纵向考量思路,以问题研究、事迹编年研究和交游研究为架构形式,通过对相关问题的实证研究,厘清有关金圣叹的基本事实,以期凸显或再现其人其事的历史具体性,展示以金圣叹为中心的明末清初一批边缘文人的人生轨迹,对金圣叹做出了公允、正确的评价。其外,该著在尝试为明清文学及文化研究寻求深度推进和视域拓展方面也做出了极有价值贡献,其中,史实研究之于明清文学及文化研究的方法论意义尤其值得关注。有学者认为:"作者对金圣叹史实的调查和研究,在目前能够发现的资料范围内,已达到很高程度。无疑,它是一部代表迄今金圣叹史实研究方面最高水平的著作。"作为同学我意识到,陆林作为新一代学人孜孜于我国学术事业发展的高尚情怀和创新学术研究的雄心壮志都付诸这部书的创作之中了，否则，他焉能在抱病之中，以惊人的毅力完成这一使命！

20世纪90年代中期，有一本书引起了社会的广泛关注，那就是《中国新三级学人》。所谓"新三级"，即1977、1978、1979，恢复高考制度后进入高校读书的学生。该书作者钟岩通过认真、深入的采访，在书中向人们展示了这三级学人在当时所取得的诸多成就以及他们为国家和社会做出的突出贡献。简单地概括，我以为钟岩要表达的意思就是这三级学人"不简单""真棒"！无论他们从政、创业，还是做科研、搞教学。作者在书中通过被采访对象的叙述，分析了出现这种情况的原因，那就是七七年这一中国历史转折时期"百废待兴"的使命感召和欣逢这一历史时期学人自身的特殊素质，造就了这些个性鲜明的学人。正如作者在该书"尾声"中所言：新三级一代人"对'级'的认同感强于校友。就是说，他们特别看重的是'77级'或者'78级'，与别代大学生相比，对'我是哪个学校的'较为淡漠。以此可见，新三级对'拨乱反正'那段非凡历史的认同感"。说实话，钟岩的书引起我强烈的共鸣。我的"77级"安徽大学中文系同学在各自服务的战线上做出的成就令人感佩，常引以为荣。陆林是这些同学中的佼佼者。

陆林与我同班，我却比他龄长近十岁，所谓那个非凡历史的时期，这便是可以说明"非凡"的现象之一。三十八年前，祝兴义先生创作的那篇著名小说《抱玉岩》对此做了展现和探讨，我至今记忆犹新。也许是龄长的焦虑，也许是国家号召早出人才的催迫，安大读书期间我想来个"大跃进"，早早报考了研究生，由于基础理论尚不扎实，选择专业也不适当，两次冲刺均告名落孙山。我第二次报考的学校就是南开大学，而陆林经过扎实的基础理论学习，本科毕业后顺利考上了南开大学的研究生。这似乎在暗示，我与陆林还是有些不一般的缘分。陆林工作后，为学术专著的编撰专程来合肥多次，其间，他邀我小酌，共叙友情，其乐融融。其情其景，恍若昨日，他那英俊、神气、灵动的形象不时在我泪水模糊的眼前闪现……

忆陆林

项纯文

我和陆林是大学同班同学，这是我双重的幸运。一是幸运于66届高中毕业后经过十二个年头的消歇，我以30岁的高龄考取大学成为77级学生，与100名江淮学子成为安徽大学中文系恢复高考后的第一届同学，当时和以后的幸运感都非常强烈；二是同级中80%以上都是50年代生人，只有我们十几个老学生是40年代生人，总体上说年轻同学更加充满朝气、前途无量，我们年长了七八岁、十几岁的老学生置身其中，又感到另一重幸运。陆林就是最年轻的几位同学之一，我很快同他成为好朋友，特别倾慕于他的聪明、睿智、思维敏捷，喜欢他的单纯、朴实、诚恳忠厚。

大二时的一件事让我对陆林的了解突然加深。七七级是春季入学的，与前后不同的学制是因为1977年高考恢复时已是11月份，入学时间是第二年即1978年的1月份，因而每个新学年开始都是年初，学年结束都是岁尾。1979年大二开学后一个多月，班级辅导员老师决定清明节班里搞个纪念周恩来总理的晚会，由班干部布置同学们分别出几个节目。我因为从工厂里考上大学，带来了一把二胡，课余时间偶尔拉拉，他们就布置我写一首歌。我写了一首黄梅戏歌，由安庆来的徐海燕同学演唱，拉小提琴的应湘源同学和拉二胡的我担任伴奏,徐海燕唱得特别好,应湘源的小提琴又拉得好,演出很受欢迎。当晚,陆林约我到操场上散步,说:"没想到老项能谱黄梅戏的曲子。"于是我就说我两岁时就随外婆在桐城黄梅戏剧团看戏,黄梅戏大艺术家严凤英又是我们桐城人,我几次看到她的演出,家乡几乎人人会哼一点黄梅戏,套一套旋律不算什么本事。陆林说,他老家是望江县。我高兴地说,那我们都是安庆府的,是府同乡了。我说到安庆人都喜欢黄梅戏,尤其喜欢《天仙配》《女驸马》《牛郎织女》,说到写这些戏的大剧作家陆洪非,陆林才告诉我:"正是家父。"我极为惊讶,说:"原来你是陆公子,怪不得这么聪明!"但他告诉我,说他不喜欢黄梅戏,因为他父亲正是写了这些戏,"文化大革命"中受到影响,他和哥哥妹妹都不喜欢黄梅戏,父亲在家里也不提黄梅戏。我没想到谈话是这个内容,那晚我看出他心里深深的痛,也知道了由班会触起的他的回忆,便安慰他一番,也感谢他的信任,和我谈这些心里话。当时他嘱咐我别对外说,我承诺了。后来有一天他带我去他家,见了他的父母——我非常尊敬的陆洪非老师、林青老师,我喊他们伯父伯母,他们却随陆林喊我"老项",无论我怎么惶恐谢过,这个称呼一直被两位老师喊下去,直到现在,林青老师还是喊我"老项"。自那时起,我和陆林的感情又多了一些深刻的东西。他后来的学术成就我自以为多了一些别人不一定有的体味。

1982年1月大学毕业后,我分配到阜阳师范学院中文系任教,陆林分到安徽省新华书店,见面机会一下子少了。有一次在合肥见到,各自询问和告诉工作情况,陆林说新华书店的工作他不喜欢,就是福利好,分苹果都是整筐的,但是卖书的工作他提不起兴趣,打算再去读书。1984年他果然考了南开大学的研究生,师从著名学者宁宗一先生攻读戏剧戏曲学。我那时正好调回合肥,在黄山书社

（安徽古籍出版社）当编辑，与陆林一走一来，继续分隔，而且他毕业后又到南京师大工作，就始终不在一个城市。但是寒暑假他必回合肥侍奉父母，我们也必会见面聚叙，又加我夫人杨蓉也是我们大学同班同学，陆林夫人杨辉也是安大出来，二杨相交亲密，于是双方家庭也时时走动，孩子们也一同交往。在资讯发达的时代，联系越来越方便，合宁两地交通也越来越方便，关系就历久弥深。几十年的交往中，我们不断加深对陆林的敬佩，他的越来越彰显的聪明、刻苦、高效的研究工作状态，层出不穷的新知见，不断发表的新著作，与他性格中的单纯质朴、不乐交际、不好热闹、守雌抱拙的风格，也同时彰显，似乎难入时宜，对比鲜明，构成了当代知识分子中少见的人格风景。朋友论及，每多赞赏。他在学术、为人两方面都堪为我师，我受益于他的，实在很多，现在临笔难言，不胜痛惜感念之叹。

在我与陆林的同学、朋友关系之外，还有另一重关系：编辑和作者的关系。我曾经担任过他的部分著作的责任编辑，这是我的又一重荣幸。1984年8月，我调到安徽人民出版社文史编辑室任编辑，一个月后，文史编辑室升格成为独立的出版社，社名为黄山书社。创社阶段，大家心气很高，编辑部开始策划第一批选题。我经过十几天的认真准备，提出了出版古典文学名著地方版的设想。这是一个非常破格的设想，因为此前古典文学名著都是由人民文学出版社出版，地方出版社没有这个"出书范围"。社领导经过研究权衡，支持我的设想，要求做好包括选择版本、选择作者、向上级报批等各方面的工作。我后来才从古籍出版社的一个年会上知道，我是全国地方文史古籍出版社最早提出这个设想的编辑。当时我第一件要做的事就是选作者，我首先选定了我的老师、安徽大学的李汉秋教授，请他为我社先抉择《红楼梦》未出版的善本。汉秋先生治学严谨，专门跑了京沪宁和安徽的各家图书馆，费时一年，最后选定了黄小田评点本，不但底本为程甲本而区别于通行的程乙本，而且推出了清代的评点大家黄小田，版本价值极高。社里很快批准了选题，汉秋先生为著名学者，著述任务繁巨，为支持我这个学生的工作，为不耽误社里的计划，又选定同是他的学生的陆林作为他的合作者，共同承担整理任务。陆林当时正在天津读研，至毕业前的一年多的时间里同时还承担了其他科研任务，却欣然应诺，参与了《红楼梦》的校点整理工作，终于在毕业时同时交稿了。那时还是铅字排版时代，评点本正文的五号字和评文的小五号字交错，排版速度很慢，等到看校样时，陆林已到南京师大工作了。1989年汉秋先生调到北京担任农工民主党中央宣传部长，更加忙碌，后期的校对工作陆林便主动担负起来，而这本书我们一共校对了七八次，终于成为编校质量上乘的精品，不但多次获奖，还成为黄山书社长效畅销书。我初当编辑，就得到老师和同学两位大专家的帮助，是非常幸运的。

《红楼梦》黄小田评本在地方文史古籍出版社中策划最早，但出书较迟，这与安徽当时的排版印刷速度以及出版管理的整体水平有关，也与汉秋先生和陆林学兄的严谨认真有关。我反而更加认可陆林的学术态度，主动提出希望他再为我社策划些选题。当年（1989年）寒假，陆林回合肥时提出，现在武侠小说畅销，我可以给你选编一本《清代笔记小说武侠故事选》，这样社里会赚钱，你们编辑室都有任务，赔钱对你影响不好。我被他处处为人着想的精神感动，商量后，我提出两点想法：一是清代笔记小说繁荣，不要只选武侠，干脆全面整理清代笔记小说，出一个部头大一点的丛书，二是打破笔记小说的原始结构，分成若干类，按类选编，组成一部规模适度的新编版本，可以定名为《清代笔记小说类编》。陆林兴奋地说："这个气魄大！若编成了，就是做了一件大事。但是若全面整理，恐怕部头要 100 万字以上，社里会不会批准？"陆林的担心不无道理，当时地方出版社规模小，基础弱，出的书都是小部头的，十几二十万字都算不小的了，100 万字以上还极少见，他担心我能不能获得批准，也是怕我为难。我说："报批的事由我来负责。你尽快给我一个选题报告，看看到底需要多大的规模。"于是我们分头行动，我开始向社领导口头汇报这个设想，陆林则立即到扬州、上海、南京几大图书馆访书，很快拟好一个提纲，提出可以分成 10 大类，约需 200 万字。我很兴奋，再次向社领导汇报，并提交了书面报告。没想到，社长黄勤堂先生竟然一反常规，用他庄严秀峻的钢笔字给我写了一张条子："纯文同志：《清代笔记小说类编》选题设想很好！若能成功，将是我黄山书社一大幸事！让我们共同去努力去争取吧！黄勤堂。"这大大出乎我的意料，社领导从来不给部下写条子，我又和他的办公室只隔一室，而且是这种口气，三个感叹号，都叫我激动，也从中看出社长的兴奋与激动。后来这套书实际达到 350 万字，而且在本社、省出版总社的选题论证会、省出版局的审批会上，都是为它的"社会效益"叫好，而为它的"经济效益"担心，若不是黄社长坚定支持，很难通过。选题正式通过后，我请陆林先生担任主编，建议我们共同的学长、华东师大的赵山林先生加盟，其余人选全部由陆林定夺，多数都是陆林所在单位南京师大古文献研究所的青年专家们担任。结果，时间之快、质量之高、10 册精装的本社空前规模、"两个效益都好"的各方评价，让我对陆林的学术水平、任事能力、刻苦精神（他几乎累了整整两年），更加赞佩敬畏。

后来我们还有一些合作，我并且深望他的研究成果尽量在安徽出，由我责编。但可惜后来我自己奉调离开出版社。虽然他的著作有不少出版社争着出版，但至少有一些是同意交给我们出版的。如他的扛鼎之作《金圣叹史实研究》就是早在十几年前他构思阶段时我即已殷殷约稿，要做此书责编的。后来因我自己工作变动，未能如愿，是我的职业生涯的一个遗憾。

在我和陆林几十年的交往中，虽然我确实很敬重他爱护他，但其实更多的是他敬重我爱护我，其中琐琐碎碎方方面面，难以与人尽道，只留下对他英年早逝的无尽的痛惜和伤悼！

二〇一六年六月二十九日于合肥

（选附一份文件，以致意陆林先生在天之灵，并以纪念一段大缘）
附：《黄山书社致南京师范大学古文献研究所的感谢信》

南京师范大学古文献研究所：

由贵所陆林先生主持编选的《清代笔记小说类编》系我社、安徽省新闻出版局、更加新闻出版署确定的"八五重点出版规划"项目，并作为出版计划，首次列入"安徽省人民政府八五任期目标"，由安徽省新闻出版局组织实施。

在贵所的大力支持下，整理出版工作现已顺利完成。发行后，社会反响很好。各界读者，特别是文化界读者如作家、电视广播报刊杂志的记者编辑，均对该书称赞有加，除集体购买外，个人到书店及出版社索购该书的读者络绎不绝；发行部门在今春北京的首都图书订货会上及后来在武汉、广州等地的订货会上均定出较多，出现了多年来古籍图书销售未曾有过的好形势。初版2000套仅5个月即已销出1600余套，不但未赔钱，反已获利17余万元，全部销出后预计可盈利20余万元，这对我们是个很大的鼓舞，我社正考虑今年内重印该书，以满足市场需要。

我省出版局领导多次表示满意，分管业务的副局长严云绶教授表扬该书"是社会效益、经济效益双丰收的好书"，对该书主编陆林先生的学识和水平表示欣赏，指示我社继续和陆林先生保持联系，并有意考虑请陆林先生由此套丛书上溯，主持《中国文言小说分类文库》的系统研究整理研究，我局承担出版。

为此，特对贵所及陆林先生表示祝贺！对贵所、贵校给予陆林先生的工作支持表示感谢！对陆林先生与我社良好的卓有成效的合作表示感谢！

此致

敬礼！

黄山书社

一九九五年四月一日

春暖花开送陆林

石钟扬

1918年正月十五，李叔同辞职出家，这年他三十八岁。与他刻骨相爱的日本妻子诚子，携幼子从上海赶至杭州灵隐寺，来劝阻他。他没让他们进庙门。诚子只得退而求其次，要与之见最后一面。次日清晨，雾笼西湖，两舟相向："叔同……""请叫我弘一！"……

自从陆林三月九日下午逝世以来，我一直神思恍惚。几度提笔想写点什么，却言不及义，不知所云，即使将当日微信中的感慨移到纸上都做不到。今天再度铺纸案上，却神使鬼差写了上面那么一段话。陆林之逝世与叔同之出家有什么联系么？

陆林作为"文化大革命"后第一届大学生，一直致力于古代文学（戏剧、小说）文献之搜求、整理、研究，他独著的《元代戏剧学研究》、他主编的《清代笔记小说类编》、他参编的《清人别集总目》等，早已成为相关研究者案头之必备书。近十多年来，则倾心倾力于金圣叹史实研究。金圣叹研究严重失调，理论研究汗牛充栋，史实研究相当贫乏，以至其姓、名、字、号、籍贯都众说纷纭，莫衷一是，遑论其他。陆林即从这低谷起步，他以"一事不知，学者之耻"自警，以狮子搏兔般的用力，对金氏之生平事迹、著述缘起、社会交往之方面做了事无巨细的网罗。他深知不从一事一字入手，怎能发现大事重典？没有一事一考、一字一辨的习惯与功夫，何以考大事、辨重典？他翻检参考的金氏著述、方志、传记、家谱、年谱、诗文总集、别集、笔记杂著、工具资料书、现当代专题著作与论文等计近三百种，说其为之读书破万卷，绝非夸张。其中谱牒、乡镇方志、秀才一级的地方科举史料、郡邑乡镇诗文总集等，几乎是"被遗忘的角落"，也让陆林每有意外创获。锐意穷搜与丰厚积淀相结合，练就了一双火眼金睛，使之几乎盘活所有有关金氏之史实线索，"对疑难杂症给予一针见血的剖析，对历史迷雾给予拨云见天的廓清"（《金圣叹史实研究》，第17页。下为同书）。终有了人民文学出版社作为"国家哲学社会科学成果文库"丛书之一，于2015年3月出版的《金圣叹史实研究》这七十一万字，字字有来历、篇篇见功夫的鸿篇巨制。其对金圣叹一生基本史实有了精准考述，对金氏佚文、佚诗、佚联和语录予以最详尽辑考，"为金圣叹建立了一宗翔实可靠编年式的档案"；通过对金氏交游的研究，钩稽出一大批鲜为人知的中下层文士的心路历程与生态环境，为研究以金圣叹为中心的人文群落提供了样本资源。其对民初以降的金圣叹研究的来龙去脉、是非得失有从微观到宏观的准确评述，隐含了一部金圣叹研究学术史；在研究实践中注重以史实"复现"人物心史与人文生态，将传统的文献研究法推向现代、科学的前沿，使之走出附庸地位而具有独立的学科规范；其行文雅洁，逻辑严密，注释与正文环环相套，滴水不漏，整体是不动声色的考述，偶插要言不烦之议论或感慨，使之成为有血有肉、有温度、有担当之杰构。

陆林志存高远，他有感于在文学史实研究中"明清领域里范式性著作尚不多见"，立志撰写一部明清文学史实研究的范式性著作。他尽心尽力实现了此项宏愿。学界同仁亦称之为"一部代表迄今金圣叹史实研究方面最高水平的著作"。"迄今"云云，自然指现当代学术史。如果从民国5年（1916）孟森在《小说月报》上发表《金圣叹》算起，当为百年；如果从民国24年（1935）陈登原在商务印书馆出版《金圣叹传》算起，则是八十年。也就是说，陆林之《金圣叹史实研究》是近百年或八十年来，此领域登峰造极之作。这一传世之作，不仅注定要刷新明清文学研究史，而且在相当长的未来很难有人超越之。不是当今或日后没有陆林那样聪明的人，而是很难有像他那么傻的人。

在当今，如苦行僧般地去治极端冷僻之学，将意味着什么，陆林是心知肚明的。他认为：从事文史研究，要耐得书房的寂寞，淡漠于外界的精彩。不去费神考虑其社会意义、学术地位、效率收益，"连考见古义与发现恒星统一'都是一大功绩'的攀附和联想都不应该有，庶几能以平和淡定的心态，接近'为真理而求真理'的学术层界，享受从事'性之所近'学问的人生乐趣，追求生命澄明之境与学术精进之心互为砥砺的历程"。这样"才能居书房如胜境，化寂寞为精彩，坚持不懈，心无旁骛地致力于学术问题的探索和思索"（第17—18页）。

陆林的故事若到此戛然而止，也可圈可点，虽是其傻劲，尚属常态，还没傻到位，也没傻出格。可是自2005年以来，陆林就身患绝症。用他在《金圣叹史实研究》后记中的话说："不料次年（即2005）春天，在万物欣欣向荣之际，二竖来袭，开刀、化疗中断了一切，那年是我本命年。"（第772页）说是"开刀、化疗中断了一切"，其实未必。那年他在病榻上将其元明清文学与文献研究的系列论文辑集为《知非集》，黄山书社念其对之贡献多多迅速予以出版，并慷慨送他三百本样书，让他广赠师友。人们以为此乃其告别仪式，可是他竟奇迹般地活过来了。但他活得何其艰难，那"二竖"在他体内如同割不完的韭菜，半年检查一次总有新动态。因而他成了省立医院的常客，动不动就被请上手术台。如此状态，他能挣扎着活下来，而且活了十多年，本身就是奇迹，如同"感动中国"的抗癌英雄那样，也大可赞叹。

陆林遭受之磨难，还远不止癌症。我不知道他被手术多少次，只知道有次手术后不久他为恢复体力，到秦淮河边散步，不慎跌下河堤，将整个腰椎折断，只得腰缠铁甲，才勉强将残躯焊接起来。祸不单行，又有恶讼逼他应战，那笔墨官司，一时闹得沸沸扬扬，甚是扰人。

我俩都住秦淮河畔，平日散步能碰面，偶尔互赠著作也会上门小坐。那次跌伤，我去看他。他平静地说，幸好是前些日子摔倒，要是现在河水涨到平台上，必死无疑，因为摔下去半个小时人事不知，还不淹死？又说，幸好是从陡坡这端摔下去，若从有台阶那端摔下去，脑子肯定被摔坏，脑子坏了活着还有意义吗？怪哉其问。仿佛让我认可，他跌得正当其时正当其位，仿佛他捡了个大便宜！我知道他的意思是说，只要脑子能用可看书写作，他活着还有意义。其逻辑令我哭笑不得，只得开玩笑说，你是个怪物，死不掉，我要做阎王绝不敢收你。他淡淡一笑，没接我的话茬，而转移话题说起那笔墨官司。以他的严谨定能稳操胜券，但毕竟要用那惜墨如金的考据之笔移作答辩之词，耗时耗力耗神。他哪耗得起啊！但说起此中个节，他仿佛在叙说别人的故事。（注：陆林摔伤是在 2011 年 6 月初，官司纠扰则持续了 2013 年一整年，但在我的记忆中，两件事却奇怪地"无缝对接"了。也许，这正是我对陆林"欢乐几时"之人生遭际的一种深刻印象吧。）

对此，陆林只在书的后记中轻描淡写：时时伴随着生命的磨难，亦间或遭逢人世的诡谲。

陆林在种种磨难中，著书不辍。他在后记中有云："二〇〇七年获得国家项目,由于身体的原因和整理《金圣叹全集》,直至次年才重新恢复研究。尽管两年后病魔从结肠转场腹腔,且至今为虐不休,可谓'按下葫芦浮起瓢',让我时时疲于应对,却再也未真正阻滞过研究的进行。"(第772页)那次摔伤,他远非举步维艰,也非坐立不安,实乃坐也不是、站也不是、卧也不是,如此不得安生,他硬是不断变换姿势看书写作,键盘成了他生命之弦。而且作为博导、学科带头人、学报副主编,他坚持授徒不辍、编刊不辍,在生命的最后时段他仍在病榻上给博士们上课,他主持的学报栏目也一期不落。凭此"三不辍",我私心称之为"陆林好汉"。

前年中秋边,我又去看他。进门我说,我是奉宁(宗一)先生之命而来的,刚在山东开"金学"会,宁先生一直念叨着你。他冷不丁回答:那有什么用呢?我以为是无力回天的悲哀,谈下去,方知在他是参透了死生的豁达。他说,这病是基因作祟(他父亲似亦以此症而终),无法改变,近来连围着住宅楼打半个圈的力气都没有。他进而说,"金圣叹史实研究"已结题也已成书,如果能作为优秀成果就可不用花钱顺利出版,到时在马路上被车碰死也无怨无悔了。可见他将此书看得比生命还珍贵。他在书中借陈登原《金圣叹传》书末之感慨,发过一通感慨:

"人生会当有一死,不必谓重泰山、或轻鸿毛。居今之世,论今之人,放眼多酸丁,举世无豪杰。有咬文嚼字而自诩正学者;有卖友背朋而斤斤风雅者。呜呼!家国残破,倭寇南来;狐鼠共争,相期共尽。同为无用之学,奚济危亡,正不知何者谓之不朽也?不觉掷笔怃然云。"足见作者之感时伤事、正直爱国。如今国运兴旺、民族自强,已非当时所可想象。然而,为无用之学,操酸丁之业,无济于经济繁荣,何助于文化昌盛,则一也;即使在古典文学研究界,恐亦难免被归在"私人化"之范围内而难当大用。故在肯定陈登原先生学术贡献之余，于其"正不知何者谓之不朽"的困惑而颇有同感。只是拙文刚刚开头，虽生"怃然"之叹，却不便率尔"掷笔"（应为"关机"），酸丁而非豪杰，恐怕正在此等之处，书此聊博识者一笑。（第677页）

陆林笔下难得由此"怃然"一叹！一方面视学术重于生命，一方面又深知其"难当大用"；即使如此，却不便率尔"掷笔"，以颐养天年。此正所谓知其不可而为之也！"酸丁而非豪杰"，其傻已傻到不可自拔恐怕正在此等之处。

去年国庆后他的博士生打电话给我，说陆老师找你。他很少打电话找我，料有大事。我当时正乡居侍母，到月底匆匆归宁。11月1日赶到省立医院老年病症研究中心去看他。这是14层一个向阳的单间，室内整洁，不受那氧气罐的暗示，我以为其更像书房。他斜倚在床上，端起那城墙砖般厚重的《金圣叹史实研究》为我签字，字迹稳健如初。然后让夫人拿出一方大印，似乎是为此书专刻的一方印，印与印泥都不敢恭维，他却极为认真地钤在扉页左下方，并用洁白的纸巾覆盖在印上，生怕它侵染了环衬。他是个近于苛刻的完美主义者。尽管犹嫌作为丛书着装统一，缺乏个性，他对这本书是无比珍爱的。

有这么个圆满结局，他理当在把玩成品中修身养性。到三月十一日告别仪式上，才知道他没像阿Q大哥那样陶醉在最后的圆圈上，而是在病床继续进行"金圣叹年谱长编""金圣叹学术史编年""金圣叹事迹、影响编年考订"的研究，同时，还参与了《全清戏曲》的整理编纂，并完成《耆年集——陆林文史杂稿三编》的结集（他曾送我的《求是集》也是在某年病榻上编就的）……

这哪叫拼命或玩命，这是不要命，为学术将生命置之度外。中国当今学界，混子（文痞与学阀）除外，正经做学问的多数是学以度命，著书常为稻粱谋，体制造势，势不可当，极少数是学以寄命，与学术共同着生命，像陆林这样舍生取义的是个异数。

校方悼词说，陆林先生享年六十，享受的是优惠政策，对他的英年早逝，师友们痛惜不已。他是累死的，何苦来哉？！有朋友议论着且百思不解。

"接近'为真理而求真理'的学术层界，享受从事'性之所近'学问的人生乐趣"云云，或许就是其"舍生求义"之源头。陆林与金圣叹"性之所近"吗？

陆著《金圣叹史实研究》最精彩的是第三章《扶乩降神活动研究》。金圣叹从"以鬼神（现）身说法"的泐大师变为"手眼独出"的稗官词曲评点家，是其天才选择；理清泐大师与评点家之间的血缘关系，是陆林的天才发现。多少名家因未进入圣叹之"灵魂核"（此我杜撰之词也），对其文学批评之阐释难免隔靴搔痒之弊；而陆林以"设身处地的心理分析方法"，沟通了圣叹从"常有神助"的扶乩活动与"因缘生法"的文学批评的关联，确令人有"拨云见天的廓清"。

当圣叹"以鬼神身说法"（尽管今人视之为迷信），确被时人"神圣化"了，以至有钱谦益、叶绍袁等名流为之撰文，"以耀于世"；一旦他弃鬼从文评点小说戏曲，为"辱在泥涂"的才子书"昭雪"（尽管今人视之为"盖世无双"之盛事），非但没有改善生计，却长期被"妖魔化"，时人"尽骂圣叹为魔"，甚至"早被官绅们认为坏货"。因为他之所谓"才子书"《西厢记》《水浒传》，当时被视为"诲淫诲盗"之物（尽管今人视之为古典名著、文学菁华），在禁毁之列，叫"男不读《水浒》，女不读《西厢》"。那么，圣叹怎么在"疑谤百兴"的生态环境中去坚守他的评点事业呢？他为什么能将此作为"心血所系和性命所在"呢？

沿着理论精细入微的考述，或许可推引出一个结论。那就是弃鬼从文时的圣叹，将前期的宗教意识转移到评点才子书的事业中，从此他以评点才子书为其宗教仪式，以宗教情结替代了才子情结。所以对之那么虔诚、那么投入、那么不计得失。哭庙案发，他从容就义，在刑场上还敢拿杀手们玩笑一把，绝非如鲁夫子所云，是将屠手的凶残化为轻浮的一笑，而其临终放心不下的"只惜胸前几本才子书"，即那些早已策划却未竣稿的"才子书"选题。为几本才子书痴心到生命的尽头，难道仅仅是所谓学术情结？不，此当是宗教情结。只有宗教情结，才能叫人如此"鬼迷心窍"。

在这里，我终找到了陆林与圣叹"性之所近"的地方。生命的最后十年，身患绝症的十年，陆林如同宗教徒对待学术、对待圣叹；如同宗教徒心中只有佛、或只有主，他心中只有学术、只有圣叹。他对学术对圣叹，是那么情有独钟，那么出生入死。我以为他独自创立了"圣叹教"，他就是那"圣叹教主"，而《金圣叹史实研究》则是他的"圣叹教义"。世人以为他苦不堪言，他却乐此不疲，说是在"享受从事'性之所近'学问的人生乐趣"。金圣叹为三百年前之怪杰，陆林实其隔代知音，亦乃当代之怪杰。

行笔至此，想起文首的故事。丰子恺对老师李叔同出家行为做了解释。他说，人生有三个层次：一是物质生活（衣食）、二是精神生活（艺文）、三是灵魂生活（宗教），好比三层楼。欲穷千里目，更上一层楼。叔同不满第一层、第二层生活，直登第三层，由艺术升华到宗教，在宗教世界里安顿灵魂。圣叹与陆林虽未出家，以宗教情结治学，也堪称人生之至境。

或许正是从其宗教情结出发，其衡文衡人唯学是问。对百年金研得失，他有"理解之批评"；编学报也只看文章不看人……在常人看来，温文尔雅的陆林骨子里有点狂，性格也有点怪，与圣叹庶几近之。有人觉得他不近人情，难以接受，以致对他的病幸灾乐祸，甚至不道德地诅咒之，如同当年俗人"尽骂圣叹为魔"。

在假冒伪劣充斥的世界里，难得陆林这么个真人，真学人。我曾受某出版社之邀，撰写《金圣叹小传》，后知难而退，就将所藏民国版《金圣叹全集》送他。他像物归其主般坦然接受，且来一句：你不弄这活是明智的。实在坦诚得可爱。我们老家是邻县，兼有安大、南开之缘，我痴长几岁，钦佩他的治学精神。而率真坦诚恰是我们交往的第一基石。

陆林为人严谨不严酷，处事冷静不冷漠，如佛不徇私却慈悲为怀。有次外省某兄申请职称的论文，被他判为不及格，托人上门求情。他理解职称事关吃饭，又不能放弃原则，就示以解套之策：下次若再送我校评审，你就申请让陆某回避。不知某兄理解他的一番苦衷否？

当然，他坦荡的学术情怀，还是有人理解、欣赏以至敬重。他曾在《文学遗产》杂志发文，对徐朔方先生《晚明曲家年谱》中金圣叹史实进行了一丝不苟的纠谬。徐先生非但没有翻脸护短，反诚邀他参加其执教五十年之庆典，并慷慨允诺将为《金圣叹史实研究》作序，可惜成书之日，徐先生早归道山。3月11日在送行的车上，我座位前一位老教授说，陆林枪毙过我的稿子。旁座一教授说，这就是立标杆，本校名教授的稿子都毙，别的还客气吗？老教授说，他倒是为确保学报质量，公事公办，没有别的。是呀，难得这么率真。另一教授说。下车时我才发现，老教授已不良于行，还来给陆林送行。送行那天，校方遵陆林遗嘱丧事从简，只租用个仅容百人的灵堂，结果从四面八方涌来数百士人，有的朋友不远千里赶来。那拥挤的哀悼，也见证了陆林的人格魅力。

陆林是个礼数周全的人，他在书的后记中向曾经给他在学术上的勉励、道义上的支持和情感上的关切的师友、领导、同仁、学生表示感谢。像《西游记》中石猴拜四方，他一口气列了五十几个人的名氏。且以富有诗意的话语作结：

窗外天寒地冻，心内温暖如春。回首这一课题的研究过程，虽然后半程时时伴随着生命的磨难，亦间或遭逢人世的诡谲，但更多的感觉是：行走在学术的坦途，沐浴着友情的和煦，景物娟丽芬芳，令我迷恋忘返。（第774页）

尽管无比坚强，但他心如明镜，能料到自己来日无多。这篇草于甲午"大雪"定于"小年"的后记应是他预留给人间的告别词。字里行间充满着阳光，甚至佛光。让我想起安庆天才诗人海子之生命绝唱：面朝大海，春暖花开。

而其"迷恋忘返"云云，让我读出了弦外之音，陆林父亲是黄梅戏经典《天仙配》的改编者。我曾玩笑，陆林就是七仙女与董永留在人间的那个神童。他在人间的劫数已尽，行将归天，回首人间，却不免"迷恋忘返"，宛若七仙女回归天庭时的心态。

当年诚子在西湖与弘一话别时问："弘一法师，请告诉我，什么是爱？"弘一："爱，就是慈悲。""慈悲对世人，为何独独伤我？"弘一无言回答诚子的追问。我知道，杨老师比诚子坚毅，不会让辞世归天之际的陆林回答此等傻问……

二〇一六年三月二十三日下午写毕于仙林

陆林与安徽古籍整理

诸伟奇

陆林教授是安徽人,他对安徽省的学术文化尤其是古籍整理有着很深的情感,也为新时期安徽省古籍整理和出版做出了突出的贡献。

一、主持编纂《清代笔记小说类编》

1990年4月,他提出了分类编选清代笔记小说的设想,并与其大学同学、时任黄山书社文学编辑室主任的项纯文多次交换意见。陆林认为:我国古代笔记小说,历史悠久,源远流长,至清代而进入鼎盛之期。清代的笔记小说创作,卷帙浩繁,作者辈出,其艺术成就和在古代文学中的地位及其在当代的阅读、欣赏、借鉴、研究价值,值得我们进行全面、深入并赋予新的视野、新的角度的研究;以往对清代笔记小说的整理与研究,多着眼于单个作家小说集或编选断代小说选的方式,存在较大的局限性。而他所设想的编选,将是以艺术情节和主要形象的性质特点为分类标准,精选出那些被当时作者普遍关心,在当下仍然有其生命力的各类题材的作品。这种对清代笔记小说的分类选编,可以充分满足广大读者的不同欣赏爱好;对当代创作具有民族风格和气派的文学作品,具有借鉴作用;

对全面深入研究清代文学（特别是笔记小说），乃至古代社会、风俗、文化等都具有一定的史料价值。

陆林的编选设想得到了黄山书社及安徽省新闻出版局的肯定，项目很快进入运作过程。经过周密酝酿和反复推敲，陆林制定了这套书的编纂体例，体例确定：书名为《清代笔记小说类编》；入选书目以清代传奇体小说为重点，兼收其他体笔记小说；全书按类分编为"言情卷""世相卷""计骗卷""武侠卷""奇异卷""劝惩卷""神鬼卷""精怪卷""烟粉卷""案狱卷"10类；各卷入选篇目编次，皆以作家作品的时代先后为序，为方便阅读，入选作品均加以简要的注释。各卷承担者主要是江苏、安徽和上海等地高校的教师，陆林为全书主编。

由于安徽省新闻出版局和黄山书社的高度重视，各卷承担者的辛勤劳动，特别是主编陆林的全力付出和精心协调，该书于1994年4月全部出齐，当时尚是铅排，工作流程较今天要长得多。全书10卷，共选收清人笔记小说150部，作家200余位，各类作品1900余篇，总字数近350万。煌煌巨帙，粲然可观！

该书出版后，得到了读者的热烈欢迎和学术界的高度赞许，并于1995年荣获安徽省优秀图书奖一等奖。

二、策划并主持《皖人笔记小说名著精刊》

在编纂《清代笔记小说类编》的过程中，陆林有感于清代皖籍作家的一些很有特色的笔记小说至今尚未出版，已出版的并未形成系统，或在编刊中存在这样那样的不足，于是他提议可否选取皖人笔记小说中比较优秀的作品集中出版。他把这个设想向项纯文说了，老项很郑重地与我商量。当时我主持省古籍办工作，《安徽古籍丛书》

编刊亦已6年,正打算对《安徽古籍丛书》选目进行适当调整,而明清小说、戏曲正是我们考虑补充的选题。

1995年6月8日上午,项纯文陪同我去南京,中午与陆林见面,这也是我与他的第一次相见。由于之前彼此都十分了解相互的想法,很快即切入议题,并很快达成以下组稿协议:一、书名:《(皖人)笔记小说名著精刊》;第一辑拟收清·吴肃公《明语林》、清·潘纶恩《道听途说》、清·宣鼎《夜雨秋灯录》、清·郑昌时《韩江闻见录》等5种。二、整理形式:点校。三、交稿时间:本年10月前。四、出版时间:1996年5月。分工也很明确,陆林作为项目承担方负责全书的编选、整理;安徽省古籍办与黄山书社负责立项、出版,其中我主要负责立项和经费,项纯文主动承担了印刷和发行。第二天,我们草签了由老项带来的出版合同,下午我俩就返回合肥了。

下面的日子,陆林和几位点校者抓得很紧,不到3个月,就完成了各书的点校初稿。1995年6月18日至20日,陆林从南京来合肥,与老项和我又就《皖人笔记小说》的体例等问题进行研究,提出一些具体规定,特别要求每种书要写的一篇基于整理和研究后的能体现本丛书特色和水平的前言。21日,我与老项又就印刷和以后发行等做了一些商议。其间,我发现《韩江闻见录》不是皖人的著作,于是在7月4日与陆林通话,将其从第一辑中取消,改上明人梅鼎祚的《青泥莲花记》和曹臣的《舌华录》。这样,第一辑由5种增为6种。是年7月,国家古籍整理出版规划小组修订《中国古籍整理出版"九五"重点规划》,我们将《皖人笔记小说名著精刊》及时予以补报。1996年8月,《中国古籍整理出版"九五"重点规划》在"文学类"中列入了该项目。

由于列入国家古籍小组出版规划,我们对书稿的质量提出了更高要求,对各书的版本重新进行调查,以确定选定的点校底本是否合适；对全书标点再行检查，看看有无错讹；前言反复修改，以求有新意；附录也力求齐备，以便利读者参考。凡此，无论是整理还是编辑，都做了进一步的修订和完善。陆林为《青泥莲花记》，撰写了《梅鼎祚与〈青泥莲花记〉》，对该书进步的思想内容、鲜明的艺术特色和丰富的专题性文献价值做了较好的阐述；为《舌华录》，撰写了《作者和版本考述》和《〈舌华录〉人名索引》，对该书作者曹臣生平做了切实的考证，而之前学术界对曹臣知之甚少，且有关著述对其生平，如籍贯、生年、行止、著作及《舌华录》的版本异同或记载含糊，或数说并存；为《明语林》，撰写了《〈明语林〉及人名小议》和《〈明语林〉人名索引》，对《明语林》现有版本著录提出质疑，指出该书康熙十六卷本有抽禁毁板的可能，而十四卷本或系明存暗禁的处理，从而使读者对曾是复社重要成员的吴肃公在清初的遭际又有了进一步的了解；为《道听途说》，撰写了《文言小说家潘纶恩事迹系年》，该文收集甚丰，而落笔极简，显示了作者考证的功力和思辨的明睿。应该说，《皖人笔记小说名著精刊》的出版，不仅扩大了《安徽省古籍丛书》的选目，丰富了《安徽古籍丛书》的内容，也在一定程度上提升了对古代笔记小说的研究水平，较好地体现了古籍整理后出转精和研究成果源自整理的规律。

三、领衔《皖人戏曲选刊》并整理《龙燮卷》

通过《皖人笔记小说名著精刊》的成功编刊，陆林先生与我们安徽省古籍办结下了深厚的情谊，这种情谊，既是对相互工作的支持和信服，也是对古籍整理共同事业的热爱和坚守，还是同道之间的相知、相敬和无须言语的默契。

在《中国古籍整理出版"九五"重点规划》中，还列入了我们申报的《皖人戏曲丛刊》（鉴于这套书从属于《安徽古籍丛书》，后将"丛刊"改为"选刊"）。该项目由陆林领衔，承担者还有朱万曙、胡金望等专家。因为2000年前后，古籍办工作特别繁忙，这个项目直到2001年方才开始运作。2002年10月，我和陆林就该项目收列标准、入选书目、编纂体例、细则要求等进行了认真的商讨。考虑到由于古典戏曲在文字、版式等方面与其他古籍有较大的不同，戏曲本身又有传奇、杂剧之别，为使出于众手的多卷本之"丛刊"做到体例上基本一致，质量上大致相符，则必须先制定好一个编纂凡例。陆林尽管当时很忙，很难抽出较完整的时间，但还是草拟了一个体例，之后经过我们两人来回修改，最终形成《〈皖人戏曲选刊〉校点凡例》。该凡例，就选刊和各子书的书名、前言、目次、文字、标点、校勘、版式及其他问题（如原书的批语及各卷附录等）都做了准确、细致、具体的说明，以便于整理者和出版者参照执行。

2005年11月，《皖人戏曲选例·郑之珍卷》由黄山书社出版，该卷收入明代戏曲家郑之珍的传世名作《目连救母戏文》及与之有关的重要资料，由朱万曙教授校点。2009年3月，由陆林校点的《龙燮卷》出版，该书收入明末清初皖籍戏曲家龙燮的传奇《琼花梦》和杂剧《芙蓉城记》。陆林在本书"后记"中充满深情地记下了该书背后的故事：龙燮是明末江南安庆府望江县人，而陆林的祖籍正是望江。陆林的父亲、当代杰出戏曲家陆洪非早在20世纪70年代末陆林考上安大中文系不久，就将龙燮的《琼》《芙》两剧的抄本，亲手交给陆林，并说："这是清初龙燮的两种剧作，他是我们望江唯一的戏曲家。你如果有兴趣，可以看看。"但因为种种，陆林当时并在此后较长的时间里，都未曾抽空做这件事，直到2007年7月29日他父亲去世。那时，陆林已患顽疾，且刚完成《金圣叹全集》的辑校整理，《金圣叹史实研究》又获得国家社科基金项目，诸事丛集是可以想象的。2007年10月间，我在电话中告诉他：《皖人戏曲选刊》要出《龙燮卷》了，请他将有关剧作和资料整理好；考虑他的研究课题和身体状况，书稿可于明年10月底交来，并安排责任编辑李媛与他直接联系。2008年9月，陆林完成《龙燮卷》全部书稿；2009年3月，该书由黄山书社出版。

陆林辑校整理的《皖人戏曲选刊·龙燮卷》，除龙燮所著《芙蓉城记》杂剧和《琼花梦》传奇及两剧原来附录的文字外，又广泛地辑录了龙燮传记、年谱及有关两剧的很多资料；其撰写的前言（后以《试论清初戏曲家龙燮及其剧作》另行发表），对龙燮生平及创作，龙燮剧作的写作时间的本事，龙燮剧作的内容特色，龙燮剧作的戏曲史意义等方面进行深入而独到研究，是迄今为止，对龙燮生平及其戏曲创作特色论述最为精到的文章。

《皖人戏曲选刊·梅鼎祚卷》（或名《梅鼎祚著作集》），依照规划所定，也应由陆林先生校点，但我们实在不忍心让他太过劳累，太过痛苦了。对这部稿子，我们没有时间要求，并特别说明可由助手相辅完成。这部书稿近期就要出版了，可惜陆林先生却不能见到了……古人有云："虽死而不朽，逾远而弥存。"陆林先生虽离我们而去，但他在学术上，在人品上，在朋友们心中，不正是如此吗？

勤勉、坚毅的学者

邬国平

陆林先生英年早逝，甚可哀惜。今年[①]3月11日，是陆林先生的告别仪式日，我因赴法国雷恩二大教学在即，无法去南京与陆林先生做最后道别，只能向陆夫人杨辉女士致歉，而心中一直十分不安。10月9日，侯荣川君来信相告，将为陆林先生逝世周年祭出纪念集，约我写稿，我是非常地乐意，这至少可以部分弥补自己因未能参加陆先生告别仪式而留下的遗憾。

我与陆林先生因文章而相识，也因文章而成相知。他的论文写得好，从选题、发掘材料、论证辨析到词章布局，都力求新颖细致、缜密确切，每读他的论文，自己总会有欣喜的获得。与陆先生相识相知以后，又了解到他是抱着十分严肃、认真的态度从事学术研究，落笔反复推敲，绝不苟且，像苦吟诗人似的呕心沥血，在这方面责人责己皆十分严格。这样，对他文章的好，自然也就寻到了答案。

陆先生是恢复高考后第一届全国统招大学生。当时举国洋溢一股崇尚知识，追求文化的热烈气氛，出版物（主要是图书和杂志）在年轻人心中产生的影响无比巨大。这又影响到77级、78级乃至再后几届文科毕业生的就业志向，不少人以能够进入出版社、杂志

[①] 编者注：指2016年，本篇后同。

社工作为大学毕业的丰硕收获和光荣归宿。陆林先生也是持着这个心愿。毕业后他分配到出版局,具体则到了新华书店。他内心又满意,又有一些失落。新华书店在体制上属于出版系统,虽然还不是出版社,也算是与出版社十分靠近。他在新华书店编一份小报,干得挺投入,毕竟可以与写作、发表、出版相联系了。后来他渐渐产生了不满足,觉得在这里可供施展写作能力的空间小,与实现编著作品的理想相隔契阔,觉得不过瘾。他一心想着往出版社调,在当时那是一件多难的事情呵。他在寻求调动工作的同时,又报考了南开大学研究生。后来他接到一家出版社同意引进的调函,而稍早于此,他已经收到南开大学研究生的入学通知书,这样,他与当一个出版人的梦想擦肩而过。

在南开大学,陆林从宁宗一教授攻读戏曲小说专业。对于宁先生,陆林心怀感激。他研究生入学考试,英语成绩 30 分,而规定的及格线是 40 分,还差一大截。然而他的专业成绩考得非常优秀,宁先生惜才,向学校提出要招他为学生,学校同意了。这就是不拘一格。在戏曲小说专业学生中,往往是选小说的人多,真正愿意选戏曲的人很少。宁先生对陆林说:专业的名称既然是戏曲小说,戏曲部分总不能徒有虚名。你就做戏曲研究吧。陆林自小受父母影响,爱好戏曲。一般孩子的阅读习惯,好叙述、描写、抒情的作品,如小说、散文、诗歌,不好对白或以对白为主的文体,不习惯读剧本。陆林自小即能够将戏曲、话剧、电影剧本读得津津有味。他听从宁宗一先生指导,而宁先生这一安排又与他的擅长暗相吻合。人们常说生活、事业上有"因缘巧合",大约说的就是此类事情吧?谁遇到,谁就快要摘到幸福的果子。陆林先生后来研究的范围比较广,包括古代戏曲、小说、诗文、文献学,而戏曲和小说研究无疑又是其重点,对身兼小说和戏曲批评家金圣叹的研究更是其重中之重。这些其实都是陆林先生在履践自己的家学、师门所赋予的知识和本领，以及沿着他自己的兴趣和开拓的路径往前行进，是水到渠成的结果。世上许多选择，回过头去看往往都这样，最终皆是依循自然，皈依真元。

陆林先生 2005 年发现患了癌症。一般人都会将这样的遭遇作为调整自己工作节奏、甚或转移生活兴趣的契机，这是人们面对袭来的凶顽疾病，做出的正常和本能的反应。陆先生自然也想到过要去适应变化了的体质，然而，他舍不得冷落正在进行的研究。此时，他的金圣叹史实研究已经进入佳境，他感到，分散的、隐蔽的金圣叹资料正鱼贯朝自己走来，而他恰好又能够明白字里行间确切的含义，获妙解。这一研究让他神魂牵挂，欲罢不休。从此，他就在治病—研究—再治病—再研究的循环中过日子，带着病痛找书寻资料，又带着病痛敲键盘熬夜，痛苦在其中，欢乐也在其中。他喜欢跑图书馆，早年是骑着一辆自行车来来回回，心里总觉得不方便，又太浪费时间，后来有了条件，就将房子买到南京图书馆附近的地段，以便于查书。他生活的陀螺始终是围绕学术研究而旋转，晚年更是以金圣叹的研究为轴心，离开了学术，离开了金圣叹的研究，这样的生活，他无法想象，更无法适应和忍受，而治病倒成了他生活中辅助性内容，似乎只是为了应顺他开展学术研究的需要。

随着疾病反复的次数增加，他的紧迫感也与日俱增，他最担忧的事是，疾病会影响自己研究计划的完成。出于这种担忧，他总是不断地给自己的研究工作上发条，一点不敢放松。从事研究好比是做滚雪球的游戏，随着思考深入，资料会带出新的资料，问题也会导出新的问题，从而使研究的触角不断延展，这让研究者感受着一波又一波的兴奋。然而，对于患病的陆林先生来说，这样做研究付出的精气神，是往而不返无法弥补的，是终极式的。2012 年 8 月，他在给我的邮件中谈到，要抓紧完成金圣叹史实研究的工作，并争取出版，他说："还是一鼓作气吧。否则万一身体有个变化，又不知要耽搁多久了。"此书问世后，他又对我说："我一直怕上天不给我时间将书稿写完（两年前医生就说过我能活了八年就很不错了），现在终于问世，真是百感交集！"陆林先生临终前一年，能够看到自己的心血之作《金圣叹史实研究》出版，这是上苍对他莫大的安慰，他听到自己这本著作问世的消息，禁不住泪流满面。

陆林先生在研究金圣叹过程中，会将一部分写成的稿子先寄给友人阅读，我自己也有幸数次收到过稿子，得以先睹为快。读了他的作品，我有一个感觉，一个值得研究的对象，他仿佛于冥冥之中在寻找一个适合研究自己的学者，好比众里寻芳，最后才物色到一个他中意的人，于是促成他的心愿。这样的结果不仅是研究对象的大幸，也是研究者的大幸。陆林先生恰是金圣叹寻找到的合适的研究者。金圣叹没有辜负他，他也没有辜负金圣叹。当然，这样做研究很苦，很受煎熬。陆林先生已经病了，何必还要自讨苦吃呢？他做这项研究是没有功利目的的，是没有所求的，是不是越纯粹才越会选择艰难的研究对象，用艰难的方式做研究？所谓读书种子、研究种子，大概就是这样一些人组成的。只是这样的人在今天越来越少，而在陆林先生身上，我看到了古学之精神不坠，所以一直对他怀着由衷的钦佩。

今年1月13日，天气阴阴的，让人觉着寒冷，我到南京去看望陆先生。他住在江苏省人民医院。由于怕光刺激，戴着眼罩，病房拉着窗帘，只露出一丝缝隙，整个房间很暗淡。他见我进房，摘下了眼罩，怕我不习惯，一定要把窗帘拉开。他身体已经很瘦弱，脸色灰暗，由于贫血，指甲盖白得非常刺眼。只有他的眼神，依然如从前亮亮的。那天他讲了许多话。我问他对自己的研究计划完成得满意不满意。他说,《金圣叹年谱长编》还没有编好,这个《长编》要反映金圣叹死后,世人对他评价的反复、变化。他认为,在《金圣叹年谱长编》中写入这样的内容很有意思,这是金圣叹身后遭遇与别人不同的地方。他还说,整理出的清初诗歌选评家邓汉仪《慎墨堂诗话》,中华书局的二校样放在家里,还没有看,需要核对原文,现在看不动了。谈到将来,他说以后恐怕参加不了学术会议,也写不了大文章了。说到"写不了大文章"时,他眼里流出了泪水。我担心他说话太多,过于劳累,于是起身告辞,心里一片凄然。走出病房时,我耳边响着他说的话:"病状三五天有变化,没有向好迹象。"话语间流露,他此时仍是留恋着世上的生活。毕竟,唯有活着,才能够从事自己喜欢的研究工作。

陆林先生的走,使学术界失去了一位优秀、勤奋的研究者,我失去了一位好朋友。所幸他的论文和著作大多已经出版,这是他的精神结晶,它们将与先贤时俊贡献的佳作一起,在图书馆的架子上散出缕缕清香,招引读者去摩挲。倘若读者阅读陆先生的书,能了解他著书的艰难和坚持的毅力,那么,将会从书里得到更多。

二〇一六年十月二十一日,于神户六甲山下

祭陆林文

卜键

今岁两次去南京,皆是因为陆林。

先是在三月间,万曙兄有电话来,语意沉痛,告知陆林病逝的噩耗,说自己将连夜赶往。我则在第二日与绚隆兄乘高铁到南京,一路上说的,基本上都围绕着陆林。我们为之难过和深深惋惜,感慨其学术研究的戛然而止,恍惚中又替他有一份轻松释然,像是获大解脱,得大自在……佛家把人世喻为火宅,"欲知火宅焚烧苦,心念今已化作灰",陆林老弟终于出离众苦,羽化而登仙了,怎能不为之长舒一口气——十余年了,陆林被病魔折磨得太久太苦了。

第二次去南京,是为参加陆林的安灵仪式。前一天我在承德出席一个史学会,开幕式尚未结束,便急急赶往首都机场,然后飞南京。飞机晚点很多,陆林的夫人杨辉坚持到禄口迎接,嘱以在仪式上代表大家讲几句话,不敢推辞。那日南京大热,来为陆林送行的人很多,在墓园中错落站开去很远。他的几个同班好友从各地赶来,黄德宽(安徽大学校长、省文史馆馆长)为之亲撰墓志铭并在碑前念诵,辞义沉郁挚切。我未能写就文字,仅就一时所感杂乱陈说,也是语出痛肠。后来在京遇德宽兄,告知此录音挂在了安大七七级微信群中,这是陆林的班级,入学时他十八岁。

我与陆林相识于山西临汾的一次戏曲研讨会上，时为 1987 年秋天，感谢组织者对年轻学子的优容，我与陆林、郑尚宪、黄仕忠、朱万曙等得以参会。那时大家刚刚硕士毕业，书生意气，敢于与老一辈学者争论。宁宗一先生刚遇到一场变故，身心两创，仍以一贯的坦诚明爽得吾辈敬重。我也顺带喜欢上随扈于老师身侧的陆林，一起探讨曲学，斟酌奥义，偶也讥刺一下会场上个别人与事，十分投契，遂订终生交。后有几次在会上相遇，更为熟悉和密切。再后来我去南京出差，应邀到他家中小酌，尽兴而去时家属院大门已锁，只得在他帮助下演绎一出"跳墙"。后来得知陆林颇不擅酒，为陪我硬撑，回屋即仆倒客厅，妻女百般拉不起身，盖着被子在地板上躺了一夜。此后很长一段时间，我便成为陆洋所称"那个灌醉我爸的叔叔"。

陆林是个真正的读书种子。治史者向有所谓道统、治统之说，治统一侧济济排排，道统一系则大为寥落。然中华文明能够绵延数千年，历经战乱和王朝更迭而不断绝，靠的就是一代一代的读书种子，沉潜于清寂困绝，坚忍强韧，坚白相盈，虽九死而不辞。陆林身不过中人，清癯文弱，待人宽厚温煦，然一旦冲撞其所尊奉坚守的学术底线，即显露执拗犀利的一面，即行反击或曰主动出击。他写了一系列的商榷文章，绳愆纠谬，也表现出太多的不合时宜：

时下学界多重同门之谊，扯扯拉拉，啸聚蚁附，人品文品之高低所不论也，虽瑕疵满篇仍加赞誉也。陆林则不管不顾，甚至不听师长劝解，究诘辩难，必欲澄清是非而后止。

时下学界多重权威，然盛名之累，专兼之繁，其立论著述不无偏疏，他人多盲从或为尊者讳。陆林则坦诚与之讨论，包括自己的导师、母校前贤硕儒，也包括其他一些学术名家。

时下学界多重事权，担任院系领导，负责一个核心期刊，掌握一家出版社，或列名某社科或基金项目评委，皆似有小小事权在焉。本人顾盼自雄，他人笑脸相迎。陆林则视之淡然，闻有不平之事辄加责斥，不假辞色。

时下学界多重结交，尤其是与外国、港台学者的结交。陆林曾在研讨会上讲评一位海外学者的论文，先是委婉批评，论辩间词气渐重，直指其径从网上摘引，不核史籍原文……

史学大家章开沅近期撰文《大学的堕落已令人难以容忍》，痛陈大学精神的丧失，振聋发聩，所说的当是一种整体堕落，应也包括多数的从教与研究者。然中国之大，学人众多，仍有不少甘于寂寞的读书种子，陆林就是其中之一。去年秋，八十五岁高龄的宁宗一先生赶去看望，应邀为陆林的学生讲一课，第一句便是"你们老师的学问比我好"。我了解宗一先生，理解这番话出自真心，以往我们聊天时，他也曾多次称誉陆林，强调他在编撰元明戏曲研究概述与《中国小说学通论》中的作用。同样，陆林也对《清人别集总目》的总纂贡献甚多。这是一些工具书性质的著作，工作量浩繁，陆林不是主编，有的并不列名，却是全身心投入。读书种子不正是如此么？这样的辛苦活和笨功夫，锻铸磨砺了陆林的学术品格，为他打下坚实的根基。或也因为此一经历，他素来看不惯装腔作势与投机取巧，更不能容忍欺世盗名。陆林是一个有学术洁癖的人，为此曾吃过无数苦头。

苍天不公，陆林在2005年被查出直肠癌，自此一直被病魔纠缠，十余年间多次手术，终告不治。很多人都知道，在其生命最后的12年，陆林出版了一批史料详赡、见解卓异的著作，如对金圣叹的个案研究，已然扩展至对易代之际江南士绅命运的追寻，扩展至对清初历史幽深处的叩问；很多人不知道的，是这些沉甸甸的大著，文稿大多出自病中，病房和病床常是他阅改校样的地方。孔子曾感慨"哲人其萎",当在于这一过程渐染渐浓的悲凉底色。我多次专程前往探视,见其虚弱疲累,见其枯黄萎顿,但讲到学问和著述,陆林原本黯淡的目光就会明亮起来,声音也开始有力,会看到他心生喜悦,物我两忘。哀莫大于心不死。一直到最后,陆林都期望能战胜和祛除病魔,他还有那么多的课题有待完成,满心想的仍是下一部书的写作。他是带着怅恨与遗憾离开的。

近年来,见多了生离死别,思想已有所开悟。既然每一个人都是匆匆过客,又何以论生命之长短呢?可以肯定地说,设若假以天年,陆林的学术研究必将大成;而即以现有成果论列,他也算不负此生了。当下的学术圈大多已成了江湖,鱼龙混杂,然我仍在一个微信群中,看到对陆林的真诚敬重和悼思,读来颇觉温暖。

十余年间,陆林经历了难以承受之痛苦,应也感受到始终不变之挚爱。在陆林墓前,我曾说他是一个有福的人,一直拥有一个美好的家,有一个不离不弃的好妻子,有一个聪颖善良的好女儿。不管是治学还是治病,杨辉都给了陆林最好的照顾,最大的支持与抚慰。女儿陆洋继承父业,已是名古屋大学的博士,将来读父亲的藏书,或也能继续父亲的研究方向。陆林还有一批优秀弟子,对老师深怀情感,在世时看护照料,辞世后料理送终,令人感动。陆林在天有灵,应是幸福的。

丙申岁杪,改定于昌平北山在望阁

为了纯粹的学术

——追思陆林先生

罗时进

2016年3月9日陆林兄往生,这一噩耗是从他自己的手机上发来的,收到短信时心中一惊,又有些疑惑。待看到落款的名字我明白了:陆林兄将联系人保存在手机中,他夫人就此逐一发送讣告——这是真的,一个令人无限哀伤的消息。

我和陆林兄早就有过学术交往,但第一次见面已经是2005年或2006年了,我到南京参加一个学术活动,他也到会,晚上没有回家,一起住在饭店。当时他患病做完手术不久,"手术很顺利,效果不错",他似乎并没有太在意。看上去他的气色确实很好,整个会议期间几乎看不出他罹患"大病"并经历了"大手术"。从那次见面到今年初春,约有十年的光景,我们常常联系,他几次告诉我"在医院","又做了一次手术","从医院回家,休养着"。其实这十年是一个病魔不断施虐作恶的过程,但他一直没有被击倒。

大约三四年前,我们一起到安徽大学参加清代文学国际学术讨论会。那是他回母校参加学术活动,一直很开心的。会议闭幕式上,主持人邀请我们几位一起做了一场"如何拓展清代文学研究"的"圆桌论坛式"的讨论。记得他以小说、戏曲为对象,谈文献发掘、考证如何"求真"的问题，讲得很具体，极富启发。大家发言结束后，复旦大学周兴陆教授感慨道："今天讲坛上的学者几乎清一色77、78级的，这是学界富有贡献、也最有想法的一批人。"我知道，以此来评价陆林兄是完全恰当的。

临离开合肥前，黄德宽先生和他夫人以老同学的身份请陆林兄聚宴，因我和德宽先生也很熟悉，被邀请一起参加。他们三位是同窗老友，关系很好，席间陆林兄好像回到了大学学生时代，谈兴颇浓，"往事并非如烟"，都在记忆中。我因为也是那个时代过来的，有时插上一些话，大家对"文化大革命"以后的那段不平凡的大学生活的回忆，以及当今大学、学者、学术现状有不少共同的看法，共鸣很多。陆林兄显然不能喝酒，但也在劝说之下喝了一点红酒，他说"破例了"。那次聚宴，大概是我和他唯一的一次"小场合"接触，我感到他生性重情，也很乐观、有趣，甚至还保留着一些天真与童趣。道别时，他约德宽先生要为他的下一部书题签。德宽先生研究古文字，书法也足称名家，陆林兄有好几部书都是德宽题签的。

在我们学人中，大家对陆林兄的评价是很高的。我曾参加过一些学术评审工作，有一次他的《知非集——元明清文学与文献论稿》申报江苏省哲学社会科学优秀成果奖，那是他2006年由黄山书社出版的一部心血之著，功夫很深，我们几位评委一致推荐为当年参评的古代文学成果的精粹之作，获得了二等奖。对此他是很高兴的。多年后了，一次我们通电话时他还谈起："自从那次获得了省里的二等奖，好像在单位才被承认和重视了。"我不太了解这句话的背景和含义，但能够体会，他葆有乐观和童真的心底多少被现有的学术体制压抑过，与我们很多人一样，有着对当下学术评价、人才评价标准的怀疑和抵制。但体制环境是一个既抽象又具体的存在，要想摆脱谈何容易！

不过，科研和教学实力还是第一位的，真正的学术光芒很难被遮蔽。就在陆林兄的《知非集》获奖后，他的《金圣叹全集》整理研究获得了江苏省哲学社会科学研究优秀成果一等奖，《金圣叹史实研究》入选2014年度《国家哲学社会科学成果文库》……在明清小说、戏曲研究领域，他已经誉满天下了，而这些成果都是他患病之后的"产出"，其学养、勤勉与执着、顽强真令人钦佩不已。陆林兄是一位真正的学者，他的生命好像就是用来做纯粹的学术的，他矢志不移地朝着这个方向走，走得虽辛苦，但踏实而自信，也一定从中获得了很多快乐。

陆林兄太勤奋了，在我经目的一些刊物上常常看到他的大作。他的论文不少是正面阐述自己的观点，也有些是与其他专家的商榷，无论哪类文字，总是很认真、严谨，把学术作为学术看待。有相当长的时间，他一直担任《南京师大学报》副主编，可谓阅文无数，这磨砺了他，使他有了很好的学术眼光。他很乐于帮助别人，特别是青年学者。我为了博士或博士后，甚或为了一些已经在高校工作的学生，有时也不免请他给予一些支持。在稿件质量能够保证的情况下，他都尽力为年轻人"推一把"，但也有碍于审稿程序的，他会很坦率地告知。这是学者的道义之交，刊发与不刊发，"学术"在先，所以彼此都很自然。我一直觉得陆林兄很好相处，近十多年我对明清文学有较多的研究兴趣，同时也参与主持我们学校的学报工作，与他有了更多的交往，了解也更深。

陆林兄在学术上最成熟，积累极丰富、成果正涌现的时候匆匆走了，走得太早！求是，知非……接着还应该有更高的学术攀升呢！此刻，打开《知非集》，他选印在书上的那幅照片显得那样年轻俊爽，目光正瞻望着很远的地方：这就是陆林兄作为一个学者在人们心中的定格了。这个形象会让人们常常想起，生出不尽的怀念。

二〇一六年秋风中写于苏州

赤子情怀　学者风范

——与陆林交往琐记

李剑军

1978 年春，我和陆林同期被安徽大学中文系录取，并且一同被编进 77 级一班三组，住在同一个寝室。那时候的他，给我的印象是：城里人。白白净净，脸上好像从来没有受过青春痘之类的侵蚀。衣着整齐得体，喜穿淡灰色的外衣却纤尘不染。日久经观察是他善于自理生活。相形之下，让我多少有些自惭形秽。我由于在上学前已经入党，被指定为这个组的组长。可是我本性疏阔逊隐，也觉得上学后的四年时间应该用来好好地读书求知，其他都是不该分心费力的，所以对于当时党团班级组织布置的一些什么寝室卫生竞赛、集体娱乐体育活动、出墙报、小组时政学习周末总结会，以及小组之间交流总结评比等等，不但不带头积极参加，下力气花时间去组织策划，而且对在这些方面争高下多少有些反感。两三月后，我这个小组自然显得是个落后小组，搞得年级辅导员和党支部决定对我们小组动"外科手术"调整加强，调进班长"驻点"加强领导，还调进一位文艺骨干的女同学。如是陆林调到班长原来所在的一组去了。我们两人都出生在 1957 年，当时在班级里，属年龄偏小的，也自觉在"文化大革命""教育革命"的成长大环境中没有读好书,因而只知道埋头傻读书。四年之中,早晚除上课就是去图书馆教室里抢位子读书做作业,出去活动也是班级和团支部组织的集体活动。我们二人在上百个同年级同学中,都是不显山、不露水的那种,实话实说,两人之间也没有建立起特别亲密的私人关系。

转眼毕业分配,他被分到新华书店图书发行部,我回安庆地区,当了十年的"组织部的年轻人"。一年后,听到陆林发愤用功,考取南开大学的硕士研究生,由于我曾在毕业当年报名拟参与研究生考试,暑假期间也曾留校复习迎考,中途因父母来信说无力再负担我继续深造而退出,心中当然钦羡他。

但毕业一别,我们二人不是十年睽离,毕业十年同学聚会,我在那个要害部门居然请假不允。中间,有省城的同学出差到安庆、池州,同学们的消息还是能够听到的。同学朱欣欣调教育出版社后,与我讲到陆林出版的专著和经手整理的古籍不少。特别是我们年级的老大哥毕业当年考取华东师范大学研究生后留校的赵山林教授,因为生长在安庆,老父亲和弟妹们都在安庆。每次回去,他都要找到我这小弟叙谈叙谈。当我说,还是老赵你好,你现在应该是著作等身,功成名遂。他说:哪里哪里!我们年级同学中,文史研究本行学问做得最好的是陆林,他才是著作等身。由此,我自然对陆林产生"刮目相看"这个成语的本意(不是官场上的敷衍用意)。

再见陆林,是毕业十五周年洭上聚会。我这次在机关里媳妇熬成婆,终于实现赴会叙旧的意愿。我见到的陆林,依然是当初那么年轻,在众多人到中年、多数有些发福的弟兄们中间,他脸上依然面无皱纹,腹部无赘肉,翩翩少年一个。常说做学问可以使人保持年轻和活力,他简直就是实证。那天,我们来到母校学园南门广场上,同学们或是按当年的小组和同室,或是按所来自的地市集体合照，在赵朴初老先生手书的校训碑前，我也兴致盎然，大叫一声："安庆的，来跟咱们的大老乡合个影吧？"安庆籍的同学们闻声都围拢在碑后和两侧，这时，唯有他不动步，眯着含笑的眼斜吊着我。我马上从人堆里出来，把他拉进合影队伍。他这时才笑对我说："我就是要看看你把我算哪里的？"我说，我当然知道安庆人中少不得你。上学时，我知道他的父亲陆洪非先生是安庆所辖的望江县人，而且在设在我们太湖县徐家桥镇上的太湖中学当过教导主任。共和国成立后，参加安庆文化部门的工作，在戏改中因整理改编黄梅戏《天仙配》剧本成功而调入省城。原安庆的几个县中，我们太湖、望江、宿松三县方言更相近，地处皖江上游，又是所谓大老乡。但我没有想到的是，他从小生长在合肥，还不知回过故乡没有，却仍然保持着爱故乡亲近故乡的情结。我所知道的这种隔代仍爱乡的人物在当代社会无独有偶，原中共中央常委、国务院副总理姚依林，生在南昌，成长在苏沪，读大学领导"一二·九运动"则在北平，始后一直在北方。可他1993年退休后，却坚持向省委提出要回故乡池州看一看。陆林也有这种情怀，我虽然没有跟他追根溯源，但知道这是陆老先生的故乡情结传承，以及乃翁高堂良好家教所致。从此，我对陆林又产生一层亲情。

到我俩有比较深入的交往，则是毕业20周年前后。这时，我到地方志部门工作。这地方在当时是个"好汉不愿干，但赖汉也干不了"的地方，人也不堪其忧，我却多少有些偷着乐。就是在这个岗位上，我得到了昔日的老同学陆林慷慨无私的帮助指教。是他，复审了我点校整理的明嘉靖《池州府志》，尽管我在学校里也是"好古之士"，古汉语学得多少有点自负，但干古籍整理跟他这已经做过二十年的专家相比，则是初生牛犊。初稿到他手里，他该费多大力气去修改订正可想而知。令我非常意外的是，他明知我是公家的事，却没有向我要任何报酬。我实在过意不去。2004年黄金周后，经我再三相邀，他才带着他的贤妻爱女来到池州小憩三天。他之所以能够拨冗到池州，主要还是受他复审的府志上所载诗文的感染，深知池州是个文化底蕴深厚的地方。在接到我的初稿时，他就边翻阅边说："哦，池州虞伯生到过，王居安也留有诗作。"这些宋末元代的古人，当时我尽管点断过他们的作品，却仍然陌生，而对他来说，则不啻是多年相知好友了。到池州后，头一天是在池州城附近的几个景点游览。上午去过大王洞，万罗山，步武李白、滕子京等人的遗踪。下午，我们登上了齐山，他面对齐山的摩崖石刻和巧夺天工的奇岩异洞，更是逡巡不忍离去，赞叹不已，说：这座山要是放在南京，什么清凉山、石头城都相形见绌了。陪同客人上齐山我也不是一回两回，但像他这样喜爱齐山的，我却少见。今天想来，是齐山有幸，时隔多年以后，终于又迎来一位真正对她倾情的"粉丝"和知己。

第二天，我们一起游览九华山。事先我问他是坐索道上天台还是步行上去，他说坐索道就没有意思啦。因此我们一行是翻越回香阁再从中闵园一步步爬上山的。在这一路上，我才知道他毕竟不是年轻小伙，我们两个，在行进速度上都不敌他爱人杨辉，甚至不如他女儿陆洋。当然，一路上我要指指点点给他当导游，他每逢景点都要留意观察，并且给出他驰骋想象后的比拟和评价，说话在爬山时也是不小的体力消耗。也是在一路上的闲聊中了解到他实际上血脂血压都偏高。多年的伏案工作和熬更守夜还是影响了他的健康。下山时，他主动提出要坐索道。也是在这一回，他觉得自己该加强锻炼，回南京以后，要在上下班途中，翻越清凉山步行。并笑指我的大肚腩说，你也该想想法子消除它。回去以后，他果然身体力行。听他的学生纪永贵讲：陆老师有毅力，天天爬清凉山。我电话问他效果如何，他说有效：血脂血压指标趋向正常。只是我对我在医院里工作的妻子说起此事后，我妻子说，人到中年，特别是血脂血压出了问题后，可不能剧烈运动，剧烈运动容易出问题。我说，爬山走路也算剧烈？她说，走路是对的，但爬山就是剧烈运动。电话中我把这信息告诉陆林，他说他觉得运动后身体特别舒服，没有在意。

以后，我过往南京，都要去向他求教。他对我写的一些地情研究方面的习作，都拨冗指教。每次去，他和杨辉都热情招待，都掏腰包请我到饭店里吃饭。我无以回报，送酒给他他不是豪饮之人，送烟给他他更是不沾。无意中，发现给他斤把绿茶和银鱼，他倒是受用得很。太湖山区是出产茶叶的地方，邻近的圩区县如怀宁、望江都是喝太湖的茶，口碑中的安庆特产有"潜山的麻，太湖的茶"一说，而银鱼则出产在太湖、望江二县共有的泊湖里，是该湖最为名贵的鱼种。喜欢吃银鱼的嗜好，倒是咱太湖、望江人共有的。大概是陆林小时候，其令尊能够收到故乡亲友的馈赠而没少吃过，也可能是爱乡及鱼吧？

2005年，病魔竟然纠缠上我亦友亦师的同学，陆林动了结肠肿瘤手术。事后我去看望他，他已经康复并恢复工作，一切都好像没有发生过。还是那么少年书生，聊起黄梅戏，我那时正是网上发烧友，我唱他母亲林青女士作词的《风尘女画家》中男主角《忽听琵琶诉幽怨》给他听，他听得认真，饶有兴致，他说他母亲诗词曲素养好，写的戏曲唱词是第一流的。还说道"祖国大地已回暖"前两字改为"神州"，"你临行前支起的画架依然未变"后四字改为"纤尘未染"更好。

也就是这一年，我的外甥女华东师大毕业，年龄却不过二十，也正是一个年轻人的逆反心理发作的时候。母校动员她考本校的研究生，她却怕沾老师印象分照顾之嫌，执意报考本校保送清华、北大的名额，据她说因不明原因而出局。暑假离校后又专门去北京租房复习，大有非北大、清华不上之慨。可又遇小偷，胆小被吓回了老家。我这舅舅想为她找个才升格的大专教书的工作岗位也告失败。这年下半年，她在家里多少烦躁不安，到十月份她说是去安庆招办报考，却在报考后恍恍惚惚地乘车到苏州，找到在一家服装厂打工的初中同学，说是要找打工的事做。我接到妹妹电话后连夜驱车去苏州接她回来，返程中从陆林家过。他帮我劝喻这孩子，说到真正要学知识做学问，不论在哪，只要有图书资料，有良师教诲，益友砥砺，都能做出好成果。并且，按现代大学防止学科近亲繁殖的政策措施，你在北大清华读书，却不能在这些学校教书工作。同时他跟我谈到，他收研究生，最怕的是那些基础不好的，有些学校是瞄准招研究生的考题开展教学，这样的生源，分数高知识面却很窄，发展潜力有限，硕士毕业论文往往令人不堪卒读。从这里，我又看到陆林身上的夫子情怀：得天下英才而教不亦乐乎！从他家回来后，我把我的外甥女留在我供职的池州复习迎考，在池州招办重新办理报考他们南京师范大学的戏剧研究专业方向的研究生，并顺利地被录取，更顺利地度过青春期的恍惚彷徨，毕业后走上新的人生坦途。

本以为陆林通过医生的高超手术而永远解除病魔困厄，哪知不久肿瘤又从别的地方长出来。他又动了一次手术。术后他自强不息，锻炼身体散步倒走中又重重地摔一跤，伤了脊椎。2008年，安大建校50周年，我们都回母校为她庆生。看起来，他仍然是精神饱满，依然年轻力盛。我呢，作为知情人，总是注意不离他左右。当我们走到老校园教堂主楼北面时，地稍不平，他一个趔趄，我连忙从侧后扶住他。他这时才告诉我：多亏你扶住了我。我身上打着一根钢筋，要是摔倒了后果不堪设想。这时，我才体会到我的老同学把母校和同学情看得多重。这样的身体，他本来该在家坐卧静养啊！于是我更不敢离开他,吃饭时挽着他上楼,饭后,挽着他下楼,送他上同学们开回南京的便车后方休。

　　从陆林生病以后,我看到的既不是一个一蹶不振,意志消沉,到处寻医问药的病秧子,也不是那种从此看破一切,万事不关心,放开自己的职责和事业,满世界溜达,游山逛水,尽量悠哉闲哉乐哉来延续生命的乐天派。如果二者居其一,他或许不至于这么匆匆地离去,甚至不会动第二次肿瘤手术。我看到的是一个既跟病魔抗争求生,又在与死神抢时间完成未竟事业的斗士。我看到他在家里亲自校对自己的论文结集,我看到的是经他整理而出版的古籍不时面世。他不敢假手他人,生怕自己做出的产品有什么瑕疵,贻误受众。偶尔通过电话找他,却得知他在各种学术研讨交流活动之中。在这种超常繁忙中,他也难得主动找我帮忙,我也帮不了他的什么忙,要问要交办的中多半是找找池州旧志上的资料信息。一天,他打电话给我,说是要找我点校的《杏花村志》中的清人王尔纲的《杏村醉雨》杂剧。我马上电邮软件。不一会,他就电话跟我说"那曲子里的'等闲闲'恐怕是'等闲间'"。又当了我一回"一字师",使未来要出版的点校整理本中避免一个不小的错误(产生的原因是原刻本用的是繁体通假,刻成"等閒閒",我未细审)。接着,他又向我索要王尔纲的生平资料,我通过东至方志办的同志查到《葛源王氏族谱》,据族谱资料也得以纠正《建德县志》谓王尔纲寿享八十八的讹误。而过不久,他给我寄来一本《皖人戏曲选刊·龙燮卷》(黄山书社 2009 年出版),其中对我所做的些微资料工作都录入出版说明,还把王尔纲的《杏村醉雨》也附录其中。最令我感动的是,他出版这部书的两个目的:一是为了完成其先父未竟之志,陆洪非先生生前即收集龙燮的资料,年高力衰后即嘱陆整理出版,可当时陆林忙于他事未经意。到他父亲离世他自己罹病后,他才意识到自己对父亲的拳拳之念有所违忤抓紧补救，以慰老父在天之灵。二是在他与父亲一脉相承，爱乡情深，他知道江浙一带的县市都在遵习近平总书记的要求和示范，在搜集整理乡邦文献，他或许以为家乡这边亦然，他要借此报答故乡之恩。我说我要把这本书转交给望江的领导，他叫我把望江的书记的通讯联络方式给他。我把安庆的太湖县同乡录中的望江书记的电话给了他。不知他事后是否打过这电话。也不知望江那边有什么反应。事后我才知道，这时候望江的书记在工作中碰到重大烦难。

陆林的这番为龙燮剧作的深入考证，又让我在已杀青的《池州市志》王尔纲传介中记下史实："郎遂《杏花村志》初刻（聚星楼版），王尔纲曾为之作序。《杏花村志》中其中除载有他的大量诗作外，还载有他的单出杂剧《杏村醉雨》。在池州文学史上，已知文人署名写戏曲剧本的，仅他与明万历间的铜陵人佘翘，为无独有偶。另外，望江县与他同时代的戏曲作家龙燮的戏曲处女作传奇剧《芙蓉城记》，是龙到建德县城他家做客时，被他们兄弟用激将法逼出来的。"还得以做脚注："南京师范大学研究员陆林秉承其父陆洪非（望江人，黄梅戏《天仙配》剧本整理改编者）遗愿，点校整理的龙燮剧作集中，载有龙燮自撰该剧创作始末，凿然言及此因由。因此，陆林特意请池州方志界修志人员访得方志、家谱所载王尔纲的生平信息资料，并将王尔纲的《杏村醉雨》载入龙燮集中。"

至 2013 年后，我因忙于 500 万字的通记体《池州市志》的总纂，少有时间去南京看望他。偶尔想念朋友就打个电话聊两句，侧面打听一下他的身体状况。开始，装作不经意地问他"还好吧"，听到的回答轻松而不乏幽默："托你的福，很好！"我也为他高兴，也直以为上苍有眼会一直为人间保护这时代稀有的真正搞文化建设的英才。直到有一次听到说他第二次做手术的地方又长出了肿瘤，而且医生说无法再在那地方做手术,只能化疗,他无力得话都不想讲,我意识到我的同学我的兄弟大厄已至,可我却分身无术。从此以后,我也再不敢直接给他问好,而是转向杨辉电询其近况。每次得到的信息多少都令人揪心。我的家庭也屡出变故。2014 年 12 月,我老母辞世,接着是老父亲三次住院治病。当然,也有喜事,儿子也在三十出头 2015 年结婚成家。也就在 2015 年暑期,陆林因肿瘤大面积转移,住进医院。我这时却在太湖县城租住在一家小饭店里,一边在那里扩充志书人物稿,一边在照料操持老父的住院治疗。大概也就在这期间吧,从赵山林发来的微信中得到一个令人欣慰的信息:在南京的某某(名称记不清了)学术讨论会上,陆林出席,身体和精神都很好。因此我在不可分身去南京看望他的窘迫中,在太湖城里给他寄去上述那他喜爱那两样特产以寓思念与慰问,也直以为奇迹会再次出现,上苍又一次惠护我的兄弟。到他逝世后,山林兄在微信中晒出他们在这次研讨会上的合影,发现陆林竟然是坐轮椅由他的学生推着出席会议的,脸上的白净不再,而是凝有紫癜了。我的赵老哥呀,你跟我一样,对自己的弟兄满怀良好的意愿,但你对他与病魔做斗争的艰辛、坚毅和勇敢的了解毕竟没我深刻。

到今年,我多次在合肥校定志稿,才知合肥的同学们已集体去看望过在医院里的陆林,说陆林处在垂危之中。我才在一个周末,乘上合肥至南京的高铁,总算没有贻误与自己的好兄弟生前告别的机会。我走进病房,看到我的葆有青春气息的同学兄弟,此时已经被疼痛压缩得蜷曲在床上,发出每一个音节都是十分吃力和痛苦的事。我叫他不讲话。我也不多说话。过一会儿,他要喝水,我总算给我的兄弟在他病中端过一回茶杯。病房里有梳妆台,还有其他的家用椅桌。我对陆洋说:"这房间还很有居家房间的意味。"陆洋说:"是妈妈从家里带来的,平时妈妈下班后也住在这里。"我默默望着陆林，心中说道：兄弟，你不幸当中又包含着幸福，你病中得到了夫人的倾心关照。你不像其他的屡经化疗的病人那样瘦得只剩透明的皮肤和骨头，你脸型未变，你的头发未脱落而且还是那么黑，看不出夹杂灰白。天哪！你何苦要夺走我依然年轻的兄弟，要知道，只要他不走，整理古籍研究文史的领域里就会多一颗睿智的头脑，就会有一个阐幽发微、纠错正讹的干将活跃在这个领域。这个领域需要他这样的诚实能干的学者，我们的文化建设需要有他这样的领军将帅。

我看到病魔在眼前如此残酷折磨我的兄弟，我不能再坐下去了。再坐下去，我怕忍不住我的泪水。起身起来，说："陆林，我返程的动车要开了，我得走了。你好好休养，多多保重！"陆林鼓足力气："谢谢！""不，是我该谢你，谢你对我的所有帮助！"我强忍着泪。平时，我有个大恩不谢的腼腆傻性子，对他，再不言谢，就没有机会了。

也是那次九华山游览，我才了解到他识事后就不记得自己是否回过望江。在天台上，我给他指点望江的方向，他深情地注目遥望。哦，那天我也邀他日后一起回望江看看，所以也就没有跟他细说：大别山西南坡，从岳西司空山那里开始，就被一条名长河的河流辟开成东西两半，在太湖县城那里长河出山，西北岸的山峦陡降为相对高度几十米最高百来米的小丘陵，往西折南再折东延绵到你我的故乡中间，又突然隆起为海拔近500米的香茗山，分为两座，分别称大茗、小茗。中间是锥形的莲花尖。在一片小丘陵中傲然兀立，雨前云涌雾罩，雨后白云缭绕，显得非常秀丽。在山阳直线距离40几千米处就是长江，船行江上可清晰望见她。山阴直线不到12千米就是长河，我家就在长河北岸。太湖、望江二县就以这香茗山分水为界。太湖东南二乡的民众对她固然亲切，而望江一县也仅这座香茗山为倚为望,更视为乡邦名胜,其文化积淀自然也十分丰厚。

  从医院里走出来,我心里默念的是:本以为有那么一天我陪你回父母之邦,再携手登临香茗山,看来这已经成为你我终生遗憾了!但香茗山一定会永远眷顾挂念她的优秀儿孙,会借助长空的悠悠白云、长江的滚滚波涛,招徕呼唤你和令尊等在外游子"魂兮归来"!

二〇一六年六月二十五、二十六日泣撰

一个把学问看得比生命还重的人

——怀念陆林教授

傅承洲

我和陆林教授是校友，1993年至1996年，我在南京师范大学中文系读博士，陆林在南京师范大学古籍所工作。虽然同时在校，却并没有交往。其原因一是中文系和古籍所是两个二级单位，没有共同参加的活动；二是当时博士生的培养方式基本上是师傅带徒弟，上课、指导论文都是导师负责，与其他人基本上没有什么交集。我和陆林认识是2004年10月在南开大学主办的明代文学国际学术研讨会上，会务将我和陆林安排住同一个标间。当时陆林在《文学遗产》发表了几篇与同行商榷的论文而名声大噪，研究小说戏曲的学者无人不知。我们第一次见面时，我想他可能不知道我，便作自我介绍。没想到陆林开口就说，我早就拜读过你的论文，徐朔方先生在《冯梦龙年谱》中都采用了你的学术观点。我当时非常惊讶，此人对学术动态了如指掌，而且记忆力惊人。晚上卧谈，从南师大的现状到学界掌故，从会议论文到他本人的学术兴趣，聊了几个小时。我印象最深的是，他说做学问，无论是义理还是考据，做到极致都是好学问。我想这就是他的学术追求，把学问做到极致。

此后我们经常在学术会议上见面，2005年4月，安徽师大文学院主办中国韵文学国际学术研讨会，南京师范大学去了一批老师，陆林教授也参加。会后爬黄山，陆林背着一个小包，走在最前面，陡峭的山路，如履平地。路上有位老师的衣扣掉了，陆林包里竟然带有针线包！陆林在生活方面和在学术方面一样严谨细心，这就是性格。

不久传来一个不好的消息，陆林患了癌症。我真是不敢相信，那个在黄山上健步如飞的陆林竟然得了重病。一般来说，癌症会有几年的发展时间，陆林登黄山的时候已经重病在身，只是没有发现。对于一个意志力坚强、生命力旺盛的人来说，病魔并不能影响他的工作和生活。癌症确诊之后，先手术，再化疗，治疗过程非常痛苦。化疗不仅要杀死癌细胞，也会杀死健康细胞，一个疗程下来，病人元气大伤，很多人在患上癌症之后，安心治疗养病，减少乃至停止工作。陆林生病之后，学术研究并没有受到影响，经常看到他有论著发表，经常在学术会议上见到他。2006年8月，哈尔滨师范大学主办古代小说国际学术研讨会，陆林携带论文与会。就在2005年年底，大病初愈，他就接受凤凰出版社的邀约，整理《金圣叹全集》，在会议结束之后，他到黑龙江省图书馆去看金圣叹著作的版本。2010年，我校主办中国古代叙事文学国际学术研讨会，大约在四五月份，我给陆林发了邀请函，他回电告诉我，刚做完第三次手术，是否参会要看身体状况。11月中旬，北京已是寒风凛冽，陆林来京参会，负责接待会议嘉宾的学生告诉我这一消息，我非常感动，马上赶到宾馆去看望，学生告诉我，陆老师放下行李后，便到国家图书馆看书去了。我当时就愣住了，这哪里是在做学问，简直就是玩命。大会发言，他还拿自己的病情调侃，说自己经过三次全麻手术，记忆力下降。2012年元旦，我到南京参加业师郁贤皓先生的八十华诞暨学术思想研讨会，抽空去府上看望陆林教授，真是屋漏偏逢连阴雨，几个月前，陆林在家附近的小河边倒走锻炼，不小心摔跤，脊椎骨折，卧床三个月，身体大不如前，外出就餐，不能久坐，中途退席。2014年10月，到南开大学参加《文学遗产》古代小说论坛，这是我最后一次在学术会上见到他，其间李剑国、陶慕宁、孟昭连三位教授作东宴请外地学者，餐馆距住宿宾馆估计不到一公里，大家都是徒步往返，当年在山上健步如飞的陆林，此时已无力步行，得小车接送。见此情景，我心情十分沉重，很为他的身体状况担忧。就是在这种身体条件下，他也舍不得放弃一次高水平的学术会议。他凭借顽强的毅力与达观的态度，与病魔抗争了十一年，在这十一年间，不断有高质量的论著问世，我先后收到的签名赠书就有《知非集》（黄山书社2006年版）、《求真集》（中华书局2011年版）、《金圣叹史实研究》（人民文学出版社2015年版）。还有《金圣叹全集》（凤凰出版社2008年版）、《皖人戏曲选刊·龙燮卷》（黄山书社2009年版）等古籍整理著作。就是一个身体健康的学者，也很难如此高产，身患癌症的陆林，付出了多少艰辛与磨难，只有他自己知道。他在《金圣叹史实研究·后记》中写道："不料次年春天，在万物欣欣向荣之际，二竖来袭，开刀、化疗中断了一切，那年是我的本命年。2007年获得国家项目，由于身体的原因和整理《金圣叹全集》，直到次年才重新恢复研究。尽管两年后病魔从结肠转场腹腔，且至今为虐不休，可谓'按下葫芦浮起瓢'，让我时时疲于应付，却再也未能真正阻滞过研究的进行。"说得多么悲壮！他在人生的最后几年，病情不断恶化的情况下，反而笔耕不辍，他用行动和成果为世人诠释了生命的意义。

承洲于二〇一六年教师节

著作永生

——对陆林兄的追怀

蒋寅

陆林兄离去已多日，伤悼和怀念所以没有倾注于文字，就仿佛一块沉重的压舱石，搬走它我的心会空虚得没有着落。多年来，喧嚣的学界风生水起，潮涨潮落，只要看见他想起他，心就如驶入平和宁静的港湾。他的存在，是中国学界的骄傲，是中国学界的荣誉，也是对我们的一个无声的激励。陆林兄60年的短暂生涯，病患占据了12年。从2005年罹疾到今年3月9日羽化，陆林兄以常人难以想象的毅力，搏击病魔，黾勉治学，完成了250万字的《金圣叹全集》编校，还打算与学生合作整理卷帙庞大的清诗名选《诗观》，已完成小传和评语的辑录定名为《慎墨堂诗话》，交中华书局待刊。12年间完成的工作量超过了300万字！这是什么样的学者？什么样的精神？是视学术重于生命的学者，是将学术等同于生命的精神！对学术的执着支持了他的生命，而他坚强的生命又照亮了学术，多年来他是我们心目中的一个奇迹！

我不能不承认，我对陆林兄知之甚少，只晓得他籍贯安徽望江，生长于戏曲世家，双亲都是著名的黄梅戏剧作家，改编过黄梅戏名剧《天仙配》，著有《黄梅戏源流》。他因此承传家学，一直对戏曲怀有浓厚的兴趣。自就读于南开大学，师从戏曲研究名家宁宗一先生，参加宁先生领衔的《元杂剧研究概述》《明代戏剧研究概述》二书的撰写，硕士论文又以《元代戏曲理论初探》为题，奠定了他戏曲研究的根基。日后招收研究生，除了古典文献学外，也指导戏剧戏曲学方向。曾为望江乡贤也是清初有名的剧作家龙燮编过一部专集，收入黄山书社版《皖人戏曲选刊》，后来又出版有《曲论与曲史——元明清戏曲释考》《求是集：戏曲小说理论与文献丛稿》两种著作。只不过因为他在清代文献研究方面的贡献更为卓著，学界一般都视他为清代文献专家，而较少注意他在戏曲方面的成就。以陆林兄自视之高及对学术的虔诚，我相信他的两部著作一定不乏独到的见地，很希望研究戏曲的学者能认真读一读这两部著作，对它们的学术贡献做出确切的评价。无论如何，陆林兄都是"50后"学者中最值得纪念的人杰之一。

我和陆林兄交往不多，甚至始于何时也不能记忆。我们互相知道或认识应该很早，但较密切的接触似乎与李灵年、杨忠先生主编的《清人别集总目》有关，他是此书的四位著者之一。这部书目是清代诗文研究一个里程碑式的作品，学界从此对清代别集的数量和收藏情况有了一个清晰的概念，结束迄今为止的盲人摸象的茫然无着之感。我出于受惠者的感铭和学者的责任感，仔细读完后写了一篇书评，以《一部清代文史研究必备的工具书》为题发表在《中国典籍与文化》2001年第3期上，在高度评价其贡献之余也顺便指出一些著录的讹错，由此得到几位编者的首肯，与陆林兄的通信也是从这个时候开始的。适值拙著《王渔洋事迹征略》和《王渔洋与康熙诗坛》出版，而这两种著作都是我涉猎清代文学的最初成果，不知深浅，很希望请一位学有专攻的学者给予批评斧正，就想到了陆林兄。我给他写信，请他为《王渔洋事迹征略》写个学术式的书评，多予指教、匡正，并说当今书评多为廉价吹捧，无助于学术进步，我辈应力戒此弊，诚心正学，以开一种严肃商榷的风气云云。他回信爽快地答应。

过了相当长一段时间，也许是两三个月后，他信告书评已写就，一共写了三篇文章：《蒋寅〈王渔洋事迹征略〉书评》，这是对拙著得失的全面评价，肯定它用功之勤、搜讨之广、体例之善，在今人所撰作家年谱中鲜见其俦，同时也指出考论未密、时有疏误的问题，后刊于《中国学术》2002 年第 4 期；《〈王渔洋事迹征略〉商订和献疑》，对拙著存在的讹误和混淆之处一一加以考辨、订正，后刊于《南京师范大学文学院学报》2002 年第 4 期；《〈王渔洋事迹征略〉拾遗补缺》，对拙著考论未晰的疏陋之处加以订补充实，后刊于我和张伯伟主编的《中国诗学》第 8 辑。三篇文章共计四万多字，对拙著做了全面的订补，其用功之深、考订之细，不啻如自家著书。说实话，当时我治清代诗学也近十年，但相对清代文献之浩瀚而言，只是略及皮毛，对清初史事和史料都不够熟悉，何况彼时我已订下撰写清代诗学史的计划，不可能在王渔洋一个人身上花费太多的时间，所以《征略》中提到的若干不著名人物，生平付之阙如。又因看校样时正值赴日访学，不知道 WORD 文档转换成方正系统内码字会出错，只粗粗看了行款格式，未细核文字，结果出现一些错字。陆林兄在《商订和献疑》一文中悉为厘正，匡我实多。虽然他在文章导言中也称引我信中所嘱，但能穷数十日之力，以四万多字的篇幅，为一位并无深交的同道写如此严肃的书评，并对原书做全面的订补，我不知道当今还有谁能做这样的事？或许像前人常说的，只能从古人中求之！

从此以后，陆林兄就成为我最敬重的少数同辈学者之一，常有书翰往来。偶或相晤于会议，论学之外，不及他事，可以说是君子之交淡如水。自闻说他罹疾，我深为担忧，每遇南师大熟人，都要询问他近况。但每次见他，却总是气定神闲，问起病情则淡淡地说就是那样，便岔开话题。我只见他脸色越来越灰暗，一天不如一天，他却依旧孜孜不倦地编校《金圣叹全集》，其间黄山书社于2006年出版了《知非集：元明清文学与文献论稿》，后来人民文学出版社于2015年又推出《金圣叹史实研究》。我心里觉得，他完全是靠着对学术执著的信念，才一年一年挺过来的。他长年化疗经受的摧残，与病魔抗斗的痛苦，除了身边的亲友，又有多少人知道呢？学界知道的只是他虽然重疾缠身，却仍一部接一部地写出他不朽的著作。他确实是我们心目中的一个奇迹！

　　陆林兄是个耿介的人，刚正的人，甚至也是很自负的人，但也是永不自满的人，更是很低调的人。他的渊博、他对明清之际史事的精熟，不同他讨论具体问题，不读一读他的《金圣叹史实研究》，是很难了解的。中国文学、艺术史上有很多畸人，像唐代的陆鸿渐，生平事迹一直停留在传说的层面。清代的金圣叹也是一个。陆林兄在整理金圣叹著作的同时，投入很多精力从事金圣叹史实研究。最引人注目的成果是《金圣叹早期扶乩降神活动考论》《〈午梦堂集〉中"泐大师"其人——金圣叹与晚明吴江叶氏交游考》两篇文章，令人信服地考证出明清之际出入高门贵邸、名重一时的泐大师，就是金圣叹！由此打开一个重新认识金圣叹的新视角。

　　2004年10月，我应邀回母校南京大学演讲，23日上午造访陆林兄，坐谈片刻，中午同学巩本栋兄请饭，一起喝了点酒。这是我和陆林兄聊学问最从容的一次，留下很愉快的记忆。当时我正做金圣叹诗学研究，陆林兄问我认为金圣叹诗歌批评最大的特点是什么，我对以置身于具体情境中体会诗意，他再问这是出于什么缘故，我推断出于批戏曲、小说形成的习惯。陆林兄笑道，这正好说反了。他告诉我最近考证清楚，明清之际活跃于江南一带、留下许多传说（最著名的是和叶小鸾的对话）的僧人泐大师，就是金圣叹，当时他有一个班子，出入于豪门贵邸扶乩降神。这种勾当最擅长察言观色、揣摩人意，于是金圣叹练就一套善于体度人情的本领。我不能不承认他说得有理，佩服他的见解有穿透力，后来我在《清代诗学史》第一卷中征引他的研究，将这一假说写到了书里。

这虽是个文学批评的问题，但却得自金圣叹交游考的发现。交游考历来是学界热衷的研究题目，然而许多论文只是毛举人物往来事迹、证据，说明人物之间有交谊关系，其他毫无发明。陆林兄所撰金圣叹相关人物交游考则不然，通过各种资料的细密推考，一个由名、利、势、力关系交织的明清之际江南文坛的"场"一层层、一片片地浮现出来。多年后结合《诗观》入选诗家的生平考证，他逐渐勾画出一个以金圣叹为中心的人际关系圈子，它同时也是清初江南文人的交际圈。我常对后辈学人说，做交游考只有做到陆林先生那样，才有学术价值！

翁方纲《友说》尝云："友者所以化气质，析疑义，广见闻也。出处之未信，畏吾友焉；言行之或疏，恃吾友焉；鄙僿之未释，须吾友焉。故其友之也，知友之以友道自处，又知其以友道处我也。"陆林兄就是这么一位可以信赖的畏友、诤友。历历回想和他的一次次会晤，都是亲切，那么珍贵。除了那次造府上拜访，2008年4月在南图看书，巧遇陆林兄和孙书磊、徐雁平二君，蒙书磊招待午餐，四人座谈甚欢。我在安徽大学举办两届清代文学国际学术研讨会，都邀陆林兄出席，第一届是2012年9月，他出席了，并在闭幕式做了很有深度的发言；第二届2015年8月，他已虚弱得不能出席，会间大家说起，无不为之怃然。没想到半年后陆林兄竟奄然化去，我正在香港访问，惊闻噩耗，不及远奔面诀，默诵陆游悼朱子之辞，以寄哀思："某有捐百身起九原之心，有倾长河注东海之泪，路修齿耄，神往形留，公殁不亡，尚其来飨。"同时一句很久以前看到的话久久盘旋在脑际："一些学者人还活着，但他们的著作早已死亡；一些学者人虽故去，但他们的著作将永生。"这正是为陆林兄这样的学者说的。

陆林兄的离去，让学界失去一位杰出学者，更让我痛失一位真正的道义之交，一位不可再得的诤友！我甚至记不清是否和陆林兄有过单独的合影，如果找不到，那将是此生莫大的遗憾！聊可欣慰的是，他惠赠的著作都排列在我的书架上，每看到它们，陆林兄的音容笑貌就浮现在眼前，而他低沉的嗓音也仿佛还会在电话那头响起……

新知故友圣叹缘

——忆陆林教授

张小钢

2011年1月的一天，北京的友人、中国人民大学的牛贯杰教授给我来了一个邮件，告诉我南京师范大学的陆林教授给他去了一个邮件，说他是搞金圣叹研究的，想跟我联系。牛教授问我告诉他我的邮址行不行。我说可以是可以，不过我早就不搞金圣叹研究了，也许不能给他什么帮助。很快，陆林教授就给我来了一个热情洋溢的邮件，信中说，现在国内研究金圣叹的论文多如过江之鲫，但能够打动他的不多。他看到我在2001年和2002年国内发表的两篇论文，很感兴趣，因此开始千方百计地找我。最后，他从谷歌上看到牛教授的博客提到我，于是他给牛教授去了一个邮件。我为陆教授把我当成"知音"，不惜花费时间和精力"以文会友"的认真劲儿所感动。

于是，我们开始了交流。陆教授给我传来一些他的论文，我认真看了他寄来的每篇论文，我很佩服他的细致严谨的考证，还有深厚的学问功底。那一段时间，大概有几个月，我像得了病一样，放下手头的研究，每天都通过邮件和陆教授讨论金圣叹的问题，受益颇多。陆教授对日本学界研究金圣叹的情况也很关心，他曾经向我约稿，题目定为《近百年日本研究金圣叹概说》，由于我十多年没有研究金圣叹，虽然重新搜集了一些资料，需要时间进行整理和消化。再加上我现在从事的工作——日本中国画题的研究放不下，终于未能向陆教授交稿。

和陆教授交流不久，我收到了他给我寄来的《金圣叹全集》（凤凰出版社），他辑校整理的这部全集，共六册，较之我研究金圣叹时所用的《金圣叹全集》（全四册、江苏古籍出版社），显然在内容方面增幅很多，而且，在版本的校勘、内容的考证、佚文佚诗的钩稽等方面下了很多功夫。另外，作为附录，《金圣叹年谱简编》是陆教授倾注了二十年考证的结晶，这对金圣叹研究的后来者，无疑是重要的参考文献。来而不往非礼也，我决定为全集写一个书评，向日本的学界介绍一下陆教授的研究成果，这篇书评发表在『東方』（2011年11月期）上。也算是我对陆教授的一个敬意吧。题目本来想写《金圣叹研究的新的里程碑》，但"里程碑"译成日语是"一里冢"，考虑到陆教授的病，我觉得不太吉利，最后改成了《吹入金圣叹研究的新风》[①]。尽管如此，我还是觉得陆教授的诸多考证性研究，不仅突破了改革开放以后张国光教授等诸先贤在政治上对金圣叹重新评价以后的停滞感，而且继承和充实了陈登原老先生对金圣叹考证的研究体系，更是厘清了几百年来杂陈在史料中的含混不清的问题。虽然有些问题还有待后来者继续探索，但陆教授在金圣叹研究上所做出的重大贡献无疑是值得肯定的。陆教授的诸多研究成果，得力于他的考证性研究方法。我们知道清代学者的考证学达到了考证研究的顶峰，这些方法对日本的学界产生了很大的影响，由于种种原因在国内却得不到更多的重视。作为长期在日本生活的我，觉得陆教授的研究更接近日本学者的那种扎扎实实的研究。

① 張小鋼「金聖嘆研究に吹き込んだ新風——陸林教授と彼の『金聖嘆全集』」,『東方』369号，2011年11月，28-31頁。

在《金圣叹全集》后记里，我看到陆教授在 2005 年就患了癌症，而且在做了五个月化疗之后，才接受了这个二百五十万字全集的编辑工作。我感到很吃惊，这对正常人尚且是超负荷的工作，又何况是个癌症患者呢！我去信问了一下陆教授的病，他告诉了我癌症的种类，淡淡地说，他的心态很好，每天还锻炼身体，没有什么问题。我和内人查了一下网上，说是这种病很严重，最多只能存活八个月。我们都吓了一跳。于是，我决定去一趟南京。那年的冬天，我飞到上海，又乘坐高铁到南京，陆教授亲自去车站接我，我根据全集的照片，一眼就认出了他，他看上去一点都不像病人，走路如风。晚上，陆教授夫妇热情款待了我。第二天，他带我转了转鬼脸城，我们还特意去了一趟三山街，那里曾经是金圣叹被处刑的地方，现在已变成繁华的大街，很难想象四百年前血雨腥风的场面。第二年，我和内人去南京和陆教授夫妇一起度过了一个新年。那以后，我出差路过上海，我又特意去探望了一次陆教授，那次，他因为运动时不慎从河堤摔了下去，把腰摔伤了。但他的精神状态依然很好。最后一次，大概是和我的恩师今鹰真教授、杉山教授以及内人一起去的，陆教授夫妇虽然不能陪同，但让其女陆洋带我们游览了中山陵、夫子庙、秦淮河等名胜古迹。每次访问，都受到了陆教授夫妇的热情款待。

这些年，我们虽然没有再见面，但还保持着联系。有人来日本，陆教授还托人带来他亲自煎炒的核桃仁。是夫人杨辉砸核桃去皮，然后由陆教授煎炒。我听说以后很感动。我当时赋诗一首，但因拙于诗才，最后两句苦于冥思，就放在了一边。前些天，见到了陆教授的夫人杨辉和女儿陆洋，我又想到了这首未完成的诗。现将此诗的后两句补上，并录如下，以作为对陆教授的感谢和追思之情：

谢友人陆林教授赠胡桃一盒

君送我一盒，我还君一张。

桃花潭千尺，谢君情意长。
剥壳又煎炒，夫妻二人忙。
新知成故友，胡桃味犹香。①

2015年，陆教授给我寄来了刚刚出版的《金圣叹史实研究》（人民文学出版社）。接到这本书，我感到很吃惊。因为在给《金圣叹全集》写书评时，陆教授曾告诉过我他的这本史实研究的构思，因此我在2011年的书评最后写道："我期待着他的《金圣叹史实研究》和《金圣叹年谱详编》的早日出版。"预计他第二年大概可以付梓。现在看来，这部巨著远远超过了他先前告诉我的内容，这大概就是这几年一拖再拖的原因吧。我再次感到了他对学问一丝不苟、精益求精的态度。而他的《金圣叹年谱详编》将以何形式出版，尚不清楚。也许，他宁缺毋滥吧。前几天，见到杨辉女士，得知《金圣叹全集》将要再版，不知这次是否有修订，《金圣叹年谱详编》是否会代替《金圣叹年谱简编》？

说来也不可思议，今年三月的一天我到北京时，中国人民大学的牛贯杰教授到饭店来看我，正当我们谈到陆教授时，突然陆夫人杨辉来了一个短信，告诉我们陆林病逝了。这个消息虽然是迟早的事情，但还是令我十分震惊。得新知始于牛教授，失故友终于牛教授，起承转合，缘也。短短五年，陆教授突然出现在我的面前，又突然消失于我的视野。却像流星般，在我的人生中划过鲜亮而重重的一道痕迹，令我永生难忘。他那种踏踏实实地读书，"十年磨一剑"的治学态度自不待说，他那种为人诚恳，不趋炎附势的做人精神，正是当今学人所需要的，也是我所敬重的。

二○一六年十一月二十五日于日本名古屋明伦居

---

① 作为答谢，我将一张自己摹刻的浮世绘赠给陆教授夫妇。

江东有才俊，清逸学林称

——读《耆年集：陆林文史杂稿三编》兼怀陆林教授

倪培翔

陆林教授生前枕上授简而编集的晚年论文集《耆年集：陆林文史杂稿三编》，在他弟子的精心编辑下，在陆林兄故去一周年的时候，由人民文学出版社出版了。生前陆林兄交代夫人，书出，分赠友人，我忝列其中，书的前环上印上一方红章，"恭呈雅教敬请惠存陆林谨赠"，十二个字亦篆亦隶，古雅端庄，见印章如见陆林兄古道风雅，摩挲书的封面，翻看其中彩插照片和许多文章，陆林兄音容笑貌一一呈现面前，如闻謦欬，如今月沉星坠，兰摧玉折，事业未竟，斯人已逝，人天相隔，曷其悲哉！岂不痛哉！

陆林兄安徽望江人，出身戏曲之家，父母都是编剧，他的父亲就是黄梅戏电影《天仙配》的编剧，出版过《陆洪非林青黄梅戏剧作全集》（安徽文艺出版社 2012 年版）。他家学渊源有自，自小聪颖刻苦，嗜书如命！他 1982 年本科毕业于安徽大学，1983 年又负笈津门，师事宁宗一先生，1987 年毕业于南开大学，获硕士学位，1988 年分配到南京师范大学，先在古文献研究所，后至《南京师大学报（社会科学版）》，历任编辑、副主编，文学院研究员、戏剧戏曲学博士点学术带头人,在元明清文学文献研究、戏曲研究方面卓有成就。《耆年集:陆林文史杂稿三编》是他的收山之作,也是他第三本自选集,分上下编,其卷首语中,将编集的初衷及心路历程袒露无遗,是在病榻上为人生谢幕而编,为了怕辜负友朋的好意,掩流露感伤情怀,经反复斟酌定名为《耆年集》,借用《礼记》"六十曰耆"之义,自谓时年人生虚龄刚好 60 岁。他英年早逝,但读他文章,自有俊逸老笔在。

我与陆林兄相识是从 2002 年 4 月约他做《朱柏庐诗文选》开始的,原来只是耳闻他的大名,未有交往。我的故乡昆山市政府拟出版昆山三贤顾炎武、归有光、朱柏庐诗文选注丛书。朱柏庐,名用纯,字致一,号柏庐,除《朱子家训》名扬天下外,他的诗文从未有人整理出版过,这是一个拓荒性选题,出版时间又急,经过商量,物色作者,只有陆林兄最适合,于是请他帮忙,难为他古道热肠,一口答应,经过三个多月的努力,高质量完成了。2002 年 10 月《昆山三贤丛书》如期出版,成为当年昆山市金秋经洽会的礼品,倍受好评。《耆年集》书中收的《朱用纯诗文题解》及《朱柏庐生卒年和别号》二篇即是那次稿约的成果。

陆林兄学术成果中最杰出的当推金圣叹研究,形成了系列学术成果:首先是辑校整理《金圣叹全集》,充分显示了原创性古籍整理的重要学术价值和文献价值,为金圣叹研究提供了完备的、可靠的文本,为明清文学研究提供了重要作品文献资料,这是迄今为止金圣叹作品文本研究中成果最丰硕的一部全集。其次,知人论世,对金圣叹交游生平的考证研究,《金圣叹史实研究》是其研究成果的结集,解决了金圣叹生平的许多疑点难点,呈现出方法论的实证成果,将金圣叹史实研究提高到一个崭新高度,当今学界无出其右者。学界评论认为是一部兼有史实研究价值和方法论示范意义的重要著作。鉴定专家认为，它以学术史梳理、疑难问题辨析、事迹佚作编年订补和交游探考为结构，以史实考索的细密坚实为质量追求，以新史料的发现和新结论的形成支撑点，达到了对金圣叹一生行迹的基本勾画。在具体研究方法方面，一方面构建了由家谱、各级方志、地方科举史料和郡邑乡镇诗文总集组合成的文献系统，将传统的文献研究法推向了科学、专业、有效的高度，另一方面采用了以史实研究"复现"人物心史和人文生态的研究思路，为明清文学及文化研究提供了深度推进和视域拓展之可能，并由此探索和揭示了史实研究之于明清文学及文化研究的方法论意义。《耆年集》书中又收入有关金圣叹研究的文章五篇。陆林兄的金圣叹研究从文本整理到交游考证，探赜索隐，钩玄提要，兀兀以穷年，孜孜以不倦，在考证和义理上都是超越前贤。

陆林兄视学术为生命，尤其是患癌症动手术之后，他自知来日之无多，以超出常人的毅力和精力，与生命抢时间，其学术成果迭出，发表学术论文47篇，其中一级权威期刊9篇，二级权威期刊6篇，出版专著7部；获得国家社科基金项目2项、教育部项目1项、省社科基金项目1项。他先后出版著作有：《元代戏剧学研究》《知非集——元明清文学与文献论稿》《求是集——戏曲小说理论与文献丛稿》《曲论与曲史——元明清戏曲释考》《金圣叹史实研究》，合著《元杂剧研究概述》《明代戏剧研究概述》，整理出版《皖人戏曲选刊·龙燮集》《金圣叹全集》等。其中《知非集——元明清文学与文献论稿》2007年获江苏省第十届哲学社会科学优秀成果奖二等奖；《金圣叹全集》2012年获江苏省第十二届哲学社会科学优秀成果一等奖；《话说金圣叹》2014年获江苏省第十三届哲学社会科学优秀成果二等奖。

凡是与陆林兄接触过的人，与他交谈，无不围绕学术，他读书之多，对文献之熟稔，思路之清晰，记忆之超群，让人佩服！在他生命的最后日子里，他苦中作乐，工作不辍，他写下《无题》诗：

> 甲午七月初，病魔复来袭。
> 尿血日以频，腰疼日以剧。
> CT加PET，症状遂明晰。
> 前者缘劳累，后者因瘤起。
> 腹瘤啮椎骨，波及神经系。
> 治以射波刀，伤人不留迹。
> 五脏六腑裂，肠胃功能靡。
> 阵痛伴腹泄，体惫精力疲。
> 整日惟在床，难以坐与立。
> 不能开电脑，诸务皆废弃。
> 书稿欠数节，无奈且搁笔。
> 校样置枕旁，只看千四余。
> 朱主戏曲编，旁观如在壁。
> 杜倡别集事，只能虚委蛇。
> 谅我与罪我，一任君之意。
> 西非埃博拉，南京青奥聚。
> 美俄忙暗战，巴以交攻急。
> 电视时相陪，仰观天下奇。
> 人生苦与乐，焉知无伏倚。
> 明夕好友来，相会欢何极！

他的好友朱万曙教授立即作《答无题》诗奉答：

> 江东有才俊，清逸学林称。
> 穷览书万卷，下笔更有神。
> 文情论典籍，素心看古今。

铁肩担道义，赤胆待友人。
天公亦嫉妒，偷投疼身菌。
几番磨折苦，十载抗大病。
勇与魔鬼搏，毅力人钦敬。
我与君相知，卅年数谊情。
君文我细读，君才我深领。
君笑我亦笑，君疼我亦吟。
自信驱魔力，还君强健身。
把盏何当醉，论文挥拳争。
闲来访青山，泛槎江湖深。
相期复相约，问君应不应？

一唱一和之中，见证陆林追求学术之挚和执着友情之真！陆林兄就是以这样的生命精神状态面对病魔折磨，钟爱他为之奋斗不息的学术事业。正当他厚积薄发，学术成果屡出之际，病魔夺去了他生命，他遽归道山而去！如果假以时日，他的学术成就将无可限量！惜哉痛哉！

如今捧读《耆年集：陆林文史杂稿三编》，我感觉他永远活在学术的天堂里，他在学术的天堂里获得了永生。

才名千古不埋沦

——纪念陆林教授

冯保善

转瞬间,陆林教授返归道山已经四个多月了。他的大著《金圣叹全集》《金圣叹史实研究》等都在手边,不时翻阅。前些时,因为撰写一本关于苏州才子冯梦龙的小书,还曾经专门从中做了摘录引证。由此,想起了孟夫子的一番话:"以友天下之善士为未足,又尚论古之人。颂其诗,读其书,不知其人,可乎?是以论其世也,是尚友也。"孟子认为,读古代圣贤的著作,如同和他们进行心灵的对话,和他们交友,是为上友古人。今读故人遗著,宛然如见其面,音容笑貌俱在,陆林兄又何尝离开过我们!

与陆林教授的最初交往,记得是在 1987 年的秋天。那时,他刚从南开大学研究生毕业,分配至南京师范大学中文系古籍整理研究所,我则是南师大中文系古代文学专业元明清小说戏曲方向三年级的研究生。因为所攻领域相同的缘故,或许还有别的什么具体的原因,记不大清楚了,总之彼此很快地相识了。陆林兄思维敏捷,认识敏锐,言辞犀利,在最初的交往中,便给我留下了极深刻的印象。谈话中,还知道他与宁宗一等先生合撰的《元杂剧研究概述》

即将面世。当时的出书,远不像后来那么容易,因此更油然生出一种仰慕崇拜之情。

随着交往的增多,友情日渐加深。友朋相聚,或是在会议上,每年总会有不少次见面的机会。交谈中得知,陆林兄任职南师大以后,在 1990 年代很长的一个时间段内,其主要的精力,投放到了全国高校古委会重点项目"清人别集总目"的编纂之中。2000 年,《清人别集总目》由安徽教育出版社出版,署名分工显示,陆林教授是首卷的主编,并执笔撰写了"凡例"及 200 多个姓氏作者的别集提要。仅此,已经是何等繁重的工作量。而在他自己,则是十分看重为这一项目所付出的辛劳及其收获,也多次谈起过这一项目的完成深刻影响了他的治学道路。从他日后学术路径由"论述"到"考论"的"世纪"转移,也确实可以感知,这段学术经历,在他的学术生命史上,具有着相当重要的意义。

而每当有了得意的著作,陆林教授也常常以他惯有的一丝不苟的风格,用他清新秀丽的硬笔楷书,题名相赠。他的著作《元代戏剧学研究》《知非集》《求是集》《金圣叹史实研究》,论文《生命的最后一次欢会——金圣叹晚期事迹探微》《金圣叹早期扶乩降神活动考论》《金圣叹姓名字号异说辨考》《鲁迅、周作人论金圣叹——明末清初文学与现代文学关系之个案考察》等,我都有幸得到了他的赠本。

2008 年,江苏省明清小说研究会换届,陆林教授当选为学会副会长。本人忝为副会长兼秘书长。于是,在友情之外,我们更多了些工作上的来往。当时的陆兄,已是身患重症,但对于学会的工作,还是保持着他为人一贯的风格,较真,热诚,倾全力支持,不肯有丝毫的马虎。有三件事,最令我感动:一是 2008 年秋天,学会开始筹备在江阴召开"夏敬渠《野叟曝言》与中国古代才学小说海峡两岸学术研讨会"。在宁的学会同仁开会,讨论分工。以陆林教授的身体,原本作顾问即可。他却是很认真地提出,自己是学报编辑,有经验,要任会议论文集的编辑工作,并且是不容商量。后来,他也果真是一篇篇地审读,又根据与会者提交论文的内容,颇具匠心地精心分类,做成了精美的电子论文集。上下两册,数十万字的论文集,文件过大,是分成两次发到我手中的。二是2009年,由我牵头,学会同仁承担了江苏省哲学社会科学界联合会委托项目"文学江苏读本"。申报的时候,想到了关于金圣叹的一本,陆林教授是最具有权威性的人选,于是写了他的名字,心里惴惴的。不曾想,在和陆林教授谈及此事的时候,他竟爽快地应承了下来,并且很实在地说,因为还有其他事情不能耽搁,这本书要他承担,他需要找人协助才成。后来,他找了他得意的门生,南通大学文学院张小芳教授执笔,在他研究成果的基础上,完成了《话说金圣叹》一书,颇受审稿专家的好评。三是他的夫人杨辉老师成了江苏省明清小说研究会的"义务会计",为学会义务管账。文史类学会,纯粹的民间学术团体,成员多为高校的教师、研究机构的研究人员、文史爱好者,是大家戏称的无专职人员、无办公场所、无固定经费的"三无"民间组织,也被人戏称为"丐帮"。近年来,因为加强管理,民政部门规定,各学会必须有独立的账户,有财务管理人员。于是,作为学会领导的家属,因了陆林教授的动员,杨辉老师便尽心尽职地做起了江苏明清小说研究会的"义工",义务劳动一直做到了今天。

孟子主张的知人论世,于古人如此,于今人又何尝不然。结合陆林教授的为人,我们对他的学术,或许会有更深切地把握。有学者评价陆林教授,说他是"有名山事业心的学者"(邬国平先生语)。我总觉得,在陆林教授身上,完美体现了做人与作文的统一。人、文合一，臻于妙境。在他而言，生命便是学术，学术便是生命，学术与生命成为完整统一的有机体。因为学术生命力的超凡旺盛，使他得以战胜疾病痛苦的折磨，在肉体生命的最后十年中，表现出了令人不可思议的坚韧毅力和创造力，创造出了令人难以置信的卓越业绩。从他的《金圣叹史实研究》所附《本课题前期研究论文目录》可窥一斑，其有关金圣叹史实的研究，刊发论文40篇（实际数字不止此，此后仍有论文刊发），其中38篇刊发于身患重症以后。其代表著作《金圣叹史实研究》，即在此基础上完成。事实上，这十年里，他的研究成果，另有《金圣叹全集》辑校，《知非集》《求是集》《曲论与曲史》编选，《梅鼎祚戏曲集》校勘等。正因其人、文合一，学术与生命的合一，以《金圣叹全集》《金圣叹史实研究》为代表，他的学术生命之花，也在人生最后的十年里，有了最绚丽的绽放。

古人云："太上有立德，其次有立功，其次有立言，虽久不废，此之谓三不朽。"关于"立言"之"不朽"，人们以为可分为两种：有文以人传，有人以文传。前者可举乾隆皇帝的例子，已刊《清高宗御制诗文全集》，收录诗歌作品多达43000多首，数量上算得上中国诗人之最，且以其九五之尊的地位，所有作品得到了完整保存。但曾几何时，后世读者，更有几人读过爱新觉罗·弘历的诗篇，哪怕是仅仅读过一首？后者以张若虚为代表，一首《春江花月夜》，孤篇压倒全唐，至今脍炙人口，流传不衰，千秋万代的人们，铭记着作者的大名。金圣叹友人曾赋诗悼念圣叹云："纵酒著书金圣叹，才名千古不埋沦。"陆林教授曾以后一句为题，论述金圣叹事迹和著述。布衣学者陆林教授，原本就是以他的学识和著作为人所知所赞，其有以生命浇灌而成、为学界赞叹不置的各种著作在，亦必然英名常在，千古不磨！

在学术世界中永生！

——悼古代文学研究著名学者陆林先生

蒋永华

笔者按：接到陆林先生逝世的电话，我便紧急赶往省人民医院一间会议室，参加陆林先生逝世善后事宜的会议。参加单位统一安排的内部会议、慰问与悼念活动。其中一项安排就是由我起草陆林先生逝世的讣告，因为手头有基本写作资料，有参考样式，我原以为当晚一个小时便足以完成的任务，竟然缓慢而又艰难地写到凌晨3点半才完稿。尽管陆林亲属及有关专家领导实际敲定的文字甚少，但我写作的心态则是诚惶诚恐，如履如临，陆林先生的音容笑貌不时在眼前浮现，我生怕遗漏了什么。当天上午我就把文章发到网上，以示哀悼之意。其间，还有过断断续续的修订。某种意义上，这是一篇充满个人色彩的扩写版讣告。都说文章有法，文无定法，因为敝帚自珍之故，姑且我就保留这样的文体吧。这里，还我要特别提及两点：一是在陆林先生的告别仪式上，编辑部的全体在职人员、退休人员及五任常务副主编悉数到场，这堪称编辑部史上最为隆重的送别仪式。参加送别的《南京师大学报（社会科学版）》五任常务副主编是：江苏省高校学报研究会原理事长吴增基教授，国际文化教育学院院长段业辉教授，中北学院时任院长赵仁康教授，法学院院长蔡道通教授，编辑部主任王永贵教授。参加送别的退休的老同志是：江苏省高校学报研究会原副理事长、自然科学版原常务副主编孙德泉老师，社会科学版原副主编常根荣老师，工程技术版原编辑室主任刘健老师。学报质朴厚道的人际关系，静水流深，震撼人心。二是在2016年6月27日发布的《我校2015年度"十位年度人物"和"十项主要科研进展"评选结果揭晓》的校园新闻中，陆林先生《金圣叹史实研究》被评定为2015年度南京师范大学十大科研进展之一，陆林先生始终学术在场，依然还在为文学院赢得荣誉，他理应含笑于九泉之下。

享誉全国的古代文学研究学者，《南京师大学报（社会科学版）》副主编，南京师范大学研究员、博士生导师陆林先生因病医治无效，于2016年3月9日16时15分在江苏省人民医院不幸逝世，享年60岁。

陆林先生1957年12月生于合肥市，汉族，籍贯安徽望江，中共党员。1982年元月毕业于安徽大学中文系，获文学学士学位。1987年6月毕业于南开大学，获文学硕士学位。1987年至1999年在南京师范大学古文献研究所进行文学古籍的整理研究，1999年至今在学报编辑部从事文史编辑工作，并在文学院承担研究生的指导和教学任务。他分别于1990年、1995年和2001年获得研究系列的中级、副高和正高职称，2003年被评为古文献专业博士生导师。现为南京师范大学研究员，《南京师大学报》（社会科学版）副主编，戏剧戏曲学二级学科博士点带头人，全国古代戏曲学会理事，江苏省明清小说研究会副会长；先后担任元明清文学和戏剧戏曲学硕士生导师，文献学和戏剧戏曲学博士生导师。

陆林先生长期从事中国古代文学的教学与研究工作，曾为本科生和研究生开设多门课程，为文学院的教学与研究生培养付出大量心血，为文学院古代文学学科的建设与发展做出了重要贡献。

陆林先生学养深厚，精于中国古代文学研究，尤其擅长明清文学的研究，主要学术方向是古典戏曲理论和文献研究、明清文学史实和实证研究、明清文言小说整理研究等。曾主持"国家'八五'重点规划图书""中国古籍整理出版'九五'重点规划"项目各一项，承担全国高校古籍整理研究项目多项。

值得一提的是，陆林先生2005年5月做了结肠癌手术，2010年发现癌症转移到腹膜又做了第二次手术，11年来他一边积极治疗，一边从事学报编辑工作与教学科研工作。仅就他患病后的近10年（2006—2015）不完全统计，他以惊人的毅力忘我工作，与死神赛跑，发表学术论文47篇，其中一级权威期刊9篇，二级权威期刊6篇，这些成果散见于《文学遗产》《文艺研究》《古籍整理研究学刊》《文史》《文史哲》《江海学刊》《江苏社会科学》等学术期刊，其中有多篇被人大复印报刊资料转载，有的则被《新华文摘》全文转载或论点摘编，在学术界乃至社会上都产生了应有的反响；出版专著7部；获得国家社科基金项目2项、教育部项目一项、省社科基金项目一项；著有《元代戏剧学研究》《知非集——元明清文学与文献论稿》《求是集——戏曲小说理论与文献丛稿》《曲论与曲史——元明清戏曲释考》《金圣叹史实研究》，合著《元杂剧研究概述》《明代戏剧研究概述》，整理出版《皖人戏曲选刊·龙燮集》《金圣叹全集》等。其中《知非集——元明清文学与文献论稿》2007年获江苏省第十届哲学社会科学优秀成果奖二等奖；《金圣叹全集》2012年获江苏省第十二届哲学社会科学优秀成果一等奖；《话说金圣叹》2014年获江苏省第十三届哲学社会科学优秀成果二等奖。

他主持的国家社科基金项目"金圣叹史实研究",2012年以鉴定"优秀"结项,同题成果《金圣叹史实研究》,2014年入选"国家哲学社会科学成果文库",总字数71万字,并由人民文学出版社2015年出版。这一度成为当年的重要的校园新闻,是迄今为止的8项"文库"入选者之一。

陆林先生的研究成果《金圣叹史实研究》历时十五年而成(一说是二十年成书),是一部兼有史实研究价值和方法示范意义的重要著作。鉴定专家认为,它以学术史梳理、疑难问题辨析、事迹佚作编年订补和交游探考为结构,以史实考索的细密坚实为质量追求,以新史料的发现和新结论的形成为支撑点,达到了对金圣叹一生行迹的基本勾画。在具体研究方法方面,一方面构建了由家谱、各级方志、地方科举史料和郡邑乡镇诗文总集组合成的文献系统,将传统的文献研究法推向了科学、专业、有效的高度,另一方面采用了以史实研究"复现"人物心史和人文生态的研究思路,为明清文学及文化研究提供了深度推进和视域拓展之可能,并由此探索和揭示了史实研究之于明清文学及文化研究的方法论意义。陆林先生视学术为生命,醉心于科研,忍受了常人难以想象的痛苦与磨难,他生命不息,工作不止,矢志于古代文学与民族文化研究的文化精神令人感佩不已。

他是一个典型的人文学者,但是他更像自然科学工作者一样多了些在学术研究中求真、顶真的思维特质,有时身上难免有一股倔犟的脾气,于"冥顽"中散发一种追求真理的执着。我也几次见证了他那股较真劲头,只是我把他概括为古代文学领域具备学术批评的精神气质。他肯定不是一个愤世嫉俗的人,但他确实是一位充满学术批评精神的人,甚至因为世纪之交发表在《文学遗产》上的一篇学术批评论文而在古代文学界声誉鹊起,他从此也与《文学遗产》

结下了不解之缘。他在《文学遗产》上发表文章之多,影响之大,在同业人员中,简直可以用"羡慕嫉妒恨"来形容。

他的那篇被评论界视为2001年度重要论文的,就是发表在《文学遗产》2001年第1期上的《〈中国文言小说总目提要〉初读——有关作者史实缺误商兑补苴》。我们无妨将业界精彩点评抄录如下:

陆林的论文是针对一部已经有了"定评"的古代文学的工具书提出的具体批评。乍看似乎过于琐碎细微,也很难引起普遍关注。但读完却可以得到许多在文章具体文字之外的感悟。它之所以令人印象深刻,是因为文章提出的问题不论大小,没有一处属于学术观点的争执,而全部是属于实实在在的误读误用资料。然而,严肃的学术论著充斥着这类错误(有人叫作"硬伤"),早就引起了学术界关注,特别是对于工具书,这些具体问题(细节问题)带来的后遗症已经产生了意想不到的负面效应。作为"捅破"这一层"糊窗纸"的人,陆林将如此之多的精力与时间投注到为一部在学术界已经有了"资料翔实、考辨精当";"有功学术、嘉惠士林"美誉的"重大成果"挑错,从根本来说也是一件"有功学术、嘉惠士林"的工作。

生活中,他未必是一个幽默风趣的人,但他肯定是一个个性鲜明的人。因为疾病缠身,他把更多的寄托都放在了学术志趣方面,某种意义上,学术就是他的全部身家。他说过,他是拿命换学术成果。有时,一字、一词、一标点,他格外讲究。他会为某一段文字不应当发表,为了某一个条款必须遵守,某一个用法必须坚持,某一个理由不足以成立,不惜与其他著名专家学者争得面红耳赤,甚至形同陌路。一些年轻人在投稿碰壁后,都希望能够讨教发表的秘诀。我可以通过陆林先生的事迹告诉有兴趣的年轻人,秘诀之一就是敬畏学术，尊重编辑，遵守业已形成的期刊编排规范，"入乡随俗"。陆林先生在写好论文后，总是根据欲投稿的期刊格式要求，一丝不苟地做到位。在其生前，我们还专门切磋交流过这一问题。众所周知，中国学术期刊因为种种原因，仅就格式这一块，就"五里不同风，十里不同俗"。作者要学习、阅读、研究期刊，适应期刊，而不能倒过来让期刊适应自己。尽管期刊界不乏"客大欺店、店大欺客"的现象，但年轻人保持一份虔诚与谦逊的心，总是有益无害的。人心不同，各如其面。民间有"刀子嘴，豆腐心"一说，或许也是解读的视角之一，想必他的学生们都或多或少"遭遇"过他严苛的批评。另外也需要指出的，有的文学教授觉得三鞠躬无法表达内心情怀，甘愿在其遗像与众人面前虔诚地行跪拜大礼；有的已经读了他的博士后，因担心过不了出站报告考验关而中途怯阵溜之大吉。事后反思，或许能体悟到老师在严厉背后一片冰心在玉壶的学术情怀，悄然送别昔日老师最后一程。

经典的马斯洛层次需求理论，学界大都耳熟能详。人的需求按照层次由低到高分为五类：生理需求、安全需求、社交需求、尊严需求和自我实现。按照此理论，他所有的满足都要仰仗学术去满足？我不得而知，也不便妄加评论。但是，有一点，毋庸置疑，因为学术，他令人刮目相看；因为学术，他似乎特立独行；因为学术，他显得超凡脱俗。甚至因为学术，他还与人打起了笔墨官司与官司，并获得了胜诉。仅就他患病后的十年里，我以为不必写一言一语，只要做两件事情，就足以知晓其抗衡病魔追求学术的非凡之处：一是打印出他的住院及医疗费全部清单，二是打印出他的全部学术研究成果清单。如果把这个清单作为背景资料，竖立一块无字碑，足以产生震撼人心的力量。字字看来皆是血，十年辛苦不正常。他耐得住寂寞，独钓寒江雪；他不甘于守成，更上一层楼。他用全部生命与热忱诠释了学人的本真意涵,他是地地道道、彻里彻外、当之无愧的学人。我们或许在世俗中获得了一点小快乐,他则在学术中获得了永恒的快乐。他修筑的学术地宫富丽堂皇,我们之中的大多数人都将命中注定是学术世界中的匆匆过客,而他则不然,他必将在学术世界中获得永生!

作为学报副主编,因为兴趣、分工、身体的原因,他出席学报界的会议未必有多少次,但他以发表的方式实现了与高校学报界的交流互动,传播了学术思想,交流了学术成果,深化了学界友谊。刊发其论文的学报有:《复旦学报(社会科学版)》《中山大学学报(社会科学版)》《暨南学报(哲学社会科学版)》《西北师大学报(社会科学版)》《江西师范大学学报(哲学社会科学版)》《上海师范大学学报(哲学社会科学版)》《河北师范大学学报(哲学社会科学版)》《河南师范大学学报(哲学社会科学版)》《中央戏剧学院学报》《安徽大学学报(哲学社会科学版)》《南京师大学报(社会科学版)》《南京师范大学文学院学报》等。以学刊为媒介,以文会友,当传为学界佳话。当编辑界还在热议编辑学者化的是是非非时,他已经身体力行地树立了学报编辑学者化的行业标杆,拓展了学报编辑的学术空间,凸现了人文学者的学术气象与情怀,彰显了学报编辑的价值与意义。很多时候,他在学术批评过程中所折射的凛然之势、浩然之气显得神圣而又庄严。

作为学报的副主编,陆林先生勤勤恳恳,兢兢业业,任劳任怨,他是学报社科版编辑团队的核心成员与学术骨干,先后协助五任常务副主编、四任主编开展工作,他和团队其他成员一起为《南京师大学报(社会科学版)》从普通学术期刊到全国中文核心期刊、中国人文社会科学核心期刊、中文社会科学引文数据库(CSSCI)来源期刊,乃至教育部名刊工程入选期刊做出了突出的不可磨灭的贡献,赢得了学界的尊重与口碑,他的英名必将伴随着学报而载入史册!

陆林先生一生热爱教育文化事业及编辑出版事业,醉心于学术研究,无论讲坛执教,还是学苑笔耕,他都光明磊落,敢于直言,善于求真,干在实处,勇于担当,其学识和人品深受理解、接受他的师生的尊敬和爱戴。也许是近水楼台先得月之故,陆林先生曾经三度题签惠赠著作于我,最近的一本就是《金圣叹史实研究》,这是能够承载他学术荣誉的代表作,是身体处在非常时期的学术非凡之作。陆林先生有其睿智慧敏、心思细密的一面,现在回忆起来,他似乎还隐含着向我们告别留念的意味。这不禁让人想到司马迁在《太史公自序》中的金句:"昔西伯拘羑里,演《周易》;孔子厄陈、蔡,作《春秋》。屈原放逐,著《离骚》。左丘失明,厥有《国语》。孙子膑脚,而论兵法。不韦迁蜀,世传《吕览》。韩非囚秦,《说难》《孤愤》。《诗》三百篇,大抵贤圣之所为作也。"陆林先生不也如此吗,遭遇地动山摇的人生变故,承载着一生心血与荣耀的巨著宛若飞来石一样横空出世。真可谓"都云作者痴,谁解其中味"。我想,有一些内在动力可能需要从著名的张载四句寻求答案:"为天地立心,为生民立命,为往圣继绝学,为万世开太平。"《金圣叹史实研究》含有为中国文学史填补空白,为往圣继绝学的学人使命。陆林先生曾经说过,文学史实都没有弄清楚,何以写作、传授文学史呢。这或许就是他在人文学科中一以贯之践行的科学思想、科学态度、科学方法、科学精神吧。在陆林先生早年生活的城市合肥与本科就读的安徽大学旁边,就坐落着名闻遐迩的中国科学技术大学,我臆测,或许他接受科学技术思想的辐射与熏陶要比其他人文学者更为得天独厚吧。

陆林先生沉浸于金圣叹研究世界，他仿佛穿越时空，与金圣叹如影随形，难解难分。当下及后人研究金圣叹的学者事实上已经无法绕开陆林先生。他卓越的学术成就，源自他强烈的学术使命感和对中国古代文学学科的深刻洞察与痴迷，折射出一个成功学者崇高的学术品格：在浮躁中气定神闲，在迷茫中矢志不移，在磨难中百炼成钢，在平凡中常寓非凡，在绝境中绽放光芒。春蚕到死丝方尽，蜡炬成灰泪始干。陆林先生在人生最为艰难的日子，奏响了最为感人肺腑的生命华章。陆林先生的所作所为就是学术世界的《命运交响曲》，那么高亢、激昂，催人奋进。这是在饱尝人生磨难、忍受身体与心灵的伤害后，向命运发出的挑战与呐喊，是孤独的诉说，是病痛的呻吟，是愤懑的宣泄，是对命运捉弄的应诉，是对人生多舛的拷问！出师未捷身先死，长使英雄泪满襟。如果顺风顺水，家学渊源的陆林先生生活是殷实富足的，位于外秦淮河畔的高端温馨居所，温婉贤惠美丽大方在机关工作的妻子，聪明伶俐高颜值在海外攻读博士学位的女儿，生活足以过得红红火火、幸福如意，病魔则残忍无情地袭扰了这一切。因为疾病缠身，他的人生充满悲情；因为著作等身，他的成就堪称辉煌。在我看来，他就是学术界的悲情英雄。英年早逝，情何以堪，我们为失去这样一位优秀的教师、著名的学者和卓越的同人表示沉痛的哀悼！

享誉全国的古代文学研究著名学者、博士生导师陆林先生千古！

补记：1999年，学报编辑部贴出了两份招聘启事，我和陆林先生先后在这一年半路出家进入学报编辑部工作。他是春季进入的，我则是秋季进入的。殊途同归，同舟共济，屈指算来，我们一起共事了18年，其中不乏面对面在一起工作的几年。我们当初进入编辑部的动机是完全不同的，他向往学术研究，认为自己从事的古籍整

理研究工作本身就是相当于替古人做编辑。他仿佛当年的进步青年奔赴延安，期待更有作为的发挥舞台。他是属于有志者事竟成的人。事实证明，他如愿以偿了。而我却更像是时代潮中随波逐流的普通一兵，虽阴差阳错却作茧自缚，随遇而安。他成就了一番有目共睹的大事业，是古代文学的著名学者、编辑家，我则硬生生地把自己做成了不堪回首的学术快递员、编辑匠，这或许就是人们津津乐道的石墨远不及金刚石的原因吧。无论是歪打正着，抑或是心驰神往，能够与陆林先生共事多年，都是三生有幸。我们有过同事之间的磨合与互动，有过推心置腹的沟通与交流，有过紧张严肃的工作，同样有过团结活泼的娱乐与休闲。大别山、茅山、黄山、井冈山、滕王阁，都见证了我们登攀的身影，木渎古镇、无想寺、天生桥、太湖、千岛湖、新安江，都曾经伴随我们度过了一段轻松惬意的时光。正是由于知根知底，我们始终保持了一定程度的默契。美好的过往，鲜活生动，往事历历在目，恍若昨日。陆林先生是立体的，丰富的，仁慈的，善良的，刚烈的，公道的，正派的，睿智的，慧敏的，决绝的，执拗的，伟大的……尽管我希望包罗万象，但难免挂一漏万。他注定是写不尽、道不完的人物。人们可以仰视他，也可以平视他，但绝对没有理由俯视他。对于他，我们唯有温故知新，常读常新。

2015年中秋之夜，冥冥之中似乎有一种力量在驱使，我没有预约就直接前往陆府探望陆林先生。歪打正着，恰好相逢在花开四季小区院内。彼时，他们似乎已经提前享用中秋晚宴，正准备驱车返回医院。陆林先生坐在轮椅上，神态安详，他还记挂着工作一事，我劝他安心静养。他的弟子们则围拢在他的两侧，他的爱妻则忙着收拾住院的物品。中秋之夜的月亮格外耀眼，如同白昼。月亮的光芒与夜幕下的路灯，仿佛给周边涂抹上了一层净白空蒙的色调，别具一种阴柔之美。我与陆林先生的寒暄与交谈都尽量压缩，但那短暂的时刻，却像一幅美好的画面定格于我的脑海，充满了诗情画意。现在回想起来，愈发充溢了足够的遐想与回味空间，也充满了心灵的慰藉与温馨。李白的《把酒问月》、张若虚的《春江花月夜》、苏轼的《中秋月》及那首妇孺皆知的《水调歌头》词，都萦绕心怀，真可谓"月亮代表我的心"。随着时光的推移，那个本来寻常之夜越来越具备非同寻常的意义，那就是我们心中的古典诗词之夜、古代文学之夜。无论我们是文学的外行也好，是文学的内行也罢，似乎都已经不太重要，重要的是我们抱持着不变的人文情怀。当我们脚踏实地，仰望星空时，敢问什么才是永恒？我想，有时美好的瞬间就是永恒。"天若有情天亦老，月如无恨月长圆"，但愿人长久，永远共婵娟！

二〇一六年七月二十九日
定稿于南京市建邺区嵩山路晶园寓所

真性情　真朋友

——回忆陆林先生

张廷银

我和陆林先生交往十四年，他留给我的最深刻印象就是一个"真"字——真性情，真朋友。

第一次认识陆林先生，是2002年11月安徽大学徽学研究中心在徽州举办的徽学学术会议上。那时自己对徽学一无所知，连听会都不太合格，对陆林先生的论文及发言全无印象。倒是在会后的黄山考察活动中，与陆林先生及其他几位爱好运动的学者一起行动，和他有了较多的接触。发现他其实非常健谈，也很愿意与人交往。有时也会互相说点笑话，一起哈哈大笑。记得在爬山时，我不经意间说的一句话，逗得他坐在地上，笑得半天直不起身来，样子可爱极了。我就觉得这个人有意思，可以交往。之后，他到北京出差，总要抽空到国图看书，我知道后就利用吃饭时间一块聊聊，渐渐了解他所研究的题目和学术见解，感觉他做学问非常注重材料，也很注意用材料来论证，走的是典型的以材料来说话的学术路子。

2003年11月，我所在的国家图书馆举办了地方文献国际学术会议，我邀请陆林先生参加。当时我参与具体的会务工作，很难有时间和学者坐下来聊聊。但有一个上午的会议讨论话题似乎比较轻松，不用做太多服务工作，也可以稍微自由一点，我和陆林先生坐在会场最后一排的角落处，谈了很多。其中对我影响最深的是，他根据自己的学术体会，鼓励我更多地关注方志、族谱等特殊文献及其资料。当时我已经在任继愈先生的指导下，开始留心方志中的文学批评资料并有了一定的积累和感受，对于他所说的问题容易理解而且极为赞同。记得他建议我从方志、族谱中积累一些相关的资料，顺手在纸上写了"捞在碗里就是肉"，还进一步解释说，别看那些似乎没有什么价值的资料，只要把它们集中起来，公布出去，就成了有用的东西。他这句话不仅积极肯定了我正在做的方志资料辑编工作，还直接启发我进一步在族谱中发现并汇辑文学批评资料。今天我能在方志、族谱等民间文献的整理和研究方面做出一点事情，首先要感谢任继愈先生的点拨，其次则要感谢陆林先生的不断鼓励和交流。但在他生前每次和他说到这些，他也只是非常实在地针对具体问题提出自己的意见，而从不认为是在指导和帮助别人，让人感到平等和自然。这是真正的学术朋友所具有的无私情怀。

陆林先生的严谨和较真在文史学界是出了名的，并因此也曾引起一些误解和矛盾。这些误解和矛盾，我们这些处于所涉专题之外的人难以遽下断论。但陆林先生为了一个学术问题而直言朋友之失，则是我亲见、亲历，因而印象极深。人民文学出版社周绚隆先生和陆林先生私交很深，他曾坐硬座车探望病中的陆林先生，陆林先生病情加重后，家里人也曾多次将他的病历和X光照片交给周绚隆先生，委托他向北京几家大医院咨询病情程度。二人可称莫逆之交。但是，我曾听陆林先生讲，周绚隆先生对于某个问题的解释不准确，而这个问题陆林先生本人恰好已经在某书中讨论过了，于是，周绚隆先生请求明示具体位置，陆林先生却不直接告诉，意思是要他亲自去阅看。对至交朋友都如此，可见他对待学术之真诚，对待朋友之真情。我自2006年从事《文献》编辑工作后，陆林先生都要很认真地阅读每期刊物，有些文章还有很细致的点评或批评。而他写给我们的意见，则大多是指出其中问题的。属于我们编辑的失误就虚心接受，属于作者的失误则以适当的方式转告他们。有的作者看到这些批评还很感谢我们，其实真正应该感谢的则是陆林先生。记得我们有次接到了一篇与陆林先生研究领域相关的稿子，就转请他替我们把关。很快就收到了他的回复，先是很详细地说明了有关情况，最后则慨叹他有牛刀杀鸡之感。一方面指出文章的不足，另一方面也善意地批评我们审稿不细。至今我们编辑部的同事们都以陆林先生的这句话为警示，尽可能仔细地审阅来稿，尽量不拿毫无意义的稿子去徒耗审稿专家的劳动。

近十多年，不断听到陆林先生身体的不好消息，却也不断读到他的最新研究成果，尤其是他在外面表现得非常达观，大家心里虽有担忧，但仍然抱有无限的祈愿。因此，当他近两年很少出来活动时，大家才感到那个最不愿看到的结果越来越近了。即使如此，陆林先生对于朋友的邮件和短信仍然第一时间及时回复，从来不拖延。对于朋友们委托的事情，他也是尽快地予以处理，有时我们如果没有及时跟进，他反倒不断地催促。也许是他觉得自己的时间不多，不愿意对朋友们留下什么遗憾。

去年国庆假期，我征询过周绚隆兄的意见后，就专程去南京探望陆林先生。出发前给他发了一条短信，他非常高兴，说一定留出时间要请我吃饭。这哪里能行，我当然谢绝。但他还是坚持说以他当时的身体状况以及医生的建议，完全能够外出活动。可见他仍然把友情放在第一位。我无法再申辩，但到了南京之后没有马上告诉他，直到第二天早晨出发的前一天晚上吃过饭后，才直接去了他的病房，我就是不想给他留出要出去吃饭的空间。听了我的行程安排，他可能有些遗憾甚至不满，但他躺在椅子上都很吃力，基本依赖输入营养液维持生命，他就没有再说什么。从病房里退出来，他仍然只能斜躺在床上，目视着我离开。我不敢回头去看，因为怕自己的眼泪先流下来。3月1日再去南京师大开会，很想和同时与会的杜桂萍老师一起去看看陆林先生，在会场遇到赵生群先生，询问陆林先生的情况，他说大概不太好，因为他们也想去看望，但家里人说不太方便。听了这个情况，我们的心里都紧了一下，但又觉得这时候去可能真的是打扰。谁知仅仅过了一周，3月9日晚上8点52分，就接到用陆林先生手机号发出的不幸消息。一位真性情的真朋友永远地离开了我们！

在去年国庆节间探望陆林先生时，我经过反复思考，最后决定把自己近年主持整理的《缪荃孙全集》全套15册随身带了去。交给他时，一再说先不忙着看，等身体恢复了再说。但他还是坚持当场就拆封，并表示他看到什么问题就记下来告诉我。我一方面不愿意他看，怕增加他的身体负担，尤其是其中讹误很多，或许还会惹他生气，但另一方面，又特别希望他能仔细地看看，帮我发现错误，以便进一步修正。失去这样一位真朋友，是我们大家实实在在的遗憾。

同舟风雨十余载　踽踽独行忆故人

——怀念陆林先生

孙书磊

十一年，在一个人的一生中算不上漫长。然而，作为专业上的唯一同事，我和陆林先生携手走过了十一年艰难的时光，不可谓不漫长。

十三年前，由王星琦先生、陆林先生和我共同申报，南京师范大学获得戏剧文学博士学位授予权和戏剧戏曲学硕士学位授予权。十二年前，面向全国招生，专业导师即我们仨，我们开玩笑戏称"三驾马车"。十一年前，王先生退休，"三驾"变成了"二驾"，而"二驾"之一陆先生又病倒，是为雪上加霜。今年三月九日，陆先生离开我们，"二驾"遂落为"匹马"！

在我与陆先生仅凭二人之力支撑一个二级学科的十余年间，我们有着大致的分工，更有着密切的合作。院里安排他负责博士点，我负责硕士点。具体地说，除了各自负责指导自己名下学生的学位论文，他主要负责博士点的规划发展和博硕士点的人事，我主要负责硕士点的规划、博硕士点的学科评估等。我考虑到他的身体状况，凡我能够做的诸如填表、学生日常管理、课务安排、开题、答辩、学术讲座之类的事务性工作，不论硕士点还是博士点，都会在征得他的同意后全部主动承担下来，让他有充足的时间休养。遇到关键问题，二人都会主动与对方商量。在研究生教学中，二人如同乒乓球运动的"双打"，一前一后，一左一右，相互配合，做自己该做的事，又给对方预留发挥的空间。

  回首往事，感受最深的是陆先生在教学上的看似"无为"实则"大为"之法，很值得借鉴。专业只有两个人，默契很重要。在对研究生的教育与教学中，我俩的配合是很默契的，而细究起来，则他似乎更威严些，我更柔和些。这样的配合不是事先约定，而是自然形成的。陆先生并非不和蔼可亲，在平时与师生的交流中很平易近人，甚至在有些紧张的气氛里如学生开题、答辩，为了缓解紧张空气，他还会特意说些笑话引发大家一笑。即便如此，我依然观察到很多学生先是很怕他，后却将惧怕变成了学习的动力。这或许是因为陆先生特有的教学之法使然。他不止一次对我说，学生不来找你，你不必找学生，因为学生没有读书、研究，提不出问题，即便你作为导师去找学生谈话，学生也没有问题向你请教，没法交流，所以，关键不是导师要如何督促学生，而是学生自己要如何认真对待自己的学业，如何认真研读与思考。我认同他的看法，但我总怕有的学生不能理解陆先生的这番良苦用心，故而我会经常主动找学生督促其将更多精力投入学业。有的学生因没用功于学业而无法与陆先生交流，结果自然是被陆先生严厉批评。对于这样的学生，我则寻找机会鼓励和帮助他们尽快进入研究状态。教育的过程，既需要当头棒喝，也需要及时引导，两者不宜偏废，陆先生和我无意之中应了这两种不同的行当。

  陆先生在治学上的一个突出特点，是深入细致地探讨对象的心路历程。这与其业师宁宗一先生是一致的。宁先生长于研究小说中的人物心理，体现了研究者性格上的细心与周延。陆先生同样有此擅长，也体现了同样的性格特征，所以，能够在繁乱的材料之间寻绎出一条别人不经意的事理逻辑。这是很好的治学路径。陆先生对我们专业所处的位置和如何发展也常操心万分。戏剧戏曲学作为一个专业，存在一个自身的矛盾：除了当代戏曲之外，这个专业覆盖下的中国古典戏曲、现当代话剧和外国戏剧等研究方向都早已隶属于不同的学科（中国古典戏曲隶属于中国古代文学，中国现当代话剧隶属于中国现当代文学，外国戏剧隶属于外国文学），相互之间几乎没有共性，与原来所属上一级学科下的其他研究方向却有着更多、更直接的联系。于是，戏剧戏曲学作为一个独立学科的发展，就势必会经常遇到一些难以处理的尴尬局面，而各方面对此的意见也较复杂。我和陆先生在王先生退休之后的十余年里，苦心经营这个专业，所遇到的艰难困苦非此专业内的人是无法体会和理解的。在这种情况下，陆先生的细心与周延在很多时候能够一定程度上缓解这一困境，但也因此使陆先生心力交瘁。有时我甚至会想，陆先生的病倒和不幸离世，与其心力用得过多有一定的关系，此诚可谓鞠躬尽瘁！

学生虽然分在两人名下，但实际上基本没有区别。每年和新生见面时，我们都会向学生一致强调，专业只有两位导师，我们是一家人，不分彼此。要求学生不要有门户之见，主张学生向同专业的另一位导师和其他专业的更多老师请教。我们说到也做到了。由于我每周都给博硕士一年级的学生上两门课（每学年给研究生讲中国古典戏曲史论、古典戏曲理论史、古典戏曲文献学和戏曲研究方法论四门课），并经常召集二、三年级的学生在一起讨论读书心得，交流开题、论文撰写心得，所以与学生们见面机会多，陆先生的学生问我问题的很多，我都耐心地讲解。我的学生也会向陆先生请教问题，陆先生也都热情解答，常把病房当作课堂。一次，曾因长时间给我的一名学生解答课题研究中的困惑，而导致身体不适，这既让我十分感动，更让我为他的身体担心。

十多年来，无论是自己的导师与否，我和陆先生的博硕士生们都体谅老师们的种种不易，用心体会我们的指导和教育，更懂得感恩。2005年春，陆先生被查出直肠癌，这正是戏剧戏曲学专业第一届研究生入学的第二学期，也是陆先生开始给研究生上课的第一个学期的开学时候。清楚地记得，第二天上课，第一天他住院了。从此，在十一年多的时间内，住院、出院、再住院、再出院，就像医院的候鸟，春来夏往。每年陆先生总要住院化疗、放疗一两次，医院也辗转了好几家。我安排我和他的学生到医院轮流值班看护。学生们为了节约路上时间，常常直接翻越位于省人民医院和随园校区运动场之间的那堵墙和汽车天桥。我也跟着学会和习惯了爬那堵墙和那架天桥。他见到我，总会关心地询问专业和学生们的情况。我知道他没有忘记学校的工作，没有忘记学生，更知道他没有多余的时间和精力与我和学生们交流，便叮嘱去看望的学生要注意控制好说话的时间。我自己也如此。一天中午，我因上下午都有课，就趁中午时间翻墙，进入到他病房，房内静悄悄的，他在闭目休息，我未敢打扰他，在房间静静地等候了半小时，最终又悄悄地离开。学生们一茬一茬的，在校的，毕业的，他带的，我带的，大家不分彼此，只有一个共同的心愿，希望陆先生能够早日康复。十余年来，学业与医疗，请教与指导，关心与感恩，成为我们这个专业活动的主要生活。大家忙着、累着，却无人嚷着、怨着。俗语有言"久病床前无孝子"，可是我们的学生却能自始至终照顾陆先生，这是我深感欣慰的，陆先生也一定有同感。

一个人活在世上，遇到谁，和谁共同走过一段时光，是有缘分的。我到南师大从事学术研究至今,已度过了整整二十个春秋。在南师大戏剧戏曲学专业这个小小的家庭里,我和陆先生相互尊重,协商配合,携手同行,带着一群有志于学习、研究中国古典戏曲的博硕士生们,风风雨雨走过了十多年。十多年里,他呕心沥血,将生命之灯燃到了最后。十多年后,在专业上我形单影只,四顾无人,唯有苍凉与悲怆伴我踽踽独行。

斯人已逝,感伤万千,遂酹而赞曰:元曲传奇,延及圣叹,总是穷究心路;理论考证,兼顾雅俗,始终泽被后学!

崚嶒傲骨在，日月自光华

——回忆和陆林老师交往的点滴

许伯卿

转眼，陆林老师离开我们已经半年多了。从早春二月的料峭，到草木衰飒的晚秋，一岁光景又将流淌过去。半年多来，工作、家务之余，特别是夜深人静之时，读书，思考，写作，心骛八极，思接千载，是非成败，翻滚浑茫，孤寂悲戚的心灵在无边的暗黑里搜寻岸边那忽隐忽现的灯塔，飘飞的思绪最终被现实中具体的人和事牵挂羁绊，每当此际，和陆林老师交往的点滴，便如夏夜倏忽的萤火，古寺屋角的风铃，划亮我的耳眸，从脑海中浮现出来。

我和陆林老师的交往，是从 1999 年下半年开始的。那时，我在南京师大跟钟振振先生读博士，投了一篇关于李贺的论文给南师大学报。一天上午，我在寝室看书，忽然有人敲门，扭头一瞧，见一位理着短发、身材瘦削的先生，手里握着一本书，正微笑着站在门口。我赶紧起身，招呼他进来，让出凳子请他坐，自己则退到床沿。来人坐下，把带来的书放到书桌上，自我介绍说："我是陆林，学报的编辑，看过你写李贺的稿子，感觉不错。"其时我虽已在《中国韵文学刊》《湘潭大学学报》和《辽宁大学学报》等刊物发表过一些论文,我没想到自己第一次给学报投稿,就能得到陆老师的认可,不禁惊讶地"啊"了一声,连声说"谢谢"。只听陆老师接着说:"嗯,就是论文格式,得按要求改一改。还有,个别地方的表达过于散文化了。"我马上回答:"一定一定。请陆老师多指正!"陆老师看了看我,话锋一转:"论文的规范很重要,否则难称严谨;但也不能写得干巴巴,甚至语法、逻辑不通。我个人比较喜欢有才气有文采的论文。我的导师宁宗一先生,写文章内容扎实,文笔又好。实不相瞒,我看上你的稿子,主要就是因为它的表达不错,只是个别地方过了,所以需要改一改。"如此快人快语,没有一点师长的架子,我是感激、惊讶又惭愧,一时竟不知说什么好。见我发愣,陆老师一指桌上的书,说:"这是我最近出的一本书,送给你做个纪念。"说完,陆老师就要起身告辞,并叮嘱我尽快将论文改好。

事后我才知道,陆老师是个审稿极为严苛的编辑。博士生们平常聊天,感叹古代文学学科古老,从业人员太多,审稿周期漫长,论文发表困难,希望能近水楼台先得月,在本校学报上一篇,自然就说到陆老师,但每到这个时候,大家都是满脸的敬畏和失落,异口同声:"想在学报发文章,太难了!"读博士的先生里面,有的已经小有成就,出版过专著,但都没能拿下陆老师这块阵地。我写李贺的这篇论文,现在看来还是比较幼稚的,我与陆老师又素不相识,这说明陆老师对于在读的博士生们,还是比较照顾的。

来往时间稍长,彼此熟悉了,陆老师有一次对我说:"文章首先是表达。语言不过关,内容再好也白搭。好马配好鞍,才能驰骋自如。你们楼上有位博士,都副教授快评教授了,投过几篇给我,疙里疙瘩,一逗到底,前不断后不乱,实在看不下去。"我庆幸自己在中学做教师的那些年,一直坚持诗歌、散文创作,严守语法、修辞规范,有一定的形象思维能力,语言表达勉强过得去;但我也深知自己读书少，文献底子薄，兴致上来，也不太讲究论文的规范，需要提高的地方很多，所以陆老师的这些话，于我都是教诲，我一直记在心里，引以为戒。

在我看来，陆老师的导师，宁宗一先生的文风，是闻一多、李长之、李健吾的路子，以思辨和才气见长。本以为陆老师作为宁宗一先生的高足，又那么崇敬宁先生，治学与文风也会一如其师。但等我拜读陆老师赠我的《元代戏剧学研究》一书，才知道陆老师治学不但理论分析深入透彻，而且文献意识极强，恪守学术规范，长于考辨，所以既解决了不少重大理论问题，又澄清了许多历史事实。我把自己的阅读感受整理成文，送呈陆老师审阅，陆老师非常认同我的看法，随后他又修改甚至删掉一些他认为褒扬太过的文字，把这篇书评投到北京中华书局主办的《书品》上发表了。我至今还记得他对我说的话："人不可无傲骨，但不能有骄气。学术研究有一分材料说一分话。书评文章看似容易，实则难写，无原则的阿谀和贬损都不是学者应有的态度。"这是我和陆老师之间的第一次文字之交。

我和陆老师的第二次文字之交，是2001年他从江苏古籍出版社接受《朱柏庐诗文选》的任务。这一年，我博士毕业，紧接着便到苏州大学师从杨海明先生做博士后。一天，接到陆老师的电话，问我最近有没有空。我一听，知道陆老师有事需要我做，便回答不忙，有作业尽管布置。陆老师告诉我，昆山市政府和江苏古籍出版社共同推出"昆山三贤丛书"，选注顾炎武、归有光和朱用纯三位昆山籍大儒的诗文，请他负责朱用纯卷，完成《朱柏庐诗文选》。陆老师说，市政府赶时间，任务紧，他已邀南师大图书馆的吴家驹先生帮忙，负责散文的评析，而诗歌这一块的评析工作，希望我来做，助他按时完成任务。虽然陆老师多次对我说，他比我大十岁，我们是忘年交，但我一直视陆老师为师长，且陆老师于我有伯乐之恩，我只有敬重的份，故坚持执弟子礼。现在他有事找我，我哪有不应承的道理？何况，以我对陆老师的了解，他负责的书稿，质量一定不会差，倘能参与进来，于自己既能增光添彩，又能提高长进。水平总要通过具体的工作实践才能提升，有师长交代任务，何乐而不为？2002 年，我收到陆老师寄来的《朱柏庐诗文选》样书，厚厚一册，设计也庄重典雅。打开书看前言，陆老师竟郑重其事地在里面，对我和吴家驹先生表示感谢。得师友如斯，足慰人生。

由于遗传及后天培养不够，我承认自己在与人交往方面，不够灵活大方。首先是不能喝酒，岂止不能，简直滴酒不沾，使我丧失了许多敬上接下、呼朋引类的机会。我父亲苏北新四军出身，许多年出生入死，直到渡江后才从常州退役回乡。回忆起那些朝不知晚事、把生死置之度外的岁月，父亲满脸骄傲。最让他怀念的，则是打了胜仗，杀猪宰羊，赛似过年。战友们大块吃肉，大碗喝酒，而他往往享受不成。因为他沾酒就醉，结果不但喝不了酒，连肉也吃不成。父亲的酒量，海安老家出产的糯米陈酒，就十来度吧，五钱的酒盅，绝不过二。受遗传影响，我也是红酒一两，啤酒一杯，再添就难受得要命，而且极易引发全身性的荨麻疹。我喜欢中国的酒文化，老杜的《饮中八仙歌》是我女儿最喜爱的唐诗之一，我自己在诗里也装模作样地写"红叶邀风吻客衣，青蚨买酒话归期"，但对酒本身却怀有宗教般的原始恐惧，不到万不得已绝不碰它。因为不能喝酒，席间就自觉矮了三分，从不敢"主动出击"；别人来敬，还推三阻四，显得不尊重别人，也很没男子汉气概。看别人你来我往，觥筹交错，徒有羡慕的份。所以平常我从不主动请客，也怕被请。唉，知我者谓我心忧，不知我者谓我为何。

我很幸运，能在我极有限的交往里，遇到像陆老师这样坦荡君子、赤子大人。有段时间，我因为言语不慎，被人设计，岌岌可危。

老婆劝我出去走走,散散心。除了自己的导师,我首先想到的便是陆老师。陆老师见我来访,非常高兴。在他家并不宽敞的客厅一角,有一张专门为他购置的皮质躺椅。陆老师指着它,对我说:"我不喜欢它,弄得真像个病人似的。"但转头又告诉我,他最近身体不好,刚从医院回来,不能长时间聊天。我表示就是想来看看老师,时间不会长。可是聊起来没完,不知不觉快一个小时。我不忍再拖,准备说几句辞别的话,便劝他平时注意保养,遇事不要动气。我话没说完,陆老师生起气来:"有些人你没法不生气。学问做不好,就走歪门邪道,诽谤中伤,设计陷害。"我听说沪上某文人正无理取闹,纠缠陆老师,以自增身价。陆老师站起来,转身从旁边的书架上抽出一本深蓝色封皮的书,坐下,随便翻到一页,指着内容对我说:"这里,这里,这里,这里……这一页有七八处错误!"又翻几页,也满是陆老师用铅笔做的批注。"原文读不通,胡乱标点,错字随处可见。这样的文字,倒贴钱求我抄,我也不干。"停一停,叹一口气,陆老师轻声说:"问题是,遇上这样的人,你还得腾出时间、精力来应付。"语气里充满无奈和感伤。但随即,陆老师又提高嗓门:"我就是病成这样,遇上这样的麻烦,考核照样轻松过。不好好做学问,成天琢磨别人,想不通有什么意思!"

我不知道再说什么。我还能说什么呢?我忽然想起自己年轻时受人排挤,不愿继续做乡村中学老师,决计考研时,一位关心我的老教师,对我说的话:"码头很重要。小地方不能待。你没水平,他们看不起你;你水平比他们高,就设计陷害你,拉你下马!"路成文教授去年来江苏,也在电话里跟我讲:"码头很重要。要选大一点的码头。"是的,一个人如果心术不端,又长期在小地方混,从未上过高手如林的校场,没有与高手过招的快慰和感悟,是极容易染上嫉贤妒能的毛病的,这样的人想出人头地,大概只有靠挖陷阱、放冷箭了。但这种人的伤害是可怕的。白居易《读史》诗就说："含沙射人影，虽病人不知；巧言构人罪，至死人不疑。"跟君子交通易，跟小人相处难。无奈，只有把小人抛开，一门心思做自己的事去。我把这些话跟陆老师讲了，陆老师连连点头。现在想来，没能吸取教训的倒是我自己，否则怎么会放松警惕，被人设计，惹不必要的麻烦呢。只是，陆老师光明磊落，高风峻节，淡泊名利，洁身自好，一心治学，秉公审稿，根本不该受此冤屈啊。

读《水浒传》至第十回，开场诗写道："天理昭昭不可诬，莫将奸恶作良图。若非风雪沽村酒，定被焚烧化朽枯。自谓冥中施计毒，谁知暗里有神扶。最怜万死逃生地，真是瑰奇伟丈夫。"林冲能大难不死，一方面固然似有神灵护佑，另一方面也实在因为林教头身怀绝技，纵使身陷绝境，想撂倒他也得有真功夫。陆老师的旷世才名、崇高声誉，是靠他数十年如一日的苦读、精思、勤写，以及由此而来的等身著作、精深议论和优雅文字，确立起来的。个别宵小的鼓捣，丝毫不能撼动陆老师的学术地位和休声美誉；闹腾的结果，只会让陆老师更加令人肃然起敬。傅承洲先生在怀念陆老师的文章中，把陆老师称为"一个把学问看得比生命还重的人"，认为陆老师"用行动和成果为世人诠释了生命的意义"。陆老师的同事，蒋永华先生，撰长文高度评价陆老师的为人与为文：

> 仅就他患病后的十年里，我以为不必写一言一语，只要做两件事情，就足以知晓其抗衡病魔、追求学术的非凡之处：一是打印出他的住院及医疗费全部清单，二是打印出他的全部学术研究成果清单。如果把这个清单作为背景资料，竖立一块无字碑，足以产生震撼人心的力量……他用全部生命与热忱诠释了学人的本真意涵，他是地地道道、彻里彻外、当之无愧的学人。我们或许在世俗中获得

了一点小快乐,他则在学术中获得了永恒的快乐。他修筑的学术地宫富丽堂皇,我们之中的大多数人都将命中注定是学术世界中的匆匆过客,而他则不然,他必将在学术世界中获得永生!

我以为这样的评价,没有丝毫的夸张,而完全是纪实。一些大部头的编著且不论,陆老师的《元代戏剧学研究》《知非集》《求是集》《曲论与曲史》《金圣叹史实研究》等著作,都已成为专业领域内享有盛誉的学术精品。一个硕果累累、成就卓著、享誉隆盛的学者,一个把全身心都奉献给了学术事业的人,一个与疾病长期抗争且笔耕不辍的人,个别人的诽谤诬蔑显得多么可笑、可怜又可恨!公道自在人心,而官司的胜诉更从法律层面实证了陆老师的清白。风吹云散后,日月自光华。

陆老师做人刚方,治学严谨,成就卓著,泽被学林,足称人伦楷模,学界高标。我想,为人与为文应该是互为表里、相互促进的两个方面,而文品终究还是由人品决定的。这也是陆老师赢得人们普遍尊敬的根本原因。在我的印象中,陆老师说话做事,一向都是对事不对人,仗义执言,秉公办事,不徇私情。我与陆老师交往有年,算得上关系亲近,但他照样有话直说,甚至不留情面。我有一篇论文,认为唐五代词学理论已深受传统诗学的影响,当初写作时,曾有两种结构安排,一是按发展演变顺序进行纵向考察,一是按所受影响分层面、条块进行考察,最后选择了第一种写法,认为这样更能反映唐五代词学是在传统诗学的笼罩下向前发展的。这篇论文,差点在一家权威期刊发表,后因为主编换人而搁置。我把它重新投给陆老师,没想竟被陆老师否定了。电话里陆老师还很生气:"你也是写文章的老手了,弄得像录鬼簿、点将台似的,还像论文吗?"这就是陆老师。虽然挨了批,我却因此更敬重他。我知道南师大学报的声誉和影响,就是由陆老师这样的编辑建立起来的。

如今,陆老师虽然已经离我们而去,但他的音容笑貌、人品文风、他的学术成就、编辑理念,却长留我们心中。陆老师最后住院治疗,我以为还像从前一样,不久就会回家,又适逢我俗务缠身,挣脱不开,竟未能前去探望,想来至今仍悔恨不已。当年,闻一多先生解释给杜甫作传的原因,说:"我们的生活如今真是太放纵了,太夸妄了,太杳小了,太龌龊了。因此我不能忘记杜甫。"想起陆老师这么高贵、坚强、卓越的人,就这么过早去了,一阵阵悲痛横扫过来。默诵先贤"敢将私谊哭斯人,文化神州丧一身"之句,更禁不住哀从中来,涕泪盈眶。我知道,唯有继承、弘扬陆老师的品格与精神,把学问做好,才是最好的纪念。

丙申九月十八日于常州

沉痛悼念南师大陆林老师

纪永贵

3月9日晚上，我收到南师大胥师妹的一条微信：陆林先生于当天下午因病不幸逝世！于心感到极其震惊与悲痛！

陆林先生是著名的文献学研究大家，他学识渊博，学力强大，能够解决许多疑难的文学史问题，成就非凡，令我十分敬佩！

我2001年到南师大读书时，并不认识陆林先生。2002年，我写了一篇论文《论董永的原型与衍变》，想投给南师大学报。但我当时只是一个求学者，不认识学报的老师，但听人说过，文科主编是陆林老师，安徽人。有一天，我带着打印的稿件，非常冒昧地来到古色古香的学报编辑部楼里，找到了文科编辑部，有一个清瘦的老师接待了我。我自我介绍了一番，说有一篇稿子想投送过来，不知能否发表。他认真地看了我的文章，放下稿子，跟我聊起天来。一聊才知道，他的父亲就是黄梅戏电影《天仙配》的编剧、《黄梅戏源流》的作者陆洪非先生！这简直就是一个天大的缘分，怎么这么巧呢？我正在撰写的博士论文就是《董永遇仙传说研究》。我介绍了自己因为在《汉书》中发现了一条关于董永的材料，以前从无人提及，于是写了这篇文章。他说，好！我来认真看看。问我要了电子版。后来经过审核，这篇文章顺利得以发表。

后来我去过好几次学报，跟他聊天。他举一些小例子跟我说文献学问题，收获很大。他因为从小在安徽省黄梅戏剧院大院长大的，也跟我聊了不少黄梅戏的掌故。有一次，他还跟我说："我昨天去先锋书店，看到有一本书，是山东出的《董永与孝文化》。"我于是赶紧去买了一本。这本书后来成为我写作博士论文的重要参考资料之一。这样的信息他都非常关注，可见他是一个有心人。他与朱万曙、王长安等皖省著名戏曲研究专家都有很好的交往，而这两位老师我也都很熟悉。他有一个大学同学李剑军在池州，是池州市地方志办公室主任，我也认识。

有一次，我又去学报，刚好南京大学研究戏曲的大家俞为民教授也在那儿，听说我是安徽池州人，俞老师鼓励我研究青阳腔。后来我申报国家社科基金项目《青阳腔研究》，根源就在那里。那天中午，我请两位老师以及南师大的师兄刘立志博士一起到江东路"锦宫大酒店"午餐（酒店是我高中同学开的池州葡萄园大酒店的分店），相谈甚欢。

2005年4月的某一天，我曾到陆林老师家去拜望过，还带去一盒池州特产"野葫芦籽"。我还给他邮寄过池州的土茶。陆老师收到茶叶后，打来电话高兴地说："我现在正在品尝你送的新茶呢！"

2006年6月，我应邀到南师大参加学术研讨会，听说陆林先生生病了。我打电话给陆老师，希望到他府上拜望。他告诉了我路径，我打的过去找到他家。那时他刚手术不久，但心情不错，跟我聊了他的病情与研究情况。我劝他多多休息，学问可以少做一些。希望他有空到池州来走一走。

2008年10月，我又到南师大参加第三届韵文研讨会。我坐在程杰老师与邓红梅老师（已不幸去世）中间。结束时，后面有一个人喊我的名字，回头一看，原来是陆林老师，我非常高兴。会后我与他一起合影留念。

后来有一次，我跟程杰老师通电话，程老师告诉我，陆林老师最近因为锻炼身体，倒着步行，不小心倒退到一个土坑里，扭伤了腰。问题不大，休息一阵子就好了。

我因为很少去南京，也没有与陆林老师再谋面。但我非常关注他的学术成就，他申报的国家社科基金项目我也看到了，他的论文我也读过不少。感觉他虽然生病了，但仍然非常用功。

我在南京时，他就将他的专著《元代戏剧学研究》送我学习。2006年，他又给我寄来他的学术论文集《知非集》。我都认真地拜读了。

陆林老师只有59岁，就这样走了，实在太可惜了！学术界近年来有不少这样令人痛心的案例，如北京大学著名学者孟二冬教授（安徽宿州人）也是英年早逝，还有我在四川大学读书时令人尊敬的宋永培老师（后调到中国人民大学）、金诤老师、刘黎明老师等，都让人痛惜不已。

愿陆林老师安息！

陆林先生的意义

刘水云

陆林先生辞世已逾半载，其弟子恒念先师恩谊，欲广辑先师生平志道授学之行迹，以慰绛帐之思。水云曾得陆先生教益，自负于先生德业文章若有所解，故勇于为文，藉彰先生遗德，亦抒己之私怀。忆及今年三月九日获闻先生辞世之夕，水云不胜唏嘘，遽撰悼辞及挽联如下：

惊悉陆林先生辞世，曷胜悲悼。先生奋身学术，忧乐以系，生命是殉。为学旁通经史，尤精子集。考校同异，商榷古今。功深镕琢，卓然大家。不才学浅望卑，栖身海隅。沉废淹滞，放旷无聊。屡蒙先生不弃，赐文勉励。殷勤眷顾，警起顽懦。今者哲人云逝，遗言在耳，遗文在册。追念夙昔，不能自已。复撰一联以挽先生曰：玉树凋零，念兹情兹义，长忆音容悲永夜；文星陨堕，感斯世斯人，遥知风雨黯秣陵。

陆先生一生以学术为志业，其为人、为学、为师终不离于学。我与陆先生之结缘也终始于学，而我对先生之理解同情也不出乎学术。若以学术衡量，我所感念的陆先生至少具有以下三重意义。

一、对我个人学术成长的意义

依照先己后人的原则,我首先感念的是陆先生对于我个人学术成长的巨大影响。他对我这个后辈,给予了超乎寻常的推奖。记得我与先生的初识是我在南大读博时,在一次南京图书馆古籍部召开的优秀读者座谈会上,当时先生只有简短的几句感谢南图对他学术研究提供巨大帮助的发言。这是我第一次将如雷贯耳的学术强人"陆林"先生与眼前这个短锐、简易的年轻人联系起来。此后又与先生数次相遇于南图古籍阅览室,由于双方都专注于访书,碰面时唯点头示礼而已。后来听到解玉峰师兄说,陆先生夸我沉潜好学,应该给我评个教授。我当时非常诧异,怀疑是解兄错听了先生的原话,抑或是我错听了玉峰兄的话(玉峰兄早年说话有时口齿不是那么伶俐)。因为对于那时尚未迈入学术门槛的我,无论如何都与教授水准相距甚远。陆先生对我的赏识或许是源于他的图书馆情结,这大概是最切近的解释了。博士毕业后,我先后任职于温州师院和浙江传媒学院,我的两名本科学生潘星星、李敏曾先后考入南京师范大学师从孙书磊教授攻读戏剧戏曲学专业攻读硕士学位,该专业负责人为陆林先生。后来我分别从潘星星、李敏处听说,在她们的硕士学位论文开题报告会上,陆先生都以我的博士论文写作为正面典型,要求她们做扎实的史料收集功夫。其实陆先生未必知道她们是我的学生,我也没跟她们提到过我与陆先生的交往。对于穷处僻陋地校的我,先生对我的认可令我尤其振奋。

2005年我的博士论文《明清家乐研究》正式出版后,我鼓足勇气将书寄给了陆先生,我深知书中的任何疏误都难逃先生的火眼金睛,也害怕在先生面前原形毕露。果然在随后的一次学术会议碰面时,先生单刀直入,说我的论文和著作中都涉及了徐懋曙家班,问我是否读过徐的本集《且朴斋诗稿》。我一时语塞，说我的论著引用了《吴梅村全集》卷六十《且朴斋诗稿序》中关于徐氏家乐的材料。先生对我的遁词颇为不满，厉声说："我只要你回答，你是否看过这部书，你不要故意回避。"我只能硬着头皮说我没看过。先生说《且朴斋诗稿》其实浙图就有藏本，并告诫我做学问要实事求是。之后我果然在浙图古籍部找到了《且朴斋诗稿》，并辑录了其中涉及徐氏家班的丰富史料。我还通过查访期刊网，读到了先生《清初戏曲家徐懋曙事迹考略》一文，再度震撼于先生扎实的文献基础和学理、辞章之深美，也有感于先生面折人过而私称人贤的长者风范。

先生还以赐书的形式，鞭策我致力学术。在我办公室的书架上，安放着先生的四部赐书。其中，《元代戏剧学研究》（1999）是我求学南京时先生面赠的；《知非集——元明清文学与文献论稿》（2006）、《求是集——戏曲小说理论与文献丛稿》（2011）二书是先生从南京邮寄到杭州我现在的工作单位的；《金圣叹史实研究》（2015）是先生托我的同事葛娟老师捎带给我的。记得在《知非集》的版权页下，夹有一封先生给我的短信（因我做事缺条理，总是丢三落四，此信目前已无从找到），大意说他屡经波折，四处打听，终于寻访到我新近任职的杭州地址。语气微隐抱怨之意，似有责怪我未将改换单位之事告知他。其实彼时我已从业师俞为民师处获知陆先生罹患恶疾的确闻，正想去书安慰先生。而先生此信丝毫不及其患病情况，却总非常挂心我的处境。读罢来信，我已是泪光盈盈。急忙修书说我已从为民师处获悉先生身染恶疾，劝慰先生要以身体为重，学术之事暂可搁置，生命之事重大，千万要保重。此后数年间我数度听到先生身体或好或坏的传闻，真伪莫辨。而我因身处学术圈边缘，很少参与学者聚会，也无从核准传闻之虚实。后来突然从葛娟老师处听说先生的病情确实恶化（葛娟早年求学南师，常向先生问学，并与先生保持着较密切的联系，而我此前对此并不知情），于是我每次见到葛娟，就催促她联系先生，说我很想念他，只要先生不怕打扰，我立刻就去南京看他。后来葛娟告诉我，说她回老家连云港探亲时路过南京，特意去探望了先生，还向先生转达了我的探望意愿。但葛娟返杭后向我转述了先生的口谕，说他正忙于书稿的修订，不愿意受到打扰。还说他对我即将调往上戏任教感到欣慰，说我能得到上戏叶长海先生的赏识是我学术成长的一个明证。

先生的辞世意味着我从此失去了一位严苛的师长和一把衡量自己学术水准的标尺。业师廖可斌先生称其先师徐朔方先生"以自己的崇高身影，为我们树立了一座帮助自己选择人生道路、确定人生态度的灯塔，启发我们清醒地认识自我，确立独立的自我，不以他人的评价为评价"。而英年早逝的陆先生，虽然不及建立起像前辈徐先生那样的"灯塔"伟业，但他对学术的超常执着和严谨，则为我等后辈学人确立了为学为人的当下标准，从而弥补了因前贤异代、典型邈远而严师难求的缺憾。

二、对中国当代学术的意义

在功利主义盛极一时当代中国学界，学术评价标准依凭于刊物、课题、奖项、经费等外在数据，造成学者们大多为拔高数据殚精竭虑，反而忽视了对学术本身的追求，造就了一大批"精致的利己主义"学者。以陆先生为代表的少数优秀学者秉承学术至上的理念，躬行严谨踏实的学风，以其艰苦的学术探索，力挽颓波，成为当今中国学界的良知。

先生在治学态度上素以严谨著称，追求极致和卓越。他在新近出版的专著《金圣叹史实研究·后记》中，自明心迹，称他早年即有"立志撰写一部明清文学史实研究范式性著作"的宏愿。正是基于这种学术理想，他旁搜远绍，辑纂史实；考校同异，绳愆纠谬；创制其体，总成文章。以扎实厚重的成果兑现了他的学术承诺。

先生在治学方法上秉承乾嘉学者无征不信的传统，力求史料全面精确和观点的准确可靠。论从史出，不尚空谈。同时注重吸纳当代学术研究方法，做到古今兼通融会。其文章以史料翔实，考证精严为特色，融义理、考据、辞章为一体，功深镕琢，气象森严，为治元明清说部、曲部之学者提供了经典的文范。

先生在学术传承上也充满了学术使命感和人文关怀。他授徒传学，孜孜不倦。申以严命，示以轨则，授以绝学，期以成就。其弟子多能承继师门学统，法度粲然可观，而风义兼及师友，嘉惠学林，厥功伟甚。

三、对中国当代学人精神信仰的意义

先生视学术为生命，之死靡它。凭藉对学术的坚定信念，他与癌症病魔抗争了十年，直至生命的最后时刻，仍笔耕不辍。先生自称"病魔虽为虐不休，让我疲于应对"。然著书立说的信念令他忍受苦痛，使病魔"却再也未能真正阻滞过研究的进行"(《金圣叹史实研究·后记》)。先生在临终之前，仍挂念他的遗著《耆年集》的出版及《金圣叹全集》的再版。据师母说，临终前的最后几天，病魔的肆虐让先生几乎在号叫中度过，他仍然相信他还能像以往一样挺过这次难关，但他最终失败了。他以顽强的抗争实践了以生命殉学术的理想。

作为一个无神论者，先生坦然地面对病苦和死亡，选择了以身殉职的壮烈方式。先生的视学术为生命，乃根植于中国传统士大夫的人格精神而非宗教信仰。他是《左传》"三不朽"中的"立德""立功""立言",及司马迁的"发愤著述"、曹植的"立德扬名,可以不朽"等一以贯注的精神追求。在先生未罹恶疾前结撰的《知非集》卷首《自叙》中,先生以文明志,称《淮南子》所倡导的"'日以月悔,以至于死'的自省意识,却是对工作、事业执着追求、精益求精者应具的心态。"(《知非集·自叙》)正是这种以学术为志业,视学术如生命的殉道精神,使先生忍受住肉体和精神苦痛,直至生命的终结,从而完成了知行合一的道德人格实践。

凡一切有为,均属无常。先生的离去,意味我们从此失去了一位严师和诤友,但他所执著的学术理想和人间真情,将永远为我们所铭记。我想援引歌德纪念天才诗人席勒的诗句作为短文的结语:"他如将陨的彗星,光华四射,无尽的光芒与他永伴"。先生以他短暂而光耀的学术人生诠释了生命存在的意义。

我与陆林先生相交二三事

徐永斌

当我撰写这篇怀念陆林先生的短文时,不禁想起我与陆林先生的交往历程,自我与陆林先生 2003 年 5 月结识到 2016 年 3 月 11 日参加陆林教授的遗体告别仪式止,不知不觉地已度过了近十三年的光阴。在这十三年来,由于私人情谊和工作关系的缘故,我经常与陆林先生有所交集。陆林先生的严谨治学精神和善于提携后学的情操令我深为感佩,我想这也是他的去世令学术界大为震动的原因之一。这次由其生前师友、弟子发起的陆林追思会,令我对痛失陆林先生这位良师益友深感悲痛。我与陆林先生交往的情形如在眼前,他的生前事迹会不断影响着我今后的人生方向,他的治学精神也会无形之中激励着我对古代文学研究的热爱。

我记得 2003 年 5 月,在我的已故业师徐朔方先生拟邀请参加我的博士论文评审和答辩专家名单之中,陆林先生赫然在列,当时陆林先生年仅 46 岁。往常在参加我同门的硕士和博士论文评审和答辩时,拟邀请的评审和参加答辩的专家多是学界德高望重、治学严谨、造诣很深的前辈学者,而陆林先生能名列其中,实属不易。业师徐朔方先生也曾对我称赞陆林先生的治学严谨和扎实的文献功底,说像陆林先生能在这个年龄段有如此高的学术造诣实属难得,告诫我一定向陆林先生学习,治学就需要如此的严谨态度,尤其是像我这种由历史专业转入文学研究的博士生来说,更不能投机取巧。当陆林先生对我的博士论文评审意见反馈给徐朔方先生后,徐先生就将评审意见转给我看并要求以后按此修改,我记得陆林先生的评审意见是用手写的,足有三页稿纸,一行一行写得很工整,字体比较秀气。由于时间久远,我虽记不得原文,但我大体记得陆林先生的评审意见中的语气很谦逊,意见很中肯,除了一些鼓励的话语外,对我博士论文中的一些引用材料觉得不妥或错讹之处提出了自己的看法和建议。由于当时我的博士论文主要是研究凌濛初家世生平及其戏曲小说作品的版本、蓝本,涉及许多相关材料,然自己的学力不逮,难以驾驭,出现了一些不妥和错误,陆林先生对此一一罗列和指出,并进行了相应的更正;在他有疑问而尚未确证之处,也多建议我再次核对和解读。由于2003年上半年非典肆虐,人员难以外出流动,参加我博士论文答辩的专家只能限定在本地,当时未能见到陆林先生,深以为憾。

2004年9月,是我第一次拜访陆林先生,当时我到南京大学历史系从事博士后研究工作。来到南京后,我就急于到陆林先生家拜访,这也是第一次和他面对面地向他请教治学之道,当时陆林先生给我的印象比我想象的年轻有活力,属于比较儒雅型的学者,谈吐较之其后犀利的风格显得比较谦和,这可能是我们第一次见面或我是晚辈的缘故。我除了向陆林先生表达他拨冗给我博士论文评审,并提出了一些有益建议的感谢之情外,还向他汇报了我将在南京大学历史系博士后流动站从事研究工作期间,准备从事的"明清长江下游地区文士治生与经商"研究课题的设想,并请他提提意见。陆林先生很健谈地就我的这一研究课题提出了一些建议,并鼓励我以后在有条件的情况下,不仅在文化史方面进行这一课题的研究,还要进一步拓展到文学领域,将文史结合在一起加以研究。他的这一建议对我近十年来一直致力于文士治生这一课题的研究很有帮助，可以说陆林先生的教益对我的文史研究颇多助益。他的思路开阔，思维敏捷，文献功底很深厚，对原始材料的把握造诣极深，在其后的多次交往中，我一直是待之如师长。

2006年7月，我从南京大学历史系博士后流动站出站后，来到江苏省社会科学院文学研究所工作，所内有两个文学期刊。我进入《明清小说研究》编辑部后，特别是自2009年3月我主持《明清小说研究》编辑部工作以来，由于期刊同行兼师友关系，来往得比较频繁。南京古代小说研究界，在萧相恺先生的带领下，有一个比较好的传统，每次熟悉的外地学者来宁，就会召集在一起聚谈学术，畅叙情谊，除了特殊情况外，陆林先生几乎都会到场，故而和陆林先生每年相聚的机会也就比较多。随着和陆林先生相聚的机会增多，交情日深，我日渐对陆林先生有了进一步的了解。陆林先生的性情看起来比较谨严，言辞有时比较犀利，特别是对学术界中的一些学者热衷于名利，甚至不择手段，"学霸"横行，学风浮躁的不良现象颇多抨击，对一些学者的研究成果的选用和评审比较严格，为了学术的严肃性，甚至不讲情面。不过陆林先生的内心富有同情心，善于提携后学，奖掖后进，在学术上不吝指教，他对戏曲小说的文献资料尤为熟稔，而且记忆力惊人。我记得曾将我撰写的一篇关于凌濛初生平事迹方面的考证文章请他指教，第二天陆林先生就打电话给我，指出拙作中一条材料的出处可能有问题，言及他所见到的这条材料出处是在另一文献，建议我再核对一下。果不其然，经过我的核对，陆林先生的看法是正确的。由于当时我读博士初期没有电脑，我所摘引的这条材料是从手抄本抄录下来的，而且记在纸质笔记本上，记录这条材料的笔记本正反面按顺序表明了页码，由于我的不慎，将相邻页却不同页的材料出处搞混了。从这件事情可以窥见陆林先生对文献资料的熟稔程度和治学的严谨性。

在我主持《明清小说研究》编辑部工作以来，我和陆林先生的交流更加频繁，陆林先生长期担任《南京师大学报（社会科学版）》的副主编，办刊经验非常丰富，组建了不少很有创见和新意的栏目，发表了不少在学术界很有影响的论文，颇有口碑。为此我曾多次向他请教办刊经验和方法，陆林先生总是知无不言，言无不尽，提出了不少很好的建议。每次我向他约稿时，陆林先生总是将他认为比较好的文章给《明清小说研究》，他曾对我说过，他不会为发表论文将他认为还不成熟或自认为没有达到他的学术水准的论文投寄到任何期刊，也不会因为是约稿，就不注意学术水准，他的这种严谨治学态度令人敬佩。陆林先生患病以来，仍致力于学术研究，即使病情反复多次，仍是笔耕不辍。我们在劝他要注意保重身体之时，他虽婉谢我们的好意，仍是不忘学术研究，一直到他去世之前，撰写并完成了不少具有很高学术价值的著述和科研项目，获得了不少奖项，深受学界同仁的赞誉。记得2015年下半年，我和萧相恺先生、冯保善教授一起到陆林先生的家中探望他时，虽病魔缠身，行动不便，但他仍是坚持扶着医具坐起来，陪我们叙谈，临别之时，坚持送我们到门口，令人感动和心酸。其后未及数月，没料想陆林先生便撒手人寰，作古而去，令人扼腕。

陆林先生，一生致力于戏曲小说研究和文献整理，造诣颇深，可谓是享誉学界，他的许多研究成果嘉惠学林甚多；他的正直无私，为维护学术一片净土不被污染，虽得罪了一小部分学人，但却赢得了不少赞誉，即使是对师友，也是刚正不阿，不人云亦云，直言相对。可惜天不佑人，陆林先生过早离我们而去，为失去这位令人尊敬的老师和诤友深感悲痛，与陆林先生相交相识的诸多情节犹如昨天，历历在目，但他的正直秉性和严谨的治学精神会永远地激励着我。

怀念陆林先生

曹辛华

写下这六个字，总觉太简单。应当在前面加些诗联或美句作为副标题才雅些。但一想起当初申报重大项目时，陆先生曾经揶揄我说，不当将文言加在申报书，太酸，不好，就不再纠结了。

按照正常情况，应当最快或尽早写出纪念文章的，可是由于在陆先生过世时已写过词一首，想不再过多地用文字怀念了。特别是，与陆先生的交游十多年，先生给予我的关怀、爱护与教诲太多，不知从何说起，又怕"欲辨已忘言"或"言不达意"，惹先生泉下生气，又嘻笑说"还是博士生导师呢"。唉，表达的痛苦，折磨我好久，这也是我迟迟不敢、不肯下笔的主要缘由。陆先生高足裴喆兄不停催促写些长点的纪念文字，说我不写些东西太不应该。我明白裴兄所言之意，也懂得他在替陆先生责备我。那就在这样一个晴好冬晨开始敲打键盘，写些让陆先生泉下满意的文字吧。

与陆先生初识是因为 2002 年到南京师范大学跟随钟振振先生做博士后时。在此之前虽然因在南京大学跟随莫砺锋先生做博士后已经在南京同一片天空下待了两年，但由于研究方面不同，知道陆先生，却无缘相识。记得到南京师大后，院里一次聚会得睹真颜。犹记得他的目光炯炯，说话声音响亮。

真正与陆先生熟悉是由于与其开门弟子王卓华老师早在南大时就已是师兄弟关系。我在南大做博士后时，王师兄正跟莫砺锋老师学习。后来他考取陆先生的博士生，自然就联系多了。卓华师兄到陆先生家听课，也带我前往。陆先生也没有反对我蹭课。陆先生讲课适合有一定研究基础的学生听。卓华师兄跟随陆先生读博士的三年，实际上也是我继续深造的三年。三年中，通过与陆先生的交流，我明白了文献学的重要性，明白了文献整理的严肃性。说实话，当初考研究生时，虽然考的是文献学方向，但从内心喜欢程度来说，我更喜欢文学。以至于到南师跟钟振振师做博士后时，还坚决选取了"唐宋分调词史"。后来经钟先生的建议虽然博士后工作改为"南社词学研究"，但对文献学还有抵触情绪。从聆听陆林先生等前辈的教诲后，逐渐意识到文献与文献学的重要。特别是在教授研究生课程"词学文献学"时，经常引用陆先生的真言。对文献规范细处问题，要求特严。对文章写作方面要求更严。比如，他反对一篇中的起承转合词行文时类同；反对不查原始出处，借助可复制的电子文献；反对辞不达意；反对文白夹杂；反对文中大段引用熟知的作品或文献；反对过分修饰文章以至于湮没主旨；反对投机取巧，不下文献功夫。我由于读研究生时方向是唐宋文学，没有系统地进行过文献学训练，虽然后来读博士，业师杨海明先生专门开设一门"唐宋词文献学"，跟随钟振振师时也专门听过文献考据之类的课程，但是有不少关于文献学技巧、精髓的内容多是从陆先生处听来的。特别是读陆先生《知非集》时学到了不少文献方法与门径。后来，陆林先生又录取裴喆为博士研究生，而我与裴喆又是好友，这样与陆先生来往更密切，得以请益的机会也就更多。因此，当我给硕士生开设词学文献学课时，经常引用前贤、时贤之语，也是较多地用"陆林先生曾说"来解释各种问题。也正因此，我经常对学生讲，在南京师大除了钟振振先生外，我还有两位导师，一位是陆林先生，一位是程杰先生。两位都是有恙在身，但对我的教诲尤多。程杰先生为"益师"，由于与程先生一起出行次数多，经常接受到的良言、批评也就多，当然鼓励、提醒的话语（如"大块肉"理论，研究先抓住大问题、大课题）更多。而陆林先生为"畏师"，语言严正、眼光犀利、能抓住要害。在陆先生面前，只要谈与学问相关的问题，他总是滔滔不绝、言必有据。甚至还要专门去核查文献。现在还可想起他从桌子上拿起眼镜戴着的样子，像个嘟嘟噜噜的老奶奶，边翻书，边批讲着。

陆先生于学问、于所好的要求是极为精严、认真的。记得 2005 年，在安徽芜湖开韵文学学会，我们小组正在讨论过程中，陆林从另外一组过来旁听，快结束时，突然他要求对我们组一篇写柳宗元的文章说一下意见，至今记得他的话语，"文献第一，材料说话，光靠臆想，狗屁"。说完，飘然出门。当时大家都笑。跟陆林先生读书，特别累。陆先生不管博士、硕士，定题目必定是难度较大、他认为价值很大者。学生为此走南闯北，查抄稿本文献，那个苦，非一般。记得王卓华师兄在研究邓汉仪《诗观》时，光跑泰州图书馆就不下 10 次，当时我在泰州学院代课，陪过他几次。《诗观》上密密麻麻的批点，被他一点点抄录入电脑，最终形成《慎墨堂诗话》。陆先生对学生要求又极严。每次论文开题、答辩，元明清组结束都是最晚。学生们个个心惊。自然他的研究生就更是诚惶诚恐的，害怕"先生骂，没有好文章"。陆先生对自己要求也极为严格。2005 年他做过手术后至去世，十年间，带病又完成不少学术任务。其《金圣叹史实研究》70 多万字，全部是在患病后完成的。这还不算未收入书中的内容。陆先生有拼命三郎的特点，每次闻说他每天科研不少于 6 个小时，就自觉太懒惰。

陆先生是为学问而生的人，业余爱好不多，偶尔与大家玩扑克，也似做学问。炒地皮流行时炒地皮，掼弹流行时掼弹。我们玩，就是娱乐，而陆先生对此也极认真，当作学术来。为提高技艺，吃饭时爱看江苏频道的"耍大牌"节目。与他对垒，必须认真。否则，遭到训斥或责备比做学问不好更严重。今年元旦后，为逗他开心，我提出在他病床边玩会儿，当时有我的研究生在。他说，曹老师打牌不认真，不打。我说，玩嘛，干嘛那么较劲。陆先生说，不认真那就不玩。我赶忙说，好，一定认真。这次扑克游戏，是最后一次与陆先生玩，也是苦中作乐式的。我们虽然悲哀，但只能故作开心。

陆先生是凡事认真的人。由于与他熟悉，有时会到他家里陪他聊天。师母杨辉多次建议我，不要与陆先生聊所谓学问，多讲些轻松话题。一次我讲了个笑话，我都笑得忍不住了，他不但不笑，说这明显是瞎编的。我说，当然是编的。他说，没意思。也许由于我说话、办事不拘谨，陆先生最喜欢听我讲自己的窘事。一次他手术后，我去看望他。无意中，聊到自己做梦帮导师杨海明先生掂行李事，说现实中好不容易有机会帮老师拿会儿玻璃茶杯，结果失手打碎了。这次他笑了，笑得伤口都拉动痛了。边笑边说，别讲了、别讲了。记忆中，陆先生此次笑得最灿烂。

陆先生是良师诤友。在学问面前，他对师友均不留情面。在学界中，也不止一次听人说他又对某某开炮了。由于他讲得在理，讲的是真正的不足，讲得到位，所以学界友朋常誉之为学术包公。也正因为大家服气他的学问，佩服他的直言精神，也就理解他。但是也有少数人碍于面子，视陆先生为另类。今天看来，像陆先生这样能视学术欠缺如眼中之翳的学者太少。去年，陆先生已病危，期间有不少前辈与同行到省人民医院前去探望。像宁宗一、卜键、刘跃进、张剑、石雷、周绚隆、俞国林等先生专程赶到南京。如朱万曙先生不止一次到南京来，中间陆先生还开心地陪他玩玩扑克。周绚隆每次听说陆先生病危就马上赶来，一来就在病房一直陪护。我写此段文字的前几天，读到宁宗一先生所写的怀念文章，为他们的师生真情感动，平常不发微信圈的我发在了圈里。

陆先生生前我见的最后一面是3月7日。当时正好我的重大课题成果发布会召开，有不少专家询问陆先生病情，我说情况不好。会后我与国家图书馆出版社的南江涛兄翻过南师大操场边的高墙，抄近路到陆先生的病房。那时先生脸色发暗，完全不是几天前的情形。先生已不能说话，但眼光表明还是认识我们的。南兄汇报了一些事情后，我们又翻墙回南山专家楼。

过了两天，孙书磊老师发短信说，陆先生过世了。我急忙又翻墙到病房。已有不少亲朋师友在现场。心很痛，陆先生在春天已来临的时候离开了我们。

先生逝后，一直不想写些东西，怕想起一幕幕，引起自己感伤。好景不长、好梦不永、好人命不好！后来曾写过《声声慢·用易安原韵悼陆林先生》小序云：

十数年来，余受先生点悟多矣。今先生归道山，心痛无以释。且为词长歌当哭。"词云："问金圣叹，地下可安，料遇君心戚戚。把臂共谈元剧，否然休息。明清说部绝秘，爆料后，几人又急。大梦觉，四季花开还识。怨恨如山心积。劝世文，黄泉何刊可摘。多少奇思，不道病魔手黑。怕忆调侃笑语，学途中关爱点滴。似海苦，怎再拜君速释得。

今年八月先生安葬仪式上，朱万曙先生将新出《全清戏曲》第一册于墓前焚化以祭。有感于此，曾写首歌词《只为君焚书》"用《最远的你是我最近的爱》谱为朱万曙先生焚书祭陆林先生作"，辞云：

焚部天书，请君快悦读。书有错误，梦里相逢君指出。人间多痛苦，天堂也许不舒服。天书纵有也无。

焚封情书，不让带泪珠。怕君收住，说我英雄气不足。多情语添堵，也许让你气呼呼，香风相祝，春暮喝千杯可乎？今为君焚戏曲书，曲终峰上青无数，落花声里任君读罢梦醒又何如？夜深金圣叹应顾，与君同看人间书，思前想后字里行间写的是佛祖。

歌词写过，发给朱先生。过会儿，他发来一短诗："我为陆君焚书，你为陆君歌呼。一片肝肠痛处，都是人间情愫。"惹我一片唏嘘。本来我是爱写东西的"小资"，对陆先生当多写些，可是怕写得不好让他天国不满意，认真起来，又惹他生气。先生高足裴喆不止一次催促写些文字纪念，说我最应该写、不能不写。于是写了这么短的一篇纪念文字，陆先生肯定不满意的。很想起先生于黄泉，像从前我申报重大课题时，他不顾病体，一口气电话里批讲近一个小时，把我这篇纪念文章批上哪怕三分钟。可是，天不我予！

最后要郑重说的是，名义上，我不是陆先生弟子，但实际上、内心里已将陆先生当作导师。因为我与陆先生的弟子熟悉程度不亚于同门，因为陆先生的友朋最后也成了我的益友与良师，因为陆先生我更多地知道世界、社会上有太多不尽人意的事情、有太多的遗憾！因为陆先生的提醒我才对自己更加善待，也因为陆先生我才知道真学问、真性情为何物！先生的执着学术，先生的认真精神，先生的率真性格，先生的高风亮节等都在激励着我、影响着我、鞭策着我！

陆林老师二三事

刘立志

三月份,陆老师病逝,我参加了追悼会。八月份,又送他入土为安。几个月过去,总想写些文字,但是心情很难平静下来,想到过往,脑海里总是浮现出他的音容笑貌,连续且真切,好像就坐在对面,兴致勃勃甚或"眉飞色舞"地谈论金圣叹的友人,或是一脸严肃地批评我的研究构想。每次路过人民医院,总是下意识地想去病房探望他。陆老师住所楼下水泥地上的那道沟堑已经修补抹平,它曾经给乘坐轮椅的陆老师出行造成不小的麻烦。时过境迁,这"余悲"却越来越浓厚,时时刺痛我,令我黯然。

我结识陆老师,是因为佩服他的学问,喜欢他的文章。不记得最早是什么时候见到陆老师,此前我已经久闻他的学者风范,听人说他孤傲、认真,担心他难以接近。十几年下来,升堂入室,现在我可以毫不犹豫地说,陆老师是一个勤奋专一、严谨求实的读书人,是一个全心追求治学境界的学者。

为了搜集材料,他曾无数次奔波各地图书馆,翻检览阅,古籍数据库出现后,他更是在第一时间学会使用,也屡屡对后学言说其利弊;他最初关注元曲,后来研究明清小说,最后将精力集中投注于金圣叹研究,断舍离之间,显出超人毅力;对于先前出版的《清人别集总目》，他业已积累下丰富的补正资料，待机出版；他全力投入金圣叹研究，但他对王士禛、陈维崧研究提出的意见，却折服了诸多行家里手……

2013年5月6日，我的日记中有如下文字："最近集中拜读了陆林老师的四篇大作：《社会科学战线》2012年第11期《唱经堂与贯华堂关系探微》《学术研究》2012年第9期《金圣叹籍贯吴县说献疑》《文史哲》2013年第1期《鲁迅、周作人论金圣叹——明末清初文学与现代文学关系之个案考察》《文史》2013年第1期《金圣叹姓名字号异说辨考》，感叹不已，陆师学入化境，文字功夫亦臻于一流，能考能论，行文摇曳多姿，四文风格迥异，难以令人相信乃出于一人手，或谓其为'有思想的考证学者'，洵为有见之言。忽然想到陆师文中多言及明清文献条例，此乃其多年治学自悟而得，执以读书乃有四两拨千斤之妙，堪称利器，如附郭县问题、榜姓庠姓等，可以汇集成《明清文献释例》。昨日到省中医院陪伴陆师输液，一如侍学，陆师所言颇有启人深思处：聪明人要下苦功夫，《北京图书馆珍本年谱丛刊》中的明清人年谱，我曾全部阅读；谢正光的书开辟了一个新的研究领域，但清人编选清诗要分开考察，意义不同，清初人选清诗与其他清人选清诗不能等量齐观，因为清初人选清诗选录者往往熟悉诗人，或有来往，了解其创作思路或思想，而后来的清人选清诗如徐世昌《晚晴簃诗汇》大体皆是阅读而来，与选录唐诗无异。"

有位资深学者曾经设想写本《金圣叹传》，也积攒了一些资料，陆续追踪着研究动态，后来看到陆林老师的研究如此精深出色，就放弃了这个念头。此后，他把收藏的一套民国版本《金圣叹全集》送给陆老师，顺便和陆老师谈到个中原委，陆老师听后毫不客气地回答说："你这就对了。"老先生对我说，金圣叹传记已经出了几本，大都是在思想方面进行评论，他也只能就此继续开掘，因为金氏的生平少研究有进展，陆林先生的工作不可或缺，也无人能够替代，估计陆林先生之后金圣叹研究要停滞相当长的时间，很难有人继踵而上。

南京师范大学古籍所老所长李灵年先生对于陆林老师的去世叹息不已，惋惜万分，他评价陆老师睿智、用心、有方法、善策划，天能假年，后继之成就不可限量。陆老师追悼会那天，李老师情绪颇不平静，作诗一首，怀念逝去的生命，有一句给我的印象最深，"但愿浴火重生的灵魂，或能占据一个星球，瑟瑟抖动，永不息灭，永远，永远，让地上人仰望。"这也是我的心声。

摩诘在床仍论义

——怀念陆林老师

葛云波

陆林老师与病魔斗争十余年,听到他转好的消息,我们便与他同乐,觉得他会完全康复;听到他病情加重的消息,我们便觉沉重,祈祷他赶快好转。有几次,听说病情严重了,又听说康复了,觉得陆老师斗志昂扬,会不断赢得生机。2016年的春节,发短信问候时,他回复说:"医院不方便上网,人也累。"我照样以为他不久就会出院的,不想一个月后,收到了杨辉老师发来陆林老师病故的短信,内心不胜哀痛,次日即撰挽联一副以志悲慨:

承家学,观大戏精髓,桉无名辈踪迹,笔实振秋收之季;

霖师道,窥小说关楗,会有情人魂灵,君竟归春恨之时。

一

我"认识"陆老师,是在大学读书时。那时喜欢元曲,便将文学史的学期作业选定为元曲,之后自以为有独到的认识,又把学士学位毕业论文定为元曲。在精读的书籍中,1987年天津教育出版社出版的《元杂剧研究概述》(学术研究指南丛书),便是其中的一部,对于编著者宁宗一、陆林、田桂民都非常敬佩。

20世纪初,陆林老师来编辑部,这是我第一次见到他,颇感惊喜。他十分文弱,面色柔和,但目光炯炯有神,握手也很有力,讲话非常恳切,对于一些学界的不良现状有些愤慨。不久他寄来与吴家驹先生选注评析的《朱柏庐诗文选》(江苏古籍出版社2002年版)。书籍精装,珠光纸包封,封面设计简单典雅,厚厚一册,内文文字疏朗大方,端在手中,有一种享受的感觉。陆老师编纂过《中国家训大观》(安徽人民出版社1994年版),收录有《朱子治家格言》,还专门发表过《朱柏庐生卒和别号》(《中国典籍与文化》1996年1期)的论文,由他来做《朱柏庐诗文选》,真是不二人选。拿到这本书,我便认真阅读,认真学习,收获甚夥,借由此书,对于朱柏庐(名用纯,号柏庐)有了深入的了解。陆老师对于学术的贡献非常多,即以朱柏庐的生年考订为例,旧版《辞海》《辞源》均署为1617年,经过陆老师的考辨,知其生年应该是1627年,2000年《辞海》修订版便吸纳了他的成果。

陆老师以学术为生命,躬耕不辍。他从1981年开始发表学术论文,35年来,成果累累。他的文章,原不以数量取胜,字字扎实,无冗杂碎语,皆是有理有据,论断严明。他的著作更是部部精品。他的金圣叹研究最为知名。早在1991年,他便有了明晰的研究计划,并于次年撰有两篇论文,进入新世纪,几乎每年都有一两篇有关金圣叹的论文,2012年、2015年分别有5篇发表,这样二十多年的积累,最终凝结成《金圣叹史实研究》这部巨著。这部书称得上"功深熔琢,纯青而出"(葛娟书评题目)。对金圣叹也有精深研究的邬国平老师,在读到该书后,有感而发,写了《作家史实研究的硬功夫》(《文艺研究》2015年第12期)评价他是"有名山事业心的学者",在这篇书评的末尾邬老师还语重心长地讲:"若大家能像陆林研究金圣叹那样，以求真创新的精神，综合研究的方法，规范较真的态度，肯花长期专一、狮子搏兔的功夫于一个题目，哪有攻不下的难关？又何须担忧与别人的研究对象相重复？"他看到后非常高兴。自己的成果得到学界的认可，是他最感光荣的。他对这部著作，投入太多太多，甘苦俱在。就在它问世之前，仍得到了陆老师细致的抚养、呵护。他于2015年春节期间，带病还坚持亲自审阅校样，自己制作人名字号索引，不由得人不感动。

陆老师治学的一个很重要的思路，或者说最朴素的研究方法，就是一切从材料出发，由此他对于材料的搜集、辨析、汇总、梳理、利用，非常重视，并进一步对于古籍整理看得很重要。他将研究和整理并举，注意同时推进。他懂得研究能使整理全面、准确，整理能使研究扎实、深入。他深刻地认识到："正是通过三年来围绕金圣叹著述的系统整理、反复校读，对其作品版本有了更加清晰的体认，对其思想心态有了更加细微的触摸，对其身世遭际有了更加具体的感知，所谓磨刀不误砍柴工。"(《金圣叹史实研究》第23页）因此，他这两方面的成果往往相继问世，而且都是两方面的精品。《金圣叹全集》与金圣叹系列论文、《金圣叹史实研究》是最为典型的例子。此外，如《皖人戏曲选刊·龙燮卷》的整理与龙燮研究论文，《舌华录》《青泥莲花记》《明语林》《清代笔记小说类编》等等的整理与研究，莫不如此。他全面利用明清文献，所以知道哪些文献值得整理，以及如何整理。2009年，我社申报 2010—2020 年国家古籍整理出版重点项目，便列了他预备做的三种：一种是《钱谦益全集校笺》（10册500万）。他要整理此书的理由是：上海古籍出版社过去出版的《钱牧斋全集》有三大缺陷：一是遗漏很多，非常不全（《金圣叹史实研究》第469页即有个例子）。对此，大陆有关学者已有反映，台湾方面对钱谦益研究较多，对于此书的意见尤其大。二是没有校勘。钱氏作品由于种种原因，文字改动较多，如不仔细校勘，很难探得作者的隐衷。三是没有资料附录，特别是钱谦益年谱等重要文献尚为阙如，对于研究者使用极不方便。"'尤侗和金圣叹'，是一个颇有文学包蕴的话题"（《金圣叹史实研究》第 421 页），既然金圣叹作品他整理了，自然有必要整理《尤侗全集》（8 册 250 万字）。他拟分三部分：一、正编，收入尤侗著述，以原刻本为底本，参校各本，并加辑佚；二、附编，收入原集所附汤传楹《湘中草》六卷，新附尤侗子尤珍《沧湄诗文集》五十卷、其孙世求《南园诗抄》十卷，旨在为研究江南文学世家的传承和兴衰，提供典型个案；三、附录，传记、序跋、评论资料、新编年谱及人名字号索引。还有一种，是邓晓东博士牵头，邀请他与陈书录、江庆柏教授共同整理的《清诗选本叙录》。预备在广泛调查国内外清诗选本的基础上，辑录各种版本的序跋，并对其体例、编者、成书时间、编选动机、内容等方面加以细致考述，又辑录清人诗文中对选本的评述，做有效的叙录工作。书后又附录有书名、人名、字号索引，方便学者检索。这一项目的开展，势必给清代诗史、诗学史等领域的研究带来许多帮助。

因为他对清代文献非常精熟，被杜桂萍教授延聘为她主持的国家社科基金重大项目"清代诗人别集丛刊"的子课题负责人。

他对《青泥莲花记》非常有感情，他整理校点的本子由黄山书社 1998 年出版，论文《梅鼎祚与〈青泥莲花记〉》发表在《中国典籍与文化》1999 年第 1 期。到 2013 年年底，他让我申报《青泥莲花记研究》的选题，想深入系统地做一番研究。以他过去已有的成绩，做出来应该非常有价值。

这些只是我所知的，陆老师想要做的事情，一定还有很多很多。惜东风归去，花叶无托。

二

陆老师读书广泛，学问渊博，目光如炬，往往有所发现，同时密切关注学界的新成果，能在肯定的同时，亦做出诚恳的批评——这是学术事业非常宝贵的精神。他明确地讲："对待前人研究，既要有敬畏之心，又要有审视之念。"（《金圣叹史实研究》第49页）蒋寅老师的《王渔洋事迹征略》是本开拓之作，非常见功力。陆老师却能一口气写了三篇书评，其中《〈王渔洋事迹征略〉拾遗补缺》则发表在蒋寅老师主编的《中国诗学》（第八辑，人民文学出版社2003年版）上，也可以看出蒋老师虚怀若谷的精神。这样的学术交流，可谓一段佳话。

学界一般会关注到陆老师批评别人的犀利，觉得他是个"厉害的人"，岂不知他的批评皆切中肯綮，对于受批评者、广大读者都有裨益，而且他还时时注重自我批评，尽可能地把责任集中到自己身上，体现了谦虚、坦荡的可贵品质。他在《〈王渔洋事迹征略〉拾遗补缺》末尾便坦率地讲："在撰写拙文的过程中，亦间或发现《清人别集总目》的失误之处。因书出众手，在行文时只指出责任在我者。"自我批评，是他长期的学术秉持。在2006年出版的《知非集》"自叙"里，他阐述"知非"的意思，其中包括"努力省悟自己以往的不足"，即知自己之非；"奢望成为后者之质的"，即后人知自己之非。"不欺别人固然不易，不欺自己其实更难。"（第462页）在结集时，他对文章有一定的修订，补充了一些新的材料和观点，还对过去自己的一些错误认识加以修订（比如100页附记），但都一一加"结集补注"或"附记"予以说明，保留了自己过去论文的原貌。这一"风格"，在《金圣叹史实研究》里仍旧发扬着（如第198、317、365页）。关于"庠姓"问题，他肯定陈洪发现珍稀文献之功，同时指出疏于综合比勘;又清楚地交代自己过去收集"庠姓"史料虽丰,"然哭庙文献正面仅引《哭庙异闻》一家之说,难成定论";此后称赞了黄霖的研究并分析了其不足(《金圣叹史实研究》第50页)。像这样自曝其短,不加掩饰,公正地评价他人与自己,体现了学者应有的坦率真诚,他是以身作则来倡导实事求是、"不虚美、不隐恶"的学风。

我在通读《朱柏庐诗文选》的过程中,不免会犯职业病,随手把可以补充、改订之处,标记下来,然后再经查阅核实,最后拟了一封信,于2003年12月22日寄给陆老师。12月27日他便回信,说觉得"意外而又欣喜",肯定了我提出的意见,谦逊地说"曾多方查问而不得其解,只好老实交待不知其典","于古典、小学素无修养,略为超出常人者是对今典、史实(明清)探索的用心";对于我信中指出的一个误注,他自责道:"一向颇为自信的对今典的用心,没想到竟会出现将七十寿序按六十年来推,其恶果不仅是误注了徐瞻明的卒年,而且将朱文的编排提前十年了,这是一个非常低级的错误!更是一个非常重要的错误!"还连连道"惭愧,惭愧"。结合上文提及的,就可以看出陆老师"知非"的自我批评精神贯彻到了每一可能的地方。正是因为有这样谦逊的治学修养境界,不固步自封,不自以为是,以敞开的心胸,来做深刻的反省,不断消除盲区,时时擦亮眼睛,弥补不足,使他的学问日渐丰厚,在作家史实研究等方面卓有成就,文每一出,皆能作金石掷地之声。

而对于学者朋友、门人弟子的些许帮助,他都认真如实地记上一笔(有的在正文交待,更多记在页末注),表示感谢。在《金圣叹史实研究》里表现得尤其鲜明。比如对于陈圣宇、孙甲智、陈翔华等帮助致谢(第256、338、403页)。317页注3最为详细,记录2011年对徐朔方先生去函指误的感怀,还加按语,交待先后获得胡素芳、冯宝善赠送张国光《金圣叹学创论》的经历。陆老师几次提到"众人拾柴火焰高"，由衷地表达对他人给予他帮助的谢忱。这些都生动地传达出他内心的温度和开阔的胸怀。

三

因为我研究《乐府群玉》，涉及《录鬼簿》的版本问题，看到陆老师《元代戏剧学研究》一书里有所提及，但不太明确，便写信去请教，并告诉他我在撰写一篇关于《录鬼簿》的文章。他在2004年12月8日的回信里，给予了认真的答复："就朱权而言，他所能看到的《录鬼簿》版本可能是与天一阁抄贾仲明增补本相近的版本，没有什么史料依据，推测而已，且无多少价值"，并向我约稿："何时能够草就？如不以敝刊为微末，可否赐稿？"陆老师发表过多篇有关《录鬼簿》的文章，能够由他来审阅拙作，对于论文质量必定有保证。我利用业余时间，撰写、修改《〈录鬼簿〉修订过程、时间及版本新考》，到2005年12月3日出来第二稿。陆老师审稿时考虑很细致，比如：初稿中，我遵从学界惯用简称，称明天一阁蓝格钞本作"天一阁钞本"，而该本为贾仲明增补本。陆老师建议：就像孟称舜编《古今名剧合选》附刻本简称"孟本"、曹寅《楝亭藏书十二种》刻本简称"曹本"，贾仲明增补本就可以简称"贾本"，这样三种版本的称呼就整齐划一了，皆以姓氏领之，简明清晰。他强调说："不必苛守旧规旧说，要敢于自我作古。我们的好，以后别人就照着我们的讲。"可见他的学术眼光与魄力。这一建议的另一个好处我也想到了，拙作一万多字，在论文中算长的了，能减省就减省。由"天一阁钞本"改作"贾本"，一下子全稿就减省了二百多字。这又体现了编辑的智慧，对我教益甚大。陆老师《〈王渔洋事迹征略〉拾遗补缺》发表在《中国诗学》第八辑上，我做了一回他的论文的编辑；

拙作发表在《南京师大学报》2006年第4期上，陆老师则做了一回我的论文的编辑。这是非常令人欢快的事。

2011年8月底，母校南京大学召开《文选》学的学术会议，会议的间隙，我抽一个下午时间，去看望陆老师。等到他家里，发现他打着腰背心固定夹板，很是惊讶。他讲述自己倒行锻炼时不小心从高处摔到低处，导致脊椎骨折。陆老师讲话，很投入，很果断，带着安徽望江的口音，讲起来，很能吸引人。就连自己不幸的遭遇也讲得很抓人。后来，他讲起自己最近的研究，聊到了民国期间关于金圣叹的研究情况，提到了鲁迅文章的偏颇。这些在陆老师发表在《文艺研究》2011年第8期上的《陈登原〈金圣叹传〉的学术贡献及缺憾》一文中，有所提及。当时还谈到周作人有关金圣叹的文章，是隐然针对鲁迅的。这个观点，后来写成《鲁迅、周作人论金圣叹——明末清初文学与现代文学关系之个案考察》一文发表在《文史哲》2013年第1期上。他兴趣盎然地讲述，根本不像一个病人。过了两个小时左右，我害怕他太疲劳，便赶紧告退。等后来读到发表出来的文章时，就立即呈现出他当时讲述的神采来。

四

陆老师是个喜欢治学、喜欢谈学问的，有人说他把学术当作生命来看待，一点没错。2015年年初，听说陆老师病重了，发短信、电邮慰问，想他还会像以前一样康复。有没有让他高兴点的事情？我便想到，能否把最近写的文章发给他看看，让他感到我在努力？拙作预备发表在《文艺研究》上，编辑张颖女士发来范文PDF版让我参考。而这范文，正是陆老师那篇《陈登原〈金圣叹传〉的学术贡献及缺憾》！我便于5月4日写信给他，其中写道：

一直在学习您,惜学力不足,未能多有佳作。近撰一篇小文,将在《文艺研究》发表。可喜的是,编辑张颖女士把您的大作《陈登原〈金圣叹传〉的学术贡献及缺憾》电子版作为典范发来,供我参考。岂不知早已拜读过。

兹发上小文,便于您了解我的一点进步,仅供一笑。若有批评教正,则幸甚。

我所希望的,仅是请他知道我在做点学问,没有平庸地过活,只要他一瞥就够了,至于"批评指正"的话,不过是苛求。他很快就于5月7日回信了,鼓励之外,指出拙作的错误,并提出编排意见:

大作有一处"颜延之《重释何衡阳》与其《重释何衡阳》",我有点看不懂;另外,阿拉伯数字1、2、3……后面,应该是顿号还是圆点呢?

第一个"重释"应该作"又释"。这样细小的讹误,若没有细读,是绝对发现不了的。陆老师竟将近两万字的拙作通读过了!这对于一个病人来说,便有些成负担了,所以我在惊喜感激之外,又不免愧疚。

五

陆老师最早发表的论文是《对包公艺术形象应有个正确的评价》(《江淮论坛》1981年第6期),最晚发表的论文之一是《试论元明清戏剧中包拯形象的演变》(《玉林师范学院学报》2016年第3期)。对人物的关注贯穿了陆老师的一生。《金圣叹史实研究》立意即是"展示以金圣叹为中心的明末清初一批边缘文人的人生轨迹"(后记)。感慨于那些湮没在历史风尘中的古人,他要通过自己的慧心只眼,让他们"神采奕奕地向我们走来"(《金圣叹史实研究》第

263 页）。这些都看出陆老师对于"生命"尤其易被忽视的生命的看重。他的文章之中，无疑处处呈现出包公式的秉公而断，可是他晓得人物与形象之间的不同，他研究戏曲、小说、诗歌中的形象，更着力于研究这些作品的作者及相关的人物，他深刻地理解到形象里有真人物的影子，真人物会以形象的方式存在于各类作品中。他在戏里戏外，体会历史的丰富与枯萎并存、真相与幻想并行的情形，并着手以体验生命的方式打捞历史，与古人成为异代知己。这或许就是陆老师学术生命的源泉。

陆老师的一生非常丰富生动，他给我们留下最为深刻的印象，可能就是最近十几年二竖为虐，他却奋笔疾书，展露着自己的才华，贡献着独到的智慧。金圣叹有诗云"摩诘在床仍论义"，真可移作他的写照。这令人敬佩，亦令人唏嘘。

初稿草罢，步于胡同之中，迎面皓月安详地在东天。陆老师的面庞，就在满月里。不免要落下泪来。丙申岁大雪后八日改定。

红梅散尽时,您走了

——缅怀陆林老师

柏红秀

记得那是个春天,我正在公园里跑步。当时正是春寒料峭,一阵乍暖还寒的风儿吹过,路旁盛开的红梅便随风而散。那些薄如蝉翼的花瓣,有的落到地上,与杂尘混在一起,美丽和芳芬瞬间消失;有的被风儿卷到空中,飘向远方,那抹艳色隐约可见,那份浓香似乎永不散尽。

当我正对着路边的红梅无限遐想时,突然收到了一条来自陆林老师的手机短信。不知怎的,我竟然十分地慌张,内心升起一种不祥之感。果然,短信是陆林老师的家人发来的,原来陆林老师已驾鹤西归,家人是来通知葬礼告别的时间和地点的。

从那时起,以后的每个春天,每当我看到盛开的红梅在早春凋谢时,我总是会想起陆林老师,觉得他的短暂却美好的人生就如同那些早春飘向远方余香不绝的红梅。

陆林老师并没有担任过我的课程老师,所以从严格的学制意义上来说,他并不是我的嫡亲老师。但是,陆林老师更像我的嫡亲老师,他对待悲凉人生的态度、对于读书治学的理解以及对于学生后辈的关怀至今深深地影响着我。我觉得在很多方面,我正遵循着他的指引在笃定地前行。当年别人去参加他的葬礼并纷纷撰写各种深情悼文时,我却没有加入其中。我觉得欢乐的确有时应当共享,可悲伤却只能留给自己慢慢咀嚼。

我与陆林老师的最初相识,可以用"未见其人先闻其名"来概括。我去南京师范大学做博士后时,有机会就会与同学们一起活动。凡是聚在一起,大家都会谈论到文章发表的事情,言谈之间都充满着焦虑,因为在博士后流动站的时间就两年,在两年内得完成学校规定的科研任务才可以顺利出站,而科研任务中最重要的一条就是要在高水平期刊上发表论文。我本来就已有工作,不需要等博士后证书去求职,而且我也深知自身才疏学浅需要厚积薄发,故而进站伊始,我倒是没有特别大的论文发表压力。所以同学们在一起论及这一话题时,我通常是听得多说得少。那时,陆林老师的名字是同学们聚会谈论时的一个高频率词汇,因为他是本校学报负责文学版面的编辑。中国人向来讲人情,人们通常的思维是"近水楼台先得月",故而同学们最易想到能够投稿的地方就是本校学报。但是从同学们的谈论中,我发现大家对于陆林老师既爱又"恨",爱的是他学识渊博才华横溢,所出的精品大作均得到了学界的高度认可,"恨"的是他不但审稿严格而且还会不顾情面地拒稿。据传被他拒稿的不但有青年人,还有学界有名的大佬,有些大佬还是他的好友。总之,从同学们的谈论中,我对陆林老师大致形成了这么一个印象:才高八斗却为人清高孤傲,难以近处。本来我就是抱着静心读"圣贤书"的初衷进站的,陆陆续续听到关于陆老师的这些议论,便觉得没有必要去接触陆老师,更不会奢想找他发表论文。

但是人世间的事情有时就是很奇怪,越是你不想接触的人,往往越是会有交接的机会。有一次学校办学术会议,陆老师也来参会了，为了免于交往时的尴尬，我并没有上前去打招呼，觉得与其毛遂自荐自取其辱还不如退而修身严谨治学。果然，我看到有青年才俊非常热情主动去跟他打招呼，而他正如传言中的那样，报之以不冷也不热的态度，最终那几位青年学者逃离似的离开了他。会议结束的那天早餐，我去餐厅吃饭看到陆老师正坐在我的隔壁独自用餐。当时我带着几位本科生来参会，正同他们一起进餐。虽然陆老师没有直接教过我的课，可毕竟是母校的老师，与我的导师是同事，从辈分来讲算是长辈，向来信守师道精神的我，在学生面前自然是要做榜样的。我迅速吃完后，看他吃得也差不多了，便硬着头皮上前跟他打招呼，向他问好。

他最初也是出于礼貌，与我做简单客套的交流，比如问起我的老师是谁，我的研究方向是什么，身边这几位年轻人与我是什么关系等。因为没有求他发表论文的功利想法，所以内心坦荡，陆老师问什么我也就自然而然地答什么。当他问起我的治学时，我突然想到他是国内知名的学者，在治学方面一定经验很多，于是便将自己学术之路的大致设计以及眼前所遇到的困惑等倾筐而倒。在交流时，我已经想好了退路，心想若是他不搭理，我便找个借口立马离开，反正早餐也吃完了。令我万万没有想到的是，他极认真地倾听，也极诚恳地一一给出了建议，并且还把他的读书体会与我分享。那天早晨，我与陆老师谈了一个多小时。而这次见面交流对我后来学术之路的影响非同凡响。

那时我刚博士毕业，初次进入社会，对于读书的清高自守与稻粮谋的世俗庸常这两者的关系非常纠结，觉得它们应当是针锋相对水火不容的，可是经验丰富的陆老师却告诉我这两者其实是可以协调的。他说喜欢读书，然后长期坚持，自然就会有观点有想法，自然也就能写出论文和著作，而有了论文和著作也就有了项目和获奖，这样一来职称便是水到渠成之事。再如何对待读书，陆老师也给出了一些建议。他说有些人天生就是为了读书和学术而存在的。他说自己之所以写论文和著作，是因为自己就只有这一个爱好，就只有这么一个擅长的。他说读书让他快乐，写作让他快乐，而这样的快乐是品美食、饮美酒、赏美景或是加官晋爵等都无法超越的。所以真正的读书人，是不会为是否要坚持读书而困惑。他建议我既要读治学的书，也要读优秀学者的书，从智者那里获得启发，而这样的启发会带动对自己所研究领域的深入思考。

临别时，当我对他的耐心和付出表示感谢时，他反而笑道说应当感谢我，说从我的身上看到了自己当年的影子，表扬我出门开学术会议还能不忘带着学生们一起来感受文化和学术，这让他也有反省，说自己对学生并没有这样的和蔼可亲。这次与陆老师的面对面交流，还让我学习到了一个最基本的处世法则，耳闻不如亲见。很多时候，因为心存杂念，所以对一个人的评价往往会言过其实，更会毁大于褒。

我的第一份工作是我硕士毕业后找的，虽然说是在自己的家乡，但是初去时与里面的同事并不熟悉，并且这所高校也不是以治学见长，故而在读书和治学时难免会有知音难觅之叹，陷入困境而找不到出路极正常。而陆老师所作的点拨和指引，显然非常及时，它让我可以从容地去处理好读书与治学、工作与学术等复杂关系，使得这些人生必须面对的各种事情彼此之间并没有形成势不两立的紧张局面。顺着陆老师的思路，理好眼前的各种关系，我发现苦读书和静思考成了人生的主题。渐渐地我也有了论文、著作、项目和获奖。一旦读书治学有了长进和突破，我都会第一时间去告诉陆老师，分享自己成长的喜悦。虽然每次我写邮件或发短信时，我都写"免回"，可是他每次都会回复，或长或短，或早或迟，都是一些言简意赅的鼓励话,有时他还会给我开点儿书目单,好让我补充知识的疏漏。

有一天,陆老师来信说他看过我近期发表的几篇论文,觉得无论是学识功力还是写作水平都有了明显提升,嘱咐我不妨也写篇文章投到他所负责的学报,信中他用了"大作"和"赐稿"等雅词,这让年轻的我非常地感动。我是晚辈,治学之路才刚刚起步,陆老师能够关注已是感恩,现在他还发出论文的邀请,这无疑是对我莫大的鼓励。为了不负他的期望,我认真地做了构思,半年以后才将一篇论文发给陆老师审阅。这篇文章却并没有被录用,他给出的理由是,不是我的文章不好,而是我的文章不适合在他负责的刊物上发表,因为我做的是考证,而且还是一个极小的考证。以前我研读任半塘先生的著作时,也看到过任先生对于考证的观点,任先生不主张琐碎钉铛的考证,觉得那样对于学术研究的价值并不大。然而那时,我只是对这种观点留有极浅的印象,并没有与我自身的治学研究建立起联系。而陆老师的这番指导,显然让我对于考证一事有了更加清晰的理解,如若没有围绕着一个大的学术目标而作考证,考证虽然耗费你很多的精力,但是它们的学术价值其实并不高,这样的学术劳动意义也不大。可能怕此事影响到我的治学热情,陆老师还将我的小文适合发表的期刊给列了出来。其实,考证文章被拒稿一事并没有真正打击到我,反而让我对学术研究和论文写作有了更正确的理解。正如智者常言的,有时方向比努力更重要,不必要的努力并不值得提倡。而这样的收获又岂是一篇文章的发表所能代替的?正是在陆老师的启发下,我开始拓展自己的研究内容,让研究的方向朝着更有价值处延伸。尽管这样的努力很辛苦,但是对于一位学者的成长却至关重要。

从那时起,我的治学之路变得更加的宽广,也更加的坦荡,不但论文的质量水平大大提升了，而且发表也不再是极难的事情。我总是跟学生说，对于编辑和杂志期刊，我们作者唯一能够做到的，是以不变应万变，唯有以高质量的论文是求，才是治学成才的康庄大道。后来，当我把尽全力写出的文章再次投给陆老师时，他欣然采用。因为在读书时经常听到大家言及论文版面费的事情，想到自己是学术新人，而陆老师所在的刊物层次又极高，我以为依据惯例应当要给版面费的。我怕陆老师不好意思提，便主动在电话里说了，结果电话那头陆老师的语气一下子由亲切变成了激愤，"我们学报是不靠这个谋生"，"我们学报是有学术追求的刊物"。放下电话后，好好想陆老师的这番话，我觉得即便处在严冬，都心生温暖。

虽然涉世未深，但是却经常可以听到身边学人关于世态炎凉的很多言论，而以前也听到不少同学说陆老师的铁面无情，可是当他坚持期刊原则拒稿时却不忘告诉我文章适合的刊物；当我问及版面费时，他却立马给予了回绝，不留一点儿余地，这些难道不是世间情意浓厚斯文长存的明例吗？

因为自觉不是出身于书香门第且积累甚少，故而在项目申报上，我总是不够积极，而陆老师在这方面则会及时地给予引导和鼓励。第一次见面交流以后，他就鼓励我报项目，并且以自身为例来说服我，他要我不要轻信社会上的各种传言，项目申报最重要的看两点，一是前期成果，一是项目书的论证。他建议我回去后要边读书边考虑项目申报的事情，提醒我就着自己正在从事的且已有积累的研究来申报项目，而不要把申报项目和平时的读书治学给割裂开，不要成天想着要去一鸣惊人，弄个国家项目来放大卫星。他说可以先从省里的项目开始申报起，天马行空最要不得，脚踏实地才最有效。他说，读书是这个世界上最没有捷径的事情，认真读书、踏实思考，肯定能报到项目。

依着他的教导，果然不出意料，我紧贴着自己的博士研究成果申报的课题最后都一一中了。当他看到我有了一些项目成果以后却迟迟拿不下国家项目时，便让我把申报书写好后发给他来看，结果他修改得密密麻麻地给发了回来。现在想来，当我看到陆老师的修改稿心中升起感恩时，那样的感恩还只是浅层次的，只是为他不是我的直系老师却能无私付出而感恩。当我后来承担的工作越发沉重时，当我需要处理的事务越发地复杂时，我对于陆老师此举所怀的感恩才真正地浓烈起来，因为我明白了对于百务缠身且治学精进的陆老师而言，他对于我成长所付出的时间和精神是多么的弥足珍贵。放眼学界，很多的老师连自己的学生都来不及关心，又怎么会关心起其他的学生呢？

那些年陆老师教会我的治学还有：学术论文要能够写长篇大论，每篇中的段落不能过于细碎，要齐整；自己写的学术论文，要自己逐字阅读，最好能读出声音来，自己喜欢了、爱不释手了，再拿出去投稿，如若文字和思想连自己都打动不了，哪能打动得了编辑？学术研究不是以数量取胜，有些学者喜欢写大部头的著作，而不少著作其实只是字数的堆砌，除了利于谋取稻粱以外，意义全无，是对生命的浪费。学者与学者的交往，就是基于读书和学术的交往，别无其他，一旦心中生出了杂念，宁可不去交往，读书本来就极需要时间和精力，生命不能浪费。

也许是岁月过于宁静和美好，我常常会有一种错觉，觉得智者善人都能抵御住时光的流逝，可以永世长存。这种误觉让我对于厚爱我的长辈们常常心怀感恩却疏于走访。虽然与陆老师一直有着不间断的交流，但是我拜见陆老师的次数却甚是寥寥。回忆起来仅有的几次见面，现在都心情起伏难以平静。

第二次与陆老师见面是我从南京师范大学博士后出站两年后。

当时我想跟着蒋寅老师继续学习，想听听陆老师的意见，因为陆老师的研究领域与蒋寅老师有些交集。我到陆老师家里去，一进门就看到书桌和书，觉得很是奇怪，以为他会把我领到客厅里交流，可结果并没有。原来他家的客厅就是书房。见我有些纳闷，陆老师便笑着作了解释，"我们一家三口都喜欢读书，都不喜欢交往，家里能来的客人也没有几个，所以就把客厅做成了书房"，他将之美其名为空间最大化地使用，而我则觉得它就是现代城市里弥足珍贵的"书香门第"的新形式：尽管生存空间不大，可永远会把读书一事放在首位；家中不止一人在读书，全家皆乐于读书。我走过很多的城市，接触到很多的家庭，从来没有看到过把客厅作为书房的，也很少能见到全家都热爱读书的。

那次与陆老师交流，当他得知我喜欢运动时，也很开心地说起了自己的运动。他说自己除每天读书以外的重要事情就是去公园里晨跑。当我为他的这份坚持而开心时，他却没有太多的喜悦，只是说这样的运动其实也是有些没有办法，因为身体状况不是很好。我自觉自己与陆老师的关系还没有特别熟悉，所以也不便询问他身体究竟为何不适，后来分别以后心思不细腻的我也没有想起来向身边的熟人打听。后来还是陈书录老师告诉了我陆老师的近况，原来他患了可怕的癌症。只是在那次见面中，我没有看出陆老师精神上有什么悲观的地方。

再后来的一次见面，也是在一次学术会议上。陆老师一如既往地做大会发言，作分会场的会议点评，所到之处收获掌声无数。会后文化考察时，他背着挎包，健步如飞。当我问及他的治疗情况，他则轻松地说一切顺利，还告诉我说为了不麻烦别人，他会一个人去上海治疗，输液结束以后，他又立马独自乘高铁回南京。看到我担心的眼神时，他反而一脸的平静，"现在情况非常稳定，只要不恶化,就是最好的结果","我心里想做的事(指学术计划)多着呢,没有人可以帮到忙,时间太紧,没有办法"。原来自从生病以后,他便自知生命有限,所以一方面积极配合医生,自言是"最听话的病人",坚持治疗和锻炼,一方面又紧张有序地推进科研工作,把该写的都给写出来,该做的都给做出来。主持的各类项目和出版的各种著作,都一一地列在他的生命时间表里,不容有一刻放松。

再后来,就是最后的一次与陆老师见面。此前听到友人说他运动时倒着行走掉进了一个深坑里,我立马发短信慰问,他回复表示心情非常难受,需要好长一段时间不能运动,这势必会影响到他与疾病的对抗力,觉得腰受损后还会带来行动不便,会影响到治学工作的有序开展。无论是得了癌症还是腰部受损,他都不曾为自己的身体可惜,他惋惜的是他的治学工作又要被迫延迟。从他的言语中,我能感受到他的痛苦。陆老师似乎就是为学术而生的,而现在他不得不在与时间赛跑。一向严谨的陆老师,一直认为自己是可以打败时间的。而此前我听到一位老师说见到陆老师出席一个宴会并且状态很好,我便以为这是一个好的迹象,于是便发短信去给他祝福和打气。

哪里知道,我收到的回复却是他已经住院几个月,自言余生指日可待。收到这个消息,我心里突然倍感窒息,这种感觉与我当年得知父亲突然车祸身亡消息时一模一样。我不顾一切地放下手头的事务,与一位友人结伴奔赴南京去医院看望他。

到了医院以后,他的学生出来接我们。陆老师的病房是独立的单间。进入病房以后,我第一眼看到的是一间空荡荡的大房间,里面装着很多的医疗设备和各种输液瓶,却并没有看到陆老师。站定了几秒钟以后,我才在床上看到无比瘦小的陆老师。任何一位熟悉陆老师的人,可能都会与我当时一样,很难接受他眼前的模样。已经几个月粒米不进的陆老师,躺在床上,柔弱如孩子。他看我们的眼神尽是悲伤。见到我们去,他便拿出来事先准备好的煌煌大著,那时他的力气已经很小,但是他仍然振作起精神来,给我们认真地题名,细心地盖章。与他交谈时,他仍然十分在意手头入选国家哲社成果文库的那本著作,希望它可以得到好的社会评价。为了使他有所振作,我提及了来年的春天,接他到隔江的扬州来散心。他听了以后,只是反复地摇头,"肯定是不可能的了""肯定是没有可能的了"。对于智者,善意的谎言只能增加他的生命悲叹。怕影响他的休息,我们很快便与他道别了。一向不看重繁文缛节的我,临别时却上前握住了陆老师的手。陆老师的手冰凉,陆老师的眼神悲伤,跟我们摇手时,他的身体几乎直不起来。

我知道,这一别就是永别。

正如春光可以温暖百花而梅花却只能在春风中散尽一样,现代医学和陆老师身边人的愿望,都不能让陆老师起死回生。而智慧的陆老师也知道这一天很快就要到来,所以与我交谈时,他已经对于往后的人生不抱有好的幻想,此时唯一让他不舍的就是读书和治学。他将不能在以客厅为书房的家里静读苦思,他也不能将他勃勃的思想和睿智的观点再撰成锦绣文章藏之深山传之后世,这才是他最痛苦的。

听一位友人说,当陆老师病情再次恶化而医生表示已经不再挽救时,他不得不以医院为家,与药瓶相伴,这时陆老师完全不能接受这一残酷的现实。在那段时间,凡是有人去看望他,陆老师都会毫不顾忌地痛哭流涕。我知道,这种痛苦并不是来自他的身体,而是来自生命的,他无法接受与他生命的最爱——读书治学从此切断联系。

正如春风中的红梅终会在美好的季节离根而散一样,陆老师也在他最好的治学年华里遭遇到致命的恶疾，虽然他奋力抗争努力与时间赛跑，但是他最终还是被早早地夺取了生命。然而就像有些红梅不会落到地上与尘埃混乱，而是留有余香地飘到空中飘向远方一样，陆老师最终也会带着他对读书治学的执着和热忱奔向天堂，从此没有痛苦地继续他的挚爱的书香生活。

每年春天，看到红梅留有余香地飘向远方，我便会想起如红梅般的陆老师。

生命中，幸运的人们总会遇到令人终生受益的恩师。这些恩师即便逝去也如同活着，因为他们已在你的精神家园里扎根长存，陆老师就是幸运的我遇到的终生怀念的恩师。

斯人已逝，斯文长存！

学海之灯

——怀念陆林先生兼记与先生的交往

邓晓东

六月的江南正是"梅子黄时雨"的季节，然而今年的黄梅天似乎格外地长，整个六月下旬至七月初都在下雨，时而瓢泼，时而淅沥，仿佛苍天有泪挥不尽。梅天刚过，便是持续高温，烈日烘烤下的南京，酷暑难耐。时而被湿气包裹，随后又被汗水浸透，置身于这样的夏天，人的心情始终无法爽朗。而我更因为怀念而伤情，因为痛心而觉世间好物不坚牢。

3月9日下午4时20分，上完课回到家中的我慵懒地坐在沙发上，口袋中的手机传来了熟悉的铃声，是书录师的来电。接通电话后，一个令我不愿接受的事实瞬间占据了我整个脑海——陆林先生故去了。怎么可能？昨日中午遇见孙书磊老师时，我还向他询问有关先生的情况，得知先生近况不佳，并决定近期去医院看望他，没想到一切都已经来不及了！在我的思维中，先生的情况还没那么差，去年12月份去看先生时，他还和我话及来年学校启动二级教授申报时即刻告诉他。而那天，先生坐在病房中，手中还翻着《邓之诚文史札记》，并和我聊了近两个小时，这一切都促成我判断先生的情况还算好，甚至一度天真地认为现代医学的发达足以让先生维持下去。

万不料那次长谈竟然是我和先生最后一次交流，再见面时已经是天人永隔，怎能不痛哉！要不是电话是书录师打来的，我真不愿意相信这是事实。3月11日上午9时左右，在南京殡仪馆福安厅瞻仰了先生的遗容后，我紧紧握住了先生夫人杨辉老师的手，杨老师不停地说没通知你们见最后一面、没通知你们见最后一面，而此时的我早已泣不成声，只有紧紧握住杨老师的手来表达内心的无比悲痛。

转眼间，先生离开我们已经整四个月了。先生高足裴喆兄于四月初来信要我写点纪念先生的文字，我当即就答应了下来，是出于对先生离世的不舍，也是出于对先生为人为学的敬重，更是出于对先生提携后进的感激！虽然我并不是先生的弟子，但在求学和工作的道路上，先生对我的关心和爱护似乎并未少于他的弟子。先生仿佛是我学海航行中的灯塔，时时为我指明方向，我怎能不写点文字呢！然而经历了死别后的回忆是一个痛苦的过程，当往事历历如幻灯片般在脑海中切换时，怎敢相信先生已经离我而去了呢？

第一次听说先生的大名，是在2003年9月的硕士研究生导师见面会上。而第一次结识先生则要到2004年2月10日。那天上午，是先生在随园电教楼110教室给研一的学生开设"元明清文学文献"专业课程的第一次课。记得先生以"围绕特定的研究对象，有哪些文献，如何获得文献，如何运用文献"作为开课宗旨。这一开场白，深深吸引了对于学术研究有着浓厚兴趣但却找不到门径的我。所谓"鸳鸯绣了从教看，莫把金针度与人"，在羡慕老师们的文章发表的同时，正为找不着北而发愁的我一下子觉得这是一门"鸳鸯绣了从教看，还把金针度与人"的课。于是尽管课程内容略微枯燥（先生所讲的内容多半为我们以前所没有接触过的，甚或闻所未闻的），我却听得津津有味。而也就是在这短短的一个学期的课程中，我学到了至今还常用的研究方法和查找文献的基本技能。这是我求学路上最珍贵的一段经历。

我和先生能有深入的交流，则大约是3月中旬的时候。所谓"初生牛犊不怕虎"，当时我拿了一篇大三上学期所写的课程论文向先生请教，希望能够得到一些指导，先生让我十天后再去找他。按照约定的时间，我去学报编辑部找先生。先生招呼我坐下后，毫不客气地将我"臭骂"了一通，说我写文章时没有追求，别人一万字的文章都极力避免雷同词语，而我的文章在短短的开头就出现了五处相同用语，一见出词汇之贫乏，二反映了态度之随便。在严厉的批评之后，先生却不乏耐心地具体指导起来，摘要如何写，怎样避免雷同语汇，文献如何引用，文章最后的结尾应该注意什么。初次交谈，竟能如此深入而具体，使我对先生崇敬之情愈发高涨。这次交谈后，去学报找陆林老师聊一聊就成了我硕士期间的一项主要学习内容。

2005年的春季学期，和其他学期并没有什么不一样。我却因为课程表上有先生的"戏剧戏曲学"而暗暗高兴。对于我而言，能再次聆听先生用严谨的学术语言讲授课程，无疑是一种学术思维的熏陶和训练，甚或说是享受。然而，这个和以往一样平常的学期，却成了先生生命的转折，就在这一年的5月份，先生查出了患有癌症，必须马上接受治疗。记得当时同学们得知这一消息时，纷纷唏嘘感叹，天不佑人！不过，好在手术比较顺利，先生也逐渐地恢复。我于9月份随先生学生卢进波同去先生家中看望。当时先生恢复得不错，只是我们不愿过多打扰先生，只小坐片刻后就起身告辞，先生却以下楼散步为由执意要送我们出小区。经历这次大病后，先生因身体原因就不再给硕士生上课了，我个人觉得这实在很遗憾。

此后每个学期（包括读博期间），我都会去先生家里小坐片刻，一是为了问候，二是为了向先生请教学问。其实，更多的时候是聆听，聆听先生治学的方法和思路，也每每从先生对明清时期人物如数家珍的叙述中感受到先生对学术的执着和专精。我曾经很幼稚地问先生："这些从未有人提及的东西您是怎么知道的？"先生说："在我研究之前，我和你一样也不知道。可是当我接触后，我总能通过我所熟悉的工具书以及凭借我的目录学知识，快速或比较快速地检索到我要的材料。材料仅仅是第一步，很多人认为考证就是靠材料，而我不这么认为，考证是很能见出一个学者的学术功底、学术眼光和学术智慧的。而我的考证也绝不是为考证而考证，考证的目的是科学的阐释。"记不清有多少次被先生富有治学体悟的言论和对学术的执着而感动！每次与先生的畅谈，仿佛是于茫茫学海中遇见了指路明灯，照亮了漫漫前路，也唤醒了愚钝的我。

2006年5月7日，是硕士生答辩的日子。之前得知先生作为我论文的评阅人，既高兴又紧张。高兴的是，能够得到先生的评阅，一定能够对论文的完善提出一些实质性的建议；紧张的是，以先生的严苛，指不定会挑出多少错误来。这种忐忑的心理，至今仍记忆犹新。庆幸的是，那天先生对我的论文评价颇高，我想其中一定有熟识的缘故。同年9月，我继续跟随书录师攻读博士学位。在入学一个月后，我照例来到学报编辑部，找先生聊一聊，因为那时先生的身体基本康复，也已经恢复正常上班。在寒暄了一会后，我就和先生说了博士论文想做关于沈德潜研究的初步想法，一是他本人文学研究，二是他所编选本的研究。当然萌生这种想法，并非出于长期积累，而是在博士入学考试时一道题目答案基础上的略微拓展。先生听说这一想法之后，略停片刻即便提议我不如做清初的诗歌选本。说来也巧，就在不久前逛书店时，看到了谢正光、佘汝丰两位先生汇辑的《清初人选清初诗汇考》，因为此书收录了不少清初清诗选本的序跋凡例，我觉得这些材料当对研究沈德潜的选诗有帮助便即刻买下了。所以当听到先生建议我做清初的诗选时，我立即就报出了此书，由于只是粗粗翻阅，当时把作者的名字说成了谢伯阳。

先生得知我知道这书，似乎打开了话匣，不仅详说了该书的不足（先生之前已有《读〈清初人选清初诗汇考〉》一文发表），进而又说到当年翻阅邓汉仪《诗观》时的震撼和感想（先生曾撰《清初总集〈诗观〉所收徽州诗家散论》），还说到其首位博士王卓华即以《诗观》为博士论文研究对象等等。那个下午真是有太多的收获，同时也决定了我整个读博期间忙碌而又充实的生涯。后来我和书录师交换了想法后，老师也欣然同意我做清初清诗选本的研究，并提供了不少参考文献和其他相关研究成果。很快，我的研究方向就定了下来。读博三年，每次外出访书回来，都会找先生汇报访书心得和"新"得。因先生一直致力于金圣叹史实研究，故访书时也尽量留心书中是否有涉及金圣叹的史料，一有所获便立即告诉先生。先生也从不掠人之美，在其公开发表的有关金圣叹的论文及出版的专著中凡是他人所提供的材料均一一注明。这既显示了先生的学术自信，同时也体现了先生对于材料发现者的尊重。

2008年10月25—26日，中国韵文学会联合南京师范大学、常熟理工学院召开第三届年会，会议第一天在南师，第二天则到常熟，先生也参加了这次学术会议，提交了《金圣叹佚诗佚联新考》的论文。在虞山会场上，先生被安排在大会上点评一位学者的论文。一般评述论文总是好话多说，最后再说一点建议或不足，或者干脆不说。先生却一反这种惯例，上来就鞭辟入里地指出了文章在概念、结构、表述上的种种问题，我在下面一边为先生捏汗，一边又暗暗佩服先生的胆识，一边又为先生的学术公心所感动。也就是在这次会议上，由先生介绍，我结识了人民文学出版社的周绚隆编审。后来游尚湖，因书录师让我陪同吴宏一教授，正好遇到先生，经简单介绍后，两位先生便开始了学术漫步。侧身于湖光山色之中的我，哪有心情流连风景，而是目染耳濡了两先生的君子之交和学术之谈，留下了珍贵的一小时。事后，先生提及这次散步时说，习惯了快走的他那样漫步实则更累！从中不难体会到先生对于前辈的敬意！

2009年2至4月对我来说是至关重要的一段时间，那几个月博士论文答辩、找工作，以及女儿出生等事扎堆而来。也就是从那年起我们学校搞起了博士论文盲审的政策，所以在2月底就要交上初稿，并进行校内预答辩，我被安排到了先生所在的专家组进行预答辩。自知由于材料搜集花费太多时间以致论文的撰写不管是在章节的设置还是内容的完善上都存在诸多缺点，当组内专家正准备发难时，先生立即将话题导向了如何在不到半个月的时间内尽量完善。记得当时我正为至少有一半选本的叙录没有撰写而犯愁，先生只说"要籍"两字，便解决了我的燃眉之急。至于结构问题，先生说必须再写一章。论文之事暂告段落，工作之事随即便来。虽然有单位愿意录用我，但留校任教一直是我心中为最理想的工作。不过，留校之事颇为复杂，也困难重重。在这关键的时刻，书录师起了决定性作用，将留我的事情提上了学科教授会议。然而由于师生的特殊关系，书录师不便就我的情况发表意见，而第一个打破会议沉寂空气的就是先生。终于，在诸位先生的帮助下，留校的事情得以解决。先生对我的大恩，将终身铭记！

2009年9月正式入职以来，虽然和先生成了同事，但由于学校事情较多，就很少有机会像读书期间那样时不时去找先生聊聊了。然而就在我们都以为先生已经顺利地跨过了五年生存期的坎时，不幸又一次降临到先生的身上。在2010年春天，先生体检时又查出了腹腔肿瘤。在之后的每一年，先生几乎都要接受治疗，尤其是2012年因锻炼不小心摔倒后，先生的身体状况可谓每况愈下。我们看在眼中，痛在心中，嘴上却不敢说，每次去拜访先生依旧主要是谈学术。一开始我还劝先生多保养身体，少做学问。说了两次之后，我便不再说了，因为我知道，学术已成为先生与病魔斗争的动力！我又怎么忍心劝一个视学术为生命、对学术有不懈追求的人去放弃他的事业呢？

最后一次和先生一起活动是2014年12月份。那次朱万曙教授来南京谈《全清戏曲》出版事宜，晚上我们教研室的同仁宴请万曙教授，先生亦参加了这次活动。席间，先生和大家有说有笑，饭后还颇有兴致地和大家一起玩起了掼蛋，那天晚上的活动至深夜12点结束。那一阶段，先生的腿脚已经不太灵活。2015年2月，在收到先生新出版的《金圣叹史实研究》不久后，便听学报老师说先生又住院了。开始，我以为只是常规治疗，以往我都是在先生出院后再去探望他，所以一开始并没有引起重视。可是，慢慢地从不同人口中得知，先生这次并非一般的住院，情况比较危险。于是在参加完高考阅卷的第二天，即6月20日，我便去了先生所在的中大医院。尽管在去之前已有了心理准备，但时隔半年后再见先生，一种突如其来的惊诧还是让我难以平静——先生已形容憔悴骨瘦如柴了。面对正在打点滴的先生，除了安慰好好养病外，我不知该说什么。只是得知先生今天就能出院，我的心情才稍稍缓解。不过，杨老师提及昨天先生上吐下泻折腾了一宿，似乎又意味着旧病未除又增新疾，我的心中增加了某种不安。

后来得知先生只回家了几天便又住进了省人民医院的老年科，因为不能进食，只能靠营养液维持生命。我于先生病重期间共去探望了三次，除陪书录师去的一次外，其他两次都是独自前往。（现在想来，探望先生的次数实在太少了。先生曾经在我第一次去省人民医院看他时说希望以后有空常去陪他聊聊，其原话为"有空即可来，任何东西都别带。"）先生见了我之后，所谈依然是学术，甚至知道我要来，提前让杨老师从家中取来相关期刊，因为其中刊登了评价

《金圣叹史实研究》的文章。杨老师怪先生似乎有王婆卖瓜之嫌,先生却说道,我和他谈谈学术。当我把打算申报国家社科基金后期资助的想法告诉先生时,先生说:"你现在确实需要一部有分量的专著为将来评教授所用。可以不必按照我们之前的计划,把书稿分成三部分分别出版。不过,你的书稿最后一定要加上一个人名索引,不然因你书中所涉人名众多,出版后不便他人使用。"先生话音刚落,我心头一紧,鼻子一酸,强忍眼泪。先生在生命的尽头还在为我着想,怎能令我心安?!又怎能不使我感动?!这一幕才过去不久,然而现在却永远无法再聆听先生的教诲了。

先生最后的几年岁月,完全献给了他所钟爱的学术事业,尤其是在第二次查出肿瘤后,更有一种加速前进与时间赛跑的感觉。先生是以怎样的毅力和决心与病痛做斗争的啊!2010年以来,先生发表了近30篇学术论文,出版了3部学术专著,其中一部入选国家哲学社会科学成果文库。字字看来皆是血,一路走来不寻常。在正常人都不一定能完成的学术业绩,先生却用只有常人一半的时间完成了。这绝不是奇迹,而是先生靠孜孜不倦的勤奋和持之以恒的努力铸就的不朽丰碑!然而,天性倔犟的先生,终究还是没有能够拗过病魔,带着无尽的遗憾,离开了那个他深深眷恋的世界和恋恋不忘的学术。为学术,先生还有很多未尽之事。先生坦言《金圣叹史实研究》一书还有进一步修订的余地,并说邬国平先生的评论文章中已有嫌其稍涉琐碎的言下之意。可我知道,如果不这样处理,这些文字很可能永远无法与读者见面。为学术,先生还有很多放不下。先生曾多次提及《慎墨堂诗话》一书的二校样已经放在家中大半年,只是以他目前的状况已无力修订,因为至少还有几百处错误需要处理。为学术,先生还有很多追求。先生以史实研究为基础的作家心态研究,回到文学现场,深入人物心灵,发前人之所未发,纠前人已发之误，树立了金圣叹研究的学术典范。而一部旨在打通古代现代文学研究界限的"金圣叹学术史编年""金圣叹事迹、影响编年"的著作尚未完成。先生的学术造诣又何止在金圣叹一隅呢！只要将先生所出版的专著和编著以及公开发表的论文搜来一看，便知先生在诗文、戏曲、小说等领域均有所创获，这样广博的涉略和深入的研究足以显示先生的名山事业之心。

南师学报蒋永华老师如是看待先生视学术为生命的历程："仅就他患病后的十年里，我以为不必写一言一语，只要做两件事情，就足以知晓其抗衡病魔追求学术的非凡之处：一是打印出他的住院及医疗费全部清单，二是打印出他的全部学术研究成果清单。如果把这个清单作为背景资料，竖立一块无字碑，足以产生震撼人心的力量。"是的，这是一个很形象又带着巨大悲凉意味的比较，读后令人骤然生出一种悲剧情怀。从内心来说，宁愿没有这两份清单，而我却依然能够去找先生聊一聊！可是，先生永远离开我们了！但先生耿直率真的人格魅力、对学术精益求精的追求以及丰硕成果将永远留在世间，启迪后学，鼓舞来者。先生这盏学海之灯，将永远照亮我前行！

天国里没有病痛的折磨，没有尘世的纷争，愿先生在那里永生！

七月九日初稿
七月三十一日定稿

七月流火

——忆陆林老师

任荣

陆林老师离开我们已经快半年了。虽然在此之前，早已有了心理准备，但是当王慧师妹在微信上发出"恩师走好"之类的字样时，我心里还是猛然一惊。尽管都知道这一天避免不了，但是内心深处还是不愿意相信这是事实。待到消息确凿后，我叹了口气，坐在椅子上对妻说了一句话"天妒英才"。陆老师走后，我花了几个月时间将《知非集》《求是集》《元代戏剧学研究》以及陆老师的新作《金圣叹史实研究》重新翻了一遍。这些著作以前基本上都读过，但是如今睹物思人，翻阅起来别是一番滋味。

七月的淮北酷热难当。这不禁让人想起了"七月流火"这个词。尽管我知道这个词和酷暑并没有直接关联，但是炎魔肆虐，确如遍地"流火"一般。此刻，当我提笔写下怀念陆林先生的文章时，我更愿意用"七月流火"的本意来表达心情。本是热浪袭人的夏日，却因为要触碰这个沉重的话题，心里涌起是阵阵寒意。

我始终认为，人与人的交往完全是一种缘分。这种缘分看不见摸不着，但是却交织在天地寰宇中，将你们绑在一起。与陆老师的相识也完全是一种冥冥中的缘分。家父是一个黄梅戏迷，年轻时热衷于抄录各类黄梅戏剧本。每当夏夜，父亲总是躺在凉床上给我和姐姐讲述陆洪非、时白林等人的黄梅戏创作。虽然我不知道这些人是谁，但是我知道他们代表的就是黄梅戏。待到 2006 年，我考入安徽大学，师从朱万曙老师攻读戏曲方向的研究生时，我对陆洪非先生才有进一步的了解。朱师在读大学时就与洪非先生认识。对于这次相识，朱师一直将其视为佳话，并写入《追思洪非先生》一文中。无论是上课时还是饭桌上，朱师常常提起洪非先生对他的提携和鼓励。借着洪非先生的话题，朱师介绍，陆林老师便是洪非先生的哲嗣。朱师与陆林老师同为安徽大学中文系的学生，陆老师是 77 级，朱师是 79 级。二人在大学期间就结下了深厚的友谊。对于陆老师的学问，朱师每每提及都是赞赏有加。但是当时我刚刚入学，对于学术还懵懂无知。只是知道陆林老师也从事戏曲、小说研究，任职于南京师范大学。

　　缘分就是这么巧妙。从朱师那里听说了陆老师后，不久，我在安徽大学西门外的旧书店就淘到了陆老师的《元代戏剧学研究》。因为有了朱师的介绍，加上当时正在读元杂剧，于是，我毫不犹豫地买下这本书。回到宿舍后，将书粗粗翻阅一下，只觉得书后的参考文献真丰富。翻阅内容后更是觉得，元代的戏剧学成就远不像我想象得那么简单。陆先生的缜密思辨以及简洁典雅的语言给了我这个初学者留下了深刻的印象。这本书后来一度成为我的枕边书，因为书后的参考文献一直都是我阅读戏曲学文献的指南。在参考文献的指引下，我开始在图书馆有目标的借阅一些戏曲学的经典著作来阅读。在借阅中，我再次发现惊喜，原来图书馆在电子化借阅之前，每一本书后面都附有借阅卡。一些戏曲学的论著的借阅卡上赫然写着陆老师的大名，而且还有附有借阅日期。在图书馆里与陆先生发生一场跨时空的相会,这不得不说是一件非常奇妙事情。在我看来,有了陆老师的签名,这本书似乎就贴上了学术水平免检的标签,自然是一定要借阅的。所以在与陆老师正式见面前,他已经隔空对我进行了学术上的指导。

与陆老师第一次正式的见面是 2008 年的 5 月。朱师邀请陆老师参加 2008 届研究生的毕业论文答辩。在答辩会上,我第一次见识到了陆老师的风采。陆老师精准的点评和犀利的提问让我们这些即将毕业的硕士生感到阵阵恐慌。此时,我并不知道陆老师已经身体有所不适,他是抱病前来。2009 年 5 月,轮到我进行毕业论文答辩。当我和同门将论文交给朱师的时候,朱师笑着说,今年还要请陆老师来,让你们感受一下严肃而认真的论文答辩。因为有过去年的旁听经历,我们都知道陆老师是出了名的认真和严肃,所以每个人回去后都将论文认真地修改了一遍,生怕被陆老师挑出什么错误。等到答辩会开始的时候,我们才发现陆老师拿出的每一篇论文都折了好多页。这是陆老师的习惯,每折一张,都说明这一页他有话说或者发现了错误。也许是陆老师看出来我们的紧张,点评时他的语气非常温和,虽然提问犀利依旧,但是少了几分"杀气"。在陆老师的宽容下,我们顺利地通过论文答辩。晚上吃饭的时候,我恰好与陆老师坐在一起。因为之前读宁宗一先生给《元代戏剧学研究》作的序时才知道陆老师的母亲便是黄梅戏《海滩别》的词作者林青老师。我于是八卦地问陆老师,您的名字是不是洪非先生的姓氏和林老师的姓氏的合并。陆老师肯定了我的好奇,同时还说,我哥哥叫林陆,我俩读大学的时候就常被人问及这个问题。此时陆老师的身体不允许他饮酒,但是为了保持愉快的气氛,在我们敬酒的时候,陆老师还是抿了一口酒。饭桌上,陆老师风趣地说道,学生们私下里将他的性格总结为两句话,"谦逊而又自负,敏锐而又刻薄"。我们听后轰然一笑。陆老师解释说，对于不熟悉的东西他确实很谦逊，但是如果谈到他熟悉的内容，那么他确实又过于自负。其实，陆老师的这种自负是源于他对自己所在的学术领域的自信。也正是因为这种自信，陆老师才敢选择以金圣叹作为自己的研究课题，并为此耗尽了生命。尽管有关金圣叹的研究成果浩如烟海，但是陆老师的敏锐判断力和自信心让他很快就找到了研究的切入点，并且发表了一系列超越前人的研究成果。我想，如果每个学者都能像陆老师这样谦逊而又自负，那么学术界一些粗制滥造的情况必然会得到遏制。

2009年9月，我赴上海大学师从朱恒夫老师读博士。在恒夫老师的介绍下，我有幸参加了在南京举办的南戏国际学术研讨会。会上，与陆老师不期而遇。当时我正迷恋文献考据，一心想发现一两个孤本秘籍。为此，我与老师在开会期间交流了一番。陆老师温和地批评了我的这种想法。他认为，文献是基础，但是不能为考据而考据，研究要想更上一层楼还需要在理论上下功夫。他以他提交给会议的论文为例，尽管对龙燮的生平考辨已经可以独立成文，但是行文如果就此结束，那么还停留在第一个层次。可惜，陆老师的教导并没有真正地在我心底生根。直到工作以后，我才意识到这种研究方法的误区。也正是这个时候我才发现自己一直没有真正读懂陆老师的文章。我总以为陆老师的文章就是文献考据出色，其实在陆老师看来文献考据是方法，读懂背后的内容才是更高层次的研究。但是，当我意识到错误的时候，却无法再向陆老师请教了。2015年11月，在东南大学召开戏曲学年会。会上，陆老师坐着轮椅参加了开幕式。看着他消瘦的身体，我几欲落泪。曾经那个神采奕奕、言语风趣的陆老师怎么被病魔侵蚀成这样。我想到了《窦娥冤》里的唱词，"为善的受贫穷更命短，造恶的享富贵又寿延"。多少贪官污吏，多少宵小之徒枉在人间作孽，而陆老师这样一个善良的长者、严肃的学者、可敬的师长，老天为何不赐以高寿，可以让我们这些后辈多一些机会聆听他的教导。

会议结束后，朱师带着我去医院见了陆老师。当我向陆老师问好的时候，陆老师已经记不得我。我笑言，陆老师是我的硕士论文答辩老师，按照明清科举的规矩，是我的座师。陆老师摇着头苦笑说，现在记忆力太差，很多人都忘记了，他记得我的硕士论文题目却不记得我这个人了。这次见面也是最后一次见陆老师。再次听闻陆老师消息的时候，他已经驾鹤西去了。

朱师和陆老师三十年交情，朱师主编《全清戏曲》，陆老师一直都是坚定的支持者和忠实的参与者。如果上天赐福让陆老师在人间多留些日子，那么《全清戏曲》一定会因为陆老师的参与多了一份光彩。2016年3月，在南师大召开的《全清戏曲》编纂会上，与会的学者在朱老师的建议下，集体为陆老师默哀。这份默哀寄托着浓浓的朋友情、师生情以及对陆老师学术、人品的敬重。愿天国不再有病痛折磨，愿天国依然有学术乐土供陆老师挥洒才华。

二〇一六年九月二日于淮北师范大学

金陵一晤慰平生

——悼念陆林先生

孙甲智

手机里的这条短信,已打开过不知多少遍,每次看到其中特别扎眼的"陆林""故去"字样,内心都还是感到刺痛,恍惚如在梦中。

与先生结缘,是由于金圣叹。2009年,我拜读了先生大量关于金圣叹史实研究的论文,极为钦佩,又购买了由先生辑校整理的《金圣叹全集》,如获至宝。

2010年春节后,我在由兖州到北京的火车上读《历代诗话》,偶然发现"风来玉宇乌先转,露下金茎鹤未知"两句,才知道此乃宋人成句,而非圣叹佚联,于是迫不及待想把此事告知先生。

特别感谢南师学报编辑部的一位女老师,虽然我至今仍不知她的姓名。正是这位老师在电话中将先生的联系方式告诉了我,我才与先生取得了联系,此事我一直铭记不忘。

此后与先生的联系从未中断过,先生亦未因我是个毛头小子而有过丝毫的轻视,对我不仅有问必答,惠赐大作,指导写文章,还肯将重要的事情托付给我(如后来官司中文字比勘的任务等)。先生的种种恩情,都是我所刻骨铭心而无以为报的。

与先生联系虽多，但都是通过短信与邮件的方式。电话只有最开始的那一通。据当天的日记，那天是 2010 年 2 月 24 日，第一次与先生联系，电话中简短说了两个关于《金圣叹全集》的问题，先生就说："你把剩下那两个用短信发在我手机上好吗？我现在躺在床上，身体有些不舒服。"那时，不明就里的我还觉得先生怎么如此冷淡。后来交流越来越多，我才知道先生奖掖后学的心极热，只是他内心的感情不外露，要细心才能感受到先生又关心又严格，就像那沉默而浓厚的父爱。这也是先生的性格吧，一生刚毅端方，勤恳耕耘。我们虽然看不到先生经常说什么，但经常都看到先生拿出坚实而厚重的成果。

2010 年 7 月 2 日，那是在先生生前，我唯一的一次看到先生，亲睹先生风神，亲承先生教泽。

我于前一日到达了南京。半年以来，先生对我颇为关照，现在来到了南京，很渴望拜望先生。下午发短信给先生，问是否方便在他精神状态尚好的时候去拜望他一下，先生当即就同意我次日上午造访，并赐知详细路线。这岂止让我喜出望外，简直是受宠若惊！

7 月 2 日上午，按照先生指示的路线，我就来到了先生居住的小区。节录当日日记如下：

这时是 9：30，还下着小雨。我打不开楼下的门，按对讲器又无法接通，就给陆先生发信息，说我已到楼下，如果此时不方便上去，我就等一会儿。

就在我等待陆先生回复时，楼下的门开了，有个穿着黑色背心的人推开了门，我初时还以为是楼上的住户要出门，抬头一看他的面容，大吃一惊，赶忙拱手鞠躬，陆先生竟亲自下来接我，当时心里又是感激又是惭愧。

提着东西跟随陆先生走进去，一楼有电梯，等电梯时我问陆先生近来感觉身体好些了没有，他摇摇头，轻声说："感觉不是很好。"一直到进门，我们都没有再说话。他开了门，我们进去，让我换了鞋，我把东西放在电视橱的旁边，陆先生已走进里面去了。不一会儿，端出一个杯子，他让我坐在沙发上，我连忙说："先生您别忙了，快坐下休息一会儿。"他说："你坐，没关系。"陆先生给我泡上一杯茶，说："别看这个茶叶颜色不好，它是我一个朋友上次从台湾带来的，你尝尝。"我连忙道谢。先生那个玻璃杯子里则是枸杞之类，也倒满了开水。

先生说，来就来了，不要带东西来。并让我等下把牛奶和肉松带走。我忙说不，没什么好东西来孝敬他，请他不要嫌弃。……

谈到两种点校本的《小题才子书》，先生说："古人的东西我们不必完全看懂，有时候也看不懂，但我们可以通过一些技术层面的判断。……当初我校订有徐增序的那个《天下才子必读书》时，在南京图书馆坐了两个月，他肯下这样的功夫吗？不可能的。"我问："先生您觉得需不需要有一篇书评，把这两套书的优劣作一个比较？"先生说："比较的话就把两个人放在敌对的位置上了，不就把两个人弄成对头了吗？出版社也问过我，要不要写一篇，或请人写一篇文章。我是不会写的，当然也不会请人写。我觉得没必要，读者一看他的不对，再找来我的一对照，自然就明白了。没必要把关系搞僵。"……

我问先生："我把徐增《说唐诗》中与金圣叹批解过的诗歌中相同的篇目找出来，发现《说唐诗》与《唐才子诗》相同的篇目，他们的说解相同处甚少，几乎可以忽略不计。而《说唐诗》与《杜诗解》中相同的篇目，有很多他们的批解也相同，甚至有的文句竟一字不差。我逐句排比对照，怀疑徐增在写《说唐诗》时是否看到过金圣叹的批解？"先生说："也有可能相反。我也注意到了这个情况，我觉得很可能是金昌在整理时加进去的。你看徐增与金圣叹是同乡，两个人又都要出书卖钱，徐增这么聪明一个人，他不会做这样抄袭的事。但是金圣叹死后就不一样了，金昌要整理刊刻金圣叹的遗著，这个时候他发现金圣叹有些批解不完整，丢掉又觉得可惜，他就采用徐增的说法来补充，就很合情理。而且徐增对金圣叹佩服得五体投地，他也不会说什么的。"我点头回味。先生歇了一下接着说："很多时候我们也只能表述出来这一种现象而已，很难得出结论的。"我不住点头。……

聊了这么久，先生看起来有些倦怠了，他缓缓说："行了，你走吧，说多了我也累。"我闻听之后赶忙起身，冲着先生拱手深深一揖："感谢先生！多谢您，多谢多谢！"先生也起身说："不要这样，你把牛奶和肉松都拿走吧。"我连连摆手："不行不行，没买什么好东西来看望您，请您收下。"先生送我到门口，我换上自己的鞋子，对先生又一揖："十分感谢先生！如果先生有用得着甲智的地方，请您尽管吩咐。"先生连声说"好"。我又说："这次没买什么好东西，等甲智工作了，再来孝敬您。"先生当即制止："别这样说，你工作了挣了钱留着考研，补贴自己，下次再来千万不要再带东西来了。"我出了门，对先生说："先生您留步，不要出来了，快回去休息吧。"先生手扶着门答应着，看着我走进电梯，先生也关上门进去了。

此次之后，我再也没跟先生见过面了。2016年3月11日，在南京殡仪馆，看到的就是先生的遗容了。怀明老师问，觉不觉得先生的面容变化太大，完全认不出来了。我说是的。不知道是否由于先生临终承受了巨大的痛苦，我不敢去想。

先生虽不是我的授业恩师，但我永远对先生恭执弟子礼，我坚定地认为，这是上天赐给我的缘分，是我的福分。其实，先生何尝有一日不在我的生活中？徐增这样描述金圣叹对他的影响："吾尝于清早被头，仰观帐顶，圣叹宛然；尝于黄昏灯畔，回看壁影，圣叹宛然；尝于梁溪柳岸，见少妇艳妆，圣叹宛然；尝于灵岩雨窗，闻古塔鸟声，圣叹宛然；乃至风行水活、日暖虫游，圣叹无不宛然者：此吾之见圣叹法也。"先生对我的影响，亦是如此，先生永远不会离开我。

先生给我更多的，是精神的指引和人格的示范。2015年的教师节，我曾写下一段话谢先生：

您所泽被于我的，不仅是治学的严谨坚实，更有做人的端方刚毅。然而在您艰苦抗癌的时光里，除了越来越苍白无力的问候与祝福，我却什么都给不了您。一直以来，我都视您如父，刻刻不敢忘记您的教诲，奉为圭臬。每当我想草草敷衍的时候，每当我懒于查证第一手文献资料的时候，我的脑海中都会浮想起您的身影，激励我兢兢业业，孜孜以求。"最憎消渴时来犯，愿化愚身入药笼！"当年感念您的小句，至今仍是我最大的愿望，只愿您安好！

2005年先生在家全休以后，以我们无法想象的坚忍，承受着我们无法想象的病痛，陆续完成了《知非集：元明清文学与文献论稿》《求是集：戏曲小说理论与文献丛稿》《曲论与曲史：元明清戏曲释考》《金圣叹史实研究》，辑校整理了《金圣叹全集》，并一直进行着《金圣叹全集》的修订。先生的这些著作和成果，确当得起"字字看来皆是血"；而先生的这10年，又岂是"十年辛苦不寻常"所能言尽的？

我相信先生在天有灵，他能看到我们的送别，他能感受到我们有多么需要他……

陆老师给我沉静的力量

孙甲智

想起陆老师的时候，我的思绪总是混乱的。

想起陆老师的时候，脑海中常常同时浮现出另外一个人——陈寅恪。我说不准陆老师与陈寅恪之间有怎样的相似。他们都是考据的行家里手，但我觉得这不是主要的。重要的在于他们都有刚毅的品性。陈寅恪晚年在为弟子蒋天枢所写的《赠蒋秉南序》中说："默念平生固未尝侮食自矜，曲学阿世。"陈寅恪怎样坚守自己的思想和主张，已为人所熟知。陆老师一生品性端方，他在回复给我的通信中也比较认可自己这一点，说自己"倒是'端方'或许有一些，就是与当今很多人相比，不是那么蝇营狗苟，不是那么功利地从事学术"（2011年1月2日通信）。陆老师做学问，岂止是不功利，他简直是把自己的生命都熔铸进去了。传说干将莫邪的师父最终自己跳进了火炉中，才铸成了宝剑。陆老师与死神竞争，用自己的生命做学问，《金圣叹史实研究》煌煌一巨册，最终问世。陈寅恪的晚年，不也是用自己的生命完成了《柳如是别传》这一巨著吗？他们的著作都非常沉重，因为他们不是用笔写的，而是用生命写出来的。

想起陆老师的时候，我总是觉得肃然又感动。我对陆老师总是怀着敬意，老师对我也爱护有加，取得联系不久即赠书给我，最初赠我《知非集》和《元代戏剧学研究》，到最后的《金圣叹史实研究》，几乎每一部新著,老师都会赐给我。陆老师很严格,做学问追求极致。我猜想,没被他批评过的学生应该不多吧!陆老师做学问又非常严谨,对第一手文献的要求极高。2010年的最后一天,我受托到国图为陆老师查找文献。第二天,老师发了一封很长的信给我,其中说:"之所以解释这么多,想说明自己并非不通情理之人倒也在其次,更重要的是想说:仅此一例,便可看出:做学问不严谨,如何能行?该看的史料不看到,如何能行?只是,我的这次'严谨',是建筑在役使你的基础上,而且是在岁末,而且是在你将抱着落寞的心情离京之际。故,学术的快感远不如情感上的愧感来得强烈。"(2011年1月1日通信)这也是老师对我的教诲啊!陆老师对学问要求是这样严格,所以不免使人感到他的严苛,甚或"刻薄",这一点他自己也知道,但其实陆老师对学生对朋友的感情极深沉,只是他性格沉毅,不大对人做煽情的表达。我性格有些疏懒,有查阅文献而不得,便将就转相引用的时候,想到陆老师的严格,难免感到有如芒刺在背。

想起陆老师的时候,不得不说起我心中的愧疚。2013年3月,老师正忙于一场官司,而且新近查出盆腔内的肿瘤。我也真是不懂事,在老师这样忙碌的时候,还拿一篇写得不成样子的论文请老师审阅。老师没有拒绝,不仅给我鼓励,说写得不错,还逐字逐句细细地审阅批改,在旁边批注了很多处需要修改的地方,补出了重要的文献。我非常感动,但如果允许借用老师的话说,后来我再回想起这件事,心中的愧感甚至比感动要更多。

老师对我的学业也很关心,两次告诉我,他的戏剧戏曲学研究生考起来会相对容易些,而我却为着生活的种种问题,迟迟没有行动。泰山崩坏,哲人其萎,遗憾永远铸成,这是我永远不能原谅自己的。

至 2015 年末的时候，我已感到老师的病情似乎更严重起来了，因为我给他发的信息长时间没有得到回复。何况苗怀明老师这时也提醒我：陆老师那边要多联系，他最近的身体状况越来越不好。我怕打扰他而没有打电话，几天后再次发信息表示十分挂念，老师却说自己情况"还好"，让我"勿念"。然而，春节后一个月，老师便遽归道山了。老师生前，我没有在病床前照顾过他，哪怕一天也好啊！然而没有，一天也没有。老师也许不需要我的照顾，但我却受到了良心的指责，在我认为是自己应尽的义务面前，我抬不起头来。我常常不敢想老师的眼睛，我怕会听到一声叹息。

想起陆老师的时候，我的那声叹息，总是不可遏止地从心底涌出，这是改变不了的。我只知道陆老师的学问很大，至于他的学问具体如何，我没有能力评说。我尚未窥见夫子之堂奥，未得其门而入，还无法看清楚其中的"宗庙之美，百官之富"。当然我知道，任何人的学说都不能确保一定正确，就像陈寅恪为王国维写的碑文中所说："先生之著述，或有时而不章；先生之学说，或有时而可商。"陆老师也从没说过他的学说一定正确，这都可以进行学术的商榷，只是我感到陆老师做学问态度的扎实严谨，理念的超卓俊逸，方法的精湛圆通，是难以企及的。他是我心中优秀的学者，且树立了一个做学问的标杆。陆老师还有许多著作想要完成，比如大部头的《金圣叹年谱长编》，而千古文章未尽才，陆老师的英年早逝"诚难为天道解也"，此所以不得不为老师嗟叹唏嘘。

这样一位与我只有一面之缘的老师，却使我心心念念，不能忘怀，曾让人表示不解，甚至是我的亲人。我与陆老师相识的时间也不长，只有他生命最后的五年多，相识以来却从未断过联系。我既不曾跟从陆老师受过学，也没有跟陆老师有过共同的生活的相处，何以对陆老师有这样深厚的感情，甚至欲推之到三十三天之上以表达崇敬？我还真没有细细思考过，因为我自己并不觉得这样的崇敬有何过分。如果非要解释，则我与陆老师的交往纯在于精神层面，而没有任何功利的往来。老师对我的影响，也主要在为人治学的精神方面。可以说，老师的人格精神感染着我，吸引着我。"高山仰止，景行行止"，说的也就是这回事吧。

老师全身心地做学问，甚至是用生命在做学问。他不仅不在乎功利，也不在意受到攻击和谩骂，除非是万不得已逼得他应战。应战的结果自然是他胜利了，便有人在网上对他疯狂谩骂，而老师只是淡淡地说了一句："我岂有功夫搭理他？！"（2014 年 6 月 3 日通信）我无端想到，针对有人骂《西厢记》是淫书，金圣叹在《读第六才子书西厢记法》中说了这样几段话："《西厢记》断断不是淫书，断断是妙文。今后若有人说是妙文，有人说是淫书，圣叹都不与做理会。文者见之谓之文，淫者见之谓之淫耳。""当初造《西厢记》时，原发愿不肯与他读，他今日果然不读。""若说《西厢记》是淫书，此人有大功德。何也？当初造《西厢记》时，发愿只与后世锦绣才子共读，曾不许贩夫皂隶也来读。今若不是此人揎拳捋臂，拍凳捶床，骂是淫书时，其势必至无人不读，泄尽天地妙秘，圣叹大不欢喜。"

每当面对生命中不可避免的痛苦，我就看到陆老师支撑着病体，坚持治学。他难道不痛苦吗？他的痛苦是谁都难以想象，更不能体会的。十年间，老师一次又一次击退病魔对生命的猛烈攻击，就在老师的咬牙切齿中，四十多篇扎实厚重、质量极高的论文横空出世了！十年间，老师单枪匹马冲杀在这场马拉松式的生命之战中，却让死神一次又一次败北，他若不是英雄还有谁是英雄？！我告诉自己，我有这样一位英雄的老师，遇到了困难就没有任何放弃的理由。"条条大路通罗马，只有坚持不放弃"，这是老师曾经的教诲！

每当承受生活中不公正的对待，面对孳孳为利、卑鄙肮脏的手段，我就看到陆老师凝聚着坚毅的目光，坚守原则。壁立千仞的陆老师是冷峻的，求真求是。"不以学术殉利禄"（刘世南先生语），不该是每个学者都坚守的原则吗？尊重自己，崇尚公正，不该是每个读书人都该坚守的原则吗？钱锺书先生曾说："大抵学问是荒江老屋中二三素心人商量培养之事。"陆老师虽然居住在六朝古都烟柳繁华的秦淮河畔，但他一定是这样的"素心人"。

生活很喧嚣，工作也很喧嚣，但心中有陆老师，我便能在这个喧嚣的世界中沉静下来。

祭先师陆公文

王卓华

　　丙申年辛卯月庚寅日，恩师陆林公殁于金陵。公知名学林者几三十年，士子或推其学术，或高其行谊。先生之元明清文献与戏曲研究向为学界所重，《金圣叹史实研究》则考据精详、褒弹不苟，实开文学史证新风。今汗青无期，哲人凋谢，痛哉！

　　呜呼陆公！维公硕德，表正学俗。自世风之浸薄也，公独处其厚；人心之日伪也，公独守其真；学风之渐靡也，公独正其道。公之体健时，向为学界正道疾呼，并身体力行，矫正时弊。奈上苍不公，伤我恩师。自乙酉春起，公罹患恶疾，至其离世阅十余载，期间所受病痛折磨难以言状，所受佞人中伤亦无从细述。然先生乐观通达，与病魔及小人斗争之时，犹笔耕不辍。《求是》《知非》《耆年》及金圣叹研究之系列均成于此期。余侍病榻，常见一二素心问疾，遇其以羸弱之病躯，仍孜孜于著述，每每感泣久之。公为学术而生乎？幸哉？痛哉！

　　公平生以师友为重，至文字道义之交，外则澹如，而内弥笃挚。如章公培恒、宁公宗一、黄公德宽、卜公键、廖公可斌、朱公万曙、周公绚隆诸先生，皆恩师、诤友、至交。公工作以学子为重，尽薪火义务之责，外则穆然，而内乃仁慈。门弟子如张君英、张君小芳、裴君喆、吴君春彦、张君岚岚、胡君瑜、刘君于锋、侯君荣川、刘君叙武、李君贵连诸位，均叨恩、向学、传薪。师有良友，乃门弟子之幸；师有贤弟子，乃陆门之幸！

呜呼陆公，少为不幸，随父母流于淮北乡野；后返皖城，困顿稍解。公天资聪颖，更好学不倦，因遍阅群书。求学安徽大学，发徽学之微，而有志于包公之戏；问业南开宁公，拓戏曲之域，更笃于元明清之剧。学业成，赴随园就职，而古籍所，而学报，至奠定南师戏曲之学科，其成果则兼及明清诗文文献。公学术终有成，遂名声鹊起。然其学问之有源，皆本其家训。其父陆公讳洪非，其母林氏讳青，皆黄梅戏大师。公受其教，耳濡目染。先生不幸者，天也；先生之幸者，父母也。

余不才，忝列门墙。忆甲申岁秋，蒙公不弃，余负笈随园，侍公于左右。授课之外，公常至余寓舍，嘘寒问暖，传经送宝；周末课余，余亦径赴府上，问学就食，游戏茶话。余虽愚钝，然从公学，获益良多。余虽为门弟子，然与公游，身心俱悦。先生尝于病榻告余曰："吾二人虽师徒，然亦师亦友。"每忆及此，泪眼盈眶矣！余从先生学十有二年，严师督学之责、良友砥砺之情、知己存亡之感，言之不能尽。公之音容笑貌犹在，公之学术气节永存！天不佑人，亡我恩师，命乎？

尚飨！

门弟子东郡王卓华于丙申年季春下浣泣拜

一甲子高标范后学

——记先师陆林先生

侯荣川

3月9日一早来到早大国际部研究室,风雨很大,鞋子、裤子都打湿了。东京已进入雨季,一天几乎没停。雨大,加之心绪不佳,下午6点收拾东西回宿舍。刚做好饭,收到卓华师兄的信息:"老师已去世。"泪水不禁模糊了视线。

硕士被南京师大录取后,便去网上查相关导师的信息,陆林老师是多数同学提到并给予极高评价的学者之一,但因为陆老师做戏曲研究,我则对诗文感兴趣,故此没有太注意。南师大的硕士导师由院系分配,导师和学生均无权选择。文学院研究生新生会议上首先介绍研究生导师,那是第一次见到陆老师,身材不高,面容清癯,穿一件中式上衣,很儒雅平易的样子。宣布导师分配时,我听到自己的名字与陆老师放在了一起。

第一次去陆老师家是在教师节。提前问陆老师是否方便,老师说可以,约好时间,然后告诉我路线,何处坐几路公交到何处下,然后怎么走,小区门卫问怎么回答等都交代得非常仔细。怕我记不住,陆老师还专门将路线发了信息给我。即使毕业后再去看老师,联系的时候陆老师都要问住哪里,告诉我怎么走,注意哪些,甚至有时候我说打车过去,老师还考虑到某些时间打车难,要我走到某个地方再打会方便些。不论在学术上,还是生活上,陆老师都是非常仔细的人。

研一第二学期开学后去陆老师家拜年,谈起学位论文选题的事情,把自己找的几个题目,现在只记得有一个是王若虚研究,拿给老师看。陆老师对这几个都不满意,我说请您给推荐一个。老师说:"那你就做梅鼎祚研究吧。"于是定下来,开始查资料,阅读文本。在读徐朔方先生《梅鼎祚年谱》时发现,关于汤显祖《〈玉合记〉题词》作于万历十四年的结论可能有误,于是写成论文,提出了可能在万历十三年的看法。写完后,自以为还可以,就拿了请陆老师看。陆老师看后,给出了完全否定的意见:"你的论文基本都是推测。写于万历十三年的可能性是有的,但缺乏强有力的材料支持,就无法形成论点。不是说不能有合理的怀疑,而是文献考证必须由坚实的证据和严密的逻辑来完成。我这样说你,是不想你误解了文献考证的真意,觉得随便找些资料凑在一起就是考证了。那样做只会让你的研究越来越浮,而不会去努力寻找真正重要的资料,精准地解读,然后在严密的逻辑上构建论点。"然后陆老师又指出大量用词、表达及结构上面的问题。老师说得非常严厉,语言急促,根本不给解释的机会,仿如一根根大棒无情打来,整个精神几乎都要崩溃,面红耳赤,只恨没有地缝可以钻进去躲一躲。恍恍惚惚地回到宿舍,慢慢收拾起破碎的心情,重新读文献,找资料,冥思苦想,直到这年暑假,才在偶然中想起汤显祖"新林小妇寄书来,一种风流许君据"暗藏了解决此问题最重要的信息,可以由此构建论证的基石。当时豁然开朗的刹那,喜不自胜,自头至脚,由内而外,通畅无比,第一次感受到学术小有收获的喜悦。考入复旦后,博士论文选题定为

"明代诗话研究",有一次和陈广宏老师闲聊,问起为什么支持我做这么大的题目,陈老师说:"因为我觉得你的文献功夫不错。"回思种种,益发感激陆老师的教导。一次给陆老师发信息:"老师批评,当时愧无地可容,今则欲得一骂而甚难。"斯人已去,谁复执棒断喝?为之泫然。

我刚入校时,陆老师上一年才做过手术,并没有开课;后来身体恢复,也主要忙学报的事情,所以一直没有上过陆老师的课,哪怕是讲座也没有听过。到复旦后,陈广宏老师多次设想请陆老师方便的时候去做一次演讲,但都没有合适的机会。2015年年初,陈老师主持的国家社科基金重大项目"全明诗话新编"将于6月召开"鉴必穷源:中国传统诗话·诗学研究工作坊"会议,邀请陆老师参加。陆老师4月就提交了《〈慎墨堂诗话〉辑校前言》的论文,而且那时身体一直都不错,于是满怀期待。然而临近又因身体不适而终未能成行。在会议上,陈老师介绍了陆老师的身体、生活及研究情况,对此次未能与会深表遗憾。

虽然我始终未能修过陆老师的课程是一个极大的缺憾,如今已是永远无法弥补;但陆老师一直都是用自我示范的方式教导自己的学生。

我到复旦读博后,陆老师常有资料要我去查,这些查找并非简单地指定某某图书馆某书,看完就结束;而是一个动态的过程。陆老师告诉我如何查找有效信息,在阅读文献时注意哪些方面的问题,如何由一个点向外扩展,构建文献网络,尤其是如何解读、使用文献,更是一种亲身示范的教育。有一次,陆老师要我查复旦古籍部藏清初李瑞和《墙东集》:"一、黄道周序言或其他序跋是否提及其生卒;二、其集中是否提及自己哪年初度等关涉生年之文字;三、有无与金圣叹交往记录;四、集子前后是否有传记。凡此,有则代抄。"此问题用了十余天,查阅数次,才最终解决。在我将最后的资料发去之前,陆老师已先据已有文献做了推断,来信称:"以下是昨天写的有关考证,不知看过今天你所示下的材料后是否还成立?(有意先这样写写看的)"事实证明陆老师的推断极当。在电话中谈及此事,陆老师认为做文献考证当然需要资料,但也谨防离开资料就做不了考证。后来在老师家闲聊,曾言及目前所盛行的大数据方法。陆老师认为,资料多了固然有利于研究的进一步深入,但恐怕也会有相当的研究者变得懒惰,使本就不擅长的逻辑推理能力更加弱化。这些教诲,都是令我终生受益的。

陆老师治学用功是出了名的,但这种态度如果不是亲身实践的参照,可能也难以感受深切。2014年上半年,有一次打电话给陆老师,随便聊了几句,又问老师最近忙什么,说是看《慎墨堂诗话》的一校样。问每天看多少,答曰:大概三四十页。我当时也在看《稀见明人诗话十六种》的一校样,时间紧迫,用尽全力,每天也仅在四十多页。陆老师以抱病之躯,每天的工作量与我差不多,其所付出可以想见。后来听师母说,看完校样后,陆老师因劳累过度而尿血。

2015年6月,陆老师积十数年研究著成的《金圣叹史实研究》出版,祝贺之余,问起今后的研究计划。陆老师说打算整理邓汉仪《诗观》,然而文献浩繁复杂,还有一些版本未能收齐,又问我能否获得复旦图书馆藏清刻本《诗观》。后来托陈广宏老师向古籍部申请,得眭俊主任的热心帮助同意复制全本。但尚未复制完成,陆老师已驾返道山。老师在学术上之执着、之投入,令人感佩不已;而天不假年,又何其残酷!

陆老师治学之余,无他爱好,唯喜掼蛋。即使这种小游戏,老师也像对待学问一样认真。曾经为此写过一段小文字,兹录于此:"南京师大陆林先生素以治学严谨、能言敢言著声。每开题或毕业答辩，指点利钝，议论风生，受辞者色丧，旁观者神与。平居无他喜好，惟善掼蛋。每对垒，必循牌理，若对家出牌不合，辄严厉纠正，即上下家亦指摘其失。一次，南京师大程杰先生在下家，牌运颇不佳，先生指其某某手牌不合理，如训学生然。程先生神色自若，温言而辩。又一次，战至末局，牌势纠结，旗鼓相当，先生侥幸先出尽，程先生居末。因先生最后一手有犹豫且对家曾有提醒，程先生称或者结局未定，先生厉声云：'我可能不知道怎么出牌吗！'程先生亦不相让，二人即反复推演，争吵不下，观者惧恐不已。无何，二人复谈笑如常。其打牌亦如治学，盖天性然。"

陆老师卧病之时，我未能多所照顾；离去之际，又访学扶桑，不能守灵致哀。今思往事，哀何极伤？聊缀数语以志：

其人已往，其文具在。披拂寻绎，丹血凝碧。

我思师恩，呜呼痛哉！奉教惕励，高风永怀。

学高身正　垂范学林

——忆恩师陆林先生

张岚岚

清凉山西麓秦淮河畔的绿道，这是老师常来散步的地方。身体好时能从清凉门桥经过草场门桥、定淮门桥，一直走到三岔河桥；体力不支时，走走歇歇，个把小时在绿道上仅能走十几米远。无论酷暑严寒，刮风下雨，有时碰上恶劣天气，仅他一人撑伞独行。每每师母嗔他不出门旅游，老师总反驳说何必跑远，浪费那时间，在石头城、国防园走走就很好。9、10月份，绿道上桂花飘香，看人采摘桂花，老师惜花怜花，总会"不合时宜""不留情面"地上前制止。而今，绿道还在，但已与往日再也不同……

自2012年夏移居于附近，这条绿道成为我的朝圣之途：有向老师汇报论文进展时的紧张忐忑，有面对困惑寻求老师指点的急切，有略有所得向老师分享的喜悦，也有家长里短向老师倾诉的闲适。每次聆听恩师教诲沿绿道返回，内心总能被深深震撼：学术上的点拨让人醍醐灌顶，老师对学术的痴迷和纯粹绝无第二；生活中的睿智与豁达更让人肃然起敬，老师坚毅端方的真性情是当今社会的至宝；如父亲般的宽厚让人感受到泰山般的厚重与温暖，老师对学生的关爱与指导定当终生铭记。

老师视学术为生命，一丝不苟。老师是古典戏曲理论和文献研究、明清文学史实和实证研究、明清文言小说整理研究等方面当之无愧的专家学者，里程碑式的论著不胜枚举，成就卓越，享誉学林。他对学术的纯粹坚守与追求，在学术批评中的浩然正气和价值非凡的论著在学界竖起一座座丰碑！患病十余年来他不仅从未耽误过任何学术研究与工作，反以惊人的毅力与时间赛跑。病魔虽让老师"时时疲于应付"，"却再也未能真正阻滞过研究的进行"（《金圣叹史实研究·后记》）。每每探望老师，身体好时在书房笔耕不辍，身体不适时变卧房为书房，手不释卷。生命不息，研究不止！不论是文字往来的素未谋面者还是有幸亲聆老师教诲者无不折服于他的博学与治学的求真严谨，他的一丝不苟净化着每一个人。老师驾鹤去后，不少朋友致电，无不感恩于当年答辩时老师一针见血的意见给他们学术成长带来的极大裨益。清晰记得，2013年2月4日下午去花开四季寓所拜望老师，他当时在看一个科普的纪录片，研究得非常细密，如动物一分钟扇动翅膀多少次之类。大概由于某种触动，老师停下来，说这些问题在别人看来可能无趣，甚至无用，但研究者却很喜欢，乐此不疲，正如做学问。老师进一步指出，做学问有三点：一是痴迷，沉潜其中；二是要吹毛求疵，不能以讹传讹，要勇于指出错误；三是要创新。老师的研究始终秉承这一理念，"就本心而言，'知非'只是治学的过程，'求是'才是人生的指归。"（《求是集·后记》）"对别人所用资料、所下论断的不足或错误不肯迁就，计较得很。他一般不满足于仅仅指出某些说法是不当的或错误的，还要寻出它们何以不当、何以致讹的原因；不仅要向人们提供正确的知识，还要说明在研究中如何避免犯错、少走弯路的教训。总之，想把一切都弄得水落石出、泾渭分明。"（邬国平先生语）老师乐于把自己的研究心得与经验和盘托出，以真学者的使命感和责任感激励后学，涤荡学风,"对待前人研究,既要有敬畏之心,又要有审视之念"(《金圣叹史实研究》第 49 页),"科学的精神和理性的态度,永远应该是学术研究的基本前提"(《金圣叹史实研究》第 48 页)……

老师视学生如己出,春风化雨。与学术研究中的理性严苛和学术批评、指导论文时的"不近人情"相比,生活中的老师睿智幽默,是一位坦坦荡荡充满个人魅力的性情君子。老师不喜矫揉造作,说话做事直来直去。他喜欢和学生在一起,对每个学生平等相待,照顾有加。自从某学弟醉酒之后,老师往往一再嘱咐聚会时不要勉强不善饮酒者,都是父母的掌心宝,要将心比心。某次邀请老师外出小聚,爱人出门叫车,迟迟不归。因老师不能久坐,我急于打电话催促,老师却一再制止,说他肯定比我们着急,就不要再施压。从生活琐事到人生规划,只要学生提出,老师都会耐心聆听、费心思量、细细斟酌、详加分析,并给予极重要的建议和指导。不论工作和生活,他的词典里从没有应付、随便和凑合。老师于生活中的学问也极其精通,身体硬朗时,席间常谈笑风生,风趣诙谐,传授生活之趣味与智慧。

老师视病魔为尘芥,乐观豁达。老师身染重疾,"按下葫芦浮起瓢"(《金圣叹史实研究·后记》),大大小小的治疗痛苦不堪,让旁人不胜唏嘘,大为不忍。大多数人恐怕早已借此推脱一切事务,安心养病。亲朋好友也常劝他多休息,少劳作,老师却不以为然。除了对学术研究的醉心之外,他豁达大度的心态、惊人的意志力和超凡脱俗的真学者气质实属常人难及。老师不止一次说到,癌症和感冒一样,病来了就治一治,平常该干啥干啥。2010 年春季,老师刚做过手术,在病房休养。我前去探望,他身体非常虚弱,几乎不能讲话。我低头向他问好,老师竟还挂念着我的博士入学考试,询问成绩是否出来。每次怀着较为沉重的心态去探望病中静养的老师,他都很少提及病情如何，或仅限于只言片语，话题最后都会围绕着学术问题。每当此时，老师就会神采焕发，声音往往不自觉大起来，直到话题结束才感觉体力透支，自言刚才竟然忘记了疼痛。去年在省人医探望老师，当时情况已不是太好，老师每一刻都在咬牙坚持。但他依然克服自己的病痛，手头放着正在看的书籍，不时就论文的写作给弟子们上课。不论外界有怎样的评价，不论世风学风如何转变，不变的是老师的坚守：置身学林，傲然独行！他的一言一行、一举一动都有着仪式般的庄严与神圣！老师自言心里从来不装鸡零狗碎的小事，他的所思所想都与他热爱的学术有关，思想和生活非常澄净，一生执着于他的志趣所在，是纯纯粹粹、当之无愧的真学人、大学者！

老师为学术而生，学术亦为之一变！太史公曰："《诗》有之：'高山仰止，景行行止。'虽不能至，然心向往之。"（《史记·孔子世家》）老师的学术品格和生活品格，永远是我们努力的方向！

相信天堂再没有病痛！

老师在学界永生，在我们心中永生！

秋雨初霁寄怀思

——追忆恩师陆林先生

梁帅

2016年农历二月初一日下午4时许,尊敬的陆林师在经历了病痛折磨后离开了我们。老师走后仅一个多小时,我在周口师范学院的师兄杨蕾博士告知我他们单位古代文学同事也已知道,看来全国古代文学界迅速知晓了老师病逝的信息。恩师去世是我们作为学生的遗憾,同样也是全国古代文学界的损失。我跟随陆师一年有余,时间虽不长,但老师的治学精神、待人接物方式却给我影响甚深。

一、精诚所至,灵机洞达

"求精"是陆师学术追求的第一要义,凡是求学陆门或拜读过陆师著作、与陆师有交往的学者朋友,留下最深印象的莫过于老师在学术追求上的求精。"精"包括两个维度,一是占有材料的广度,二是思考的深度。陆师毕生致力于戏剧戏曲、清代文学、金圣叹研究,尤其在史料汗牛充栋的清代文学研究中取得了瞩目成绩。老师对尽可能地占有材料颇有心得,这得益于其早年参编的《清人别集总目提要》(下文简称《总目》)的经历,以及他勤奋的秉性。1984

年南京师范大学成立古文献研究所，不久从南开大学毕业的陆师进入古籍所，嘉惠学林的《清人别集总目提要》《江苏艺文志》等书正是此后由古籍所全体老师撰写而成。陆师参与到由李灵年先生负责的《总目》中。是书从体例的敲定到条目的选择、撰写都凝聚了陆师与诸参编者的汗水，陆师也借此机会跑遍全国各大图书馆，熟悉了清代各类史料文献。《总目》现已成为研治清代文史的案头必备工具书，沾溉学林。在《总目》编纂进行的同时，陆师还主编了《清代笔记小说类编》。谈及这部书的撰写过程，陆师及师母杨老师曾偶有向我提及：那时杨老师白日上班，陆师则负责在家照看出生不久的师妹，待师母回家后陆师便夜以继日地进行点校、选编，常常通宵达旦。往日经历历历在目，但斯人已去，不禁伤感。在经过充分学术训练及大量文献阅读后，陆师开始"正式"转战金圣叹研究，且一开始便语惊四座。说"正式"是因为陆师第一篇真正意义上的金圣叹研究成果《〈晚明曲家年谱〉金圣叹史实研究献疑》于世纪之交的2000年撰写完成，两年后发表于《文学遗产》2002年第1期。期间这篇文章曾请教于徐朔方先生，得到了徐先生的热情勉励。然正如陆师在《海纳百川，其容乃大》中所写："从上个世纪的90年代初起，我开始逐渐留心于金圣叹的史实研究。"[1]陆师实际上的"金圣叹史实"研究却开始于20世纪90年代初。陆师曾向我提及许多学者涉足金圣叹是将其作为"课题"，赤手空拳、两眼一抹黑地进入这个领域。而陆师却是在长久对金圣叹关注并有所积淀的情况下进

---

[1] 陆林：《海纳百川，其容乃大》，《庆祝徐步奎教授从事教学科研五十五周年学术研讨会文集》，浙江大学出版社2002年版，第87页。书前有当时研讨会的合影，陆师西装笔挺地站在最后一排，应是最年轻的教授学者。照片中只有三位著名学者离开了我们，除徐朔方先生外，另一位亦是陆师屡次向我提及的复旦大学章培恒先生。愿三位先生在天堂多有交流，彼此不用寂寞。

入"金学",进入得颇为顺手,且一开始便愈发不可收拾。日后十余年,先生全心投入到对金圣叹的研究中,先是出版《金圣叹全集》,又于晚年推出《金圣叹史实研究》,该书被邬国平先生称为"作家史实研究的硬功夫"。

如果说求得丰富材料体现了陆师的勤奋,我们后来者尚可追随模仿,那么思考的深度则体现了陆师的"灵",这确属我们后学难以企及。学界常言做学问需要冷板凳、硬功夫,但是学术成就却不是靠"死功夫"堆出来的,文章论证的逻辑、证明的方式、对文献的敏感以及行文的流畅往往需要天赋和悟性,而陆师的学术成果中处处显露着智慧闪光。在占有丰富材料的基础后,陆师对人性的洞察、对人物心灵的揣摩可谓处处凝聚着他的思辨,诚如陆师所言,他在研究中试图通过各类材料的爬梳,准确客观地勾勒"当事人和交往者、话语承受者和发出者的精神状态与社会舆论的语境复杂性"[1]。作为一位以"文献研究"著称于学界的研究者,我曾询问陆师最推崇当下哪位研究者,陆师思考后没有言及任何一位文献考据大家而是说起北京师范大学郭英德教授,理由就在于郭英德教授从事学术研究的思辨。看来我们虽认为陆师以文献见长,但他更看重的还是思考与论证。陆师研究古人尚能洞察各种细小精神与人性,那么对于现实生活中的师友更是不在话下,所以我常开玩笑道自己在陆师面前不需藏着掖着,做一个简单的"孩子"就好。

二、见微知著,宽以待人

陆师对我的影响不仅限于治学,老师在生活中的言传身教更令

---

[1] 陆林:《清初周荃"安抚"苏州事略及与"密云弥布"扈诤关系考论》,《文史》2016年第2期。

我受用终身。近日读到中央民族大学傅承洲教授怀念陆林师所写文章,文中提及2005年安徽师范大学举办学术会议后诸学者饱览黄山美色,期间一位老师的衣服扣掉了,不想陆师包中竟带有针线包,老师娴熟地帮其缝补。这使我想起在一次学术会议晚宴上中山大学黄仕忠先生、厦门大学郑尚宪先生给我讲起一段旧闻:1986年山西师范大学召开第二次中国古代戏曲学术研讨会,会后诸学者游览洪洞广胜寺、永济普救寺。当诸学者奋力攀爬时,原《文学遗产》编委吕薇芬先生因身体不适步行很慢,陆师则跟从吕先生后一路照顾,后来二人在树下休息片刻并一同返回大巴车。在我看来,"细心"是陆师最重要特征,老师在古代文学领域取得的成就是他生活中无微不至的延展。

　　陆师是出了名的严厉,我在河南大学张大新师门下求学时就有所耳闻,后来到南师大投入孙书磊师门下后亦听同学们多有谈及。起初和陆师接触我还有些战战兢兢,但时间久了发现陆师并不是如"外界所传":老师对学生的严厉是治学方面,那是他学术研究求真和做人律己的"情不自禁";但是老师待人接物却处处宽怀仁厚,让我觉得他是一位慈父。老师处事从不以自己为第一出发点,而是永远站在别人的角度进行处理。生病住院期间,护士每次为老师扎针输水,老师最常说的就是"您看怎么方便,我就怎么做"。让我印象深刻的是2015年春,老师手上血管脆弱得已很难扎针,护士们常常"三五成群"地连番上阵扎针,一次次失败、一次次尝试,老师却笑呵呵地劝他们不要紧张。后来医生不得已在老师脖颈处扎留置针,原本一个简单的在病房就能解决的小手术,两三位护士却拿不下,看着医护用具上的血渍令人揪心。情急之下老师被推进手术室,在历经一个多小时手术后才将留置针放好。一个下午老师始终笑面迎对,而师母和我则焦急地坐在手术室外。此刻我真切感受到杨老师的心如刀绞,也让我体会到师母的不易和他们彼此之间的深挚感情。我是一个生活上不太讲究的人,用陆师的玩笑话讲"我是个粗人",所以来宁求学老师常会给我无微不至的关怀。在中大医院时我曾给老师带去一个医院门口的新疆美食"馕",老师察觉到我可能比较喜欢。后来我再到医院探望陆师,他便提前嘱咐师母帮我在楼下捎一个。2015年上半年陆师身体还可勉强支撑回家,所以只要师母有空,老师便会叫我们去家吃饭,对于一个在外求学的游子来说,"回家"莫过于是最大的快乐。老师及师母在为人处世方面对我影响很深,相比学术研究,这才是我以后立足于社会的根本。

三、传道授业,勉励后学

我跟随陆师时老师身体已逐渐虚弱,从开始的不能久坐,历经单拐、双拐、轮椅,直到最后不能下床行走。即使是在这般病痛的折磨下,老师还是给我传授了诸多学习方法,并告知我许多有价值的史料文献。

陆师常言自己在写作中一定先将材料尽可能穷尽后再动笔,努力用多种类型的材料证明同一个问题;陆师要求在撰写论文中尽可能减少大段引文的出现,他对部分学者引文堆砌现象不以为然。对于脚注这一细节陆师也颇有心得,他认为注释是文章有机组成部分,注释本身应有信息量,而非简单地让读者知道出处在哪、怎么找到;陆师也讲究语言的精准和可读性,他不推崇将学术论文做得干巴巴的毫无灵气,优秀论文的字里行间都能透漏出学者个人气质与追求;我喜爱买书,但陆师则建议我今后多买工具书及索引,这才是进入学术研究的正路。陆师告之我的是其数十年学术心得,目的就是希望我少走弯路。

老师即使在病床上也经常读书，并留意对每位学生论文撰写有价值的文献。我早早确定了《晚清民国北京八旗戏曲活动研究》的论文题目，陆师便嘱咐我务必将明清两代王府戏曲活动进行对比，尤其是创作部分。他勉励我做完晚清民国可以扩展到整个清代，而且认为这是一个涉及少数民族文学的课题，今后申报项目会有优势。此外他还建议我留意学术史研究，以十年为期限，不断撰写学术史著作，将来既有利于学界、也对有志于研究生考试的同学大有作用，当"颇有销量"。得知我有意回河南工作时，他也建议我留心河南地方文献与文化，将来工作一定用得到。为了帮我搜集博士论文材料，老师在平日阅读中也对我所需要的材料颇为留意。15年秋陆师读到邓之诚《骨董琐记》中引薛所蕴参加宗室宴时的观剧材料，便嘱我回去核查原文当有意想不到的收获。诸如此类情况还有很多，历历在目，它是我毕生的回忆。

陆师离开我们已半年有余，刚走那段日子我内心始终感觉空落落，一时间不知要做什么。晚上睡觉我亦常梦见老师，梦中的老师身体并无病痛。陆师喜爱爬紫金山，身体好时一周爬两次，他曾给我指出一条从樱驼村头陀岭上山的道路，我第一次爬紫金山就是沿着这条路。今后我还将秉持陆师的教诲，继续在他指引我的学术道路上前行。愿学术的道路如紫金山的登山道一样，崎岖蜿蜒但风光无限，且一路有陆师的精神陪伴。

回忆陆林师

路露

记得刚读研时，师兄师姐们常谈起专业内两位老师的严谨学风，对极少会面的陆老师尤是敬畏。那时我还未见过陆老师。一次听同门提起，考研面试时陆老师曾问她，戏曲起源各家有不同观点，或先秦说、或汉唐说、或宋元说，你对此有何自己的看法。同门开玩笑说，当时就懵了。那时，初学的自己每每想到陆老师所提此问，都暗自惶恐。这是个对于还未上道的本科毕业生来说有一定难度的问题，不再是对依托记忆的常识层面认知的考察；这也是个高明的问题，不管学生怎样回答，老师都能迅速判断出对方的资质和能力。

后来得知陆老师抱病多年，于授课已是心有余而力不逮。因此，多年来本专业所有课程都由孙老师教授。我将风闻得来的只言片语在头脑里勾勒出陆老师严谨、智慧而又使人望而生畏的师长形象，也因此对老师的学生带有一丝好奇。我曾问师兄师姐，陆老师是否特别严厉，师兄师姐们都说是；我又问陆老师是否特别让人害怕，师兄师姐们说，哪有你想象得那么可怕！陆老师非常和善，对学生特别好，两位老师皆凡事为学生考虑；如果认真读书，不心虚，又害怕什么呢？听闻陆老师对学生要求严格，曾有学生在陆老师家被批评得掉眼泪；后来听知情的师兄解释我才明白，其实陆老师是希望培养学生的学习自觉性和学术责任感，凡被老师严厉批评者必是因学业有所懈怠，不够刻苦所致。旁人或许会以为陆老师对待学生有些严苛，但这正是老师极负责任而又一片婆心所在。于我们这个时代的许多学生而言，老师言辞委婉，有时很可能会起不到明显效果。而陆老师的批评往往严厉公正，一针见血，从不多说没用的话，也从不刻意隐藏该说的话；如同他的文章一样。

　　第一次见到陆老师是在开题现场。老师因病脸色欠佳，但眼睛却闪闪发亮。他含笑看着我们一群学生，神情严肃中稍带幽默。我的开题是拟写晚清曲家李文瀚的个案研究。我学业不精，每多懈怠，开题准备得很是仓促。且糟糕的是，我并不自知报告中存在较为严重的错误。轮到我作报告时，陆老师对我说的第一句话是，你到底抄了多少？我一时语塞，委屈地解释说自己并没有抄。陆老师随即读了一段我报告中的文字问我，这句话什么意思？哪里来的？我说，老师我明白您的意思了，我……还没等我说完，老师又追问道，既然你明白我的意思，那你说我是什么意思。而此时的我，已然目瞪口呆。陆老师叹了口气，眼睛盯住我重重地说，你根本不懂我的意思！老师有些生气地扬了扬手中的开题报告说，你看你的开题报告，通篇都是二手资料的罗列，为什么不去查证辨伪。你看你对李文瀚传奇版本的描述，不能就只写"未检索到馆藏地"！我一时间惶愧之极。老师又将目光扫向全场，对其他同学说，不单是她，你们在座的各位都要注意，你们的开题报告还有很多问题。开题之后，我难过了很长一段时间。但陆老师对我的批评却一直激励着我。

　　一次从西山图书馆出来，在图书馆通往校医院的台阶上遇到陆老师。老师行动缓慢，下楼梯的样子看起来有些吃力。我因开题受到老师批评，所以看到老师竟条件反射似的有些发怵，我上前喊了一声老师，老师和善地笑着向我点头，完全不像开题时严厉的模样。

老师笑起来的样子很让人亲近，我很想上前扶老师一把，但终觉突兀，最后还是向老师打过招呼后低头快步离开了。之后再见陆老师是毕业论文答辩时。教室某个位置少了一张桌子，陆老师笑问我们，这里怎么没桌子呀，你们谁愿意坐这个位置呀？他笑吟吟地看着我说，你愿意坐吗？我一愣，没想到严肃的陆老师也会和学生开玩笑。答辩时，看到又严肃起来的陆老师，不觉有些紧张。陆老师说，我们学校本专业的学生常做个案研究，有评价说缺乏新意，格局狭小，这的确也是事实。但我认为在你们还没有打下足够基础的情况下，与其做大而无当、似是而非、形式大于内容的研究，不如做扎实的个案研究为自己打一点基本功。这篇硕士论文，写得很扎实。查阅了很多资料。我并不反对泛读，但要有方向。这篇论文对曲家生平的描述不是泛泛而谈，而是与曲家思想和其作品联系较为紧密。因此，我给这篇论文打九十分。听到这里，我很是吃惊。我自知自己的论文无可称述，顶多不过是合格规范罢了。老师能给如此平庸的论文这样的分数，除却以资鼓励之意外，另一个原因或许在于，当时认真的论文大概并不十分多吧。老师接着问我，李文瀚传奇的馆藏地是否都自己跑过一遍吗？我答，除苏州是就官网信息判断出自同一版本不必去，杭州找人代抄之外，其他馆藏地都已亲自去过。老师点点头。接着爽朗一笑，目光炯炯地说，好话都说完了，接下来要说不好听的了。你的论文还有很多问题，许多地方经不起推敲。比如，你把李文瀚父亲的名字弄错了，且其子李之郇是否为藏书家李伯盂实际上还有旁证可参。接下来老师问我翻了哪些方志传记，江庆柏老师的《清代地方人物传记丛刊》有没有翻阅。我答翻阅过了。老师又问卷七《皖志列传稿》中某条记载有没有注意，我说当时有疑虑但未做深究。老师问，你为何不深究呢？你看行状中其子李之郇的原名和字是什么？你再看这条记录中这位名为"李文翰"

的县令挖到的是什么鼎？原来老师从这条记载李文翰县令挖到盂鼎的内容中推测出其子李之郇原名崇鼎字伯雨者，可能是藏书家李伯盂的旁证。我第一次如此直观地感受到老师的学问之好，心里佩服得不得了。第二次考博作自我介绍时，孙老师笑问陆老师是否还记得我这个本校的毕业生。陆老师幽默地一笑说，记得。去年我改过她的试卷，答得很不错。你要是考我，我都想录你了。尽管我知道老师只是想开个玩笑放松面试气氛，但我却更加紧张起来，十分心虚而惭愧，觉得哪怕仅是玩笑，我也当不起这样的夸赞。

去年秋，听闻陆老师入院许久，很想去看望他，又怕多有打扰。询问了韩师弟后，师弟说老师的确需人照料，学生们都愿尽弟子之谊，但女学生始终不便。在教师节过后的九月底的一天，我去看望陆老师，这也是我最后一次见到老师。

那天早上我见到老师时，老师正坐在靠背椅上休息，梁师兄扶着他。那时老师病情已重，起身行动都很是不便，脸色也不好，但那双眼睛却还很是清亮。老师还记得我，他说，你看你人这么小，还提这么多东西。我听师弟说，许多水果老师都遵医嘱不能再食用，唯独勉强能吃金桔与葡萄，于是就买了很多金桔和葡萄。老师长久卧床身体很难受，有时起身如厕之后便索性在靠背椅上坐那么一会儿。我协助师兄扶他躺上病床，老师咬牙忍着病痛，连翻身也已非常困难。好不容易躺好，老师有些气喘，他非常和善地叫我坐下，又唤师兄赶紧拿果汁和酸奶给我。老师一边看着师兄搜寻什物，一边不停嘱咐，不是这个，不是这个，是昨天那个，那个好喝，你快找出来。我赶紧表示不必，心里很是感动。看着老师像关爱小孩一样不停叮嘱着师兄，我和师兄都赶紧说，找到了，找到了，很好喝，很好喝。老师问我说，前不久解老师给我写了一篇书评，你看了吗？我说看过了。老师又问我课业如何，我说较重。老师随即说，很多课程是很有必要给博士生开设的，博士不应只闷头读书。

　　闲聊一会儿之后，我见老师费力地叹气，重新闭目躺下，以为老师是要休息了。但一会儿之后，老师唤师兄说，把我那书拿来，送路露一本。我有些受宠若惊，手捧着崭新的塑料膜还未拆开的《金圣叹史实研究》，只会说一句谢谢老师。蓦地我心里有一个念头闪过，希望能得到老师的题赠。但看到病床上体力难支的老师，心中又万不能忍，如果自己那样要求老师，就太不懂事了。谁知老师接着又说，你有笔吗？我一愣，忙说有。老师说，我给你写几个字。我赶紧将塑料膜拆开，打开书页，向老师迎过去。正巧，医生前来探班，见老师正奋力起身半坐，于是叮嘱老师要注意休息。老师说，没关系，我给学生写几个字。医生笑笑说，又有学生来看您啊！您还是得注意休息，减少会客时间。我一时很惭愧，不知如何是好。老师向医生摆摆手，把我唤了过去。那时的老师写字已有些困难了，不多的几个字，老师写到一半，休息许久才又提笔。老师看似轻松地对我说，你这支笔不好。我呆呆地看着老师题赠给我的书，压抑住自己有些难以名状的情绪，对老师表示感谢。老师签完名又费力躺下，闭着眼睛，喘着气，看上去有些难受。我问师兄，老师是否还好。他说无妨，老师大概是需要休息。老师声音有些微弱地说，你们再坐一会儿。我默默坐在老师床脚，世事之琐屑与温情在安静的时光中蕴藉。不多时，老师仿佛睡着了，我不便再作打扰，不一会儿，也就告辞了

　　陆老师走的消息，我是从梁师兄处得知的。一时有些难以接受，有些恍惚。总还期望着，老师能像往常一样，不久之后即能康复出院。老师多年抱病，这一走也算解脱，然而作为学者，他还那么年轻。老师沉疴积年，而著作等身，而桃李满门；我感佩老师之治学，亦感佩老师之育才。然天不假人以寿，亦每多叹无常而已。前天是

最后送别老师的日子。追思会上,每深鞠一躬,我便再多看老师一眼,但随即又不忍多看,赶紧别过头去。老师生前的音容笑貌一时间交叠而出,我回想起与老师极少的每一次见面,有些难受,流下泪来。身旁皆闻啜泣,我看到久别的胡瑜师姐红肿的眼睛,想起刚入学时,胡瑜师姐给我说起陆老师的往事,不觉酸楚难耐,长者确然长逝。我将胸前的白花取下,心中默念,亲戚或余悲,他人亦已歌,死去何所道,托体同山阿。唯愿陆老师,您一路走好。

丙申年二月初五

回忆恩师

潘伟娜

从最热到最冷,再到乍暖还寒,似乎已经习惯每周六上午地铁到汉中门,穿过乌龙潭公园,到医院。

曾记八月某日,如往常一般,上午陪护,中午回家。临走时,先生定让我带上桃子路上吃,并嘱咐师母除让我带着抽纸,再带上湿纸巾,因为桃汁粘手会很难受。先生已病重难耐,却还心细如此,心生愧疚,虽然并不习惯路上吃东西,但不愿逆先生意,照做。日后每每吃到类似流汁的水果,当日之情形便浮于眼前。想来惭愧,既拜于先生门下,先生身染沉疾十余年,弟子侍奉左右,本属分内之事。然先生宁屈自己,不愿多扰他人。

另有一日,与先生闲谈之际,谈及夫家姓氏,外子嵇姓,家中素以辈分取名,论资排辈,日后儿女当是"达"辈,不知配以何字为妥,且音并不悦耳,苦恼一时,抱怨一下便也不了了之。不想,几日后再见先生,先生突然提及此事,并言,男孩可取"宇""功";女孩可视其性格或父母之期望,取"雅""慧""静"等。如此小事,先生却郑重思量,受宠若惊之时,暗下决心,他日诞下或儿或女,定不负先生之意,以先生所取之名为名,以此怀之、纪之。

婚期在即,近日本欲递送请柬,思前想后又觉不妥,犹豫之际,终成遗憾……前日得见先生最后之音容，恨病魔无情，怜先生数年来忍受何等病痛！心如锥刺，泪不能自持……先生是严师，更是慈父。与先生之情谊，不在惊天动地，只在点点滴滴。师恩深重，永志不忘。愿天堂再无病痛，先生得以安享。

生泣血，思之念之……

怀念陆林师

韩郁涛

每当提笔之时,心中总是思绪万千,恩师音容笑貌仿佛还在昨天。跟随陆林老师学习的这两年,老师对我的帮助不仅仅是学问,更多的是他那对待学术严谨的态度以及坚强的毅力和乐观的精神,使我深受感染。

我的本科专业并非汉语言文学,只是凭着对古典戏曲的热爱有幸考入了南京师范大学的戏剧戏曲学专业。在开学前,我就知道这个专业有两位老师,他们的文章我也分别拜读过,对两位老师严谨的学风十分钦佩。之后听师兄师姐们谈起两位老师,他们对陆老师充满了很深的敬畏,自此,我也知道了陆老师对学术以及学生非常的严格,私以为自己才学浅陋,恐很难被陆老师青睐。

我第一次与陆老师见面是新生与老师的见面会上,孙书磊老师与陆老师都在现场。当时,陆老师给我的第一印象是,个子虽然不高,但很有气场,眼睛有神,对待学生十分的热心与细心,告诫我们要多看好的剧本,才能比较优劣,多看原始文献与优秀学者的文章。待他洋洋洒洒地讲完之后,缓慢吃力地坐了下去,我才意识到原来老师是带病而来,心中更添钦佩,之后,当得知自己被陆老师接纳,允许成为他的学生时,内心是无比庆幸与欣喜的。

正式上课后，才得知陆老师近年来身体一直欠佳，授课之事心有余而力难至，不过对待授业之事却丝毫没有懈怠，学生但凡有问题皆可当面请教。记得之前看陆老师点校的《金圣叹批评西厢记》时，第五本的四折分别用了四字标题，而我之前所看的点校本以及一些古本都是两字，心中便有些疑惑，于是便给老师发了短信求教，没想到老师很快便予以了回复，说是根据原本而来，我才得知原来清顺治贯华堂刻本第五本是四字标题。

我在陆门的第一次聚会，就是开学不久的迎新宴，迎新宴上老师显得十分的精神与幽默，与大家说笑，整个宴会大家都很高兴，老师总是时不时催促大家多吃，在席间忙于拍照的我，每次回来，碗里总是被老师把菜夹得满满的。

迎新宴之后，再见陆老师就是在师兄师姐们的开题现场了，那天老师很早就来了，坐在最左边的位置，左腿搭在一个凳子上。看到这样的陆老师，我心中难免有些酸楚，离迎新宴不过两月光景，老师又憔悴了很多，可是他却依旧如此敬业。整个开题会，我们这个组进行得是最慢的，陆老师会对每一位前来陈述的学生提很多的问题，有些问题更是会一针见血，让那些准备不足的学生尴尬与难堪，而对那些相对出色的开题报告，陆老师也会对他的框架与布局进行自己的建议。开题结束后，外面下起了倾盆大雨，由于师母前来开车接老师回家，我就赶忙撑伞并搀扶送老师上车，虽然我已将整把伞都尽量打向老师，无奈雨势太大，还是会有雨滴飞入老师的脸颊，而老师的额头上还有汗滴，每踌跚一步，对老师来说都可能十分的辛苦与疼痛。送完老师上车后，我就回去和师兄师姐们交流起来，询问陆老师的情况，他们说陆老师对自己的学生会更加严厉，时常会有师姐被老师骂哭的情况。我一时难以想象睿智幽默的陆老师会那么严厉，不过他们却又说很多学生巴不得被陆老师骂哭。原来每当老师生气训责之时，一定是学生在此期间对学业有所疏懒或是所作之文态度不严谨，基本的资料都没有去查询，或行文逻辑与结构有较大问题。陆老师面对这样的情况，一定是严厉斥责的，陆老师一针见血地严厉批评，往往会给学生带来醍醐灌顶的效果，言辞犀利的外表下，却蕴含了老师对学生深深的爱护与殷殷的期盼，希望学生可以培养学术的严谨与自觉性。对自己的学生如此严厉可以理解，为何开题对其他学生也是如此呢，老师难道不怕得罪人吗？师姐们说老师一贯如此，不管是哪位老师的学生，老师都会不遗余力地点评与指导，更不怕得罪他们的导师，老师对学术的态度是严谨的，对学生是负责的，所以经常会有其他老师的学生主动去找陆老师"挨骂"去，陆老师是十分大度的，不论谁的学生，来者不拒，一定是细心指导。与师兄师姐们交流过后，觉得陆老师除了学术严谨，做人更是无私。整个开题，陆老师讲得最多，却并没有一个是他的学生（开题时导师不点评自己的学生），在常人看来是费力不讨好，可是他却甘之如饴。

在研一学年，最后一次见陆老师是在博士的复试面试当天，老师这次是坐轮椅来的，需要有人将其送到答辩教室。这次陆老师又消瘦了很多，但是精气神却很好，我执意要把他送到教室里安坐，可是他却拒绝了，他认为将轮椅推入教室不雅观，而且我作为无关人员是不可以进去的，我就只好默默看着他，借助辅助走路的仪器一点点挪进教室，等复试的面试结束，他挪回到轮椅时，整个后背都湿透了。

在我研一暑假的时候，老师就生病住院了，由于当时住在仙林校区，离市区医院较远，一周也只能抽一两天前去探望，而老师还时常怕耽误我的学习，总叫我少来，但每次去他都会让师兄或师姐忙上忙下，给我洗水果或找零食，十分的和蔼。到研二九月搬到随园后，我与陆老师的接触就慢慢多了起来，因为与老师住的医院只有一道矮墙之隔，常常就可以翻墙去探望老师，起初仅仅是抱着去探望老师的心态去的，后来发现，我已很难离开老师的指导与帮助了，在医院里，不仅在学业上可以学到很多，更可以近距离感受老师做学问与为人处世的态度。

记得研二一开学就去医院看望老师，同时汇报了自己近期的学习情况，坦言还有一篇戏曲文献学的结课作业不知该如何下手。老师则建议我找一篇前人未曾点校过的戏曲序跋来点校一下，一方面锻炼了基本的点校功底，另一方面可以从点校中寻找问题。在老师的指引下，我果然找到了一篇合适的序跋并且有了重大收获，然而自己的功底浅薄，还是将所点校之文交于老师查看，老师强忍病痛之下，帮我梳理了一遍，并指出了其中的个别问题，并对我的行文与所查资料提出了建议，而我事后按照老师的指引去做，发现老师当初的预测与我所查证的结果几乎一样，瞬间感觉老师太神了。到了选择开题的时候，我将自己的所选人物以及备选与老师报备，将自己的想法与框架和老师交流，老师又根据我的能力给我提出了合理的建议，使我最终敲定了自己的选题，并且老师告诫我要早做准备，多看多学。

老师在医院的生活是十分规律的，每天早上七点左右就会起床，吃过早饭后，就会看书，会看到十点半左右，然后休息。不论老师病情如何恶化，他的身体如何疼痛，他看书的习惯从没有被打乱过，而我在医院的时间，大部分也是看书，包括看陆老师所写的书。有一次我拿自己买的《知非集》找老师签名，结果一向严谨的陆老师也出错了，将乙未年写成了乙卯年，由于乙卯年已过，下一个乙卯年是2035年。所以，我当时开玩笑说："老师，您一下支到2035年了，等您79岁的时候，我一定要拿着这本书来看您。"老师听完后会心一笑，执意要改，我却不肯，现如今看着这本《知非集》，想着故去的恩师，泪如雨下。《金圣叹史实研究》是陆老师送我的，因为扉页的照片是我帮老师拍的，老师一直惦记着这个事情。当我拿到沉甸甸的书时，心中充满了感激，还和老师说自己赚大了，一张照片换来这么一本好书，老师却谦逊幽默地说他自己赚了，要不一张照片还得请人花大价钱呢，此时的我被老师的幽默与谦逊深深折服。这本书凝结了老师近十年的心血，更是老师在病痛折磨下，依旧没有辍笔，严谨治学的见证，我觉得它的分量很重。

在老师去世前的一个月里，他依旧在忙碌着，他除了看书之余，还在整理自己的科研成果，还会帮师姐们看论文进行指导。在过道里都会听到护士们对陆老师的议论，她们都觉得陆老师的毅力太感人了，病成这样还在看书。老师由于精力大不如前，会让我帮他看一些东西，主要是查找错字，可能文章是其他人电脑现打的，错字确实有很多，我查找与修改再三，交给了老师。第二天一早，我再到医院时，发现在我原先的基础上，老师又找出了一到两处错误，我顿时感觉羞愧难当。

老师是3月9日下午走的，在医院里看到被病魔折磨到生命最后一刻的陆老师，我心中充满了酸楚。老师一生中的大部分时间可以说都留给了学术，对待学问他认真严谨，生活中他幽默风趣，急人所难，爱护学生。他的离开是学术界一个巨大的损失，希望在天堂的他一切安好。

丙申年六月廿二日

吊陆林兄

张强

晚山凄切白云愁,新柳长悲扫危楼。
梦向随园寻旧踪,挽歌一曲付琴头。

哭陆林教授

曹红军

天摇文曲恨茫茫，星殒江南坫苑凉。
百代华章成国手，十年病榻断柔肠。
已传圣叹悠悠意，谁续人生点点光？
未及拜灵成永憾，再吟侍坐泪交滂。

陆林教授，吾素所敬仰之师长也。比年以来，相交甚厚，屡蒙指点，获益良多。先生以弱躯抱恙有年，恒心以抗病魔，其毅力足消铁杵，闻者无不动容。2016年3月上旬，吾奉命为公务员考试命题，闱封于皖南山中。其间音信断绝，3月12日始得解禁，未料陆教授竟于3天前辞世，闻而惊，惊而痛，痛而憾……种种情状，难以言表。惟有望空长拜，陆老师走好，走好。

曹红军识于三月十三日晨

金陵别陆林

鲍恒

料峭春寒意,金陵黯黯天。
花开能四季[①],人计无百年。
求道仓山下,觉非朱雀边。
一编成永叹[②],魂梦寄长烟。

---

① 陆林所居小区名花开四季。
② 陆林有《求是集》《知非集》《金圣叹年谱长编》等著述。

悼陆林

——步鲍恒《金陵别陆林》韵

黄克咸

今天是陆林同学的"头七",我步鲍恒诗的韵学作和诗一首,以表对陆林的怀念之情。

一代英才俊,奈何妒恨天。
人多长寿岁,君失六旬年。
撰述孤灯下,立言病榻边。
魂飞专著在,峰峦蔚霞烟。

读鲍恒、克咸君《悼陆林》有感

过仕刚

两诗皆佳作,唱和如泣血。
一别成永久,思之常切切!

三月九日薄暮得陆林兄讣,晚乘高铁赴宁道中悲吟,心绪错乱,难计格律也

朱万曙

老友驾鹤忽西去,留与朋辈长叹息。
卅年情谊多深厚,分手如何不洒泪。
天堂有梦好漫游,胜似病榻卧寂寂。
珍重前路且独行,某年某月自当会。

哭陆林师

刘于锋

料峭初春增岁寒，惊闻恩师归道山。
刺刺霹雳肝肠裂，婆娑频揩泪难干。
百身莫赎哭不应，方知无复睹容颜。
路迥从兹人永隔，临风雪涕祭遥天。
醉心文史廿馀载，先生尤痴金若采。
实证研究堪垂范，澄明澹如境独开。
可叹竟惹天公妒，何意遭逢无妄灾。
卧病手术家常饭，勤苦如常安挂怀。
吾师性情最率真，清莲濯水不染尘。
自从戊子列门墙，门下六载度光阴。
得师言传兼身教，半闻雷霆半阳春。
最是府中常侍坐，短长闲话度金针。
我曾懵懂求其术，师教文献竭泽渔。
愚鲁若年无长进，殷勤期许多辜负。
水冷秦淮月似钩，石头城下空馀愁。

窗下亲植双桂花,花开花落几度秋。
问天缘何不假年,人世岂能无短修。
但愿年年琼池畔,伴与鸥行赋闲游。
回首当时立雪处,教人如何不痛伤。
惟将长歌当一哭,茫茫四顾清夜长。

声声慢

曹辛华

用易安原韵悼陆林先生。十数年来，余受先生点悟多矣。今先生归道山，心痛无以释。且为词长歌当哭。

问金圣叹，地下可安，料遇君心戚戚。把臂共谈元剧，否然休息。明清说部绝秘，爆料后，几人又急。大梦觉，四季花开还识。

怨恨如山心积。劝世文，黄泉何刊可摘。多少奇思，不道病魔手黑。怕忆调侃笑语，学途中关爱点滴。似海苦，怎再拜君速释得。

秋雨中的栾树

——悼陆林

龚刚

有一种树
它撒在树身周围
的花朵
说好了,由黄昏
打造一面金鼓
风不是鼓吹者
天空为之配乐
它的梦想如此辽阔
如入咽喉
深渊是身体的陷阱
它从雨的终止处
响起
折断的树枝
披一身苍茫与之无语
天空为之配乐

它敲击着古道
瘦马和江山
清晰如残崖上的
魏碑
　　　　　二〇一六年九月十五日

著作评论

新学院派批评与戏剧学的建构

——陆林著《元代戏剧学研究》序

宁宗一

"学院派"和"学院派批评"在一个相当长的时间里,名声并不佳。似乎一提到"学院派"就与"经院派"混同而含有了某些贬义,而"学院派批评"似乎就是保守、僵化、学究气的同义语。即使一些著名的世界级的批评家如阿尔贝·蒂博代(1874—1936),在他的批评学代表作《六说文学批评》中,当其就三种批评模式进行评骘时,对以大学教授为主的"职业的批评"亦甚多揶揄之词。他认为"职业的批评"死守规则,老生常谈,缺乏敏锐的艺术感觉,迟疑症,沉闷的学究气等等。当然蒂博代也承认,学者专家和教授们具有本人良好的学养,知识系统化,深厚的历史感和视野开阔、持论通达平正等长处。尽管蒂博代所说"职业的批评"的优长与不足自有其合理之处,但是他恰恰没看到"职业的批评"最大的优势是在文学艺术史的研究。也就是说,学者、教授(文学的历史的教师)恰恰是最主要的承担着文学史、艺术学建构的主力。事实是,作家或记者偶尔也涉足文学史或艺术学这些领域,那也只是因为他们其中的一些人经常游弋于作家、记者与学者、教授之间,但艺学与文学史研究主要成果无疑仍出于大学的教师和研究机构的专家学者之手。本世纪的中国就曾出现过朱光潜、钱锺书等学院派批评大家，这说明，仅就古典文学研究的生命内核来说，它的创造性价值，它的系统化、理论化、知识系统和科学实证精神以及积极追求新知的品格，主要是或恰恰是通过职业的理性批评来体现和实现的。

今天是天津近来难得的一个好天气，云淡风轻，窗外一束明丽的春光，映照着放在案头上的正是我所认知的学院派的典型之作：《元代戏剧学研究》（二校样）。作者陆林兄在电话中不仅让我通览这项研究成果，而且希望我为他的专著写一篇小序。虽然我觉得很难措手，但还是不太情愿地答应下来，因为这给了我思考一些问题的机会。

陆林的大作明确标举元代戏剧学研究。既然是戏剧学，当然就与各种戏剧史和戏剧理论史有着较大不同。戏剧史重在描述戏剧艺术的产生与发展过程，对戏剧家与文本给予恰当的评估和定位，因此它的重心是戏剧艺术的本身；而戏剧理论史则着眼于阐述戏剧研究家批评理论的构成体系、内容、形态及其演进过程。要之，前者着眼于戏剧家的活动，后者着眼于戏剧研究家的活动；前者主要是戏剧家的创作活动的历史，后者主要是戏剧研究家的学术活动的历史。而戏剧学窃以为除了对戏剧艺术本身及戏剧理论成果给予关注外，更多的力气同时需要用在对戏剧内涵与外延的并行研究上。比如戏剧观念历史演变的轨迹，戏剧形态和类型的界定，戏剧美学的思辨，戏剧批评学和技法学的产生与发展，民族的时代的特色及精神品格等等。在一定意义上说，戏剧学似应看作是对戏剧研究的研究。这就决定了撰著者必须掌握大量的戏剧文献资料，并在一定的理论层次上对戏剧这一叙事文类的理论与实践及其历史进程进行整体性、全局性的观照与把握。在我看来，这种兼及戏剧之"文本"

与"历史","学"与"理"和"鉴赏"的戏剧学研究,需要的是博学通识,需要才情趣味,甚至同样需要驰骋想象的愿望与能力,这样才能对研究对象做到体贴入微。陆林来自学院,经过系统的学院式训练,学术功底是厚实的。他既了解传统,又不拘泥于传统的陈规陋习,最少保守思想;他绝不玩五花八门的流行色,既严守学术规范,又努力创新,充分体现了80年代成长起来的学者群体的活力。他不断提出建设性的构想,又善于对历史上的"定论"提出学理性的质疑并加以辩证。在记忆中有两件事给我的印象最深:

十四年前,陆林刚进南开大学中文系攻读戏剧小说研究方向的硕士学位不久,我接受了天津古籍出版社和教育出版社之约,为他们策划一套"学术指南"丛书,并指定我开头炮,撰写《元杂剧研究概述》。当时由于身体和精神状态都很坏,再加上知识储备的局限,我觉得难当此重任,所以希望陆林和田桂民两位研究生加盟,共同进行写作。一天,我们三个人碰了一次头,我只是提出了一个极为粗糙的框架供他们考虑。可是没想到,数日后陆林就给我送来一份他设计的《元杂剧研究概述》一书相当完善的细目。这个细目思路清晰,构想全面,我深感满意,只做了些微调整,就成为我们写作该书整体框架的基础。后来出版社一位负责人对我说,有关写作框架及纲目已印成"样本"发给了其他各书的写作者供其参照,这也是出乎我意料的。此后《明代戏剧研究概述》也是在陆林的策划下,又和桂民一道完成了此书的撰写。而我只是各写了一篇较长的导言,对内文略做了一些调整和修改工作而已。

另外就是他在读研第二年时,在中国艺术研究院戏曲研究所主编的《戏曲研究》第21辑发表《〈"元曲四大家"质疑〉的质疑》一文。这篇辨析文章,因其资料之翔实,辩证之充分,很快得到戏曲研究界前辈的首肯。两书一文(当然他在此间不仅发表一篇论文)

一出场，就显得身手不凡。今天推想起来，也许当时其脑子里就已经有了一个戏剧学的影像了。而更重要的是，我发现了他的科学主义的实证精神和文本意识[①]。

陆林于南开毕业时，本可留系的，但他决定到南京师大工作。他来征求意见，我虽恋恋不舍，但我当时处境艰危，只好赞成他走。当然我更想到南师大名师如云，高论如雨，对陆林的学术潜力的开发必大有好处，何况这对他照顾住在合肥的双亲更方便呢？我想我不能太自私。事实证明，就是在南师大的十二年当中，他在一大批有使命感的饱学之士的影响下，又受到了古籍文献整理研究的严格锻炼，在文献意识、史学修养和文学品评等方面都有了长足的发展。更重要的是，在这样的一个健康的学术环境中，他没有沾染学坛上那种宏观冲击有余而微观分析不足的毛病。《元代戏剧学研究》这部书稿之所以能广搜博考，无征不信，朴实精核，融会贯通，是与他长期的知识储备和感悟力分不开的。事实上，我们通过这部书稿，就可以深深地感受到那凝练冷静的学术话语，看到论者学术生命所蕴含的理性和感性张力。

陆林的元代戏剧学研究值得一提的是它体善思新。戏剧学研究，既是一个特定的学科建构，又应看作是一个新的视角、一个新的路数，即历史性的研究和逻辑性的建构相结合的独特视角。原来戏剧理论史范式多是戏剧理论论著评述史的连缀，陆林则未简单地套用这种理论模式。他的研究特点是更加实证化、更加科学化，即在实证研究与理论探索交错上升的过程中，将宏观问题包含在每一个具体问题之中，从而通过后者加以解决。比如一方面考虑戏剧理

[①] 这里所说的"文本"指的是言语作品，即由文字组成的实体。这包括历史与现代的一切文字材料。文本必须在他人的解释过程中才能得到理解并研究它们的意义。

论史框架的适用度，并不排斥已有的一些重要范畴；另一方面则以中国戏剧观念的内在理路为思考的重心，按照观念的基本内容和主要侧面确定相关的结构。所以在上编的元代戏剧学史论的评骘后，又有了下编的元代戏剧学专论。在纵横交错中，兼顾旁征博引与精雕细刻，将其学与识置于最佳配置之中，于是戏剧学著述的新框架得以从容建立。由此陆林的元代戏剧学研究完成了这样一项重要的学术使命，即对蕴涵丰富的中国古典戏曲初始阶段的批评理论做了一次科学的"转换"式的清理，从而发掘出对当代戏曲学建设具有重大意义的因素，并加以系统的理论归纳。

从陆林这本书稿中，可以明显地感到其下笔矜慎，因此我说他在治学态度上是无征不信、朴实精核。而该书的学术特质还在于，作者把实证考据与理论思辨加以结合，这就既避免了一般的探讨戏剧观念、戏剧理论的玄奥晦涩的乏味，也避免了实证文献的繁杂琐碎的弊端。它给我们一个启示：过去考据和理论研究往往相互隔阂，甚至相互排斥，结果二者均得不到很好的发展。陆著却把二者纳入历史和方法的体系之中加以审视，所谓考据与义理"双翼齐飞"，即考以求其实，实以求其是，从而体现了资料与理论和文本细读的互补相生、互渗相成的新的学术个性。从而使一部理论专著显得血肉丰满，有理有据，既无枯燥艰涩之弊，又显灵气流走，具有理论深度。

学术研究乃是个体生命活动，生命意志和文化精神是难以割裂的。学术研究中"无我"，是讲究客观；"有我"则是讲究积极投入，而理想境界似应是物我相融。陈寅恪先生即主张，治史要有所"发现"。也就是说要在历史的观察中注入主体独特的目光，看到人们不曾看到的东西，即必须具有敏锐的"发现"意识。这"发现"在我看来就是"思想"。是的，知识是重要的，但是人们如果仅仅拥有知识又是不够的。知识、经验必须转化为思想，不然就会如赫尔岑所说：不带思想的学者，就是处于反刍动物的第二胃的地位。而思想又不是不可把握的，它乃是人的生命热情、生命体验所融合了的知识，它是被激活了的炽烈的、深邃的、流动的，也许博大，也许精微的、活在知识与自我之中的精神文化。在这方面，陆林确实拥有多年修成的深厚的文史学功底，而史识、今识与诗识又使他深思精论，卓尔不群。在其笔下的若干篇文章中，相当自然地映现出对戏剧学的另一种打量和解读，加之以洗练的笔触，为我们真实地再现了元代人文历史的氛围，感受到戏曲的闳富丰赡，让我们认识到艺术学、艺术史的多色调、多层面，从而使我们感应到剧作家和理论家们的戏剧思维和制作心路，从中就又体味到陆林对"有思想的学术与有学术的思想"的不懈追求。

读罢这部三十余万字的书稿，我对建立中国的学院派批评多了几分认识。今天"新学院派批评"正在建构中，几年前我有幸参加这一问题的讨论，我更加深信学院派的生命力及其不断更新后给予学术研究的动力。为此，窃以为，"新学院派批评"必定在文学学、艺术学以及文学艺术史建构中发挥以下几点优长：

一、在批判地继承中国传统朴学的基础上，集其大成，创立文艺史学研究的新历史主义方法。它的特色是：以真实为基础，以考证为先行，联系和扣紧文本的外在因素（时代、环境、影响、作家生平等），同时保留对文体本身的审美品味和艺术的敏感与直觉。这是一种智性和灵性结合的新实证主义。

二、绝然排斥凝固的理论模式或死板的知识先验地框住鲜活的艺术生命，而是将自己关注的对象置于广阔的文化背景上，进行严谨而有序的历史的美学的透视，努力从本学科与相关学科的互补中，发现和阐释文艺史发展过程的诸多问题。

三、将思想家的冷静和艺术家的感悟以及解剖学家的精细结合起来，用清爽的知性滤选阅读行为，进而转化为一种形而上的思考与明晰的表述。

四、始终保持学者型的求真求实的态度，不玩五花八门的"流行色"，而是贯注以科学的实证性，同时又熟练地把传统的品评学、重意会和现代的阐释学、重言传有机地结合起来。

五、对关注的文艺现象不做居高临下的裁决，将重心放在建设上，以立为中心。在与作家、文本进行对话和潜对话时，处于平等地位，同时又保持适当的审美心理和理性、情感距离。以自如而又清醒的态度直面对象，为读者建造一条心灵通道。

六、坚持论从史出，史论结合，相互印证，相得益彰。

我认为学院派，特别是中国的新学院派批评正应建立这种学术价值、科学态度、理论意识、革新精神和主体特征。这是一种既不谋求史论的话语专制，又力戒专横的学阀作风；是一种真诚、豁达力求知识广博，且志在不断探索新知的新的文学和艺术学建构的风度，又是一种将历史的、审美的、哲学的、心理的、道德的诸多因素相融合，并激活当代人新鲜智性、灵性和创造力的建构。如果将我试着综合的学院派批评的某些特点衡之以陆林的戏剧学研究成果，我想那是应属于学院派中富有生气的力作。

如从知人论世角度来看，陆林善于凭借他的研究对象，以寻求理论底蕴、文化灵魂和人生秘谛，探索传统文化的历史命运和中国人文知识分子的人格构成。他以颖敏的文化感悟，尚未进入不惑之年时，即已取得了令人刮目相觑的学术成就。据我不完全的了解，由他主编与主撰的书就有六部（套）、约六百万字；而在其主攻的戏剧小说研究领域，更写下了论文数十篇，充分体现了他的学识与才情。这一切使我不能不思考青年学人在成熟过程中的文化实力和学养的问题，这也许是一个和新学院派批评建构密切关联的内在素质问题。

从前我确曾被"天才"这个鬼魅困扰过。自青少年时期喜欢上文学艺术,也就结识了这个神秘莫测的词汇。几十年过去了,人老了,思维迟钝了,我却完全不再相信天才之说了,但却越趋认同天分一说。因为天才似指天生之才,是与生俱来注定要成才的,或者说是那位造物主给的才智。而天分就可信得多了,它也许是"上帝"对人的种种兴趣的一种分配、一种划定。因为兴趣的才智来自大脑的某一根神经,所以对对应的事物有一种特殊的敏感、悟性,往往一触即发,于是人产生了兴趣与思维的偏向,于是也就有了兴趣与爱好的分野,于是便有了对自己偏爱的事业的穷追不舍、以命相托的原始动力,所以这根神经不死,兴趣即不会转移。至于灵气似乎更加抽象和难以捉摸,但是它又是能让人感觉得到的。不过我倒觉得灵气多少是学养与经验积累以及自身禀赋乃至文化氛围数者之自然融合。

我提及书稿之外的这些话,其实是在看到陆林具备扎实的学术功底与沉厚的文化实力以外,确实又颇看重其天分与灵气。前面我已提及,在他读研时,这些特点已有所显露,到了南师大又有了长足的发展。他的聪颖处,是其善于自我设计,保持学术心灵的充分自由。他常常能在治学门径中找到关键处,并最大限度地发挥自己的优长,所以其许多研究成果都给人以扎实厚重、耳目一新的感觉。

如果前面我涉及了陆林的"考据"功夫、"义理"水平,那么这里还想顺便提及他的"辞章"修炼。在我的印象中,陆林为文从未有刻意求工的匠气,相反他的文字流淌的是一种才情,读来自如、灵巧、畅达而又贴切。无论长篇还是短制,多是浑然天成,而强烈的整体感随之浮现出来。我谈这些话,确实有对自己文字功夫欠缺的反省:比如词汇贫乏到蓑尔之微,句法又如此疲沓不振,再加上思想的庸常,于是对中国传统文字的大气、活泼、充实、洗练,几乎很少能学到手，甚至不少好东西，也被我的文字糟蹋掉了。

于是我想到了学术环境、文化氛围、家庭教养对一个学人成长的影响，这里仅略说家庭问题。陆林出生于一个充满着书香气的艺术之家。约在1987年，我赴合肥讲学时，曾与陆洪非夫妇有过一次愉快的会面。作为黄梅戏《天仙配》《牛郎织女》的改编创作者和剧种史专著《黄梅戏源流》的作者，洪非先生具有南方学者艺术家的儒雅风采，所谓文质彬彬也；陆夫人林青女士从事戏曲导演工作，自是蕴含一股灵秀之气。在从事戏曲编导的同时，诸如艺术评论、传记文学，陆氏夫妇都有突出的建树。从陆林的心性来说，其优渥之质显然和家庭的文化气韵有着密切关系。

海德格尔在论及学问时大致有这样一段话：每门学科的基本问题根本就是不可能解决的，研究者只是不断地理解和重新提出这些问题，从而不断地深化对理论的领悟。对海德格尔这段名言可以有不同的理解，不过按我的想法，他不外是说学问是做不完的，而很多问题一直延续着那些问题，那些做不出结论的问题，人文科学在此表现得可能更为明显。所以可以和陆林共勉的一种思绪，我想就是：路漫漫其修远兮，吾将上下而求索。

1999年4月16日于南开寓所
——原载《艺术百家》2000年第3期

学术规范与文献意识

——谈《元代戏剧学研究》的著述特色

许伯卿

对于"学问"和"学术",我们有一个非常朴素的理解:所谓"学",就是阅读文献,向别人请教;所谓"问",就是通过学习,发现疑问;从阅读文献到发现问题再到解决问题,需要一定的方法和技巧,这就是所谓"术";"学"是"问"的基础,"问"是"学"的提高;而"术"则是从"学"到"问"的向导。如此说来,一部优秀的学术著作,既必须充分占有和正确使用文献资料,又必须有公正的价值判断和缜密的逻辑论证,所以《现代汉语词典》释"学问"为"正确反映客观事物的系统知识"。近一段时间以来,"学术规范"成为热门话题;我们以为,对"学问"和"学术"的最朴素认识,就是"学术规范"。由安徽文艺出版社新近出版、陆林先生所著之《元代戏剧学研究》一书,就是追求"学问"和"学术"朴素精神、恪守"学术规范"的一个范例。

《元代戏剧学研究》是迄今为止第一部全面系统论述元人戏剧思想的学术专著。它的问世,有填补我国古代文论史和戏剧学史研究空白的意义。该书分上、下、附三编。上编为史论,按戏剧学思想的发展脉络,以各时期重要曲学家为代表,逐次展开论证,仿佛一挂精美的项链；下编按专题分章论述，分别从历史、功能、作家、创作和表演诸方面揭示元代戏剧学的成就，又仿佛一面打开的折扇；附编则是介绍明、清及近代的元曲研究，历史、专题、代表人物三线交织，更像是一张兜底包抄的渔网。更难能可贵的是，这三种篇章结构，并非仅仅是作者的凭心结撰，同时也是在对文献资料进行梳理的过程中直接、自然获得的。这在很大程度上应归功于作者极为敏感而强烈的文献意识，归功于他对学术规范的自觉遵守。对此，我们拟从以下四个方面予以感受。

首先，作者在充分占有历代文献资料的基础上，对元代戏剧学进行宏观的梳理，从而建构起完善、新颖的研究框架。早在14年前进南开大学读研究生时，作者就开始了对古代戏曲的研究，并以主撰《元代戏剧研究概述》《明代戏剧研究概述》两部著作，得到戏曲研究界前辈学者的肯定。从南开毕业后，作者一直在高校古籍研究所工作，一干就是12年，打下了坚实的文献和理论基础（参见该书《序言》）。读陆林先生的文章，我们马上就能感觉到他聪明、敏锐的心性。他完全可以像许多和他具有同样禀赋的同龄人一样，云山雾沼，天马行空，走另一种"多快而省"的"学术"路子；然而，他却选择了一条文献与理论、考据与理解并重的艰辛的学术道路，这就是被人们称为"新历史主义"或"新实证主义"的学术道路。或以理解作舵把、考据为船舶，或以考据作飞矢、理解为缴绳，联系文本的外在因素（时代、环境、作家生平、影响等），同时紧扣文本，多方协调，联姻互动，相辅相成，擦拭"模糊的铜镜"（钱锺书先生语），窥视"总体的历史"（法国史学家马克·布洛赫语）的真实图像。

其次，作者把对学术创新的执著追求，建立在对文献的充分阅读和正确理解之上，从而解决了许多重大理论问题。从某种意义上说，科研精神就是怀疑精神。没有对成说、成见质问的勇气，当然不可能有新发现和新见解，自然也谈不上学术创新；但同时，如果没有深厚的理论修养，没有广博的文献基础，也同样不可能有新发现和新见解。作者并不仅仅满足于是以第一部专著形式来填补元代戏剧学研究的空白，而是力求在每一个重大问题上都有所开掘，使元代戏剧学既自成体系又焕然一新。这就要求作者对司空见惯的文献重新审视，慢慢咀嚼，消化吸收，最后像春蚕吐丝一样，从中抽理出一条清晰、透明的线索来。比如前人大多认为，钟嗣成《录鬼簿》仅包容了一些戏曲作者的生平史料和戏曲作品的篇名，散碎无序；但该书下编第三章《元代戏剧作家论》却认为，《录鬼簿》对戏曲剧本创作问题有一套完整的理论体系，那些小传、悼词，其实都是项链上闪闪发光的珠玉，贯穿它们的线索就在书中赫然躺着，可惜人们对这条线索竟长期熟视无睹。这条线索就是《录鬼簿》卷末文字所含"心机灵变，世法通疏，移宫换羽，搜奇索怪"四句话，因为它们分别从戏剧作家的艺术资质、生活准备、创作特征和心理定势四个方面，揭示出了戏剧创作的基本规律，从而为整部《录鬼簿》找到了理论评述的一条主线，一个总纲。不仅如此，作者还通过文献的对比研究，首次明确指出并充分证明，钟嗣成在批评方法上远绍孟子"知人论世""知言养气"的观点（见该书上编第六章）。又如，作者在众多典籍中首次发现元代重要的戏剧文献资料——咏剧诗《构栏曲》。从戏剧本体论来看，元人存在两种旨趣迥异的观念，即以曲为戏和以剧为戏，分别以周德清和胡祗遹为代表；《构栏曲》则说明以剧为戏的戏剧观的更趋成熟。这样一则重要资料，不少数十年一直从事元曲研究的大学者都没能发现，个中原因值得深思。再如，学术界大多将周密视为宋人，而本书却赞同将周密看作元代初期重要的剧论家。其理由是：周密有关戏剧的三部著述《武林旧事》《齐东野语》《癸辛杂识》均写于入元之后；这三部书的写作时间跨度虽长达20年，但对戏剧艺术的关注却一以贯之；周密的故国之思正是元初宋代遗民阶层思想感情的集中反映。这些例子都是本书考据与理解、文献与理论完美结合的典型。

复次，作者敏感而强烈的文献意识，还表现在对那些细小的史实判断也不表轻信、盲从，于是弄清了许多看似细小实则最为基础的历史事实。如对郑光祖与夏庭芝的生年、钟嗣成的卒年、杨维桢的籍贯、称高明为"高东嘉"的由来、赵子祥并非赵熊、夏庭芝戏剧学著作《青楼集》的写作时间等问题，均一一加以考辨，得出与前人意见不同的正确结论。这些都是可以增补或修订包括《中国大百科全书》《汉语大词典》等权威工具书在内成说的最新成果。我们知道，地理和职官是最令古代文学研究者头疼的两大难题，非博学而审慎者不能当之。为什么称高明为"高东嘉"，历来众说纷纭。该书根据明弘治《温州府志》卷一《建制沿革》告诉我们，唐高祖武德五年（622）到贞观元年（627），改永嘉为东嘉；而高明的家乡瑞安当时叫安固县，正为东嘉所辖。东嘉州在历史上虽仅存在过短暂的6年，但古人好使古称，好用籍贯称人，所以高明被称为"高东嘉"。对于这些问题的发现和解决，作者虽然谦称"这绝非天道酬勤"，但我们以为片言折狱的考证功力，只能源于深厚的积累与灵敏的感悟。

最后，作者敏感而强烈的文献意识还表现在对前人、他人辛勤耕耘和劳动成果的理解和尊重上，不贪功，不掠美，体现出体统学人的道德风尚。比如下编第二章采用较为稀见的元代李存曲论，就特地出注说明："此则戏剧学文献的首次征引，见刘明今等著《宋金元文学批评史》第1101页，上海古籍出版社1996年版。"（该书第258页）而在指出前人的失误时，该书更体现出作者谦逊、宽厚的学术品格。例如上编第五章附论《〈构栏曲〉诗题之误》一文结尾写道:"当然,上述这一切都是据现有材料所作的推测。在进行这种推测时,并无责备席氏校勘整理盲从前人、不加判断的用意,而是试图从中去体会古人是如何在珍惜先贤劳动与尊重学术事实之间寻找折衷途径时的良苦用心,虽然在今天看来所用方法未免显得笨拙。"(该书第93页)该书与那些目空一切、以否定前人和他人而哗众取宠,甚至将他人劳动成果窃为己有的所谓论著,形成了鲜明的对比。

人们常说,做学问应当遵守学术规范。学术规范具体指什么?我们以为,主要包括两个方面:一是翔实而缜密地论证观点,实事求是地反映事物的本质规律;二就是遵守应有的道德规范,将为文与为人完美结合起来。无疑,《元代戏剧学研究》一书,是一部值得称赞的"规范"著作。

2000年9月于南京
——原载《书品》2000年第6期

廓清戏剧史的迷雾

——评陆林《元代戏剧学研究》

陈碧波

自 1986 年至 1999 年，前后跨越 14 载，陆林先生的《元代戏剧学研究》终于定稿问世了，可谓"十年磨一剑"。《元代戏剧学研究》体现了陆林的不凡功力，它是继叶长海先生《中国戏剧学史稿》之后，在中国戏剧学和元代戏剧研究领域的重大收获。

这本书令人振奋之点，首先在于他所选取的视角很特殊。从上编的《元代戏剧学史论》来看，作者并没有像一般的史论那样，着眼于从时间的流程对元杂剧的起源、发展及其流变进行整体的分析，也没有采取以往研究的老套路：从时代背景、社会因素等方面来铺叙元代戏剧产生、发展、高潮乃至衰落的原因，而是代之以戏剧学家为出发点，将他们置于大文化背景下，结合个人的人生遭遇和思想情感，通过对他们的戏剧思想的剖析来探讨戏剧理念在元代的演化过程。这就宛若串联起一颗颗的珠子，将元代戏剧思想的衍生轨迹清晰地勾勒出来，从而使得我们对元代戏剧思想的演变有了一个更为直观感性的把握。这就是宁宗一先生所说的"历史性的研究与逻辑性的建构相结合的独特视角"（宁宗一《元代戏剧学研究·序》），将宏观问题散化到一个个具体人物身上,通过对个体的分析来展示宏观全景。在这里,作者采用了理论阐释与实证考据相结合的方法,这也正是此书贯穿始终的一个原则,这样既避免了单纯的理论阐述所带来的空洞枯燥,同时也不会忽视对理论的系统构架。两者相互印证,使得整部作品因此显得血肉丰满,厚实有力。

其次,他具有全面的研究意识。作为一种大众喜闻乐见的戏剧样式,元杂剧当时极受人们欢迎,上自宫廷的达官贵人,下至市井的街头百姓,虽说还没有繁荣到如希腊悲剧那样观戏有戏剧津贴,但不可否认在当时观赏杂剧已成为一种带有风俗化的普遍倾向。人们的踊跃参与再加上剧作家的倾情创作、演员的精心表演使得杂剧在元代风靡一时,对后世产生了深远的影响。应该说,这些都具有极高的研究价值,可以使得元代戏剧学的研究向立体化、纵深化发展,但是在以往的研究中,这些都被忽视了。即使有的著作有所涉及,也只是流于一般性的介绍、铺述,缺乏系统的理论梳理,而陆林在下编《元代戏剧学专论》中从戏剧史论、功能论、作家论、创作论和表演论五大块,对元代戏剧理论进行了专门的论述,以期从多角度对元杂剧进行深入而精微的解读。在这里,他相对淡化了对创作个体独立性的论述,而主要从宏观入手,从社会学、叙述学、语言学、音韵学、心理学以及阐释学与接受美学等层面对杂剧进行了探讨,一方面再现了元代浓郁的文化氛围与人世百态,另一方面梳理了元代戏剧在各个方面上的成就,不论是杂剧的社会功能、艺术成就,还是其内部的规律技巧、表现形式,抑或是剧作家的创作心路、表演者的演绎手法都给予了谨慎的定位和恰如其分的评价。这就使得陆林的《元代戏剧学研究》有史论又有专论,有叙有议又有考证,在不忽视既有的重要范畴的同时又有所创新,有所开拓,从而规划了一个元杂剧的完整理论构架。

在今天，中国戏剧独立于西洋剧、梵剧的独特戏剧理念与审美价值已经是世所公认的了。但同样不可否认的是，关于中国戏剧的种种界说，我们仍不免借重于许多西洋剧名词和概念。陆林所做工作的重大意义在更深的层面上说就是追本溯源，廓清了许多历史迷雾，为我们呈现出了一个颇为可信的中国戏剧在成熟之初的理念形态。读过此书的人都认为陆林所做的理论阐发是坚实的。

——原载《中国教育报》2001年3月22日

文学文献学的一部力作

王华宝

近时读到南京师大陆林先生的论文集《知非集——元明清文学与文献论稿》(黄山书社2006年版),我就想起前不久看到的刘跃进先生的一段话,"实践证明,凡是在中国古典文学研究方面真正做出贡献的人,无不在文学观念上有所突破,在文献积累方面厚积薄发。如果说文献基础是骨肉的话,那么文学观念就是血液。一个有骨有肉的研究才是最高的境界。"以陆先生的书与刘先生的话相呼应,可谓相得益彰。

《知非集》约40万字,共收文35篇,分为三辑:第一辑《戏曲研究》,包括《白朴剧作不同风格之成因浅探》等12篇;第二辑《小说研究》,包括《宋元明清家训禁毁小说戏曲史料辑补》等16篇;第三辑《诗文研究》,包括《明代〈弘正诗钞〉辑者考》等7篇。由此可以看出,陆林的主要学术方向是古典戏曲理论和文献研究、明清文学史实和实证研究、清代文言小说整理研究等。陆先生过去专注于戏曲研究,曾出版专著《元代戏剧学研究》、合著《元杂剧研究概述》《明代戏剧研究概述》等,深得学术界好评。后不断扩大研究领域,一变为戏曲与小说兼治,主编《清代笔记小说类编》《笔记小说名著精刊》等,并发表了不少小说研究的文章;再变为"游走在文学与文献之间",从事《清人别集总目》等的编撰工作,对古代文献有了更深的了解和理解;"近些年更侧重从文献入手研究明清文学史实，试图以实证和阐释相结合的方法，去探索文学家的生存状态、人际关系、创作实迹以及相关文学文献的基本事实"(《自叙》第3页)，完成了由文献基础与文学观念相结合的一次升华。

　　读陆先生的论著，感到有这样几个特点：首先是敢于突破前人藩篱，发人之所未发。作者认为："从事学术研究工作，努力弥补前人缺失、突破前人藩篱、超越前人局限固然是题中应有之义，同时也应该认识到'先者难为知，而后者易为攻'，认识到自己的研究同样是会由后者而变为先者的。尤其是在当今学界，各种工具书先后出版，各种珍本秘籍纷纷影印现身，各种全文检索也在陆续问世，从而给古典文学及其文献研究带来了前辈学者难以想象的便利，为我们超越前人并被后人超越提供了丰实的基本条件。"(《自叙》第2页)学术研究后出转精，应当是必然之事。第二是重视第一手文献的发掘和应用。这从其文章标题中不断出现的"作者考""事迹考略""史料辑补""版本考述"等就可见一斑，据我所知，陆林围绕"金圣叹史实研究"的课题，已查阅了五六十部家谱，还有数十部家谱待查。第三是在学术观念上的求真务实。像《〈晚明曲家年谱〉金圣叹史实研究献疑》《文学史研究进入"过程"中的创获与艰难》《〈中国文言小说总目提要〉初读》等文，在学术界均产生较大的影响力。像最后一文，笔者见《古代文学研究进入新千年的生机》文中"研究性书评出现亮点"，即以此为代表。第四是对学术研究的敬畏与严谨。陆林先生不奢谈理论创新，但一直对自己、对学人都要求强化研究意识、文献基础意识、文学本位意识和学术反省意识。这从其论文集编排方式、所收文章以及书名等方面均多有体现，如"以'知非'为书名，寓有这样几层意思：约五十岁时之选集；文章内容时以先者为质的；努力省悟自己以往的不足；奢望成为后者之质的"。有此厚实的内容，又具典雅的品相，此书必受学术界喜爱。

——原载《中国典籍文化》2006年第4期

四美具,二难并

——评陆林先生《知非集》

刘立志

优秀的学术著作应该才、学、识、趣兼具,是可谓四美;研究取径应聚合文献与理论之长,是可谓两难。近读陆林先生《知非集——元明清文学与文献论稿》,堪称四美具、二难并之佳构。是书收文凡36篇,分为戏剧研究、小说研究、诗文研究三个部分。先生多年致力于古典戏曲理论和文献研究、明清文学史实和实证研究、清代文言小说整理研究等,成绩斐然,学人共睹。《知非集》所收虽远非作者的全部文字,但亦能大体反映作者治学二十余年的心路历程和文采风范。

《知非集》最突出的特色是问题意识明确,不著空文,每篇论文均有新意,识见独出,可圈可点。作者稔熟文献,厚积薄发,能够言人所不知,见人所不见。书中收录的《〈晚明曲家年谱〉金圣叹史实研究献疑》《文学史研究走进"过程"的创获与艰难——〈王渔洋事迹征略〉阅读札记》《〈中国文言小说总目提要〉初读——有关作者史实缺误商兑补苴》诸文,均是商补前贤时修著述疏失之作,其"新"不言而喻,自可置之毋论,其他文章同样胜义迭出。如《元人赵半闲〈构栏曲〉漫论》一文据其首次发现的《构栏曲》一诗，见微知著，结合元代戏剧演出情况，论析了元代戏曲文化的民间性和自娱性，论文体现出的高度的学术敏感源于作者对元曲文化的全面把握。《金圣叹早期扶乩降神活动考论》一文，钩稽群籍，索隐探赜，系统梳理泐大师在叶绍袁、钱谦益、姚希孟、戴汝义诸家之相关扶乩活动，深入剖析金氏早期处世心态及人际关系，结合金批《水浒》，详细查考早期降神行为对其文学评点产生之影响。持论有据，见解精到，洵为金圣叹研究之最前沿成果。正可为章培恒先生在为王靖宇《金圣叹的生平及其文学批评》作序时，有关"陆林教授对金圣叹生平、交游所作的一系列考证就是必须而有益的工作"的褒奖，添一新的佐证。《文言小说家"清凉道人"考》一文，仅据作者之署名，指出山东图书馆藏有其所撰稿本一种，又拈出嘉庆年间研云楼原刊本《听雨轩笔记》及嘉庆修《德清县续志》稿本，进而论定了绍兴方志《越中杂识》、文言小说《听雨轩笔记》、汇编类丛书《悔堂手抄二十种》及史部史评类《论古杂存》等四种古籍的著作权和清凉道人的生卒年问题。全文旁征博引，左右逢源，逻辑严密，发凡起例，举重若轻，寥寥两千余字，成功解决了多个疑难问题，破旧立新，倡言确凿可信之说，视野开阔，议论纵横，非积学有年者所不能办，以"示人轨则"誉之毫不为过。这种创新精神贯穿全书始终，即使在序跋体与评传体篇章中，我们也能不时看到作者独出心裁的议论与阐释，体现了"从文献入手研究明清文学史实，试图以实证和阐释相结合的方法，去探索文学家的生存状态、人际关系、创作实迹以及相关文学文献的基本事实"(《自叙》)的学术取向。

《知非集》具有治学方法论上的指导意义。作者文献功底出类拔萃，考辨功夫亦是炉火纯青，抽丝剥笋，审慎谨严。各篇论文均关涉经史，贯通群籍，出入古今，是是非非，不为凿空之论。就援引范围之广而言,有人或颇不以为然。诚然,在电子文库普及、某些珍本古籍易得的当下,坐拥万卷似乎举手可致,殊非难事。但以此论加之《知非集》,则大谬不然,适足以显论者之肤浅而已。书中诸文撰著之时,电子资源远非今日之普及,此点容易理解,姑置毋论,即使退后一步说,作者爬梳所见之诸多稿本、钞本、刻本,览阅查验之众多年谱、方志、碑铭,其电子文本不必说时下尚无,即便数年之后,亦难言其必有。作者辛勤学海,沉潜多年,博观约取,自得其乐,学识与功力相应,华章共朴学同辉,书生本色于中历历可见。更为重要的一点,学人万万不能忽视,电脑不能代替人类思考。网络时代给我们提供了巨大方便,但读书与成文是未必相连的两个问题,正如炉锤锻刀之寻常铁匠与持刃血仇之绝世高手,二者相差甚远,罕能兼擅。资料之价值并不在其本身,而在于学人赋予之意义;书籍之有用与无用,亦与其罕见或常见无关。只眼须凭自主张,是读者的学识,使其能够慧眼独具,"化废为宝",探骊得珠,赋予无生命之资料以灵动丰富之意味。就此层面而言,览阅之博还须有识见之精作根基,否则入得书山徒得琳琅满目而炫目,电脑在侧惟有无从入手而束手。《知非集》于珍稀古籍与常见图书兼收并蓄,不避雅俗,作者腹有诗书,触类旁通,得心应手,推陈出新,其考论思路堪称模范。仅以《〈中国文言小说总目提要〉初读——有关作者史实缺误商兑补苴》一文为例:

是文专就古人姓名、籍贯、事迹、传记诸客观层面对当代学人著述之遗缺与失误进行纠补。《中国文言小说总目提要》书中多有谬误与缺漏,陆先生对此做了实事求是的评价,发论不可谓不中肯,字里行间,处处流露出以学术为立身之本、予治学以度世金针的古道热肠。先生依据自己手头现有之书与平素之读书笔记,指摘书中诸多误失与漏讹,根本原因就是对于文言小说史实研究之隔膜,以及该读之书未予观览、应查之书失于检点。先生明言仅据普通常见典籍即可将编者标明籍贯"未详"条目的三分之一明查确考,尘埃落定;对于书中绍介古人事迹行文屡见的"事迹未详"或"史传未载",先生更是了然于心,列表补缺,详列九十余人之生卒年代与功名仕宦,表后所附录之主要参考书目十五种,亦绝非"藏在深闺"、凡人难睹之作。疏于查书、失于知书、亏于读书是先生为编者开列指明的病灶,亦堪作警醒学人之黄钟大吕。此文虽属书评,却是一例的大手笔,采铜铸钱,自出机杼,胸罗百万,驱驰自如,既博且精,达乎化境。得之于心而后才能应之以手,娴熟群籍而后才能成此贝锦。章太炎先生曾经说过:"学者虽聪慧过人,其始必以愚自处,离经辨志,不异童蒙。"这种踏踏实实的基本功来自点点滴滴的积累与持之以恒的勤奋,由不得半点虚假。先生为文之用心,自在言下。当年《文学遗产》刊发该篇文章时,不仅配发了《期待优秀的书评》的编者寄语,并且从此"提高书评的规格,与论文同等对待",亦可见此文的学术分量和影响。

《知非集》的典范意义还体现在"结集补注"体例的创立上。书中所收文字,最早的撰写于1981年冬,最迟的撰写于2005年春,时间跨度极大,三十余文皆已先后发表,不乏见诸《文学遗产》《中华文史论丛》《文献》等重量级学术刊物之作。结集成书之际,尽可汇聚原文,只字不改,含金量丝毫不减,学术品位也不会受到任何影响。作者却未"挥手自兹去",纯然辑编旧作,而是关爱有加,呵护备至,不厌其烦地对多数篇章进行了大量的增补修改工作。新加文字均以"结集补注"字样标明,出现在脚注之中,全书多达八十余处。这种体例全然出自作者的匠心独创,前此未见。诸多"结集补注",或是充实例证,进一步证成文章论点;或是援引学界最新成果,加强论说的力度与深度;或是着意细节,辩驳论者之失;或是提示相关线索，裨益读者深入探研；或是自纠己误，一意求真。如《〈晚明曲家年谱〉金圣叹史实研究献疑》一文言及金氏友人沈起，由沈起师从、著述、秉性论其与圣叹相善绝非偶然。原文仅言沈氏师从查继佐，查氏曾改编过《西厢记》，结集补注云："《罪惟录》传三十一《王嘉胤高迎祥诸部贼》查氏论曰：'吴中金生圣叹批评此传为《第六才子书》，于文无害，而□别案无故见杀，耐庵、贯中之笔良可畏也。'（《四部丛刊》本）可见其对金氏的关注和同情。"在浩如烟海的文献中拈出一条确凿可信的史料，使得立论更加坚实雄辩。而《梅鼎祚与〈青泥莲花记〉》文中"结集补注"有谓："《青泥莲花记》凡例首条文字为：'其一在尚名行而略声色，然专以娼论。古昔家乐，亦称为伎，顾各自有主，列次姬侍，非可与人尽夫者等也，不在此内。'其中'然专以娼论古昔家乐'两句，北京大学出版社1985年版《中国文言小说参考资料》、中州古籍出版社1988年点校本《青泥莲花记》均标点为'然专以娼论古，昔家乐'；北京大学出版社1993年版《中国文言小说史稿》第162页更进而论述作者'通过此书以娼论古，达到批判现实……的目的'。'古昔'为陈词，似以'专以娼论'为当。"简直可以视作一篇凝缩的学术论文。尤其难能可贵且令人赞赏者，在书中附记甚或提供全新的文献资料，动摇或订正自己的旧说，如《晚明杂剧〈鱼儿佛〉作者考》一文，出入佛典方志、目录说林，分析了湛然、胡湛然、散木湛然、古时月诸名姓之间的联系与区别，从改编者、原作题旨、古越里籍等层面切入，倾向肯定《鱼儿佛》杂剧为湛然圆澄所作，脉络分明，推断人理，应当说无懈可击，当初刊发之际编者亦即予以高度之肯定。孰料文末作者附记云："其实拙文基本观点尚有未当之处。据近年来发现的《远山堂尺牍》等新资料，至少可以确证的是：释湛然，字号散木，绍兴人，所撰《妒妇记》传奇和《地狱生天》杂剧各一种。

后者一名《听铃记》（似未见著录），由祁彪佳改编成《鱼儿佛》，经袁于令斧削点评后，收入沈泰选编之《盛明杂剧》问世。至于湛然散木与圆澄湛然，分属两人的可能性极大。换言之：释圆澄或许与《鱼儿佛》一点关系都没有。"诸多增补改易的文字之中，充溢的是高度的学术自省与自信，展现的是以学术为公器的胸怀与气度，更为重要的是，内中一以贯之的，是勤奋求实、精益求精的治学风范，昭示后学，其心可鉴。

《知非集》更为才学兼美之作，行文流畅圆润，处处不乏机趣与灵动。赏鉴《萤窗异草·宜织》，则云，"为了使人物形象在读者心中留下深刻印象，作者常借助特定环境的渲染来烘托情绪、映衬性格。如家宝、宜织的初会之地，便是一片明丽动人的景色：华衣少年倦息水边，秀色女郎洗衣溪畔；清清细流，绿绿柳荫，浅浅茵草，眷眷恋情，大自然的春意与小儿女的春情相映相通。紫色的纱衣，摇漾于碧色的溪水；雪色的肤颜，远景是赤色的桥杠（红桥暗寓千里姻缘一线牵的红线），又构成了一幅色彩绚烂的画面，对此怎不令人心醉神摇呵！"辞采华丽，文情摇曳；论及清代文言武侠小说，则谓，"对于武侠文学创作来说，清代真是一个绝好的历史环境。固然前有康乾盛世，但身处康熙期，尚能感受到明清易代的悲怆，也不乏复仇起事的义士。乾隆前的雍正帝，传说其喜纳豪客异人并以阴谋篡得帝位，从而影响了后世的社会风气。嘉庆之后，历史沦入多事之秋，列强入侵，边事频仍，民间秘密武术社团也层出不穷。既然在实际的生活中活跃着豪士的身影，在动荡的时代里社会秩序又没有起码的保证，柔弱的心灵便极易转而呼唤武侠出山拯救乱世。加之古典武术发展至清代而登峰造极，武术文化渗透进社会生活的各个方面；两地商业转运贸易日益发达，保镖行当遍布各地。这些，也每日每时提供着各式各样的武侠故事素材。因此，终清一世，武侠始终是个热门的题材，仅就笔者知见所及，就有近百位作家曾从事过文言武侠小说创作。"笃实醇厚，文约意丰。书中篇章，大多如是，以学术论文而兼有美文的品格与质地。谓予不信，读者自可展卷览读，拭目查验。

——原载《古籍整理研究学刊》2007年第3期

知非矻矻廿余载，珠玉聚集映学林

——读陆林《知非集》有感

葛云波

陆林先生精选二十余年来有关元明清文学与文献的论文三十余篇，总为《知非集》，书名"知非"，其用意超过了常人所想。它的寓意除了含有"约五十岁时之选集"的常用义，还包括："文章内容时以先者为质的"，即知前人之非；"努力省悟自己以往的不足"，即知自己之非；"奢望成为后者之质的"，即后人知自己之非（《自叙》）。由此，我们即可深切地体会到作者治学的特点，而为其立志之高所感。细读文章，处处都体现出作者"知非"的治学精神，多有启人心智之处，兹不揣简陋，略申数端。

一、慧眼独具，另辟蹊径，于实证研究多有创获

作者精于对文学史的宏观把握和理论解析，《元代戏剧学研究》和《知非集》所收《清代文言武侠小说简论》等即是明证。作者更擅长和喜好文献实证的研究，"近年来更侧重从文献入手研究明清文学史实，试图以实证和阐释相结合的方法，去探索文学家的生存状态、人际关系、创作实绩以及相关文学文献的基本史实"（《自叙》）。

《知非集》所收文章很大部分是对作家生平事迹和书籍版本的考索，即是这方面的成果。篇篇扎实稳健，表现出作者宽广的学术视野和独特的学术追求。

作者别具独眼，在遇到有关问题时会"立刻想到多种不同的方法依次试用"（第 458 页）。在实证研究过程中，他很注意利用一般学者不重视的家谱、家训、方志、题名录、青衿录等，因此而得到许多新的材料，有力地帮助了其考索。朱茂暻，道光《宜春县志》卷六谓其崇祯十四年令宜春，而此县志《职官表》著录"又云十三年任"。徐朔方先生未加辨析，陈寅恪先生以表为是。又，朱氏生卒、字号、功名、仕履等，该县志皆不甚详。陆先生却据清咸丰刊本《秀水朱氏家谱》详知此数项，并确定朱氏十四年令宜春，刊正了陈说。又如：作者据乾隆刊本吴江《吴氏族谱》考得吴晋锡生卒具体到某日，并据之读到韩菼本集所不载、为吴氏所撰的墓志铭。其利用方志、题名录等的例子，比如 458 页考人所未详的綦松友、崔老山，即利用了《平度州志》《明清进士题名碑录索引》等，乃可详知其人（此例详见下文）。因为有切实的经验，所以看到学者未能很好解决问题时，不免为之惋惜，指出"对方志的重视，远不如他对诗文集的垂青程度"（第 453 页）实为不小的软肋，便不是隔靴搔痒之语。

作者也会针对不同作家的特点，利用不同的材料来加以考索。比如在对小说家生平事迹的考证上，除了利用传记、诗文集、方志、家谱等外，还充分利用了小说家自己创作的小说作品，以之为佐证。这也是作者实证研究中的一个突出特色。比如：考证宋永岳，就利用其《亦复如是》这部笔记小说；考证潘纶恩，就利用其《道听途说》，分别用达二十余处。一方面，用小说佐证了作家生平事迹的钩稽，更大范围地丰富了作家的生平事迹，极具方法论的意义。而另一方面又可启示我们在阅读这些小说时，可以多联系作家的经历来思考，更深切体会作品与生活的关系。作者传衣钵与学生，该书收录有他和学生共同撰写的《文言小说〈扬州梦〉作者考》，以小说参证别集、方志等，确认作者焦东周生即周伯义。此文引法国圣瑞尔语"小说，原是生命旅途中的一面镜子"，并谓"《扬州梦》全书主要是以作者亲历之人、事、地为本而创作，作品本身便是解决问题的基本凭借，细读文本应是解决问题的有效方法"（第 308 页），便是直接阐明了这一方法，很具有启发意义。

对历史细节极具兴趣，是作者治学的一个特色。作者不厌其烦，力求做到使人、事、时、地等得以具体实感的历史再现，使文学史凭借对文献的爬梳得以生动、鲜活起来，故而其考证"极端"精致，可谓细若毫发，其态度犹如拈针拨肉中小刺。比如他考证历史时间尽可能地具体到某日，考证地点尽可能地具体到某村。《知非集》149—150 页考证金圣叹与诸人虎丘欢会事在顺治十八年（1661）二月二十三日至次日晨，这有力地修正了徐朔方先生《晚明曲家年谱》认为在顺治十五年的误解；136—137 页考证吴晋锡生于 1600 年 1 月 27 日，卒于 1662 年 8 月 21 日，亦具体到某日；317 页注指出"四十九峰"在今江苏镇江丹徒黄墟镇东庄村附近，这样读者就不至于如落无何有之乡。人物及其那段历史就是在一点点时间、一块块土地上发生的，只有将其发生的时空落实，它才不再虚幻，而变得有其质感，历史及其中的人物才"复活"过来。作者极其认同蒋寅先生关于进入"过程"的文学史研究（第 448—450 页），大概和其自己的治学经验有很大关系。

二、"死翻"书籍与"活查"常见工具书相结合的治学方法

作者提倡"死翻与活查相结合"（第459页）的方法，他称赞蒋寅先生"用力勤"，引用资料广泛，求诸其书其人，亦当作如是观。翻翻书后附录的征引人名、书名综合索引，就会有一个直观的感受。作者文中常用到一些新的材料，绝非偶然得之，必是勤翻、"死翻"所获得的。如利用到的咸丰刊本《秀水朱氏家谱》、康熙刊本《文几山人集》、光绪二十五年重刻本《且朴斋诗稿》，皆当如此。此书所收《宋元明清家训禁毁小说戏曲史料辑补》一文，涉及四朝家训，有录自丛书本、单行本者，有附刻于他书者，有据钞本而来者，此等汇录，非"死翻"做不来。又如考《舌华录》版本。《笔记小说大观》本较之明刻本有明显的不足，但作者翻阅安徽省图书馆、南京图书馆、《存目丛书》影印清华大学图书馆藏本，敏锐地发现此三种明刻本存在文字上较大的差异，作者不仅细心指出了其中的不同，还梳理出其源流：存目本为明刻本原刻本，皖图本为修刻重印本，南图本为清中前期据明刻"陈九官"本重刻本。这样细致入微的校阅、考辨工作，别无聪明快捷的方法，必"死翻"不可。由此二例，可以断言作者是一位用力勤苦的学者，是个"书蠹"。作者对"死翻"的材料甚为珍惜，多喜称它"躺在那里"，包含着相见恨晚之情。如谓"这些零散珠玉的索子，竟赫赫然躺在那里"（第11页），其"书痴"的形象"赫赫然"跃然纸上！

最显示作者治学特色的，是他的"活查"法。在考察历史人物的生平事迹上，学者多注意正史、碑传等，不少学者也渐多注意从诗文集中搜罗材料来考察，但是因为更多的历史人物没有诗文集传世，更未上得正史，故其生平事迹的考察还有赖别种途径。陆林先

生以其精彩的实践和个案指导，为我们指明了探寻到目标的方法。崔老山、綦松友学者以为生平不详，作者却三下五除二了解清楚了其人。试看他考察崔老山的方法、步骤：（1）查《清人室名别称字号索引》，知崔老山，名谊之，平度人；（2）再查《明清进士题名碑录索引》，知崔谊之为顺治九年进士；（3）再查《平度州志》，知崔谊之以新野知县洊历直隶通永道。考察綦松友的线索类似，详见458页。作者考察魏君实之例更为精彩，查《清人室名别称字号索引》，不得其人，这就需要别的途径。试看作者的思路：（1）王士禛为魏君实诗集所作序称"同年大理少卿"，查《明清进士题名碑录索引》，与王士禛仅顺治十五年殿试同年有魏姓，得二人，一名士兰，一名双凤；（2）查《清代职官表》附《人名录》，有魏双凤，云"直获鹿，顺十五进士，宗人府丞；康三一死，年六六"；（3）查《清代职官表》之《京卿年表》康熙二十九年"宗人府丞"栏，知是年魏双凤由"太仆改"；（4）逆查《清代职官表》之《京卿年表》康熙二十七年"太仆寺"栏，知是年十一月魏双凤由"理少迁"（理少，大理寺少卿），与王士禛序所称吻合，是知魏君实，名双凤；（5）查《三十三种清代传记综合引得》，知《大清畿辅先哲传》有魏双凤传。陆林先生于古人生平事迹之考索钩稽，如老吏断狱，不失蛛丝马迹，沉稳在胸，大有斩钉截铁之概；又若运筹帷幄，步步为营，谈笑间功成事遂。而作者之所以如此驾轻就熟，端赖作者对工具书及其价值和特点有极其清楚的认识，并有诸多实践。可以说，工具书是作者的"锦囊"之一。他说："'工欲善其事，必先利其器'，通过活用手头已有的工具书，足不出户而能找到线索甚或基本解决问题。"（第459页）这里所谓"器"，就是常见工具书。工具书作用如此之大，却往往是许多学者所未加重视的。《〈中国文言小说总目提要〉初读》一文列了15种工具书（第326页），其中有9种"提要"作者从未使用过的，有1种极少用过,有5种常用而时或未用的,遂导致大量材料未利用上,使得"提要"中多有所缺,多有讹误,大大降低了全书学术水准。陆林先生举的这个例子,恰恰可以作为反面教材,启发我们要对常见工具书多加使用。作者详讲其"死翻与活查相结合"的方法,可谓"更把金针度与人",其慷慨大度实在感人。

三、极其重视"常识"的价值

一方面作者深掘他人未关注的材料,探索许多新的问题,尤其在治学方法上表现出极强的开创性。另一方面,对最常见的材料,尤其是古代常识,有极其犀利的学术目光,顺手用之,多得新见,并对学者多有匡谬。这也是他治学的一个特色。

古代文学经历了漫长的时期,其间形成了种种"术语"性质的词,涉及典章制度、历史沿革、文化风俗、政治风云等,在古人那里,只是常识,随手用之。这是作者所极其重视的。此举一例:潘纶恩乡试期间,闻准提庵尼朝九华山之事,无直接材料证明该系于何年。然作者慧眼瞅准记载此事之文中有"是年闰七月"五字,查《近世中西史日对照表》,潘纶恩在世的嘉庆至咸丰初年,共有两次闰七月,前次在道光四年,时潘氏尚未中秀才,后次道光二十三年(1843)为其赴金陵乡试之年。由此可系该事于是年(第291页)。这是作者熟悉中国历法中的"常识"而做出的合理可信的推断。

然而今天的学者对一些古代常识多有忽视,甚至搞错,不仅失去了分析问题的一个途径,也容易因误解而产生错误的观点、结论。本书作者提到了一些例子,正可以作为借镜。比如:吴再福光绪八年(1882)序《此中人语》称作者程麟"年甫弱冠",由此知程氏生于1863年,因为弱冠指二十岁,然有学者定其生年在1869年,即为缺乏常识所致（第339页）。古人姓名许多是不可从简的，如汪垩不可写作汪坤（第324页）；更容易被忽视的是，有些姓名不可改繁，如丘浚不可写作邱浚，因为作者知道这样一个历史常识：雍正三年为避孔子讳，谕令易"丘"为"邱"，而此前仅用"丘"，不用"邱"；丘浚是明人，故不作邱浚（第324页）。还有一些常识是为一般学者所忽略的。比如：大家都知道古今存在地理沿革，有古今地名改变的情况，却易于忽略："古今同名之地甚多，同城而治却分属两至三县而又时分时合的现象并不稀见"，加上20世纪80年代以来撤县并市甚为普遍。有人将游潜籍贯丰城误作"今属江苏"，实际今属江西；有将归安误作"今浙江吴兴"，实际为今湖州（第326页），如此等等。作者之所以如此关注诸多"小"常识，是因为他清楚地知道其包含的重要意义。比如他分析确定籍贯的重要性时说："其一，对那些正史、碑传未载其事迹者，沿着籍贯的线索，或许（大多）可在有关方志、家谱中查得其生平概况；其二，尽力清晰作者籍贯，可为编纂地方艺文志者提供'重要依据'。"（第325页）可见作者高瞻远瞩，非为考证而考证者。

四、行不欺之学

书名"知非"在作者那里，还包含着治学不欺的人格追求。作者从未阿谀奉承，一方面诚恳地对学人的辛苦劳动充满敬佩和赞美之情，另一方面对其不足也毫不留情地提出，以为有裨于学人学风。这方面的典型文章，在《知非集》里有《〈晚明曲家年谱〉金圣叹史实研究献疑》《〈中国文言小说总目提要〉初读》《〈清初人选清初诗汇考〉平议》《文学史研究进入"过程"的创获与艰难》等，有指误，有补充，涉及方方面面，其扎实认真、细致钻研的作风，着实让人叹为观止。更为可喜的是，作者所与商榷的学者多能虚怀若谷，显示了高风雅量（详见第156、462页附记）。陆先生引用王士禛与魏象枢论学的一段佳话，引及"'不欺'二字，实谈艺根柢也"，而他和徐朔方、谢正光、蒋寅等先生的论学不啻当代学者彼此"不欺"的一段佳话！

作者说："不欺别人固然不易，不欺自己其实更难。"（第462页）从《知非集》中，我们看到作者"不欺自己"（也即"知非"的第三层意思）鲜明的一面。作者在解决问题时，皆以材料说话，有多少材料说多少话，不轻易妄下断语，不确定者交代"以备一说"，从不混淆视听。如145、146页解释金圣叹"六年眼泪未逢春"之"六年"所指，即谓"以备一说，实不敢言顺治十一年之必是而顺治七年之必非"。这样就有利于读者把握其间的方寸，而不是有了定论。作者明确地赞美"不掠美，对采自当代学人著述者皆一一说明"（第453页）的治学态度，此书许多小注都是作者不掠美的实践证明。他还创造性地为此书设计了"结集补注"，对前人之功详记之，比如162页注2谈到《仙坛倡和诗》这一材料，最初是从陈洪先生论文中看到的，所以其先所发表的论文就注引陈洪论文，后发现陈寅恪《柳如是别传》更早提及该诗，故"结集补注"之。作者在结集时，对文章有一定的修订，补充了一些新的材料和观点，还对过去自己的一些错误认识加以修订（比如第100页附记），但都一一加"结集补注"或"附记"予以说明，保留了自己过去论文的原貌，这较之当下一些学者明明对旧作有不小的修订（包括借鉴别人的新近成果）却仍以重印的名义出版，往自己身上贴金贴银，其学术境界不知要高出多少倍！

按照作者"知非"的第四层意思，盼望后者能知其非。笔者固陋，未敢置喙。然还是"瞎子摸象"般地说上两句，以滥竽充数，但愿真正的学者来"知非"。《元人赵半闲〈构栏曲〉漫谈》一文小中见大，作者对材料的发掘、利用，亦见目光灼灼逼人。可是，其中称《皇元风雅》由傅习、孙存吾采集和编类似嫌过于笼统（实际上前集题傅习采集、孙存吾编类，后集题孙存吾编类），而称高丽翻元"古杭勤德书堂"刻本，似未妥。叶德辉《书林清话》卷五《明人私刻坊刻书》（中华书局 1957 年版，第 129 页）云："古杭勤德书堂，洪武戊午十一年，刻《皇元风雅》前集六卷、后集六卷。见杨《谱》，缪《续记》。"后有小注云："误作元刻。"是知高丽翻"古杭勤德书堂"刻本实为明刻本，非元刻本。此书盖沿杨、缪以来的误解。俞为民、孙蓉蓉《历代曲话汇编——新编中国古典戏曲论著集成》（唐宋元编，黄山书社 2006 年版）即参照陆林先生论文，沿称"元刻本"。另，（后）至元二年（1336）误植为"1636"。

《知非集》涉及元、明、清三代，戏曲、小说、诗文等体裁，或高屋建瓴以宏论，或回环曲折以考据，多覃思之结论，尤以独特的治学方法见胜，予学人殊多启发，不可作一般论文集看待。读之多能反省一己之不足，故每一个有心的读者又可"知非"，为作者意思之外又一层含义，这也是《知非集》以其丰厚的价值，使读者受益匪浅的应有之义。

——原载《书品》2007 年第 5 期。

广搜博考　融会贯通

——读陆林先生《知非集：元明清文学文献论稿》

裴喆

陆林先生编选自己有关元明清文学与文献研究的文章三十余篇，结集为《知非集》，于2006年7月由黄山书社出版。对于学术界来说，值得瞩目的不仅仅是书中一个个具体的坚实结论，更是隐于一个个坚实结论背后隐隐体现出的一种学术范型。

一、以"艺术观念"为核心的文学文献研究

作者这样解释书名的涵义："故以'知非'为书名，寓有这样几层意思：约五十岁时之选集；文章内容时以先者为质的；努力省悟自己以往的不足；奢望成为后者的质的。"如果说正标题在自谦之中包含着自信，副标题则概划出本书研究的方向：从时间段来说，纵贯元明清三代；从研究对象来说，则是"文学文献"，既指"文学的文献"，也指"文学"与"文献"——对于元代来说，本书侧重于文学，兼及文献；对于明清来说，本书则侧重于文献，兼及文学。由于对元代文学作者已有体大思精、新见迭出的《元代

戏剧学研究》[1]，我们毋宁说，本书的重点乃在于对明清"文学的文献"的研究。

　　本书的内容，从横面来说，包含了戏曲研究、小说研究、诗文研究，作者自谦在"戏曲"而不论"戏曲"、在"小说"而不论"小说"、在"诗文"而不论"诗文"者所在多有，实则我们可以发现：作者所关注的主要是戏曲与小说，而诗文研究在某种程度上可以说是戏曲、小说研究的副产品；在戏曲、小说研究中，作者主要关注的则是文学四维中的"作者"一维。对明清戏曲、小说的文献学研究，特别是对明清戏曲、小说作家、批评家的研究，可以说是本书的重点所在，也是作者创获最多的领域。这样一种看似传统的研究路向，笔者以为，恰恰是陆林先生深思熟虑之后的选择。在看似仅仅是由于研究的对象的时序而被置于全书首篇的《白朴剧作不同风格之成因浅探》中，我们也许可以找出端倪来。在这篇不足 3000 字的短文中，陆林先生顺着探讨作家主观性对风格的影响这一思路，由艺术追求到深藏于其背后的艺术观念，由艺术观念进而到作家的文化—心理结构和影响其艺术观念的交游关系——也即探索艺术观念的形成与发展过程，最后点出社会风气、思潮与作家心理的关系，可以说，陆林先生此后的两部重要著作——《元代戏剧学研究》和本书，其研究思路都已经体现在写于 1986 年研究生时期的这篇短文。对于元代作家，由于原始资料的限制，陆林先生此后主要研究其艺术观念；对于明清作家，文献资料的丰富使得探索艺术观念的形成与发展的具体过程成为可能，陆林先生的工作遂侧重于"去探索文学家的生存状态、人际关系、创作实迹以及相关文学文献的基本事实"（《知非集·自叙》）。这一探索主要是依靠明清浩繁的文学

---

[1] 陆林：《元代戏剧学研究》，安徽文艺出版社，1999 年。

（主要是诗文）和历史（主要是笔记、方志、族谱）文献来进行的，而 1987 年以来长期从事明清文献整理，特别是 1989—1999 年长达 10 年主要精力所注的《清人别集总目》的编纂，使得陆林先生对明清文献的熟悉和掌握达到了常人难以企及的地步，这也使陆林先生对文学史现象和思想世界的探索左右逢源，有"目送归鸿，手挥五弦"之乐。

二、实证与阐释相结合的研究方法

以艺术观念为关注的焦点，使得陆先生的研究工作虽是"从文献入手"，却没有止于文献，而是采用了"实证和阐释相结合"（《知非集·自叙》）的研究方法。以戏曲研究为例，与同为明清戏曲文献研究大家的邓长风先生相比，这一点可以看得更清楚。邓先生追求的目标，是编纂一部完备的清代杂剧、传奇总目，而一部完备的戏曲总目的标准，是于曲家曲目的著录，"明其生平行状、知其作品存佚"，就中戏曲家生平的考证，"又可以说是曲目著录的骨架"[①]。这一点，邓长风先生在《明清戏曲家考略》和《续编》《三编》中三致意焉，陆萼庭先生在为《明清戏曲家考略》作的序中也指出，《考略》"完全把曲家研究看成（戏曲学的）一个独立门类"[②]。同是以研究作家为主，除了研究的广度不同——邓先生专注于戏曲，而陆林先生则游弋于戏曲、小说、诗文三界，两人在研究对象的选择、在相同研究对象的着眼点上都有显著的不同。陆萼庭先生在《明清

[①] 邓长风：《也谈清代曲家曲目著录的几个问题》，《明清戏曲家考略》，上海古籍出版社，1994，第 620 页。

[②] 见陆萼庭为邓长风著《明清戏曲家考略》（上海古籍出版社，1994 年）所作的序，第 1-4 页。

戏曲家考略三编》的序中提出：清代的戏曲家可分为三大类。苏州派曲家群、"南洪北孔"、李渔等大名家是为第一类，他们始终是研究的热点，其难在"新"；唐英、蒋士铨、杨潮观等具有独特代表性的曲家是为第二类，他们有许多新课题等待拓展发掘，其难在"深"；大量的有剧本存世而生平不详的曲家，有剧本归属、同名纠缠等疑难问题的曲家以及剧本已佚的曲家是为第三类，其难在"全"[①]。这三类中，邓先生关注的显然是第三类，间或涉及第二类，其研究方法则是传统的史料考证。陆林先生虽兼及三类，但其着眼点显然不是戏曲目录学，而是戏剧学。收入本书的文章中，研究第一类曲家（包括批评家）如金圣叹，第二类如徐复祚，第三类如徐懋曙，都是在前人的基础上求"新"求"深"。如徐懋曙，最早是陆萼庭先生从叶奕苞的《赠徐氏歌姬六首》诗序和陈维崧的《感旧绝句》发掘出作为戏曲活动家的徐懋曙[②]。陆林先生的《清初戏曲家徐懋曙事迹考略》全文分四个部分：一、徐懋曙生平事迹考；二、徐懋曙戏曲活动考；三、徐懋曙与叶奕苞戏曲交游考；四、余论。立足于戏曲目录学的研究有第一部分足矣，陆林先生则不止于斯，在第二部分中探讨了徐氏家班的起因、组成，并由叶奕苞诗挖掘出徐氏不但是一位戏曲活动家，而且有自制传奇，从而为徐氏正名为"戏曲家"；第三部分由徐氏与叶奕苞的交游进而推考徐氏家班星散的原因，则已不是仅仅让史料本身说话，而是由相关史料的互文性发现蛛丝马迹，进而推考历史的真相，问题虽小，其解决之法，批却导窾，陈寅恪先生所谓"发覆"，此庶几乎！而最能体现"实证和阐释相结合"的是第四部分"余论"，陆林先生进而探讨清初士人戏曲活动之心理、女乐家班盛衰之原因以及清初昆曲家班的兴衰轨迹，使

[①] 陆萼庭所作《明清戏曲家考略三编》之序，1-4页。
[②] 陆萼庭：《昆剧演出史稿》，上海文艺出版社，1980年，第168页。

史料的价值、意义得以充分展示。

更能显示陆林先生以"实证与阐释相结合"的研究方法出"新"见"深"之技巧和魅力的是他关于金圣叹研究的一组文章,惜乎本书只收入了两篇。以《金圣叹早期扶乩降神活动考论》一文为例,对金圣叹的扶乩活动,现代学者中,孟森先生早在1917年即已注意到,然而长期以来,不是视为迷信活动,就是斥为求名之举,即使高明如徐朔方先生,也是简单地指斥之为"沽名求利""欺世惑众"[①]。陆林先生此文,首先考证金圣叹扶乩活动的基本史实,根据"凡现在因果系亲见闻者皆入此录"的清初人笔记《现果随录》钩稽出金圣叹的一次扶乩活动,更重要的,是考证出多次降乩叶绍袁家、在叶氏一家感情生活中占有重要地位的"泐大师"即由金圣叹所装扮。由这一发现,《午梦堂集》中关于泐大师降乩的大量记载一下子活了起来,遂能由此而探知表现在降乩中的青年时期金圣叹的形象和思想。但陆林先生并没有止于此,而是由此富于戏剧性的行为戏剧性地展开论述了金圣叹的扶乩降神活动与其文学批评之间的关系,指出金圣叹的降乩活动实可视作戏剧、小说创作的雏形,而其降乩活动所以成功,依赖的正是其文学批评的心理分析的方法。在最后的余论中,作者轻轻点出,明末直至今日人们所艳称的叶小鸾形象,其实是金圣叹所创造出的一个才女形象,又重点点出这一形象对《红楼梦》的启示作用——考据至此,能事毕矣! 读此等文字,又何异于听余叔岩的"十八张半"!

至此也许可以对陆林先生所说"实证与阐释相结合"的研究方法做一概括:以文献考证的方法接近文学艺术史的细节,以纵横贯通的方法使细节的意义和价值得以充分彰显。所谓"细节"包括生

---

① 徐朔方:《金圣叹年谱》,《晚明曲家年谱》(第一卷),浙江古籍出版社,1993年,第699-751页。

卒、籍贯——凭此作家（包括批评家）得以定位于具体时空，亲眷、交游——凭此得以定位于社会—文化关系网，活动、思想——凭此得以定位于文艺史；"纵"自然指史的流程，所谓"横"则指作家、作品、社会—文化三者之间的互动。所谓"贯通"则包括了三个方面：一是古今理论的贯通，即既从文本抽绎理论观点，又从后世理论反观前人寻找发展脉络；一是诗文、戏曲、小说的贯通，即陆林先生自谓的"在'戏曲'而不论戏曲，在'小说'而不论小说，在'诗文'而不论诗文"；一是文学与文献的贯通，也可说是文与史的贯通。

三、明清文学文献学的技术示范

最后还应说到技术层面。就文献考据而言，陆林先生在本书所收的几篇书评文章中着重提示、在本书的各篇考证文字中也反复展示了在明清文学文献学的领域里一些不可忽视的技巧：

首先，是对工具书和类工具书的充分利用，如《八十九种明代传记综合引得》《明人传记资料索引》《明人室名别称字号索引》《明遗民传记资料索引》《明清进士题名碑录索引》《明清江苏文人年表》《清代碑传文通检》《清代职官年表》《三十三种清代传记综合引得》《清人室名别称字号索引》《清代传记丛刊索引》《清人诗集叙录》《清人别集总目》《清人诗文集总目提要》《清秘述闻》《清代碑传全集》。面对浩如烟海的明清文献，充分利用这些工具书可能较快地获得解决问题的线索甚或基本解决问题。

其次，重视方志、族谱的价值，尽可能利用方志、族谱。这是从事明清文献研究得天独厚的资源，在本书所收考证文章中，利用方志、族谱的例子在在多有，不复赘举。

其三，重视版本。在对大家、名家的研究中重视版本，学术界已有深厚的积淀，但在对小家的研究中这一点常常被有意无意地忽略了。陆林先生长期从事文献整理，故而有明确的重视版本的意识，并凭借版本解决了许多问题，如本书中《文言小说家"清凉道人"考》一文即由《听雨轩笔记》原刊本考知作者姓名，复据南京图书馆所藏一部《德清县续志》稿本发现了作者小传，从而使一系列作品的著作权得到归属。

最后，强调文本细读。从文献考证的角度进行的文本细读，自然不可能亦不需要全书逐字逐句、从头到尾地细读，但至少必须读遍全书。正是这种读遍全书的"笨"功夫，才使陆林先生能在诗文中发现大量线索，从而在文献考证中多有创获。对于小说研究亦复如是，一个典型的例证是《文言小说〈扬州梦〉作者考》，正是通过细读文本，根据小说中透露出的信息，参证有关别集、方志，从而解决问题。

这些看起来鄙之无甚高论的小招数，正是从事明清文学文献学的入门技术，陆林先生在本书中不啻以金针度人。

宁宗一先生在为陆林先生《元代戏剧学研究》所作的序中，对该书下了十六字的考语："广搜博考，无征不信，朴实精核，融会贯通。"笔者以为，这十六个字，也正是陆林先生"实证与阐释相结合"的研究方法的精义。

——原载《福建论坛（社科教育版）》2009年第12期

精雕细琢，嘉惠学林

——《金圣叹全集》简评

苗怀明

无论是在中国文学史还是在中国文化史上，金圣叹都是一位个性独具、有着广泛影响的重要人物，其人其文乃至由此而产生的评价和争论，都是值得关注并进行全面、深入探讨的。近些年来，相关研究早已超越了20世纪70年代末、80年代初那种为金圣叹定性、平反的初级阶段，经过众多研究者的不懈努力，在这一领域取得了许多重要进展。其中相关文献的搜集、整理不仅是一个十分重要的基础工作，同时也在相当程度上代表了该领域的学术水准。随着研究的不断拓展和深入，随着相关文献积累的日益丰厚，学界对相关文献整理的要求自然也就越来越高，原先整理出版的金圣叹著述已难以满足学界的需要，因此在前人研究的基础上，整理出版一部收罗完备、编排合理、具有高水准的金圣叹全集就显得很有必要，它既体现了金圣叹研究的最新进展，也为研究者提供重要的文献依据。由陆林先生辑校整理的《金圣叹全集》就是一部这样的著作，它不仅满足了学界越来越高的新需求，同时也是近年来金圣叹研究的重要收获。巧合的是，该书的出版正值金圣叹诞辰四百周年，这也可以看作是对金圣叹的最好纪念。

陆林先生对金圣叹素有研究，自20世纪90年代以来，相继发表相关研究论文如《金圣叹佚文佚诗佚联考》《金圣叹基本史实考论》《金圣叹晚明事迹编年》等十多篇。他采取实证与阐释相结合的方式，综合利用多种类型的文献资料，对金圣叹的生存状态、人际关系、创作实绩以及相关的基本史实等进行较为全面、深入的考察，用力甚勤，有不少新的创获，曾得到章培恒等学界前辈及同行的赞许和肯定。有着这种学术背景，校勘整理金圣叹的著述，陆林先生无疑是一个十分适合的人选，多年的学术积累加上深厚的学养及严谨的治学态度，保证了全书的高水准。

总的来看，《金圣叹全集》是一部精心整理、质量精良的优秀著作，就笔者本人的阅读体会，该书具有如下三个较为突出的特点：

一是收罗完备。金圣叹一生著述丰富，涉及多个领域，但由于其英年早逝、家产籍没、妻子流变等变故，有不少著述未能完成，有些虽已成书，但后来失传，今可得见者共有十七种，此外还有一些散见的诗文、联语、赠句等。该书将金圣叹现存著述全部予以收录，其中《小题才子书》为首次整理出版，对人们了解金圣叹的全貌具有重要参考价值。此外该书还辑录金圣叹佚诗十六首、联语及赠句七副、佚文十二篇，在一般人来看，数量也许不算很多，但它们却是在广泛搜寻、爬梳大量文献资料的情况下得来的，实属不易，弥足珍贵。可以说，现在所能看到的金圣叹著述文字基本上都被收录进来。

除金圣叹本人的著述文字外，辑校整理者还专门设有附录，内容包括《金圣叹年谱简编》《金圣叹著作序跋》《金圣叹传记资料》《"哭庙案"史料》四个部分。其中《金圣叹年谱简编》为陆林先生所著，充分吸收其本人及学界多年的研究成果，对金圣叹生平、交游、创作等各个方面的事迹搜罗完备、考订翔实，具有重要的参考价值，将其与该书的前言放在一起阅读，对研究者的帮助则更大。其他三部分所收也有不少稀见的珍贵资料，系辑校整理者多年辛勤搜集所得，具有重要的参考价值。较之以往出版的同类著作，《金圣叹全集》一书无疑是最为完备、精良的，体现了学术研究后出转精的规律，也反映了金圣叹文献搜集、整理的最新进展。从收罗完备、内容系统完整这一点来说，《金圣叹全集》一书具有集大成的性质。

二是精选底本。在底本选择方面，对所收金圣叹著述，辑校整理者力求选择原刻本或初刻本为底本，其中《贯华堂才子书汇稿》所收十种，以康熙年间原刻本为底本，《唐才子诗》《第六才子书》《第五才子书》《天下才子必读书》则以初刻本为底本。这既合乎校勘整理古籍的一般原则，也便于保存作品的原貌。对所收每一种著述，均在卷首明确交代依据的底本和校本，并附录相关书影。这是以前出版的同类著作未能做到的，体现了辑校整理者的辛劳和严谨。

在对文字的处理上，特别是对金圣叹所批前人的诗文、小说、戏曲作品，采用灵活处理的方式。尽管这些作品都可以找到更早、更好的版本进行校勘，但辑校整理者并不轻易改动文字，因为金圣叹在实际批点过程中，通常会根据需要对作品进行适当改动，这也可以看作是其批点工作的一个组成部分及特色。那些被批点过的文学作品带有金圣叹鲜明的个人特色，体现了其思想观念。有鉴于此，辑校整理者为保留金圣叹文字的原貌，没有依据原书进行校勘。这样的处理方式是妥当的，因为该书是《金圣叹全集》，自然要以金圣叹为核心，意在展现金圣叹其人其文的全貌，而并非唐诗及《西厢记》《水浒传》这些作品自身的校勘。

三是体例完善。前文已经说过，金圣叹一生著述丰富，涉及多个领域。现存的十七种著述部类不同，长短各异，差别甚大，因此不能机械地按照四部的顺序进行汇编。为此辑校整理者进行灵活变通，根据金圣叹这些著述的特点、古今文体概念的融通，并考虑到现代人的阅读习惯、研究分类的需要及对文集类全集编纂的基本理解等因素，将全书按照内容分成三个部分，即诗词曲卷、白话小说卷和散文杂著卷，共六册。其中诗词曲卷是按照评点对象的时间先后编排的，金圣叹本人的作品放在最后；散文杂著卷基本按照评点和个人作品的顺序进行编排。这种分类法体现了金圣叹著述的全貌和特色，便于读者的阅读，说是灵活变通，其实也是一种创新。考虑到读者的实际阅读需要，辑校整理者还对金圣叹一些不分卷的著述进行分卷，比如《沉吟楼诗选》原本分体不分卷，辑校整理者将其分为五卷；《小题才子书》原书不分卷，辑校整理者根据其内容将其分为六卷。

全书编排允当，层次明晰，从中可见辑校整理者的良苦用心。从这个角度来看，该书不仅是一部搜罗完备、校勘精良的金圣叹全集，而且对中国古代其他作家作品的搜集整理也同样具有重要的启发和借鉴价值。

《金圣叹全集》一书的出版，代表着金圣叹研究的重要收获，也为学界提供了一个较为完备、可信、权威的文本。围绕着金圣叹其人其文，陆林先生有一个宏大的研究计划，《金圣叹全集》是其研究的阶段性成果，接下来他还将陆续推出《金圣叹年谱详编》《金圣叹史实研究》等大作，这些著作对金圣叹研究及明清文学、古代文学理论的重要推动作用是可以想见的，期待它们早日面世。

——原载《书品》2010年第2期

整理工作本身也是研究工作

——陆林教授辑校整理的《金圣叹全集》评述

张小芳

"整理工作本身也是研究工作",是黄松先生在总结过去三十年古籍整理出版取得成绩的基础上,形成的有关今后工作的普遍理念和重要原则。其中包含的由专门研究完善古籍整理、由古籍整理深化专门研究的内涵,对整理者的研究意识和整理本的学术含量提出了高度要求。凤凰出版社(原江苏古籍出版社)于2008年末出版的由陆林先生辑校整理的《金圣叹全集》,在前言和附录的撰写选编、文本辑校,甚至编排体例上,均可见出专门研究与古籍整理的互动效应,庶几可以作为黄松先生此语的现实注脚。整理者陆林先生是金圣叹史实研究专家,其坚持"从原始文献入手,运用实证与阐释相结合的方法",考察金圣叹"生存状态、人际关系、创作实绩以及相关的基本史实"(《全集》后记第2页)的学术理路,不仅在史实研究方面取得了突出成果,并由史实研究进而开拓了金圣叹文学理论研究的视域。而这种专门和深入的研究,作为全集整理的学养底座,也成就了《金圣叹全集》作为建立在深入研究基础上的整理之作的鲜明特色。具体表现在以下方面。

一、走在金圣叹研究前沿的前言

古籍整理本前言之撰作，有面面俱到的介绍式、引导式前言，也有如季羡林先生为《大唐西域记校注》所撰前言，本身就是"公认的高质量的学术论文"（见黄松文）。《金圣叹全集》的前言无疑应归入后一类。前言以金圣叹人生轨迹的勾勒、性情人格的品鉴和批评特色的揭示为线索构架全篇，其实是整理者本人长期以来研究成果的集中和浓缩。其征引材料之丰厚和事件复现之精准自不待言，其中最引人注目的是对金圣叹扶乩降神宗教活动的揭示和分析，更是具有改写金圣叹文学批评研究史的意义。相关文献史料的发现和完备，不仅补充了金圣叹史实研究中对其早期活动语焉不详的缺憾，使我们对这位批评大师、文坛怪杰三十岁之前的生存状态有了具体的了解，而且带来了金圣叹文学批评研究的突破，启发了新的研究增长点。

所谓突破，是指作者令人信服地论证了降神活动及由此被妖魔化的舆论处境，积淀成为人生"底色"后，内在决定了金圣叹文学批评"昭雪辱者"的选题和标新立异的心态。而在长期降神活动中运用的设身处地、揣摩人心的手段，在文学批评中则转化为心理分析方法，成为其"一副手眼"说的重要理论内涵；同时指出，正是这种长于心理分析的论述特色，使得古代文学批评从片言只语的点评，发展为容量适当的阐释，由内容的需要导致了形式的突破。作者的这些认识，以典型而翔实的史料为支撑，一定程度上改变了目前文学本位的纯理论研究存在的重复和停滞局面，充实和丰富了从时代特征、哲学思潮和学术背景角度解释金圣叹批评特色的宽泛化结论，体现出较高的理论创新度和阐释深度。

所谓研究增长点，是指由降乩活动史料的揭示，彰显出金圣叹文学创作的才华，使其价值论证从文学批评领域拓展到文学史领域成为可能，从而启发了学界的研究意识。如陆林先生曾首先考证指出"泐庵大师"即金圣叹，及其在扶乩活动中虚构的无叶堂和塑造的叶小鸾形象，对《红楼梦》创作可能具有的启迪作用。而杜桂萍先生和陈洪先生也在金圣叹降乩活动的相关史实披露的基础上，分别撰文《诗性建构与文学想象的达成——论叶小鸾形象生成演变的文学史意义》(《文学评论》，2008 年第 3 期) 和《揣摩和体验——金圣叹奇异的异性写作论析》(《南开学报》，2009 年第 4 期)，揭示其文学史意义，二人角度不同，但均将金圣叹降乩叶绍袁家相关史料作为立论的核心材料。特别是陈洪先生，其在 1993 年即已撰文对金圣叹的降乩活动加以关注。如将其与发表于 16 年之后的文章进行比较，不难发现研究重心的转移和阐述角度的变换，而这种转换，倘若没有对"泐庵大师"即金圣叹及其在吴江叶家降乩行为的全面揭示，是很难发生的。因此可以说，《全集》前言的前沿性，体现为结论和方法的双重启示，嘉惠学界不少。

此篇前言以《才名千古不埋沦：金圣叹精神风貌和批评心路简论》为题发表后 (《江苏社会科学》，2009 年第 1 期)，有关内容很快被介绍，亦体现出学界对其学术创新的关注和认同。

二、专门研究和整理原则互动的文本辑校和编排

全集的文本辑校编排，也体现出专门研究对古籍整理的辅助和完善作用。

首先，就辑佚而言，对金圣叹一生著作穷尽收集，是"全集"题中应有之义。如卷帙繁多的《小题才子文》的补入，即是此全集资料价值的表现之一。整理本增加的诗文辑佚部分，使"全集"更

加名副其实。而辑录本身应可视作整理者"综合运用谱牒、尺牍、笔记、别集等多种史料",通过考订而"揭示圣叹的精神生活状态"的结果。其中除了为降乩活动中圣叹化身泐大师作品著作权还归圣叹所得的诗文外,还有从郡邑总集《百城烟水·吴江县》和圣叹密友徐增的别集《九诰堂集》中辑录所得。至于从圣叹书法手迹及画作题跋辑录的佚文佚诗,应是从相关文献获得了金圣叹在"书画艺术上亦颇有才能"(《全集》前言第 8 页)的信息后,将金圣叹史实研究边界从文学扩充到书画领域之后的创获。对金圣叹这样一个身遭杀头没籍之惨、死后遗作散佚的特殊人物而言,辑佚难度可想而知。倘若没有对金圣叹史实的长期沉潜和深入研究,是很难有所收获的。而这些佚作的文献价值亦不容忽视。如在《邵弥山水长卷跋》一文中,圣叹自称与晚明画家、长洲人邵弥"生既同里",且画跋有"涅槃学人圣叹"落款和"人瑞""圣叹"印章,这对确定圣叹籍贯及其字号的变迁情况提供了重要史料。

其次,《全集》校勘,"以初刻本为底本",文字校勘方面"明显的讹脱衍误,皆据后出版本校改"(《前言》第 21 页),严格遵循古籍整理的一般原则。《全集》共 500 多条校记,大都为扫清阅读障碍而出。但从这些看似简单的校记,不难看出整理者严格遵守有根据地订正的校勘原则,并精益求精,以对金圣叹著述版本刊刻流变过程的深入了解为前提,为每一处订正寻求更能体现作者原意的版本依据的严谨作风。如采用清坊刻王望如评本参校《第五才子书》,因为"在金氏在世时,有明确时间而且不是贯华堂刊刻的《第五才子书》,惟有醉耕堂顺治十四年刻本"(《年谱》第 67 页),则其文字、内容应该是与圣叹之意不相悖谬甚或是得到其承认的。书中据王本出有近 50 条校记,改正了一些批语中讹误。如第五十五回文中夹批,贯华堂本作"只三句,而句句恰怕"语,殊不可解,整理本据王本改作"合拍"(《全集》四,第1013页),文理得以贯通。在对校法之外,《全集》还采用他校法、本校法等,或翻检文献原始出处,或参考同时期其他史料,或文本前后对勘,以纠正讹误。如据《旧唐书》校出《登柳州城楼寄漳汀封连四州》一首题下小注"陈谦"为"陈谏"之误(《全集》一,第331页),如据《沉吟楼诗选》中其他二诗题目改正《住般公别院旬日有虚粟仲见访》诗题中"别""粟"二字(《全集》二,第1177页)。特别值得一提的是,有的校记已兼有注释的作用,如指出《第六才子书》批语中王斫山小传中"文孙"当为"玄孙"之误(《全集》二,第1005页),建立在对王瀚生平准确考证的基础上,又如《诗选》中就《冬夜读徐瀑悬诗》一诗对诗题、小序及诗句出有三条校记(《全集》二,第1209页),则是翻检徐增别集并参照叶绍袁《甲行日注》所得,是整理者由金圣叹史实研究的需要,将视野放射到其生平交游的结果。这已非单纯严守校勘原则所能达到,而是整理者同时又是研究专家的身份,在古籍整理过程中特有的优势呈现。

再次,《全集》将圣叹全部著述以文体形式为标准,厘为"诗词曲""白话小说""散文杂著"三大类,以批评著作为主体进行编排,各类文体的自创之作则按体分别附入。这种编排方式,是整理者多方权衡,"考虑到圣叹著述的特色、古今文体概念的融通、今人阅读的习惯和研究分类的需要,以及对文集类的全集编纂的基本理解"(《前言》第20页)之后的结果,其中整理者为方便研究,而以学理为依据对原本作出的大胆突破,是本书的特色之一。如由刘献廷编选的《沉吟楼诗选》,可能受到先有选集初稿、后又增益佚作的编排方式影响,问题非常明显,邓之诚先生就有"秩序颠倒,使出献廷之手,当不至是"的疑惑。整理本因此在编排时"将相关逸诗置于前题所在位置",予以集中,为阅读和研究提供了极大方便。此外，整理本还有一些细节的处理，也很值得称道。如将《读第六才子书法》和《鱼庭闻贯》各条，依《读第五才子书法》例，加上序号，又如为《第六才子书》文中各折依目录加上折名，以方便研究者征引。虽是极细微之处，也可见出整理者自身作为研究者，在细读文本、深入研究的过程中，在甘苦自知的情况下，形成的"读者"关怀意识。

三、规范学术边界、彰显学术品位的附录

金圣叹一生著述丰厚繁杂、版本复杂且序跋众多，其人其文出人意表，几百年来一直是笔记小说最好的素材，这就为资料收集和选录带来了困难。全集整理者对此提出"只能择其基本文献予以选录"（《前言》第21页）之说。通观附录，不难发现，所谓"基本文献"标准，似易实难，是建立在对金圣叹文化身份的准确定位和对《全集》学术品位的自觉追求之上的，即整理者试图通过是选择了最能体现金圣叹作为杰出文学批评家身份，也是最能促进和深化金圣叹研究的资料。

《全集》附录分为《金圣叹年谱简编》《金圣叹著作序跋》《金圣叹传记资料》《"哭庙案"史料》四类。《年谱简编》是作者十几年金圣叹史实研究的浓缩呈现，收集资料丰富，对金圣叹一生所涉人和事均给以准确考述，一时无考者亦加以说明，同时对涉及的人和事与传主之间的深层联系，也进行了要言不烦的阐释。如在"二十岁""二十八岁""二十九岁"下，对圣叹延续近十年的扶乩降神活动，特别是降乩叶绍袁家的过程作出细致考述，为我们了解这位批评大师早年活动和其思想动态，提供了翔实而完整的文献资料（《全集》附录第18—29页），其重要性已见上述。又如在"十五岁"下，

不仅首次在金圣叹研究史上著录了金圣叹与晚明著名文学家王思任的交往,并作出分析,指出王氏撰《批点玉茗堂牡丹亭词叙》,盛赞天下高才,历数古人有左丘明、宋玉、蒙庄、司马子长、陶渊明、老杜、大苏、罗贯中、王实甫等,"直接启示了圣叹'六才子书'之说",而王氏诙谐善谑、放言无忌的性格,也对圣叹为人处世产生影响(第17页)。作者从约20万字的《小题才子文》的若干解题中提取出的这则典型材料,凸显了圣叹由王氏"看花宜白袷,踏雪宜艳妆"一语雅艳浓淡映照济补的境界领悟古人笔墨秘诀之事,让我们由此了解圣叹文学批评中触类旁通、不滞不脱的思维方式,在其早年即以呈现的事实,足以见出《全集》整理者其学术敏感和理论思辨水平。

后三类资料收录也都体现了文献和理论价值兼具的特点。如金圣叹各种著述的序跋,为研究其人其作提供了非常珍贵的史料。其中仅见于初刻本的圣叹好友的徐增《天下才子必读书序》,不仅详细地叙述了圣叹各种著述的先后顺序和完成刊刻情况,还以生动的笔墨描摹了圣叹变化万端、不可方物的风采(第146页)。又,其中共收录《第六才子书》序跋资料九篇,时间跨越有清一代,作者身份有文人、书商、戏曲作家等,写作角度有关于批评方法的争论,有对其主旨解读的批评,亦有以其文法批评作为"卖点"相号召的。通过这九篇序跋,读者几乎可以建构了一个清晰完备的金批《西厢》之再批评的简史。《传记资料》没有辑录后世笔记野史中光怪陆离的传闻逸事,仅收录廖燕、孟森、陈登原、蔡冠洛四人之作,资料分别出自文集、学术性著作和史传性著作,一方面避免了与已有金圣叹研究资料汇编之类著作的雷同,另一方面也可见出整理者严守纯学术研究边界的意识。《"哭庙案"史料》除收录了学界引用较多、较为熟悉的《哭庙异闻》和《辛丑纪闻》外,增加了顾予咸《雅园居士自叙》,从而使这场"学生运动"中一直隐隐绰绰存在着的江南士绅身影,第一次明朗化了。尤其是顾予咸所叙与朱国治之间的嫌隙,可补充民间和局外人记录之不足,揭示了哭庙案背后的官场险恶和复杂的政治斗争,使我们对圣叹为之殒身的这场冤案有了更深入和全面的认识。

综上所述,新版《金圣叹全集》是继 1985 年版曹方人、周锡山二先生整理的《金圣叹全集》之后,在金圣叹研究又经历了二十年学术繁荣积累的前提下,能充分回应当前学术界深化研究需要的古籍整理力作。陆林先生以清明理智坚守学术边界,以严谨态度规范学术品格,为学界提供了一个体现"整理亦研究"理想的典型样本。

——原载《古籍整理研究学刊》2010 年第 2 期

作家史实研究的硬功夫

——评陆林《金圣叹史实研究》

邬国平

近年不断地读到陆林有关金圣叹史实的研究论文，新见迭出，精彩纷呈。这是他承担的一项国家社科基金项目，研究过程中他生病了，却没有辍笔，而是依然勤奋地耕耘，其艰难程度非常人所能承受。最近，他所著的七十余万字的《金圣叹史实研究》（人民文学出版社2015年版。以下引文凡出自该著者均只标注页码）入选国家哲学社会科学成果文库。这部沉甸甸的著作凝结了作者怎样的心血！我还清晰记得十四年前读到他《生命中的最后一次欢会——金圣叹晚期事迹探微》[①]一文时油然涌起的欣奋之情。该文对金圣叹因"哭庙案"被害之前的一段鲜为人知的生活考证梳理得清清楚楚，行文丝丝入扣。读着它，仿佛是观看由摄像机录下的一幕幕鲜活的镜头，而论文题目点睛恰到好处，更增魅力。从此我记住了陆林的名字，他以后发表的这类文章我基本都读，各篇的质量没有参差感。我确信，论文水平高超而且一直都保持稳定的质量，正是严格而成熟的学者的一个显著标志。

---

① 陆林这篇论文发表于《南京师大学报（社会科学版）》2000年第6期。

作家（包括批评家）史实研究对于文学的整体研究而言具有基础性的意义，这方面我们还需要积累丰富的经验，以改善和提高研究水平。陆林的金圣叹史实研究的出色试验，无论在研究的观念、态度，还是在研究的路径、方法上，都有足为我们琢磨和取鉴之处。以下谈自己对《金圣叹史实研究》的认识，也于这些方面多落笔墨。

一

评价一部学术著作，观其解决了多少疑难问题自然是一个标准。从这个方面看，毫无疑问，作者解决的问题越基本、越重要、越多，就越是一部好书。以此来衡量《金圣叹史实研究》一书，它堪称一部优秀的学术著作。在此书中，陆林对金圣叹的生平、交游、著述进行了全面、深入的研究，将这一专题的研究提高到一个全新的水平。该书的主要贡献是：在金圣叹姓名、字号、籍贯问题上得出可靠结论，使过去的分歧意见消弭；发现金圣叹诸多事迹，考订更加精确、详尽，尤其是使他的早年和临终前的生活和形象得到鲜明呈现，弥补了以往研究的不足；悉心收集金圣叹散佚作品，考辨作年及本事，为深度编订完善的金圣叹诗文集打下基础；对金圣叹与江南文人交游关系的研究具有开创性意义，思路新颖、开阔，考查范围和利用资料两方面都获得了突破，成绩斐然。总之，作者对金圣叹史实的调查和研究，在目前能够发现的资料范围内，已达到很高的程度。无疑，它是一部代表迄今金圣叹史实研究方面最高水平的著作，恰如为金圣叹建立了一宗翔实可靠的档案。除此之外，如果一部学术著作不但解决了若干具体问题，而且，作者在解决问题过程中体现出的治学观念和态度同时能够给他人开展别的研究、解决别的问题以积极帮助和启示，在研究规范方面能够示人以式、给人借鉴，那它就更是一部好书了。以这个标准讲，《金圣叹史实研究》也称得上是一部优秀的著作。

陆林撰写《金圣叹史实研究》，明显受到陈寅恪《柳如是别传》影响，这是我阅读时首先想到的一点。陈撰《柳如是别传》，很重视考证本事——弄清楚当时事实，也就是他说的"解释今典"。像柳如是这样的女子，记载其事迹的材料本来就有限，加之种种原因这些资料又遭到人为掩饰或歪曲，致使求解今典困难重重，而若不在这上面用苦功、获妙解，开展有关研究就寸步难行。《柳如是别传》获得成功的一条重要经验就是作者破解了大量今典。金圣叹被人们认为是一个怪人，遭遇又奇，他评点说部、戏曲名声虽大，这在从前正统史家的意识里却不起眼，很难引起他们关注和记载的兴趣。所以研究金圣叹史实所遇到的资料缺少、记载混杂的情形，与研究柳如是略约相似。若不悉晓金圣叹包括生平在内的史实，如何全面而深刻地理解他的文学批评和思想呢？而选择做"金圣叹史实研究"这一课题，必然无法跳脱上述资料缺乏、淆乱的窘境，除了细心地勾稽、清理，没有省力的捷径。陆林在释读有关金圣叹的今典方面下了很大功夫，在详考本事方面将自己的研究功力展现得淋漓尽致。比如通过叶绍袁《续窈闻》提供的"泐庵大师"与钱谦益《天台泐法师灵异记》联系在一起的线索，详细考证了金圣叹早年在叶家扶乩降神的具体活动；又比如通过考辨"醉耕堂"主人、校勘徐增《九诰堂集》本《天下才子必读书序》异文，分别证明周亮工与刊刻《第五才子书》《天下才子必读书》的关系，皆能发覆事实，拨雾见日。像这类具体的史实研究，陆林自己也坦言即是陈寅恪所提倡的"解释今典"（第13—16页）。

陈寅恪考释今典尤其注意"时地人"三者[①]，而他对柳如是的研究又并非孤立地进行，总是从她与其周围人群的关系着手加以寻究，辟开天地，铺展幽邃的风光。陆林研究路径也适相仿佛。他窥破"以身世和交游为中心"的史实研究至今依然为金圣叹研究中的薄弱点，同时又是推进金圣叹研究亟需突破的关键所在，于是专攻难关，将金圣叹的"社会关系"、交游网络，包括"亲友"以及"同时代对其有过相关评价的各色人物"（第16页），作为重要内容纳入研究课题，构成全书厚重的一部分。他在这方面发掘出的资料非常丰富，以此为基础得出的结论令人耳目一新。具体而言，他不仅将金圣叹与密切友人之间的关系摸得很清楚，一一详为介绍，还将《沉吟楼诗选》《鱼庭闻贯》《小题才子书》中所涉及的许多有交往的人也分别稽考出来，对前人的研究有许多补充和推进。借助于他这方面的研究，我们非但能够通过金圣叹的朋友圈，近距离地看到他的真实人生和文学活动，而且还能够看到清初江南文人特别是中下层文人广袤的生存实景。除此之外，仅以阅读金圣叹的诗歌、书信等作品而言，在陆林相关研究的帮助下，我们顿时感到少了许多障碍，它们一件件似乎变得易于明白了。这些是《金圣叹史实研究》与《柳如是别传》二书大的相似之处。此外，陈寅恪撰《柳如是别传》首先勾稽柳如是姓氏及名字，陆林也是详考金圣叹姓名字号等；甚至陆林在对具体问题做研究后，偶发感怀，慨叹世道风气，与陈寅恪在《柳如是别传》中不时地插入兴感妙语，其相通之处或许也并非出于偶尔。我们看到，陆林对陈寅恪学术的推崇之情不时地流露在《金圣叹史实研究》一书中。故说陆林自觉地追随陈寅恪的著述精神和方法，大概不算是勉强比附吧。

[①] 关于陈寅恪如何研究柳如是的自述，参见陈寅恪《柳如是别传》"缘起"，生活·读书·新知三联书店，2001年，第7-10页。

指出这层意思，是想为阅读《金圣叹史实研究》一书，了解它的学术风格、特点如何形成提供一点帮助，同时，也想借此对陆林个人执著学术、不懈求真的治学精神和态度表示我的敬意。陆是有名山事业心的学者。这样说，并非要把《金圣叹史实研究》和《柳如是别传》当作同一类别的著作。实际上两者的著述风貌还是存在着差别的。陆林的考证更加倾向于客观，他得出一个结论，往往力求获得相应的证据支持，不是以推测说话，而是凭证据本身说话。当然，我们并不能说书中完全没有推测性的想法。比如，书中认为戴之俊反清前，为了保证家族血脉延续，让他诸弟改名，他的堂弟即金圣叹弟子戴之儇也因此易姓名为"吴悦"（第257—258页）。尽管这么说也有其道理，毕竟结论本身是推断所得，没有直接的证据。不过这些在全书所占比重低，作者落笔时对此保持克制。陈寅恪撰《柳如是别传》，在传主身上寄寓着某种理想，使用材料有时并不排除让自己对一种可能事实的想象流溢于笔端，而有时候又天才地言中了。

二

《金圣叹史实研究》关于"庠姓张"的考证是一个经典性例子。金圣叹"庠姓张"见于一些文献记载，然而"庠姓"一词，今人已经不容易理解其确切的含义，故这一说法除了得到个别学者首肯外，普遍遭到人们质疑。人们往往用各种方式使这种说法淡化乃至归于消解，即使有人首肯"庠姓"的说法，由于对其所以然还道不清楚，具体用在金圣叹身上，也难免与别的结论互相扞格，结果衍生出了金圣叹是"原姓张"还是"庠姓张"，是"顶金人瑞名就试"还是"顶张人瑞名就试"种种问题，长期争论不休，令人眼花缭乱。似乎各种意见都有一些理由和材料的依据，以致读者对何种说法更妥当难以做出判断和选择，甚至连权威的工具书和著作也只好对不同的意见兼收并蓄，即使互相矛盾也听之任之。这成了金圣叹史实研究中的一团乱麻。

陆林一是从弄清楚历史事实着手，从史籍中找出大量有关"庠姓"的记载，证明明末清初的文人出于种种原因以庠姓代替本姓应试的现象很多，在其他时期也不乏这样的情形发生，以此肯定关于金圣叹"庠姓张"的记载可信可从。二是从史源学的调查入手，对文献进行复勘，将记载金圣叹"庠姓张"的文献版本做了一番认真、完全的厘清，对论争各方引以为立论依据的史料一一进行复核，结果发现，原始文献有的内容经过引用环节以后改变了模样，明明是写着"庠姓张"，却被引用成"庠生姓张"；明明写着"顶张人瑞名就试"，却又被忽略不顾；还发现，有的材料被引用者按自己的观点和意愿作了不恰当的标点和解释。经过努力发掘史料，细致校勘和排比资料，陆林不仅弄清楚了"庠姓张"在后人的叙述和研究中如何变成了"原姓张"，而且还从史实和文献两方面有力地排除了"原姓张"和"顶金人瑞名就试"这类不合实际的说法，彻底消除了存在于金圣叹姓氏问题上的这一疑团，不但点清牛羊，而且打扫了栏圈。至此，金圣叹研究中长期困扰人们的乱麻已经不复存在。

陆林总结这次研究经验说，"前人在引用史料时，会因为种种原因误读、误书或省略所见文献"，所以后来研究者不仅要永远"对前此研究持有怀疑的态度"，而且要通过"复盘"前人对原始材料的使用，去发现他们对文献的"独特理解，其学术的创获和疏漏"。他由此强调说，要将"复勘引文、查阅原著"当作学术研究应当遵循的"原则"（第49页）。这个看似至为简单的道理，实在是一条很有益的建议。以这种态度从事研究，确实能够有效发现研究中出现的诸如此类的问题，找到问题的症结，避免旷日持久的、不必要的争论。若研究者人人都能够以此自戒，则又可以防患于未然，从而在源头上减少乃至消除类似失误的发生，其结果自然是使学术受到莫大的益处。

在《金圣叹史实研究》里，通过客观考证得出精确难移的结论的例子很多。不过，我们不能因为此书在实证方面的成就，就将它视为一部单纯考证性的著作。我这样说，绝对没有一点意思以为单纯考证的著作本身学术价值不够高，而需要其他的意义或理论一类的研究使它增值。我只是想指出，这样的认识对《金圣叹史实研究》来说是有偏颇的。事实上，陆林在求证文献，弄清金圣叹生平、交游史实的同时，对一些事实所蕴含的意义也尽量地提示和解释。比如上述关于"庠姓张"的考证，他花了不少笔墨对科举史上何以会产生"庠姓"现象、这种现象何以禁而不止以及人们对此类行为的看法等进行叙述或说明，于是在破译"庠姓"一词密码的同时，也揭示出了隐含在其中的科举文化的特殊含义（详见第54—58页）。

书中考证和叙述金圣叹为叶小鸾等人举行的扶乩降神活动，写得极有才气，也极为精彩，对金圣叹在晚明时期的早年经历和活动做了重要补充。然而陆林并不是以披露这些事实为满足。他在这一章节的第一部分考证扶乩本事，进行现场复原，第二部分则将它当作"研究青年金圣叹思想的重要史料"（第103页），由此去窥探金圣叹的才华性格（即陆林说的"神情"，第96页）、政治意识，以及与佛教的关系（其实还有与道教传统的关系）等，进而寻究这一经历和经验对金圣叹未来的生活道路和事业（尤其是文学批评）发生了怎样的重要影响。于是，该书在金圣叹早期的扶乩降神"大师"与未来的文学批评大家两种身份之间，建立起有序的、合理的联系。

尽管作者关于王应奎《柳南随笔》"首次"将金圣叹扶乩降神与文学批评联系在一起的说法还可以斟酌，因为王应奎的话更像是分别指出先后发生在金圣叹身上扶乩降神和评解稗官词曲两种情况，未必意为两者之间存在因果关系，但是，陆林得"解密"金圣叹为叶绍袁家尤其是为叶小鸾招致亡魂法事之助，从而探究他从事这两项活动的内在联系，论述是酣畅有力的，已有研究成果因为平添这样一笔彩墨而更显亮堂。古代文学批评家大多在儒家思想熏染之下成长起来，修辞立诚、气盛言宜的种种教诲，培养起他们"儒家型"的文学批评人格和文学批评格调。金圣叹早期这种另类的经历和经验，对于他后来成为一位特异独立的批评家而受世人"极其赞、极其贬"[①]而言，显然是一种富有个人化的成长烙印，是古代批评家研究中的一个有兴味的话题。

这里，引用陆林关于如何对作家进行"史实研究"的说明，对我们会有启发。他说：

史实研究重视的是文献与史实的结合，实证与解析的结合，生态与心态的结合；在综合各种史料的基础上，既需考究生卒交游与活动轨迹，也要关注人情冷暖、世态炎凉，以求最大程度地考察古人的生存状态、体悟彼时的世道人心。（第17页）

究其实际，这种"史实研究"是以文献和史实的实证探索为核心的综合性研究，手段很多，范围很广，追求的目标也很远，具有涵容风云翻腾变幻的气象，而不是一种偏狭、单一的功夫。在这样的"史实研究"中，研究者的理论素养并没有退场，也没有必要退场，它作为"实证研究的基础"（第17页），依然会在上述的综合研

[①] 徐增：《送三耳生见唱经子序》，《九诰堂集·文》卷二，清康熙年间抄本。

究中发挥作用①。过去，我们从事学术研究长期受到理论重要还是考据重要这一问题的困惑，似乎一定要在二者中做出明确选择，才算是确立了自己的学术价值观念。现在，这种束缚已经减少，不过分别怀有理论优越感或者相反怀有考据优越感的现象依然比较普遍，循此而做得好，从不同的枝头也都能够结出可观的果实。陆林所秉持和践履的以实证探索为核心的综合性研究这一学术理念，与二者都有所不同，这也是《金圣叹史实研究》一书尽管属于实证研究的硕果，却又不能简单将它归于考证类作品的原因。我以为这可能也是陆林的课题及结项成书皆以金圣叹史实"研究"而不是以"考证"为名的原因。若我所言大致不差，则他这种学术理念对于我们从事文史研究和古代作家研究，是很值得借鉴的。

三

陆林对治学的规范性要求很高，自律严格。第四章"事迹编年订补"是对此前学者有关金圣叹诗文、行迹系年的辨误和补充。他根据前人所做的有关工作的不同情况，将自己的这一部分研究分为三种体例：一、对于语有歧义处加以"商订"；二、对于言有疏漏、犹有剩义处加以"补遗"；三、对于二者兼有处加以"订补"。依这

---

① 陆林谈到他的学术理念时说："在中国古代文学尤其是作家研究的范围内，无论是说学术发展，还是论个人兴趣，史实文献研究都不应该是附庸，也不应该仅仅是基础或前提（或者可以说理论素养是实证研究的基础），而是一门具有强烈独立性、需要专攻的学业，有着自身鲜明的学术规定性。"（第17页）括号内"或者可以说理论素养是实证研究的基础"一语，在文中是作者表示肯定倾向的判断句，意思是说理论素养有助于实证研究，实证研究是在理论素养基础上更高一境的学术行为。然而这句话置于"不应该"之后，"而是"之前，尽管加了括号，在表意上还是略显得不够明确。

种体例，他自己在相关问题上有什么发现或发明，皆一目了然，不溢不遗。不仅研究金圣叹事迹编年是这样，全书研究的其他内容也莫不如此。在金圣叹史实探寻中，他对同行已有的成果，无论是出自前辈、同辈还是晚辈，都一概以平等的态度加以关注和检讨，以不知为不安。对事关核心而又缠夹难理的史实，所作每一辨析、每一判断，皆语不虚置，的然有据。由于他是对有关问题做了扎实而深入的研究之后来梳理别人的研究成果，故判断哪些结论站得住，哪些不靠谱，哪些是首次发现、发明，哪些是跟风却貌似新见，都能够说到点子上，而不是笼统、草率地判一下谁行谁不行，用疏阔的大话糊弄人。读《金圣叹史实研究》一书，诸如"某人首次披露""某人首次征引""某人首次考证""某人最早指出"等判断语比比皆是，这些都是研究中见功夫的地方。正是这种较真的态度，使他的金圣叹史实研究既集其大成，更推陈出新。

他充分尊重别人取得的成绩，对别人发现了什么资料、提出了什么看法、解决了什么问题、具有什么学术意义，都予以明白地叙述和肯定。他对于别人直接研究金圣叹的成果是采取这样一种态度，即便对待引述一般性的知识也往往如此。比如介绍周庄从元、明、清迄今政区沿革变化，也分别注明参考的书籍（第 247 页）。在成果归属于谁的问题上，他是丝毫不含糊的。对于友人、学生提供的一些帮助，比如谁为自己提供了资料，谁又为自己核实了文献等，一一予以说明。可能提供帮助的人自己未必在意所做的这些事情，然而陆林对此却以君子之道处之，不肯默默地"笑纳"。洪业当年撰写《杜诗引得序》，其中的一部分内容是详细地介绍钱谦益、朱鹤龄注杜甫诗歌发生的争论，洪业在文章的一条注中说明，这部分内容大略使用了他的一个学生所写《钱朱注杜争辩考》一文"所检得之史料"[1]。朱自清《诗言志辨》一书的《比兴》篇,注明逯钦立有《六义参释》一稿,"本章试测赋、比、兴的初义,都根据他所搜集的材料,特此致谢"[2]。这种老老实实做学问的态度很宝贵,陆林撰《金圣叹史实研究》正是延续了老一辈学者良好的学风。学术上很少有自我作古、绝无依傍的研究,一般总是前后相续,在不断累积过程中获得发展,所以从事研究即意味着以尊重别人的成果为前提,这成为学术研究规范性的重要内容。然而,学术界存在的问题,一是新的研究成果得不到及时反映,二是将别人的成果裹挟在自己的叙述中而不予明确说明,或者虽然有所言及,但总是遮遮掩掩,不甚情愿说得充分和到位,这些都是不利于学术发展的。一个研究者能够讲清楚、讲准确别人已经做了什么,而且乐意把它们讲清楚、讲准确,这样才能够明白自己该做什么、能做什么,也只有这样才能够真正认识自己实际做了什么,不夸大,也不减少。若没有修辞立诚的品格,这很难做到。所以陆林这种做学问的态度并非无关轻重,而是关系着学术规范之大者。

另一方面,对于别人研究中存在的不足或错误之处,陆林也是一一加以指正和商榷,眼光犀利,分析仔细,颇多中肯之见。比如,他高度肯定陈登原《金圣叹传》在史实的挖掘、考证方面所做出的重要贡献,称他为金圣叹研究"当之无愧的现代第一人",同时又不讳言其引用资料有出入,解读文献不准确,得出的某些结论不可信等缺陷(第642—652页)。又如,金圣叹批竣《西厢记》的时间,或云顺治十四年左右,或云顺治十三年二月。陆林指出,第一种说

---

[1] 见洪业《杜诗引得序》第227条注,洪业等编《杜诗引得》卷首,上海古籍出版社,1985年,第49页。
[2] 朱自清:《诗言志辨》,凤凰出版社,2008年,第82页。

法依据金圣叹一句含义模糊的批语推断，不确切；第二种说法根据转引的有误的材料，也不可信。他根据顺治原刻本《第六才子书西厢记》卷七署"顺治丙申四月初三日辰时阁笔"，再考虑到卷八所云"续之四章"的因素，将批竣时间定于顺治十三年四月上中旬之际（第154页），结论稳妥。

古往今来，在思想和学术研究中，有些学者并不关心别人研究的不足或错误，只在意阐述他们自己的观点，论证自己的结论。所谓"惟顾己之所行……那有许多闲工夫论他人谁是谁不是也"[①]。这固然也是文章的一种写法，然而并非做学问的通则。其实完全这么做的人并不太多，主要差别是人们对此关注的程度有强有弱，处理的手段有显有隐，毕竟碰撞才能产生真理的火花。陆林对别人所用资料、所下论断的不足或错误不肯迁就，计较得很。他一般不满足于仅仅指出某些说法是不当的或错误的，还要寻出它们何以不当、何以致讹的原因；不仅要向人们提供正确的知识，还要说明在研究中如何避免犯错、少走弯路的教训。总之，想把一切都弄得水落石出、泾渭分明。因此读《金圣叹史实研究》一书，处处都可以感受到在字里行间有锋芒闪烁，然而又是充分说理、态度诚恳的，不是逞强争胜，表现出一个学者单纯的书生本色。考证性的学术成果中，全对或全错的情况当然存在，但是更多是对错夹杂，很难一概而论，这充分反映出文史考证求实的艰难和复杂，而这一工作的魅力、对研究者智慧的考验也在于此。陆林遇到这种情况，能够是是而非非，辨别或判断异常细心，态度也公允。这对于处理争论性的学术问题非常要紧，否则，披沙拣金、瑜不掩瑕或将两皆相失。

《金圣叹史实研究》固然是研究金圣叹生平实际等情况的专著，

---

① 吕柟：《泾野先生四书因问》卷三，明刻本。

也不妨称它为一部有关这一专题的研究史著作。二者合为一体,使读者读一部书,能够兼而收到读两部著作的效果。陆林非常关注别人的金圣叹史实研究成果,阅读了大量有关材料,而且舍得花时间对此认真琢磨,作广泛、仔细的比较,在此基础上对别人在这一专题上做了什么研究、有何价值和教训做出明确判断。他在求证一件金圣叹史实时,总是尽可能将有关的研究成果都取来斟酌考量、一一梳理,比如问题是如何被提出,已经解决到何种程度,经过了怎样的曲折,还留下怎样的悬念,纠缠在哪里,结症在何处,等等。这些内容在《金圣叹史实研究》中随处可见,几乎每一个比较重要、悬而未决的问题都包含了作者这类追根刨底的寻究,而他自己的研究则是在此基础上继续加以推进。他在证明一个新结论的同时,将学者们对有关问题作长期研究的过程和重要事实呈现出来,这种做法恰赋予了《金圣叹史实研究》一书以有关专题研究史的重要特色。比如对于"庠姓张"的考证和梳理,他将学术界关于这一问题长期讨论和争议情况的来龙去脉叙述得一清二楚,构成了一个专门问题的研究史。固然,《金圣叹史实研究》一书没有研究史一类著作的整体架子,却具有实质的内容,而这才是研究史著作最为重要的。金圣叹研究至今已经有数百年历史,特别是近百年以来他一直受到研究者的高度关注,出现了许多成果,史实研究的成果虽然相对少,也有一定积累,对这方面研究情况加以实事求是地总结,采瑜摘瑕,取精舍粗,这对于推进金圣叹史实研究、提高研究有效性是很有必要的。陆林将个案的专题研究与个案专题研究史的研究相结合的写作经验,对于如何开展其他作家的个案研究具有一般化意义。今后若有人研究金圣叹史实,将从他所做的这一工作中受惠,避免盲目性,少走重复路。

四

我在读了《金圣叹史实研究》后，对作者处理有的问题时选择的分析角度，介绍金圣叹周边某些人物时花的笔墨，也略觉有些许可议之处。此外，该著许多部分先以论文形式发表，然后整合成为一部著作。而作者研究这一专题前后长达十数年之久，某些内容有所变化，最后成书时，少数地方留下了前后照应不够严密的痕迹。

比如书中关于金圣叹女儿金法筵生年，或曰顺治八年（1651），或曰顺治九年（1652），而据陆林所引《吴江沈氏家谱》所记其卒年、享年推算，宜以生于顺治九年之说为是。作者对金圣叹与佛教的关系显然是重视的，指出"圣叹一家与佛教的渊源甚深"（第64页），并对金圣叹早年的扶乩降神活动做了详尽考论。金圣叹热衷于这样的活动，其原因是复杂的，陆林对此活动的解读尽管顾及了金圣叹才情、性格、思想（包括佛教思想），不过主要是围绕扶乩活动对金圣叹后来的文学批评产生的影响来阐述其意义。这自然富有新意，然而扶乩降神活动本身是一种民间宗教活动，宗教的含义更直接也更突出，若能够对此做进一步展开和深入分析，对于人们认识金圣叹与宗教文化之间的关系就会更有帮助。金圣叹的交游关系研究是全书的重要内容，拂去障翳，显示真实，其功甚著。然而在书中，对这些与金圣叹有关系的人物究竟介绍到何种程度才比较恰当，与全书研究金圣叹史实的主旨才协调得恰到好处，而无"喧宾夺主之嫌"[①]，这也是需要稳妥处理的。就目前书中这方面笔墨而言，对有些人物的介绍似可以增加一些约束。

陆林对于现代学者研究金圣叹的史实情况做过详细调查，掌握

---

① 陈寅恪：《柳如是别传》，第4页。

了很丰富的资料，不过也偶有检阅不及的地方。比如在金圣叹扶乩降神问题上，胡适在1935年就已经将钱谦益《天台泐法师灵异记》与叶绍袁《叶天寥自撰年谱》所载"泐公"联系在一起，指出为叶家搞降神活动的这个人是金圣叹。胡适1935年6月4日的日记写道：

偶读钱谦益的《初学集》，其卷四三有《天台泐法师灵异记》，忽忆叶天寥年谱中所记"泐公"，我当时误认为一个和尚，即是这个附托在金采的乩坛上的"女鬼"，"吴门饮马里陈氏女，殁堕鬼神道，不昧宿因，以台事示现，而冯于卜以告也"。读书不可不博，又当随时作笔记。即如此记，书角有折叠之处，其角直指"卜所冯者金生采也（即金圣叹）"一句，可见我当时初读时曾注意。日久忘了，读天寥年谱时竟不记起此记了。①

可见在金圣叹研究史上，胡适所做的工作不仅是写了一篇《〈水浒传〉考证》，他对金圣叹的史实也是有所发现的，尽管以上日记中的记载还比较简略，然而，叶绍袁家扶乩降神的"泐公"就是金圣叹这一事实显然已经被他点出来了。由于有胡适的这一发现在先，故"现当代学界似乎无人道及"（第98页）这一判断也就需要重新考虑了。

陆林说："从事金圣叹这一类人物的史实研究，需要花费相当长的时间和精力进行专门的研究，不是其他研究的顺带所及，亦不能指望一蹴而就，更难以毕其功于一役（研究其他大家，亦无不如此）。"（第15页）这是过来人体会之谈。现在不少人在做研究时，先匆匆在网上搜一下，如果搜到有相关成果的篇名、关键词，往往就放弃不干了。他们更想找一个还没有被别人触动过的人物或作品

---

① 曹伯言整理《胡适日记全编》六，安徽教育出版社，2001年，第482-483页。

来进行研究，美其名曰"填补空白"。尽管这对于扩大研究的范围、改变和完善研究的整体布局也有其益处，但是过分强调这一点，其结果则会导致铺开有余、深究不足的不良后果。这种情况，在明清文学专业的硕士、博士学位论文选题中尤为常见，表现出的是缺乏沉潜下去、在必要的积极的良性重复研究中推进和提高研究质量的定力和信心。那种浮光掠影的所谓"填补空白"，不利于学术研究的发展，足堪忧虑。若大家能像陆林研究金圣叹那样，以求真创新的精神，综合研究的方法，规范较真的态度，肯花长期专一、狮子搏兔的功夫于一个题目，哪有攻不下的难关？又何须担忧与别人的研究对象相重复？陆林研究金圣叹史实取得的经验和业绩，可以为大家所思而汲取之。

——原载《文艺研究》2015 年第 12 期

灵眼觑见　灵手捉住

——陆林的金圣叹扶乩降神研究三议

卜键

在我国古典小说戏曲中，常常会写到求神问卜、星命扶乩，摹绘那急难之际的亲情与期待，也带写出一个幽眇神秘的江湖，如《金瓶梅》中吴相士、《红楼梦》中马道婆，其人在邪正之间，法术也是真真假假。而通常的文艺批评，一说到此等手段，便生鄙夷讥讽，视为骗人钱财伎俩，对于其在历史中的长久存在，对于不同社会阶层的追崇痴迷，对于一些杰出人士的浸润其间，关注甚少，研判更属稀缺。

陆林新著《金圣叹史实研究》，以整整一章的篇幅，叙写金氏扶乩活动的全过程，不仅考证精审，论列详悉，更将之与他的文学批评相衔接，凸显其形象塑造、文思才情，真可谓"灵眼觑见，灵手捉住"。读后启悟良多，亦觉有益于今日之学界甚多，略陈三议，就教于著者和方家。

扶乩，金圣叹的一生污点？

在金圣叹的生前身后，都颇有人加以恶毒和轻蔑的言辞："世人恶之忌之,欲痛绝之","不单欲杀之,而必使之入十八地之下而后已";哭庙被戮后,也有人拍手称快,作《诛邪魔》文以贺。苏州向为文人荟萃之地,金圣叹一介书生,无职无权,家境寒素,何以竟至如此令人痛恨?逆向梳理,大约还与他扶乩降神的经历相关。

据陆林考证:金圣叹大约在20岁,自称天台宗祖师智(颛)的弟子,号泐公、泐师、泐庵大师,儒服道冠,开始在吴中游走于缙绅名宦之门,扶乩降神,先后历十余年。扶乩,又作"扶箕""降乩""扶鸾""降笔"等,大致为在倒扣的簸箕之下装一丁字木架,悬锥下垂,架设沙盘之上,术士祝祷降神,悬锥将神旨书于沙上。此术颇有难度,既难以灵活操作,尤难以词义高旷典雅,又与事主所请相合。唐代已盛行扶乩之术,演至晚明,苏州一带此风甚盛,代不乏高手,而金圣叹当称高手中的高手。

二十几岁的金圣叹,即被人奉为泐大师。泐,石头的纹理,"减除天半石初泐,欠缺几株松未枯",取意玄而又玄,也有些苍古与浩渺。他所主持的法事,见于记载的有叶绍袁、钱谦益、姚希孟府上,多为当地显宦富室或大文人。钱谦益以当时的文坛领袖,撰《天台泐法师灵异记》,为之荐扬鼓吹:"天台泐法师者何?慈月宫陈夫人也;夫人而泐师者何?夫人陈氏之女,殁堕鬼神道,不昧宿因,以台事示现,而凭于乩以告也。"这些神神鬼鬼的话,皆出自金圣叹自己。曾有人向钱谦益揭露此言荒唐,却未动摇其深信不疑。金圣叹法术之妙,众人之厌憎嫉妒,由此皆可想见。陆林说:"扶乩降神对圣叹一生的影响是巨大的:不仅为其人生评价带来了洗之不去的沉重的负面影响,而且给其随后从事的文学批评活动烙下了鲜明的个人印记","信者奉之为神,恨者詈之为魔"。欲全面研究金圣叹,必须了解他的这一段特殊人生经历。

金圣叹为什么要去设坛降神、扶乩作法?是出于笃信之诚,还是游戏人生？想来一则享受"大师"的虚荣，更多的当是赚些钱财，弥补生计。金圣叹扶乩，与江湖术士之扶乩自会有不同，陆林兄在书中揭示了其间的差异性，而相同处则在于赚钱养家。此类装神弄鬼、唇天齿地的事体，大约金圣叹也是偶一为之，史料中未见其以此为业，倒是有一些记载，将此作为他的人生污点，亦求之过苛。金氏家境素不丰饶，读"不亦快哉三十三则"，多以贫穷困顿为底色，快哉与苦哉互相映衬，传递出一个乡间老书生的苦中作乐。读书著文之余，圣叹以丰厚（也包括奇诡驳杂）的学识为根株，以浩瀚文思和言情笔墨为花叶，以平日知交三五人为表演团队，绰影斡空，追摹才女，编捏前世，如词社诗会之唱和、新曲之登场，又得大师高人之供奉，不亦快哉！

莺莺身后，黛玉生前

晚年的钱谦益对金圣叹如此倾倒，将他请到家里设坛作法，特为撰文奖赞，无他，被其奇诡才思与丰沛文情打动折服。金圣叹是一个不世而出的文学天才，如果说他在评点方面的成就蔚为大观，则其创作未及展开，便遽尔罹难，殊为可惜。所幸他还有过一段作法颂赞的经历，所幸陆林揭示出其间的文学价值，还有他所摹画的澄澈空灵的叶小鸾形象。

吴江叶氏为当地大姓，至晚明文人辈出，其中叶绍袁家族亦引人注目。绍袁举天启五年进士，历工部主事，不数年即辞归故里，妻子沈宜修出于同邑文学世家，二人所生八男五女，皆才貌双全。退隐林下，一家子吟咏唱和，"咸有滕王之序……早拟小山之文"，其乐也融融。孰料次年秋，三女小鸾偶染小恙，竟至不起，年仅17岁。长女纨纨因哀伤过度，也随之辞世。崇祯八年，这个家庭再次遭受一连串不幸，次子因科举失利于二月抑郁而死，八子在四月患惊风夭折。这期间，金圣叹应多次到其府上设坛扶乩，可确知的一次在该年六月，绍袁夫妇"恭设香花幡幢，敦延銮驭"，迎请圣叹来家做法事。泐大师岂有回天之力，所能做的只是一点精神抚慰，他对着悲伤的一家人解说往昔因缘：绍袁前世为宋词大家秦观，夫人宜修为秦观之妻；夫妇二人在轮回路上都曾与女儿小鸾有过一番遇合。他还故为谦虚，说叶家人的前生都有奇迹，查不能清。叶家一门文士，泐大师便往前代大文人上扯，至于降神祛灾，则纯属忽悠。九月间，沈宜修也呕血病逝，一岁三伤，泪痕相续，倒也没有去责怪泐师。

叶绍袁家境一般，小鸾待嫁，连像样的嫁妆都置办不起，其突然辞世似也与此相关。如此拮据，当也不会有太多谢仪，是知"泐大师"（金圣叹）所重，当还在于斯文之交，在于对才女子叶小鸾的欣赏。小鸾亭亭玉立，容貌娇媚，琴棋书画无所不精，胸襟识见亦与通常女子不同："每日临王子敬《洛神赋》，或怀素草书，不分寒暑，静坐北窗下，一炉香相对终日……否则默默与琴书为伴而已"，"又最不喜拘检，能饮酒，潇洒多致，高情旷达"。这是叶绍袁忆写的女儿形象，称为小友。

在叶家两代人中，圣叹着意突出了叶小鸾，扶乩时说她是月宫女侍书，仙名寒簧，住在缑山仙府。这不是随口杜撰，而应是研读了小鸾诗词作品后的文学描述，以下的"审戒"一节，泐师设问，小鸾应答，正语反接，更有一番出奇料理：

师因为审戒，问：曾犯杀否？答：曾犯。师问如何，答：曾呼小玉除花虱，也遣轻纨坏蝶衣。

问：曾犯盗否？答：曾犯。不知新绿谁家树，怪底清箫何处声。

问：曾犯淫否？答：曾犯。晚镜偷窥眉曲曲，春裙亲绣鸟双双。

问：曾犯妄言否？答：曾犯。自谓前生欢喜地，诡云今坐辩才天。

问：曾犯绮语否？答：曾犯。团香制就夫人字，镂雪装成幼妇词。

问：曾犯两舌否？答：曾犯。对月意添愁喜句，拈花评出短长谣。

问：曾犯恶口否？答：曾犯。生怕帘开讥燕子，为怜花谢骂东风。

问：曾犯贪否？答：曾犯。经营湘帙成千轴，辛苦莺花满一庭。

问：曾犯嗔否？答：曾犯。怪他道蕴敲枯砚，薄彼崔徽扑玉钗。

问：曾犯痴否？答：曾犯。勉弃珠环收汉玉，戏捐粉盒葬花魂。

句句出人意表，句句发乎至情。答语中的诗句，虽出自金圣叹手笔，却与叶小鸾在精神气质上极为契合。陆林认为：这段对白"既通俗浅近，颇有元曲豁达尖新的风味；又俊雅清新，于玉茗诸剧中似曾相识"，不独引出乃父无限爱怜感伤，亦深深打动了钱谦益、周亮工等人，甚至被视为叶小鸾的作品。

由是，叶小鸾成为中国文学史上的新典范，既作诗，又入诗，她的清丽俊雅，她的超尘脱俗，她广博的兴趣爱好与坚守的人生原则，她那匆遽的悲情淋漓的辞世……在在令人感慨唏嘘。自古红颜多薄命！前有莺莺，原书未写其薄命，圣叹偏为节节点出；后有黛玉，还要百余年始得问世的黛玉，圣叹先邀设一线，"对月意添愁喜句，拈花评出短长谣"，不分明就是曹雪芹笔下的颦儿吗？

别具一副手眼

金圣叹化名扶乩、改姓应举，在不同时期编造不同的故事，亦一生遭际坎坷之写照。而天赋奇才,"神气霞举,襟想高上",凡所从事,皆能别具一副手眼。他也特别推崇"手眼"一词,评点"六才子书"(《离骚》《庄子》《史记》《杜诗》《水浒传》《西厢记》),即以别具手眼相标称:"然其实六部书,圣叹只是用一副手眼读得。如读《西厢记》,实是用读《庄子》《史记》手眼读得;便读《庄子》《史记》,亦只用读《西厢记》手眼读得。"这里所说的"手眼",便是洞察力和鉴赏力,是阅读时的灵性贯通。在写作时也是一样,圣叹多次强调,"文章最妙,是此一刻被灵眼觑见,便于此一刻放灵手捉住","觑见是天付,捉住须人工也"。通过陆著的引领,我们发现,在看似类同的设坛扶乩活动中,金圣叹也是别具一副手眼:家人浓重强烈的怀念追思,往往粘连着许多生活细节;而逝者遽然辞去的无限悲情,又无不真切具体。以优美典雅的文字抒写性灵,牵连天堂与尘世,正是金圣叹与一般术士迥异之处,是其感动和震撼叶绍袁、钱谦益等人的原因。

正因为同样别具一副手眼,陆林能在寻常法事中见出金圣叹的创造精神,见出其传神笔墨的早期呈现,论为是其"文学批评的演练",极是精当。崇祯九年夏月,金圣叹再至吴江叶家扶乩,为主人招致妻女亡灵(此时他在周庄戴宜甫家坐馆,此为其主业乎),莅临时"羽葆蔽轩,顿辔蒿室",显得排场不小,而一番对话,即将主人带入浓重的亲情离恨之中:

余问:"君有何言?有所需用,当焚寄之。"云:"一无所欲,只是放君不下。宦海风波,早止为佳。偕隐是不能矣(一语千泪,伤哉悲哉!),孤隐须自计。"余言:"思君甚苦,奈何?"云:"生时同苦(伤哉悲哉!),苦在一地;死后同苦,苦在相望。"

主人叶绍袁追记此情此景,同时也写下了痛切的感受,连用"伤哉悲哉",痛泪飞迸。本已是天人相隔,竟又能夫妻相会,这样的场景，此时的伤心话语，放置于一流剧本中亦不逊色。陆林认为体现了圣叹长于心理分析，主张作文要"见景生情"的批评特色，信然！

与陆林初识于1987年的临汾戏曲研讨会上，忽忽近30年，他一直以常人难以想象的坚毅教书治学，每出一新成果，辄为学界瞩目。这是他的"宿业"，持续承受着病痛的折磨，一息尚存，考据探索不止；也是其生命价值和学术原则，一生秉持求真务实，节操凛然，不稍假借。陆林从不取巧，著作力求坚实厚重，又以情驭笔，每不离人情世相，曾说："史实研究重视的是文献与史实的结合，实证与解析的结合，生态与心态的结合；在综合各种史料的基础上，既需考究生平交游与活动轨迹，也要关注人情冷暖、世态炎凉，以求最大程度地考察古人的生存状态、体悟彼时的世道人心。"这是其治史心得，更是一种学术境界。他对金圣叹扶乩经历的梳理品评，对金氏文学构思和戏剧布局的探寻，正是这种境界与情怀的一项实证。

——原载《文艺报》2015年8月24日

一部体大思精的学术力作

——读《金圣叹史实研究》

冯保善

期待已久的《金圣叹史实研究》,作为"国家哲学社会科学成果文库"之一种,近日由人民文学出版社推出。

作为专题性研究著作,《金圣叹史实研究》的意义,首先在于其对经典作家金圣叹的"生卒籍贯、主要事迹、生平交游"等基本史实,进行了为时数十年的系统深入的"专攻",澄清了金圣叹史实研究中系列悬案,使之成为定谳。

举例来讲,如关于金圣叹的"姓名字号籍贯"问题,是"原姓张","庠姓张",还是"庠姓金"?著者通过对关键史料"哭庙记闻"不同版本的仔细梳理比对,考证辨析,指出:

> 综合各种有关哭庙事件的文献记载,笔者发现在嘉庆年间先后问世的《丹午笔记》本《哭庙异闻》和白鹿山房本《哭庙记略》,文字都是"庠姓张……顶张人瑞"!由此可以判断:道光年间手抄《甲申朝事小纪》本《哭庙纪略》"姓张……顶张人瑞",脱一"庠"字;据白鹿本排印的宣统《痛史》本"庠生姓张",衍一"生"字;光绪、民国各本《辛丑》和《哭庙》"顶张人瑞",均误书"张"为"金"。即便

> 做简单的数据统计：云"庠姓张""顶张人瑞"者各有三家，云"姓张"（语句明显不通）、"庠生姓张"（可作"庠姓张"理解）各有一家，云"顶金人瑞"（明显不通）有两家。

可以说，通过这些梳理辨析，烛幽索隐，"在这些纷繁的记载中，今人应该不难做出自己的选择"，而"存在了百余年的有关圣叹本姓、庠姓的文献讨论"，至此应该结束了。

字号问题，"由金采到金人瑞，大约在何时"？著者以明邵弥山水卷署"崇祯甲申夏尽日涅槃学人圣叹书"跋尾，以及"圣叹""人瑞"两方印章，确证金圣叹"在'鼎革'前即名人瑞、字圣叹了"；以"崇祯九年钱谦益尚称之为'金生采'"，指出其"至少此时尚未以'人瑞'行"。又"人瑞"是"一名"，还是"改名"？有了"人瑞"之名后，"采"是曾用名，还是仍用名？著者以"崇祯甲申十一月几望"金圣叹为文从简画册手书跋语之印章两方——"金采之印""圣叹"，《葭秋堂诗序》自称"同学弟金人瑞顿首""弟人瑞"，顺治十六年范良评选《诗苑天声》有"金采圣叹"，徐增《九诰堂集》著录"金采，字若采，又名人瑞""金采，字若采，一名人瑞"，圣叹弟子沈永启"游同郡金采之门"，友人周亮工康熙初年刊尺牍称"金人瑞，字圣叹，一名彩""金彩"等大量资料，证明"'金采'是伴随其一生的用名，人瑞是中年后始用名"。

关于"唱经堂与贯华堂"，著者确证"'唱经'及其相关名称，是圣叹的别号和斋名"；而"贯华堂"，则从金圣叹"本人的视角""友人的视角""家人的视角"，及"其遗书刊刻的蛛丝马迹"等诸多文献记载，证明非金圣叹所有。

金圣叹籍贯问题。文献记载向有吴县、长洲、苏州三说，"尤以吴县说占主流"。著者认为，"之所以会产生这三种说法，是源于吴县、长洲与苏州的密切关系"。通过对相关文献如吴翌凤《东斋脞语》、周亮工《尺牍新钞》，以及《哭庙纪略》等记载的辨析，证明吴县说难以成立；又以《哭庙异闻》的主证，再"从金墅看籍贯""从金诗看所居""从自述看里籍"，最后得出结论："其籍贯长洲说较之吴县说似乎理由更加充分"。

正是基于上述坚实的研究，关于金圣叹的基本的史实，《金圣叹史实研究》中有了令人信服的定论："金采，字若采，法名圣叹，号唱经，苏州府长洲县人，曾以张人瑞名参加吴县诸生考试（即庠姓张，庠籍吴县），后遂亦名人瑞。又号涅槃学人、大易学人。"

其次，《金圣叹史实研究》全面系统深入详实地考订了金圣叹生平事迹，订正了诸多讹误，填补了系列空白，使金圣叹的人生轨迹，得以空前的"丰富"具体。

以该书第四章《事迹编年订补》为例，其"商订"，乃订正前人之误；"补遗"，则补前人年谱（或年表）所未备，颇能见出著者关于金圣叹生平史实研究的发明和贡献。仅以其"补遗"论，如"八岁"条，补金圣叹读杜诗，言其"情商颇高"；"十五岁"条，补其从王思任问学，谓《批点玉茗堂牡丹亭词叙》"直接启示了圣叹'六才子书'之说"；"二十八岁"条，补其扶乩降神钱谦益家、叶绍袁家；"二十九岁"条，补其再次降乩叶绍袁家，以及在周庄戴汝义家为塾师事；"三十岁"条，补友人王翰赠诗，与宋德宜相识事；"三十四岁条"，补友人朱茂暻事；"三十五岁"条，补徐增拒见圣叹事；"三十六岁"条，补族兄金昌从其学《易》事；"三十七岁"条，补其与徐增初会于西郊慧庆寺、为汤传楹扶乩、为文彦可画册撰跋事；"三十九岁"条，补冬夜读徐增诗；"四十岁"条，补友人沈永辰事；"四十一岁"条，补其手迹七字联"消磨傲骨惟长揖，洗发雄心在半酣"，并徐增同圣默法师来见事；"四十二岁"，补友人王道树事迹；"四十八岁"条，补幼女金法筵生；"四十五岁"条，补友人徐增撰

《唱经先生》诗,及其为徐增《感怀诗》作序事;"四十六岁"条,补圣叹与榷使严我公及遗民李雅谈评点事;"四十八岁"条,补嘉兴怀应聘来访事;"四十九岁"条,补参与《西厢记》评点者有友人释密训、总持、韩住、王伊、王翰,及友人沈起事;"五十岁"条,补小女金法筵欲为其戴花、撰《小题才子书序》、徐增来访、为《裴子言医》撰序等事;"五十一岁"条,补沈起向海宁潘廷章推荐《第六才子书》事;"五十二岁"条,补范良《诗苑天声》资料、为顾予咸题园林匾额、顺治帝与木陈忞话金批《西厢》《水浒》事;"五十三岁"条,补《病中承贯华先生遗旨酒、糟鱼各一器寄谢》系年、徐增撰文送友人访圣叹、《鱼庭闻贯》所涉部分交游者事迹、张芳书信赞圣叹评选唐诗、吴见思赋诗仰慕圣叹等;"五十四岁"条,补与友人姚佺、阎修龄、阎若璩、丘象升、丘象随、张养重聚会邓尉虎丘事。相较此前的研究,徐立、陈瑜有约万字篇幅的《金圣叹年表》,严云受有约两万字《金圣叹事迹系年》,徐朔方有约两万字的《金圣叹年谱》,在多年研究、剔抉爬梳、竭泽而渔之材料搜集的基础上,陆林教授编撰的约五万字篇幅的《金圣叹年谱简编》,以及收入本书的金圣叹《事迹编年订补》,其学术贡献,自不待言。而相关交游考证,如金圣叹与莫厘王氏、周庄戴氏、吴江沈氏、甫里许氏、唯亭顾氏、葑溪丁氏,以及同徐增、邵僧弥、周计百、淮安诸友、周元亮的交游,与尤展成的瓜葛,还有《小题才子书》《沉吟楼诗选》《鱼庭闻贯》所涉交游的诸多考证,亦多前人展齿未及,填补了相关研究的空白。

其三,《金圣叹史实研究》在一些具有重要意义的问题上,做出了纵深的开掘,既极大地深化了金圣叹研究,也将金圣叹研究全面推向深入。

著者在《导言》中谈到:

具体而言,生平事迹,不仅要对其姓、名、字、号、籍贯的纷纭众说,予以史源学的研究,而且要探索其各个阶段的活动,尤其是早期经历对后来文学批评的影响;著述缘起不仅是指研究其著作的成书年代,而且包括其诗歌创作的具体时间及其涉及的当时之具体史实(即陈寅恪所谓"今典");社会关系不仅是指各种著述中涉及到的亲友,而且包括同时代对其有过相关评价的各色人物。

由此可以见出其研究的取径指向及其所涉及的范围。人生经历,特别是重要的经历,总是要深刻影响及人的思想灵魂,进而表现为具体的行为。陆著在深入研究之后认为:"扶乩降神对圣叹一生的影响是巨大的;不仅为其人生评价带来了洗之不去的沉重的负面影响,而且给其随后从事的文学批评活动烙下了鲜明的个人印记,主要体现为在选题上的'昭雪'辱者,在心态上的标新立异,在方法上的心理分析等方面。"书中《扶乩降神活动研究》对此有鞭辟入里的探论。文中指出,金圣叹的降神表现,表现出其"文思敏捷,才华出众;褒贬忠奸,关心时政;别出心裁,洞幽烛隐";是其"创作实践的尝试","文学批评的演练","批评心路的形成"。如著者所言:"作为明末清初的文学批评大家,金圣叹在古典文学学术史上有着较高的地位。但是由于史料的缺乏,对其有关史实的研究向为薄弱的一环;论其文学批评思想理论内容的成果,近些年来可谓汗牛充栋,然能从其生平事迹出发探索两者之间的关系,类似的研究却少之又少。"

其四,《金圣叹史实研究》还以其具体个案的研究,创新着"明清文学史实"研究的范式。

具体而言,陆著的创新范式,一是其对于具体作家的文学生态研究。陆著"在综合各种史料的基础上",既"考究生卒交游与活动轨迹",也"关注人情冷暖、世态炎凉,以求最大程度地考察古人的生存状态、体悟彼时的世道人心"。其中,如第二章《姓名字号籍贯异说考辨》，在广泛勾稽有关方志、郡邑总集、诸生谱、青衿录中庠（榜）姓、籍的背景下，探讨金圣叹姓氏籍贯问题；第十七章《尤展成：纠结半生的才子争名》比较尤侗与金圣叹的扶乩降神，第十九章《〈沉吟楼诗选〉所涉交游考》考证吴晋锡的扶乩降神，并论金圣叹时代的风气；第六章《莫厘王氏交游考》考证王斫山对金批《西厢》的深度参与，王道树与金圣叹评点；第八章《吴江沈氏交游考》考论金圣叹批点《西厢》与沈氏的关系；第十章《唯亭顾氏交游考》考论金圣叹与顾予咸等人的关系；第十二章《徐子能：杰出的辩护士》考证金圣叹与诗评家徐增的关系；第十八章《〈小题才子书〉所涉交游考》考证王思任对金圣叹的影响，许之溥与金圣叹的同调；第十九章《〈沉吟楼诗选〉所涉交游考》考证选家徐崧、姚佺，以及邵点参与圣叹《唐才子诗》评选；第二十章《〈鱼庭闻贯〉所涉交游考》考证毛评《三国》与金圣叹评点的关系等。如著者所论："一旦将金圣叹的文学活动置于这样的人际关系中来考察，或者说一旦尽可能真实全面地还原或恢复他的生活环境，对其做作所为的历史必然性，或许会有一份更为深刻的理解和不同以往的观照。"二是在文献资料的搜集与利用方面，著者有意识地广泛利用旁族别姓的家谱，系统全面地考察谱主的社会关系，体现出对于家谱资料"查找的系统性和学术利用的自觉性"；在别集、总集、野史、笔记、进士履历以外，对方志、专门志、地方科举史料、郡邑乡镇等地方诗文总集等，也进行竭泽而渔的搜求，进而建构了一种更加完善的文献利用体系。这种范式的成功尝试，不仅对于作家个案（特别近世文学史上诸多事迹不详之作家）研究，对于思想史、社会心灵史研究，都具有重要启示意义。

——原载《书品》2015年第3期

功深熔琢，纯青而出

——读陆林《金圣叹史实研究》

葛娟

金圣叹，这位明清之际的文学批评家，以《水浒传》《西厢记》等才子书的经典评说以及特殊的人生遭际，在后世产生了深远广泛的影响。几百年来，围绕金圣叹的文学理论和文献考证研究一直绵延不断，汇成了比较清晰有序的金圣叹研究学术史。如今，陆林先生的《金圣叹史实研究》（收入 2014 年国家哲学社会科学成果文库，人民文学出版社 2015 年 3 月出版）的出版，无疑为金圣叹研究史画上了浓墨重彩的一笔。这部凝聚作者 20 多年研究积累的著作，钩沉探微，博约精深，集百年金圣叹史实研究之大成，聚明清文学实证研究之精髓，功深熔琢，恢弘大气，堪称明清文学史实与实证研究之典范。

陆林先生是明清文学史实研究专家，曾感于在文学史实研究中"明清领域里范式性著作尚不多见"，试图"通过各种事例的考述，展示研究者摸索多年，体现了明清文学文献史实研究独特方法的心得，即立志撰写一部明清文学史实研究的范式性著作"[①]。《金圣叹史实研究》便是这样一部体现作者多年夙愿的著作。陆林先生以坚

[①] 陆林：《金圣叹史实研究》，人民文学出版社，2015 年，第 773 页。

定执着的学术理念和追求,及二十年如一日呕心沥血、毕其功于一役的倾情付出,成功地展示了明清文学史实研究的范式及范本。本人不揣冒昧,试从以下几个方面谈些粗浅的认识。

一部明清江南下层文人的精神史

金圣叹史实研究,是指包括围绕其生卒籍贯、主要事迹、生平交游等基本史实情况展开的实证研究。相比金圣叹文学理论研究的丰富和成熟,当代关于金圣叹的史实研究,无论在质量上还是数量上都存在着明显不足,这不仅源于相关历史文献的匮乏以及实证研究上缺乏竭泽而渔的功夫,更重要在于人们对实证研究及其意义的轻视和误解。"反对一事一考、一字一辨"之说便是对实证研究作为一门独立术业的意义消解。而陆林先生始终坚持这样的学术理念:"在中国古代文学尤其是作家研究的范围内,无论是说学术发展,还是论个人兴趣,史实文献研究都不应该是附庸,也不应该仅仅是基础或前提(或是可以说理论素养是实证研究的基础),而是一门具有强烈独立性、需要专攻的术业,有着自身鲜明的学术规定性。"[①]在他看来,实证性研究,不是为了出人意表而选择考述对象,不能为了证明某种观点而随意取舍史料,其出发点和归宿都是对史实本身的考量,对事实真相的探索。那么,考证的意义在哪?《金圣叹史实研究》便是最好的回答。这部长达七十余万字的专著,不仅考证了金圣叹基本史实,如对其姓名、字号、籍贯这些长期存在众说纷纭的乱象及疑难问题予以廓清辨析,对哭庙记闻版本和扶乩降神活动等进行最大限度的历史还原和解读,对金圣叹事迹编年佚作予以

---

① 陆林:《金圣叹史实研究》,第 17 页。

订补和辑考等，除此之外，该书一大重点是有关金圣叹的交游研究，将金圣叹著述中涉及的众多友人一一勾稽出来加以考论。这部分内容占全书篇幅三分之二多，对相关阶层文人生平、交游的考述，不仅尽其可能地触及金圣叹生平活动范围，而且从人物社会关系以及世道人心考察中，揭示了一大批江南下层文士的精神生活和文化人格，描摹了明末清初江南地区文学活动的人文生态图景。

如关于许之渐（兼及许之溥）的考论，就可以借此观照作者上述学术理念。这是"《小题才子书》所涉交游考"中的一篇。在考证许之渐生卒、字号、家世、籍贯及与金圣叹交游之后，作者兼及许之溥（许之渐之弟），着重从许之溥恃才放旷，与金圣叹"同调"关系方面加以考论。如果说许之溥因学使责其岁试字多古体，遂终生不试，与金圣叹"以岁试之文怪诞不经，黜革"①有相似之处，仅是一种现象的偶合，那么作者针对方志言许之溥"闻闯贼陷京师，痛苦几绝。自谓赘疣，佯狂诗酒间"②这一观点，展开许之溥特别的人生境遇和心路历程的文献考述，则是对人物内心世界和精神人格的深层剖析。作者的视角是其岳父郑鄤凌迟处死的惨绝遭遇与许之溥精神苦难之间的关系，这打破了以遗民思想作为明末清初文人精神建构的惯常研究思路："许之溥在晚明便因小故而放弃科考，并'自谓赘疣，佯狂诗酒间'，为何自视为社会的多余无用之物？为何自绝于科举求仕之路而借酒佯狂？从其长兄之渐以晚明诸生考中顺治年间举人、进士，应当不属于入清后的遗民行为，可能都与其岳父忤逆乱伦的道德名声带来的消极影响，有着密切的关联。至少后人可以从中体会许之溥自少年开始的精神苦难。"③这种建立在史料

---

① 顾公燮：《丹午笔记》，江苏古籍出版社，1985年，第162页。
② 许楘：《重修马迹山志》，卷7"孝义"，光绪六年（1880）活字本。
③ 陆林：《金圣叹史实研究》，人民文学出版社，2015年，第452页。

考证基础上的分析,不仅把握了"世道",而且触及了"人心",入情入理,令人信服。此外,从对许之溥人生境遇、精神历程以及诗歌评点的考述中,也不难见出金圣叹的影子。实际上,许之溥"借酒佯狂"的个性特征及其诗文才华正构成对金圣叹的特殊映照,作者由此解说二者的"同调"关系。

在《金圣叹史实研究》中,作者不仅考证众多人物的生卒交游和活动轨迹,而且关注人情冷暖、世态炎凉,最大限度地考察明末清初江南文人的生存状态、体悟彼时的世道人心。在多维观照和综合研究中,完成对金圣叹一生的动态脉络掌握,以及以金圣叹为中心的网状社会关系的辐射。如果说,金圣叹史实研究,首先是属于金圣叹个人的历史,那么应该说,这一历史也是明清江南文人的心灵史、精神史和文化史。因为对一个时期的历史来说,重要人物不是存在于历史之中,而是历史存在于他们之中。正因如此,作者充分挖掘史料,将相关人物活动连缀起来,让其在一定的历史场景中显示其存在价值。如在对"邵点"的相关考述中,作者侧重以其"五试不售,卒于京"为史实线索,考证邵点与金圣叹以及一批江南诸生的交往活动,解读他们的诗文唱酬及其心迹表露,展示邵点们落魄潦倒的生活和精神状态,并对包括金圣叹在内的诸生与当朝关系的远近疏密,做了具体的考证辨析。正是他们不同的政治选择及精神追求,组成了一幅色彩驳杂的清初文人生活图景。这种既见树木又见森林的研究,充分体现了考证研究的旨归,即"复原历史文件中的每一个局部,将其重新嵌入到那个年代的时空中去,让它在完整的意义中被理解"[①]。从这个意义上来说,本书是关于明清文学和文化史的微观建构和宏观透视。

---

① 封龙君:《现实与幻想——在文学与美学的范式之间》,http://blog.sina.com.cn/fenglongjunlin,2011年2月8日。

一部明清文学史实研究的方法学

陆林先生在该书导言中,借用韩愈《师说》"术业有专攻"之语,指出考证研究需要宿业专攻。"宿业"意在强调,"从事金圣叹这一类人物的史实研究,需要花费相当长的时间和精力进行专门的研究,不是其他研究的顺带所及,亦不能指望一蹴而就,更难以毕其功于一役(研究其他大家,亦无不如此)"[①]。回望金圣叹史实研究,作者真正做到了毕其功于一役。根据该书《后记》所述,早在1990年代初期,作者便计划编选"金圣叹研究资料",并陆续展开资料收集工作。如果将此作为金圣叹史实研究的开始,那么此项研究长达二十余年。这期间且不言作者倾注怎样精力,花费多少的心血于此研究,单看陆林先生常提倡的"竭泽而渔"的文献搜求功夫,也可感知他在研究中对与金圣叹有关的人和事,在知见所及范围内,所做的文献搜求努力。该研究广涉各类文献包括金圣叹著述、方志、小传、传记、家谱、年谱、诗文总集、别集、笔记杂著、工具资料书等古代文献、现当代专题著述等等。此外,从作者本课题前期40篇研究论文(见附录,其中刊于《文学遗产》五篇、《文史哲》三篇,《文史》《文艺研究》《中华文史论丛》各一篇,被人民大学报刊复印资料《中国古代、近代文学研究》转载、转摘十篇,被《新华文摘》转载、转摘各一篇),见出该书凝聚了作者20多年的研究成果,可谓厚积厚发。该书展示出金圣叹史实研究以及明清文学史实研究所达到的学术高度,令人钦服。

如在对"嵇永仁"这一人物考证中,即可领略陆林先生精深的学术造诣以及突出的研究成果。作者首先确认嵇永仁是金圣叹生平

---

① 陆林:《金圣叹史实研究》,人民文学出版社,2015年,第15页。

研究中的重要人物，因为嵇永仁的存在，金圣叹的生年及其与周计百的交游得以确证。然后针对学界关于其生平史实研究中所存在的籍贯、家世、字号以及入幕前的生平事迹等向来含糊不清的现象，予以深入的稽考和明确。如借《嵇氏宗谱》（同治十年刻本）等相关文献考证其籍贯与家族移居之地变化。关于嵇永仁的生平事迹，文学史关注的是其37岁后的经历，即"以诸生入幕，尚未授官，而抗节殉身，义不从逆"①，而于此前生平，言及甚少。陆林先生则主要集中于其早期经历的考述，他的考证功力及文献搜求价值往往就体现在"人无我有、人有我精"之中。从嵇永仁十余岁时从师受业的生活，到顺治九年16岁入学，顺治十四年为诸生；顺治十七年在苏州，顺治十七至十八年，如浙江道员胡养忠幕，顺治十八年七月作《纪梦诗》《追悼诗》及《与黄俞邰》信，追悼金圣叹被斩等等，直到康熙九年（34岁）长子出生及此年冬季《扬州梦》写成，作者一路写来，翔实有序地展示了嵇永仁的早期生活内容和精神面貌。其中有几点值得特别关注：第一，生平事迹的详细描述。作者综合运用各家文献，清晰地勾勒了嵇永仁37岁之前的生活经历，描画出一个普通士子"自结发读书，以家道中落，奔走饥寒，学殖荒废，无有一是"②的生活和精神的困顿。第二，竭泽而渔的考证功夫。作者在文献搜求上，常常是尽所知所及，广涉各种史料，勾稽探微，触类旁通，不断有新的发现。比如他从永仁入浙江道员胡养忠幕所记"王子于一更劝读《尚书》"③而感慨古人学问有成，未见有寄人篱下者，遂弃而返乡之事，考证"由劝其读《尚书》的王猷定卒于

---

① 《四库全书总目》，《抱犊山房集》"提要"，中华书局，1965年，第1524页。
② 嵇永仁：《寄林铁崖先生书》，《抱犊山房集》卷5。
③ 嵇永仁：《寄林铁崖先生书》，《抱犊山房集》卷5。

康熙元年,可判断永仁在金衢严道幕府的下限"[1]。从嵇永仁《与黄俞邵》信和金圣叹《葭秋堂诗序》,考证出金圣叹的生年,以及金圣叹与周计百的交游关系。第三,深入肌理的考述评析,作者不是仅仅客观地考证嵇永仁的生平事迹,而是注重考述嵇永仁其家庭困境与奔波入幕以及举业不成之间的关系,将笔触深入到人物的内心世界和精神状态,揭示了清初以幕僚为职业的下层士子的心路历程。如从周亮工为嵇永仁《扬州梦》所撰的序言:"余与留山交二十年,知留山以古今文字驰骋当世,而尤留心经世有用之学。"[2]作者遂加点评:"所谓'经世有用'之学,就是下面引述的'具经济才',对于一位屡试不爽的落魄书生,既是赞许勉励,亦是安慰同情。"[3]此言实际上道出了嵇永仁迫于生活压力而不得不从事经济之业的无奈。

在丰厚的学术积累和宿业专攻的实践中,陆林先生摸索发现和检验总结了明清文学史实研究的独特研究方法,具有特别的学术性意义。如在"哭庙记闻版本论争平议"一章中,他将"围绕着哭庙记闻版本的使用、讨论和争议"提高到"从一个微小方面反映了现当代学术进步的艰难历程"[4]的高度来认识这一研究的意义。通过梳理围绕着这一现当代学术史上曾经发生过的文学文献研究个案,并结合自己的研究,他探讨和总结了考证研究的经验和教训:一、知易行难与知难行易。强调文献调查的目的"终究应是为了解决问题,而不是为了证明已有的观点,因为这牵涉到对已发现文献如何使用",指出某些个案研究"徒有文献发现之劳,解决问题之功却拱

---

[1] 陆林:《金圣叹史实研究》,人民文学出版社,2015年,第595页。
[2] 周亮工:《扬州梦传奇引》,见嵇永仁《扬州梦》卷首。
[3] 陆林:《金圣叹史实研究》,人民文学出版社,2015年,第598页。
[4] 陆林:《金圣叹史实研究》,第29页。

手他人，个中原因，值得反思。科学的精神和理性的态度，永远应该是学术研究的基本前提"①。二、尊重前人与史料复勘。结合自己和学界对金圣叹史实研究中出现的个案性问题，强调"前人在引用史料时，会因为种种原因误读、误书或省略所见文献。对待前人研究，既要有敬畏之心，又要有审慎之念。其实践意义不仅是永远应对前此研究持有怀疑的态度，而且通过'复盘'前人对原始材料的取舍、加工、体会其对文献的独特理解，其学术的创获和疏漏亦自不难发现"②。三、文献研究和史实研究。他从有关金圣叹"庠姓张"研究中文献与史实研究的各自得失的实践经验和教训中，找出彻底解决这一问题的方法，总结其积累史料多年的研究思路。上述几点经验之谈，陆林先生都是具体切入其研究个案，即围绕着哭庙记闻版本的使用、讨论和争议的研究出现的问题而生发，而非凭空而言，可资借鉴。

针对金圣叹史实研究的实际困难，如因其生前仅是一介寒儒，其所交多是草野小民和普通士子，相关事迹正史不载、方志难觅、碑传罕存、诗文稀见，加之许多原本只是以字号或某老相称者，仅仅是考出本来姓名，便不是易事，更何谈深挖交往的来龙去脉？陆林先生开创性地实践了他考证研究的方法，这就是除了利用正史、碑传、别集、总集、方志、笔记等常见文献，还充分利用和发掘家谱进行考证研究；在史料检索上有的放矢，在文献占有、文本细读上通过作品整理予以丰富和细化等。尤其他对家谱文献自觉地利用和发掘，亦是他研究实践经验的总结。陆林先生不仅发现和验证了利用家谱文献的研究方法，以及家谱"文献查找的系统性和学术利用的自觉性"之于以作家为中心的明清文学史实研究的重要意义，

---

① 陆林：《金圣叹史实研究》，第48页。
② 陆林：《金圣叹史实研究》，第49页。

而且还在此书导言中,以个案研究经历,详细阐述家谱文献研究方法的运用及其成效。

实际上,针对不同的个案和研究对象,陆林先生总有着不同的研究方法和路径。这些研究方法和经验,有的是作者在行文中,常常有感而发地予以总结,更多的是作者将研究过程化入到行文之中。这使读者在获得对相关文献和史实认识和了解之时,还能清晰地感知作者的研究思路、考证方法以及文献考述特点等。作为学界令人敬佩的明清文学史实考证专家,陆林先生以自己多年的研究实践和经验,为明清文学史实研究提供了具有鲜明陆氏风格的研究范式。

一部承载生命之重的学术著作

学术研究尤其是考证研究在许多人看来是枯燥单调的,但对于以学术为生命的人来说,又何尝不是一种美丽的人生形式?陆林先生几十年如一日,"居书房如胜境,化寂寞为精彩",就是对这一人生形式和学术境界的最好诠释。一部《金圣叹史实研究》,便令人感受其步入研究胜境而获得的学术精彩。

且看《周计百:可以托孤的神交》一文,看一常见文献,陆林先生是怎样独具慧眼,探究其中奥妙,揭开周计百与金圣叹交往之谜,并赋以一篇精彩纷呈之文的。金圣叹与周计百交往,在近现代金圣叹研究中几无涉及,原因在于周计百何许人,知者甚少。陆林先生却从嵇氏尺牍中关于周计百梦金圣叹离世的文字记载中,展开了周计百其人其事及与金圣叹交游的考证研究。首先,针对俞樾《茶香室丛钞》有关嵇氏尺牍中"惟'赓南'不知何地,'赓'字亦未识,疑有误",以及对周计百语焉不详的识语,考证出周计百的名字、职位、籍贯、进士相关履历,及其"赓南"其地。仅此发现,便能领略陆林先生"宿业专攻"的学术素养和竭泽而渔的文献搜求功夫。读《金圣叹史实研究》常常发现他对别人"不及知"之知。殊不知,这需要一份长期练就的学术敏感和功力,以及他对"不及知"从不轻易放过的学术探求精神。其次,他从嵇氏书信、金圣叹相关书信和《小题才子书》评语等一些文献中,考证出金圣叹与周计百交往实迹,推出交往的时间与过程。再次,他以相关史料为依据,概括周计百喜交文士、极富才情、慷慨好施、清高狂傲等性格特征,得出:"在上述诸点中,熟悉金氏者也应能不同程度地看到圣叹的影子;这或许便是'计百何以慕圣叹'的深层原因。"[①]最后,围绕金圣叹《绝别词》托孤遗愿以及周计百梦境之真假,解析"弥天大人所指",考述细密翔实,结论独出一家。周计百梦金圣叹离世这一文献,在金圣叹研究中,大多数人仅作为穿凿附会之谈,视而不见。个别学者也只是审慎论为悲悼之言。陆林先生却顺藤摸瓜,打开一个关于周计百与金圣叹的交游世界,并有诸多新发现和精彩的论析,真乃世事洞明皆学问,学术练达好文章。

除了令人共识的学术价值,该书别具一格的著述方式和行文风格,也令人耳目一新,产生阅读的愉悦和快感。该书融考证、阐释和叙述于一体,表达灵活多变,行文张弛自如,既有严谨细实的说明,也有深入精辟的剖析和清晰简洁的叙述。尤其是叙述性文字,看起来是自然客观的呈现和记录,实际上反映了作者对历史事实的谙熟和融通,以至于有置身其中的体验和再现。作者常常不经意地将叙述作为主要的表述方式,以此绾结相关性的考证和阐释。这使单篇交游考证文章往往成为结构连贯的叙事体散文或随笔样式,写法高妙自然,读来亲切愉悦。比如第十九章《〈沉吟楼诗选〉所涉交

---

① 陆林:《金圣叹史实研究》,第 368 页。

游考》中对"邵点"的考证,就是一篇以邵点生平事迹为叙事线索,将精要的考证和分析融合起来的叙事文。所谓高妙自然,便是作者执笔的从容裕如,将考证与议论不着痕迹地行进在人物关系及活动展开中,而不是端起架子、摆起面孔地说考证、论事理;所谓亲切愉悦,那就是这类文字时会给读者带来风行雨散、润色开花的阅读享受。从全书来看,作者建构了明清之际江南文人生活和交游的历史语境,或者说复现了那一历史场景,令读者真切地感受彼时彼地发生的彼人彼事的历史氛围。

如果说一篇篇洋溢着作者学术热情和才华的文章,本身就在书写着作者的人生形式和学术生命,那么有多少人知道,《金圣叹史实研究》又是记载着陆林先生生命苦旅之书。他在研究金圣叹的后半阶段,病魔来袭(《后记》),并为虐不休。开刀、化疗、放疗以及病痛的折磨,其身体和精神之苦痛非旁人能够体验。但对于将学术研究视作自己生命的人,他只能将苦痛和坚韧融入研究工作中。如果说这也是一种胜境,那就是超越自我、超越生命的最高境界。读《金圣叹史实研究》,一页页翻过,总觉得那么厚重。每一页不知翻去了作者多少的人生光阴,无人算过;每一个字不知凝聚了他多少的心血,却可以想象。因为陆林说过,"没有一事一考、一字一辨的习惯和功夫,何谈考大事,辨重典?不从一事一字入手,如何能发现大事重典"[①],这样的驻足和蹉跎,20余载的时光就这样悄然度过!如果说坚持不懈、心无旁骛地致力于学术问题的探索和思考,需要一种精神,那这种精神在当下并不为常人向往和追求。当学术研究被世俗和外界喧嚣侵扰时,当把学术作为跳板去追名逐利时,当紧跟时代风尚去架构宏大研究项目和课题时,有多少人能像陆林先生

---

① 陆林:《金圣叹史实研究》,第17页。

这样，孜孜以求、埋头耕耘在自己的学术世界？陆林身上这种学术研究的"古风"，或许与时下学术风头格格不入，但其独特的学术品格难能可贵，足以垂范他人。值得一提的是，《金圣叹史实研究》入选"国家哲学社会科学成果文库"（2014）。该文库自2010年开始设立，入选成果经过了同行专家的严格评审，代表当前相关领域学术研究的前沿水平。该书的入选，不单是文库对《金圣叹史实研究》学术价值和水平的高度认定，也是对陆林先生独立的学术精神和品格的褒奖。

当年魏良辅"十年不下楼"，打造的昆山腔"功深熔琢，气无烟火"，使之产生永久的魅力。而今陆林20年守书房，用生命砥砺出的《金圣叹史实研究》，有着炉火纯青般的质感。这本承载生命重量之书，当为金圣叹学术史以及明清文学史实与实证研究的里程碑。

——原载《浙江传媒学院学报》2015年第4期

论明清文学史实研究的"自足"之境

——以陆林教授的新著《金圣叹史实研究》为例

张小芳

"一时代之学术,必有其新材料与新问题。取用此材料,以研求问题,则为此时代学术之新潮流。治学之士,得预于此潮流者,谓之预流。其未得预者,谓之未入流。"[①]此就纵向的"时代"学术之变动而言。就横向的研究区域之分别而言,本国史之研究,"上古部分经历清代学人由经入史的全面整理,基础较为扎实;中古部分由海内外前贤倾力相助,又得史料之多寡与立论之难易配合适当之便,很快走上正轨,养成循正途而守轨则的专业自律",而晚近史不仅"背负繁重的史料","其发端又主要是为了解决学术以外的社会问题",造成了依赖外来观念归整文献、剪削枝蔓,体系与史料不免抵牾游离的局面[②]。在对现代史学的反思过程中,有学者将现阶段中国史学分为"史料学派"与"史观学派",认为两派只各自掌握到了现代史学的一个层面:"史料学是史学的下层基础,而史观则是上

---

① 陈寅恪:《陈垣敦煌劫余录序》,《陈寅恪集·金明馆丛稿二编》,生活·读书·新知三联书店,2009年,第266页。
② 曹伯言整理《胡适日记全编》六,安徽教育出版社,2001年,第482-483页。

层建构。没有基础，史学无从开始；没有建构，史学终不算完成"①。或指出："史学重创作，发凡起例，能创垂体大思精之巨著，而史料去取之际，偶一不慎，讹谬由之而发生；史学重考据，纠谬发覆，能启释千古不解之疑窦，而擘绩补苴之余，繁琐饾饤，史学因之以萎靡。"②"史料学派"与"史观学派""科学的历史"与"人文主义的历史""考证史学"与"有意义之史学"等对组术语的出现，以及"合则双美，离则两伤"之解决思路的提出，或批评史论的空疏，或针砭考证的琐碎，均体现了对如何打破学术困境的思考。

具体到明清文学史实研究领域，面对"其屠沽细人有一碗饭吃，其死后则必有一篇墓志；其达官贵人与中科第人，稍有名目在世间者，其死后必有一部诗文刻集。如生而饭食，死而棺椁之不可缺"③的历史时段，史料文献之纷繁丰富，给史实研究带来了极大的历史容量和难以估量的细节；信息的彼此互鉴，历史肌理脉络的细密化，使历史之多层面、多样化复现成为可能。另一方面，结合上述诸论，也可以说：以晚近史研究不同于上古史及中古史的特点，研究者的史识既艰于形成，学术之时代"潮流"亦争流竞涌，令人追攀不及；史料排比而不得提升、范式层出而考证不力的弊端也表现得较为突出。在此语境中，陆林先生的新著《金圣叹史实研究》提出了"在中国古代文学尤其是作家研究的范围内，无论是说学术发展，还是论个人兴趣，史实文献研究都不应该是附庸，也不应该仅仅是基础

---

① 余英时：《中国史学的现阶段：反省与展望——〈史学评论〉代发刊辞》，《文史传统与文化重建》，生活·读书·新知三联书店，2004年，第363页。
② 杜维运：《清乾嘉时代之历史考据学》，《思想与学术》，陈弱水、王汎森主编，中国大百科全书出版社，2005年，第271页。
③ 唐顺之：《答王遵岩书》，《荆川先生文集》卷五，影印文渊阁本《四库全书》集部第1276册，台湾商务印书馆，1986年。

或前提（或者可以说理论素养是实证研究的基础），而是一门具有强烈独立性、需要专攻的术业，有着自身鲜明的学术规定性"①的观点，通过金圣叹史实研究课题的践行，展现了明清文学史实研究的"自足"之境。所论虽仅就文学史实而言，却为打破上述困境提供了另一思路。所谓"自足"之境，简言之，即坚持以"对史实本身的考量、对事实真相的探索"为研究的出发点和归宿（第17页），探问和建构明清文学史实研究作为一门独立的、需要专攻的"术业"，所应用的研究方法、应有的学术理念与学科规范。在《金圣叹史实研究》中，具体体现在：一、自觉为明清文学史实研究探索和提供高效度的研究方法及丰富的研究范例；二、探索和论证了"史实研究之于明清文学及文化研究的方法论意义"；三、形成了与"方法"和"意义"相适应的，文献与史实互证、事迹与人心互见、文学与文化贯通的独特撰述体例。详述如下。

一、研究方法的"生命感"

在明清文学史实研究领域，利用家谱、方志和诗文集等文献从事专人研究，以考述研究对象的家世、生平及交游，已为学者所共知。《金圣叹史实研究》的特点则体现在将普遍性的研究方法改造、调整成与研究对象具有高度契合度的"特殊"方法，使史料的发掘和梳理获得有机的脉理，史实研究的空间和"生命感"得以拓展与提升。即，作者对金圣叹"虽后期名扬天下，但在当时、当地却始终是一介寒儒，故其所交多是草野小民、普通士子，有关事迹正史不载、方志难觅、碑传罕存、诗文稀见"（第16页）的特点认识，促使其转向旁姓家谱和地方文献；而此观念的形成和有效践行，又

---

① 陆林：《金圣叹史实研究》，人民文学出版社，2015年，第17页。

基于对地域文化特征及由此形成的历史文献构成"形态"的充分了解。以江南地区地域文化和家族文化的成熟、文献层累的丰厚和多层构成格局、士人交游的家族化、"群从性"为前提，利用家谱和地方文献求得交游考的群体性突破，才是可能的；同样的方法应用于孤寒之族、边鄙地区，则未必奏效。《研究》在交游考上注重揭示血缘关系和姻缘关系的特点、在文献运用上的"向下"眼光、史料钩索的"专""博"结合，以及在史料文献的发现和运用过程中，强调"系统性""自觉性""针对性"的原则，均与此密切相关。

如家谱文献的运用，被作者视为金圣叹史实研究的第一条原则和方法（第 18 页）。但细究其研究过程，可以发现，面对金圣叹这样一位生活在社会下层、且身遭杀头籍没的特殊对象，在家谱的运用上，作者不是如学术界通常思路，"通过寻找谱主的家谱来理清其世系、亲属和姻娅等关系"，而是"有意识地广泛地利用旁姓别姓的家谱，对谱主的其他社会关系，进行系统全面的考察"。如金圣叹与莫厘王氏、周庄戴氏、吴江沈氏、唯亭顾氏、荇溪丁氏的交游考述，就是建立在此一原则之上。以莫厘王氏为例，在金圣叹所交往的六位王氏中，仅王武留下了较多痕迹，作者称为四个"惟一"：惟一有别集存世，惟一有画集传世，惟一有同时名人为之作传，惟一名入正史者，由此可见从历史烟尘中勾稽出其余诸王事迹的艰难。在此过程中，作者对道光刻本苏州太湖王氏《太原家谱》的运用，成了考述成功的关键性文献。不仅除王武之外诸人的本名、字号、家世及血缘关系由此解决，其中对王斫山画家身份的考证及相关文献的勾取，尤得力于家谱对其字号的准确著录。永焘次子名翰，"字其仲，号斫山，吴庠附例生"的记载，将王斫山与王其仲联系了起来，使得释中英《赠王其仲居士》一诗和金俊明为画家王翰字其仲的题跋，得以进入视野。画家身份的明确，丰富了这位与圣叹"亲如兄弟、相互服膺",深度参与圣叹批点事业之历史人物的面目,并使《鱼庭闻贯》载《与王斫山》中以画法喻诗法的交流方式,获得了更深刻的意义。又如周庄诸戴中,作者利用嘉庆抄本《贞丰里谯国戴氏族谱》,进一步理清了各人的血缘关系;由谱载戴镐生年和入学时间,推翻了前人关于其即圣叹扶乩降神"团队"中"戴生"的推测;由戴之僎、之傑合传中记载之傑讲学时"摄衣升座,声出金石""依方辩对,咸出人意表"的风采及其卒年,推测"戴生"应为戴之傑;由之僎抗清遇难之高节,推测圣叹《赠戴云叶》诗中所云"子兄吾所惮,与汝故加亲"之"子兄"为戴之僎;由戴悦的生年,考证圣叹坐馆其家的时间;由戴镐传中记录其斡旋于马惟善军中一事,推测圣叹尺牍《与戴云叶》中提及"蒨老"为顾赟。另如,哭庙案中"二丁"身世的发现,由丁氏宗谱为介,吴江诸沈、唯亭顾氏亲缘关系的考述,也得力于家谱文献的利用。血缘关系之外,作者对家谱文献提供的圣叹交游者之间的姻缘关系,亦注意揭示。如由王氏家谱指出,许定升为王瀚、希、学伊幼妹婿;宋德宜是王希次女婿、王武的表弟,陆世恒是王希小女婿,秦松年为诸王外甥;由戴氏家谱指出,戴汝义女嫁顾予鼎(予咸三兄),戴悦女嫁予鼎子,等等。作者对利用"旁姓别姓"家谱文献的步骤有所说明:"将所收集到的与金圣叹有关系的百余位人士,按照姓氏予以编排、考察籍贯。凡是获知籍贯的,便去查该地的该姓家谱;未知籍贯的,便系统翻阅苏州府有关各县的该姓家谱。"(第19页)如此计划详密、持久系统的排查翻检工作,是金圣叹生平交游考取得重大突破的奥秘所在。作为"家族关系史"的家谱文献的发现和充分利用,在父子相继、兄弟接引、姻娅相通的交游考述中,"盘活了所有的已知文献,串联起相关人物的种种关系",使作者能够将与圣叹相关的人物,从仅知字号、"悬浮"于历史时空中的状态,一一安放于具体的坐标和亲缘位置中，破解圣叹书信和诗文中的模糊信息，"一点一点地交织起金圣叹的世俗社会的关系网，并使之在这样的网状结构中，慢慢地复活过来"（第263页）。

家谱文献之外，《研究》使用史料文献的独特之处，还在于"对地方文献的系统查找"。此类文献的构成包含：一是方志，由省、府、县志到乡镇志，以及山水专志和轶事专志；二是秀才一级的地方科举史料；三是郡邑乡镇诗文总集（第20页）。江南文化的繁荣及成熟，使方志的修撰和地方诗文总集的编选呈现出由上至下逐级、自觉铺展的特点，乡镇志和郡邑乡镇诗文总集的编刻留存相对普遍；而科举的兴盛和人才的密集，又使功名等级低下的文人很难在县志及以上的方志中留下身影，《诸生谱》等秀才一级的地方科举史料以及乡镇志、各类专志，则填补了这一缺憾。如关于圣叹《与许孝酌王俨》中的许王俨其人，前人考述本有两名（洞、王俨）、两地（无锡、长洲）的情况，却无辨析。作者由《吴郡甫里志》中许虬《从嫂陈节妇传》及许王俨小传，结合李流芳为许自昌生母陆氏所撰《行状》，考定许王俨谱名定泰，以许洞（洞为洞之误）为名入学，庠籍为常州府无锡县，后由无锡改归长洲，王俨为后取学名，从而将其两名、两地之关系辨析分明。又如，由《七十二峰足征集》和光绪《重修马迹山志》发现圣叹友人鲁钊诗二首及小传，循此考知鲁氏的重要交游者堵胤锡，再由堵氏年谱传记等相关文献，发现鲁氏为其所作二序，得以补充鲁氏本人的行踪事迹和性情人品。据道光《双凤里志》和《明太仓诸生谱》相关记载，推考释戒显生卒，在其塔铭资料发现之前极为接近地考证出其生卒时间。又如据《百城烟水》中沈始熙《过南庄祖居有感》诗，揭示诸沈在清初崇尚节气而致家族式微、祖居破败的情形；据长洲"育婴堂"条记载，指出许定升倡建育婴堂而相沿成惯例；据吴县"灵岩山"条记载陈济生建灵岩大悲阁事，指出其佛源之深。山水文物的历史沿革，与人物的家世生平交织在一起，丰富了人物活动的环境细节及时代风物。

前人有云："有人每得一事出处，自诩发明，而薄之者，则谓固在书中，俯拾即是，皆不免过甚。书贵细读，尤贵慎思，始不遗不漏也。"[①]此言良是。研究方法及文献系统的发现，仍需辅助以鉴别和综合史料的能力及眼光；史实研究"史料库"如何建筑，其地基范围、架构空间、材料安放等，均需观念的支撑，即作者所云需"进行一定观念指导下的竭泽而渔式的文献搜求"（第20页）。"竭泽而渔"是求全，而此不遗不漏之境界能否达到，却依赖"一定观念"的形成。此非"固在书中"，而由"慎思"始得。例如，由于金圣叹本人生平经历的传奇性和文化面貌的复杂性，《研究》在考证其基本史实、揭示其心路历程时，体现了开阔的文献搜集视野和审慎的史料辨析能力的充分结合。不仅将考述钩沉对象从诗文作品，扩展到联语、语录等；由于其书法家、画家的身份，将书画史料等也纳入考述范围。又因为其降神行为的轰动性和争议性，对一些怪诞不经之谈亦郑重甄别，以求拨开迷雾，发露本相。其中由扶乩降神行为的考证，揭示其对圣叹治学道路和人生心路形成的深刻影响；由圣叹四十一岁时所书"消磨傲骨惟长揖，洗发雄心在半酣"联语，分析出其"借酒佯狂的表象下掩藏着的深刻的灵魂苦难"；由嵇永仁书信中记载之"异梦"，考证出周计百与金圣叹万里神交、惺惺相惜的史实等，均是极为典型的范例。另如，圣叹弟子戴之儁（戴悦），变姓名"吴悦"参加科举考试，中举后不法乡里，不良死，享年仅三十六，家谱回避了相关问题，时人集中亦很少保存与之交往的诗文作品。《研究》结合《明季南略》《小腆纪传》《吴城日记》等记载，

---

① 邓之诚：《桑园读书记》，辽宁教育出版社，1998年，第1页。

考证其堂兄之僑清初抗清之史实，解释了其变姓名参加科考的时代因素；又过录韩世琦《抚吴疏草》中《参长洲县黜革举人戴吴悦恶迹赃款疏》一文，详细著明其人"大不利于乡党"的劣迹，考证其由风流倜傥"滑向奸邪下流"的历史事实。《嵇氏宗谱》记载嵇永仁父廷用与继配周氏生有七子，永仁为其次子；永仁成亲之年已近三十三岁。《研究》从永仁友人所云其中诸生后，"以亲老、昆弟未成室，出就馆谷"，以及本人书信中所云"诸弟孱弱，耕读两失"等语，发现其因诸弟多不成器，不能专心举业，且为家庭重负所牵累，致使娶亲大事亦多迁延，从而使家谱之"不言"和本人诗文中的"含糊"之处，昭然若揭。又如，"吴见思"考中，据吴见思自述、《常州府志》等材料，可知见思"身为吴襄子、阐思兄"。民国修武进吴氏家谱中也记载吴襄有二子，长文思，次阐思，文思为康熙二年宜兴籍武举人。那么，据此推出"见思"即"文思"，有武举功名，也很自然。但作者在综合、核阅所有史料的基础上，却产生了疑问："如是一人，为何友人在与见思交往的文字中从来不提及其允文允武，为何从来不称其为武孝廉或武举人；如是一人，四十岁左右还在考武科功名，'拳怕少壮'，岂不精力衰退？"（第604页）由此转而发现了宜兴《北渠吴氏族谱》，考知见思为吴襄次子，考中武举人的文思为吴襄三子，中举时二十三岁。人物基本史实得到澄清，所有因文献抵牾带来的疑问亦得到完美解答。由此可见，"方法不是一切，孤立的文献也只是废纸一堆"（第263页），只有当方法与文献、识见完美地结合时，才有可能形成的系统而完备的文献搜求"生命树"，使研究对象的人生面目得到真实的、多面的、立体的"复现"。

当然，系统化和整体性的方法建构，在高度电子化的时代，也许会被视为不合时宜或吃力不讨好，《研究》对此亦有自觉反思。其将数据库与史实研究的关系，比喻成"如虎添翼"：研究者首先要谙熟史实研究的基本方法，才能充分地利用数据库考证有关问题；当研究成果基本成型时，利用数据库才会有锦上添花之效（第23页）。笔者的理解则是，二者毋宁是技术与方法的关系问题。虽然在某种层面上，方法亦是技术，但方法不仅仅是技术，方法的形成与学术理念有关。在无基本古籍库的时代，史料文献的勾取发现，历史面目的补阙释证，均遵循学术理念和相应方法展开，以方法与对象的碰撞、对话，获得对研究对象如有机之"生命树"的追寻与塑造。从数据库入手，则失去了从生平交游的枝叶一步一步延展开去，渐渐综合所有信息，组合成鲜活的生命个体及时代生态，由此知人论世的机会。史料的勾取生而不熟、分而不合，人物的"生命感"很难形成，阅读史料的"语感"亦很难养成，则即使通过数据库搜寻到了新史料，如何解读，如何安放，也会成为问题。作者反思金圣叹史实研究的学术史时，曾不止一次指出新史料发现之后，未能得到有效辨析和充分运用的情况。如在徐增《送三耳生见唱经子序》《天下才子必读书序》《唱经子赞》等重要文献披露之后，学术界论述圣叹生平，仍仅引用廖燕《金圣叹先生传》，或即使引用《天下才子必读书序》，也是据《天下才子必读书》刊本，而非徐增《九诰堂集》。可见研究者对徐、廖生平、二者文字写作时间、与圣叹关系远近等问题的隔膜，也即研究者或缺乏史料价值辨析意识，或有此意识而缺乏形成正确判断的前提（或曰"前期储备"）。又，邵弥山水长卷跋语的发现，提供了金氏在鼎革前已名"人瑞"的证据，且反映了其面对当代绘画名家时一争高下的信心，但由于发现者缺乏对古人姓名字号变动"关涉着对其人生旨趣的臧否""主宰主观评价的好恶""左右有关史实的认知"的史识和敏感，又不了解圣叹的画家身份，故未能有效解读此条文献。反之，一旦具备了相应的史识背景，性质相同的文献会发挥不同作用，如《研究》由金氏为文从简

《潇湘八景图册》撰跋所钤之印,确定"人瑞"与"采"为"一名"而非"改名"之关系;由跋语内容再证其画家身份和八股文选评家身份;引启功先生按语,以见圣叹画理之精深、八股文之造诣,正与其跋语内容交相辉映。此等均可见文献解读之充分和材料安放之精准。由此,可以理解作者所云史实研究需要"宿业的专攻"(第14页),以及"我庆幸在本课题资料尚未基本收集齐全时没有这类工具,我庆幸在最后合成阶段有了此类工具"(第24页)等语所指。当前,如何在数据时代认识人文学科的意义、对技术引发的方法"革命"如何评价,已是引起学界重视的问题。《研究》的相关思考,必将给人们提供有益的参照。

二、史实研究的"意义"

以"对史实本身的考量、对事实真相的探索"为研究的出发点和归宿,并不意味着止于考证,而是指"不是为了出人意表而选择考述对象,不能为了证明某种观点而随意取舍史料"(第17页)的原则坚守,换言之,即从史实研究本身寻求其"意义"所在。由此,《研究》提出了"探索史实研究之于明清文学及文化研究的方法论意义"(第24页)的命题。此一命题,又可分解为两个层次、两大关系:一是史实研究与文学的关系,一是史实研究与应用的关系。前者指史实研究对于文学研究的意义所在,即史实之发现对文学史上相关现象的阐释能力;后者指史实研究对于形成历史"智识"的意义,指介于史料与史观之间、以史识和史断"照明"文献的一种研究旨趣[①]。前者是文学史实研究的根本,后者是其外延之界域范围

---

① 此一研究旨趣与追寻"规律"的宏大史观建构之区别,可参见侯宏堂:《"新宋学"之建构:从陈寅恪、钱穆到余英时》,安徽教育出版社,2009年,第352页。

的体现,两者共同构成了《研究》对史实研究的内在"自足性"和外延"规定性"的思考和认识。

在《研究》中,史实研究为文学现象提供根本性、"事实性"的阐释,最为典型的例子,无过金圣叹扶乩降神活动的考述对其文学批评特色形成的有力说明。扶乩降神材料的全面发现,可为以下问题提供答案:一是圣叹青年时期文献资料缺乏的原因,在其本人回忆中,"竟全然失去不见"的壮岁,正是其以扶乩轰动东南的前后近十年时间;二是其为人误为妖魔及身后"魔化"叙事的原因,即因不轨于正的降神活动,导致"信者奉之为神,恨者詈之为魔";三是对圣叹在吴中地位的揭示,指其降乩钱谦益家,得其作传传世,可见"圣叹于吴中,非无地位者也";四是圣叹开始批点"众经"的时间节点,即由扶乩协从者戴之傑卒于崇祯十二年,导致扶乩之事渐寝,批点活动正式全面展开;五是其选择《水浒》《西厢》等作品作为批评对象,即因扶乩行为而长期被正人君子"辱在泥涂",故把自身生命价值的体现,寄托在为"古人几本残书"的翻案上;六是对其文学批评之"一支笔"的独特阐释,即由扶乩降神对受信者心理的细致揣摩,转施于批点行为,形成设身处地的心理分析方法,而且,"正是这种长于心理分析的批评特色,使得古代文学批评从片言只语的点评,发展为容量适当的阐释,由方法的更新导致了形式的突破";七是对圣叹文学创作能力的揭示,认为金氏在扶乩降神行为中,以想象重塑了历史人物的面目,叶小鸾形象与无叶堂的创设等,对后世文学创作带来了深远影响。对金氏标新立异文学观念和批评特色的形成原因,学界多以心学思潮和市民文化阐释之(虽然这的确是当时特立独行文人共同的思想资源),史实考证则提供了体现研究对象个体选择之"自主性"和"特殊性"的答案。

又如,关于徐增与金圣叹说唐诗孰先孰后的问题,邬国平、蒋寅先生都有所讨论，作者据金昌《叙第四才子书》等文献，指出：一，圣叹在《第五才子书》问世时，已列杜诗为第四才子书，且金昌在《杜诗解》刊刻之前二十年，已见过圣叹的有关批点文字；二，在长期的阅读批评过程中，圣叹"每于亲友家，素所往还酒食游戏者，辄置一部，以便批阅"，故友人见到其批点文字的机会极多；三，由圣叹顺治十七年夏致嵇永仁书中所云"收拾残破数十本"之"残破"二字，指出所携为长期批阅修改之旧稿，而非新著。因此，圣叹批点杜诗的时间和影响均应早于徐增，故同意蒋寅的观点："在诗学观念上，主要是金圣叹影响了徐增，而金圣叹受徐增的影响几乎可以忽略不计。"（第331页）另如在《鱼庭闻贯》所涉交游考之"叶弘勋"一节，指出叶氏《诗法初津》中录有圣叹评语、且此评语又见于圣叹《杜诗解》同题诗下，按语云："《贯华堂评选杜诗》和《唱经堂杜诗解》皆成书于圣叹身后之康熙初年，而顺治十五年序刻本《诗法初津》已经收录了金批杜诗的有关文字，虽然仅有一则，却反映了《第四才子书》的成书经历，弥足珍贵！"（第574页）只简单点评，已有力地说明了这一则文献的价值所在。又如，作者提醒学者注意金昌在圣叹遗作中采入《说唐诗》的相关评语这一现象，指出有关研究认为此等评语"承金圣叹之说"，至少在承续关系上是不够准确的，即指相关诗作评语圣叹原缺，徐增之说就"事实"而言（不是就逻辑而言）非"承续"而来。徐增自述《而庵说唐诗》开始于顺治五年、动笔于顺治十四年，而圣叹之作问世于身后，这给认识二人诗学观念的先后传承关系带来了困扰，《研究》对史实的澄清，很好地解决了这一问题，对于杜诗学史和清代文学批评史的相关撰述，具有重要意义。应该说，如果学术界要建构"金学"，有关"金圣叹批评流派"之"成员构成"的论证工作，理应成为其中最为重要的一环，而《研究》对徐增、毛宗岗、吴见思、许之溥、沈起等人生平及与圣叹学术交游史实的揭示，无疑已予此以清晰而坚实的构架。

当今学术界，文学研究与史识研究的隔阂，导致文学领域的考证研究，往往有洋洋万言"不知着到何处"的茫然感；史实与文学是互不相干的"两张皮"，文献考证甚至成为赘疣或填充篇幅的"良方"（第27页）。殊不知在文学领域展开的史实研究，本身就是文学研究的必要构成；相反，一旦史实真相与文学研究的结论相牾，无论多么精密的逻辑论证，也会轰然倒塌。上述二例之外，如金圣叹曾经问学于王思任的史实，为认识其精神师承提供了更为具体的解说思路，且使《第五才子书》批点对李贽骂世习气颇有微词的疑问被"悬置"。《第六才子书》评点以文律曲，李渔有"文字之三昧，圣叹已得之；优人搬弄之三昧，圣叹犹有待焉"之说。作者从圣叹与淮安友人的欢会诗歌中，敏感地发现友人所赞"屡顾曲中误"者，乃指风流诗人张虞山，而非才子评点家金圣叹，认为"此中景象，正可与笠翁所云互参"。吴江沈自征曾参订《张深之正北西厢秘本》，由于吴江沈氏与金圣叹的交好，使今人关于《第六才子书》所用底本为张深之本的推测，多了一份人事关系上的佐证，等等，均可见史实研究与文学研究的深度勾连。

史实研究的方法论意义，还体现在"由文人个体状态的勾画而达成对彼一时段相关事件的准确认识""由个体研究展开对某一文化阶层的整体观照""由个案研究达到对历史脉搏的细致把握"（第24、25页）的"在史中求史识"[①]的过程。如在"邵点"考中，作者借邵点交游者田茂遇"余也失意复如前，有才如君何不早着鞭"的迷惘，陈维崧"亦归耳，住何益"的呼唤，龚策借口友人"强之使游

---

① 俞大维：《怀念陈寅恪先生》，张杰、杨燕丽选编：《追忆陈寅恪》，社会科学文献出版社，1999年，第4页。

国学"而以衰惫之身奔波长安道上的尴尬,揭示了这些表面光鲜而精神逼仄、自诩清流又不甘隐逸、寻求机缘却苦无出路的"北漂者"的内心痛楚。"北漂"之喻,借今照古,可谓的当。"许之溥"考中,对许氏"自谓赘疣,佯狂诗酒间"的原因,在国变之外,又揭出其岳父郑鄤由党争牵连、因乱伦重罪在崇祯十二年被凌迟处死一事,为许氏"在晚明便因小故而放弃科考"并自弃于世,提供了时人所论之外的又一解释。尤其是对计六奇笔下郑鄤被凌迟过程的"最富细节性的史料"引述和事后舆论的考释,可见党争之惨烈,更可见此事施加于许氏人生的精神压力之巨大。在"嵇永仁"考中,作者亦重点考述其在老亲弱弟、衣食不周的困境中,不得已走风尘、入幕府的经历,且云:"嵇永仁先后入浙江地方大员之幕,其生平经历,展示了清初以幕僚为职业的下层士子的心路历程。"(第598页)作者通过大量史料的排比条贯,剥笋抽丝,使其人精神之苦痛与隐秘之心曲,豁然若揭;其中贴近对象生命真实状态的"提升性"议论,将对个体生平的考述扩展到了对士人群体尤其是下层文士的关注,显露了历史长河中为人所遗忘的、"无事"的悲剧。又如,有学者在论及清代文字狱的"景观"世界时,指出除了清廷君臣的下达上应之外,"地方士人凭借想象、自我检点、自行删削,决定着文字狱的实际发生范围","不同群体揣度文字狱的方式是看待文字狱的方式,也是文字狱本身存在的方式"[①]。如圣叹死后,在辛丑春日与圣叹虎丘欢会之事的存与没上,丘象升临殁刻成张养重《古调堂集》、象随康熙三十三年(1694)手订五十年来所作诗,皆保留当年歌咏之作,可称"深情一往""尤笃故旧";在阎若璩传世诸作中,则不仅有关经历毫无记载,反而在其子阎咏所撰《行述》中,竟平添出五

[①] 王果:《无形而万状的清代士人世界》,《读书》,2014年第4期。

十一岁金圣叹主动赴镇江拜访二十三岁阎若璩、并遭没趣之事。丘、阎二氏的不同姿态，是清初政治气压下道德人心升降变易的典型案例。此外，吴晋锡明末救危不成，入清隐居，却因其子参加新朝科举为科场案所牵连，周亮工"舐犊谁能容尔老，屠龙枉自教儿工"一语，何其沉痛。遗民李瑞和归乡后因家境富裕而为"海上酷饷"网罗，遭遇子死妻残之祸，酷刑中祈祷"三先生（文天祥、陆秀夫、张世杰）"庇佑，何其苦涩。姚佺因文字之祸几至沦陷，又终于逃脱，而其本人"出妻屏子"、出家为僧的了无挂碍，又是何等的决烈坚忍。党社之争对许之溥造成了不能承受之重，在王复阳一事中却尽显荒谬和无聊，而这位周旋于"争而不矜""党而不群"的同声、慎交两社之间的尴尬和事佬，却同时又是一位抚养抗清被戮友人遗孤的始终交谊者。

作者在谈及交游考的撰写思路时曾指出："笔者只是想按照自己的心愿，在此处荡开笔墨，努力写出所涉诸人之心灵和人生的特点，借以表达自己对某个相对熟悉的时代的世态人情的兴趣或看法，也是替向来被人诟病的交游考做个新例。只是想法虽好，着笔不易，幸亏面对的是明末清初那个精彩的时代、那么复杂丰富的依违出处的人生。"（第27页）从晚明延续清初的党争和结社风气，贯穿清代全期而在不同阶段呈现不同特点的文字狱，以及通海案、哭庙案、奏销案、科场案等，是理解清初文献的普遍史实背景，但历史的大风雨降落到每个不同个体的人生中，会形成既定史实背景的变量的、殊态的命运呈现。对史实背景的概观了解，不是为了悬此既成观念，截取可与之相印证的材料，如此则历史的细节和特殊性，不会获得增量和显现，对研究对象的考述，也终将沦为缺乏个性的、整齐的史料分类而已。《研究》以史实研究为根本点，以完成文人个体生命状态的"复活"为前提，故而避免了交游考千人一面的弊端，写出了"所涉诸人之心灵和人生的特点",极大地拓展和丰富了历史的构成,且通过对一个时代世道人心和类化群体的心路历程的感受和挖掘,对史料文献构成的复杂的、多样的、"沉默"的真相予以"照明",成功地展示了史实研究之于文学文化研究的"方法论意义"。

三、寓"理念"于"风格"

"以义为经,而法纬之,然后为成体之文"①。"方法"和"意义"的呈现,需要特定的表达与之应合。《研究》坚守方法的自我生成和意义的"自足"性的学术理念,使其行文亦呈现出高度的"自律"特征,一事一字,有疑必释,有错必纠,对事实和人心均反复推问,力求在最精准的历史时空和文字论断中安放之、呈现之。对于《研究》全书之撰述体例及相应的行文风格,作者应是有意识地"形成"和贯彻之的。其突出之处可概括如下。

(一)史实与文献结合的双重释证风格

这里的"史实",指有关历史的知识和学问。杜维运在论清代钱大昕的历史考据学时,指出:"钱氏历史考据学之精审缜密,卓绝千古,即由于钱氏历史辅助知识之博雅。历史现象,林林总总,错综庞杂,与历史有关之学问不通晓,即难以进一步明了历史之真面目;研究历史必备之工具学问不具备,亦难以彻底认识史料,运用史料,而对历史有正确之新评价。"②读懂史料、分析史料,需要相关知识的博雅。其构成有制度性的,有文化性的,甚至是"惯例性

---

① 方苞:《史记评语》,《方苞集集外文补遗》卷二,《方苞集》,上海古籍出版社,1983年,第851页。
② 杜维运:《清乾嘉时代之历史考据学》,《思想与学术》,陈弱水、王汎森主编,中国大百科全书出版社,2005年,第293页。

的";有的可经由系统学习而得,有的则必须在反复的研究实践中自我提炼。《研究》尤重对后者的揭示和呈现。

如根据进士履历考知生年,是明清文学史实研究中的常见思路,作者却由研究实践,提炼出进士"履历都往小里说的惯例"(第259页)、而"履历有关生日月日的记载是大致可信的"(第296页)的规律,对进士履历提供的生年信息,均核以家谱、别集、传记等其他文献,作出正确著录,形成了明清文学史实研究的新的"史实"。

《研究》对一些今人虽有所了解、却尚未形成自觉意识的史实现象,也特为拈出,以引起注意。如有学者据徐增文集中《黄子羽舅氏六十寿序》一文,推测徐增"似明末曾一度在南京被授职"。作者由文章口吻及所叙之事,衡之以情,断之以理,推断乃为代笔之作,且考知所代者为江阴张有誉。由此特为指出徐增集中若干与其亲友关系、身份、行迹等不吻合的代作,提醒道:"后人在研究这些作品时,不仅不能将'作者'自述视为徐增本人的事迹,也要审慎看待其中表露的思想,因为毕竟这是代言之作。"(第329页)邓之诚曾针对古人同一文字出现在不同文集中的现象,指出:"达官贵人,倩人代笔,事本寻常,本人非不能执笔,特以无暇为之,或故意以此奖掖后进,分致润笔,甚至即求者自撰,代署其名。子孙不知,误以入集耳。故达官之文,不必过推,亦不必深求。"[1]此止就倩代作者言。而就代笔者而言,将此类作品收入己集,固然为理所当然,但若不注明为代作,今人研究其人生平时又不加辨择,难免为其所误。另如,在许虬考中,指出前人研究成果中认定其籍贯为"元和"欠妥,又如发现《中国家谱联合目录》归入"江苏吴江"的《贞丰里谯国戴氏族谱》,将之与苏州戴氏联系起来,均源自对地理区划沿

---

[1] 邓之诚:《桑园读书记》,辽宁教育出版社,1998年,第52页。

革的敏感。还有义例学的运用,如以徐增《怀感诗》著录各人字号之例,作为圣叹"法号唱经,法名圣叹"之辅证,又如根据《鱼庭闻贯》收入圣叹与友人论诗尺牍的署名体例,推论王学伊的名、字、号,认为"学伊必为其名,道树为其字号","伊"为其原(曾)名。在"佚作分类辑考"一章中,作者将"以圣叹扶乩语为主,兼及其日常生活中与友人语"单独立目,并以"语录"命名,仿古人编纂文集时,将作者的零散言论以"语录"为目编入之例,更是"学问"和"精思"结合的典型案例。

史实研究需要的是健全的"史识",需要随时随地"在历史中"的敏感,作者对上述史实现象的反复强调,正是提醒研究者:这些"史实"理应成为必需的知识和学问,渗透到学者的历史"观念"和知识构成中,引起研究方法的更新或调整。《研究》全书史实与文献的互证体例一贯到底,对文献的解析往往建立在多角度考量并行的基础上,且自觉以"发现——总结——应用"的过程式展示,分享其心得与创获,形成了细致缜密的释证风格。

(二)研究对象和交游者的"互见"笔法

《研究》是一部以独立史实研究为目标的著述,以研究对象的基本史实、生平经历和交游考述次第成章,就成了自然的撰述体例。但通读全书后,可以发现,作者在尊重金圣叹作为独立个体的生存形态而形成的结构安排背后,亦有逻辑层面的建构,其目的则在为圣叹人生形成不同角度的"评判者",展示其形态多变的命运"可能性"。如其交游考分为"家族""个案""著述"三大块,其中"个案"部分,选取了徐增等六个对象,每一对象都给其一个定位。如以"杰出的辩护士"为徐增"定位",作者援引史料,详细描述了其对圣叹从疑惧到服膺过程,以及对圣叹生而推崇、死而不懈的坚定友谊。

又专辟"徐集的史料价值"一节,专论徐增《九诰堂集》之于金圣叹史实研究的文献价值。又如,"周元亮"一章,将其定位为"金圣叹研究古今第一人",以"同时""同友""同好""同情"之"四同",通过这位审慎的批评者、研究者的眼光,从迥异于圣叹的友人及崇拜者的别样视角,对其批评活动进行了客观审视。"尤展成"一章,尤可见出作者对圣叹生存环境之"无形"有迹部分的"显影"能力。即由对尤侗的"金圣叹接受历程"的考述,从尤侗在扶乩降神、打造友人汤传楹的声名形象等方面对圣叹亦步亦趋的模仿,以及为汤氏刊刻遗集时,将与圣叹唱和诗删去,评述圣叹时强化其"每食狗肉,登坛讲经""腰斩唐诗"等事迹,指出"尤侗与金圣叹持续半世的才名争较以及晚年对于圣叹的丑诋又是确实存在的"。圣叹面目的历史构成,由此在推崇者之神化、正统者之痛骂之外,增加了争名者主动借力丑化的一面。"个案"六章的考述,始终是与金圣叹的人生相"映照"的;位置、性质的确定、在各章中形成的撰述思路,也是由史料特点与史识认知共同决定的:由此可以体会到作者所云"理论素养是实证研究的基础"的深意。

在交游者生平考述中,作者这种"回顾"金圣叹人生的意识,更是随处可见。在唯亭顾氏交游考中,指出哭庙案中的重要人物顾予咸于康熙八年(1669)七月去世,参与祭奠者有不少与圣叹生前过从甚密者,"不知他们在'呜呼哀哉尚飨'之际,是否会在心中默默地怀念着已经冤死九泉的友人金氏"(第312页)。在徐崧考篇末云,"金圣叹即便不死于哭庙案,其晚景当亦与徐崧差别不大,……只是不知,假若受到时任部院大臣的宋德宜之类友人的举荐,面对着朝廷'博学鸿儒'科的诱惑,金圣叹会像徐崧一样拒绝吗?"(第505页)同样,作者将对金圣叹晚年感激顺治知己之恩的心态分析,置于向其转述顺治称赞其为"古文名手"的邵点的考述中,也不仅出于事实的相关，而在于心态的相通（第518页）。在某种意义上，这些交游者的人生往往就是研究对象人生之潜在可能性的呈现。当我们将金圣叹置于这样一个由若干鲜活的个体生存的整体环境中"感同身受"时，他人人生景象中的情境，才会成为鲜活的细节，填补金圣叹的日常生活和精神世界的"无言"，完成对其人其世的完整复现。徐增称赞金圣叹批点《西厢记》，有"彩云一朵层层现"之语，可移用于形容《研究》的撰述风格。通过对圣叹远近亲疏不同的各类交游者的考述，金圣叹其人其世，亦如彩云一朵，层层浮现，且具备了生气，达到吹气欲活的境界了。

（三）注意"中介"环节的搭建

所谓"中介"环节的搭建，是指在个人和环境、历史现场和当下论断之间寻求有机的联结点，形成考释步骤和文字风格的"渐深"效果，避免了泛化和空疏之病。这在《研究》中，典型体现为注意研究"今典"和"寓论断于叙事之中"的笔法。

"自来诂释诗章，可别为二。一为考证本事，一为解释辞句。质言之，前者乃考今典，即当时之事实。后者乃释古典，即旧籍之出处。"[1]今典的考释，在普遍的情志解读中增加具体的史实因素，并转而加深对情志的理解，密实了诗歌创作中"一人之事"与"一国之本"的呼应关系。如《研究》对金圣叹"快饮达旦"组诗的本事考述，补充了圣叹在哭庙之后、被捕之前的事迹。由组诗的创作时间，推测圣叹此时滞留虎丘，明为阻雨，实为"避匿"。作为哭庙案的主要参与者和死难者，圣叹在被捕前的行踪和心绪变化，可视为了解清廷意志和办案风向的直接投影；而在这一段时间中，圣叹

---

[1] 陈寅恪：《柳如是别传（上）》，生活·读书·新知三联书店，2001年，第7页。

心情因何从"不是春风已九如,关门对雨注残书"的从容,转向"承君问我归何事,白昼关窗只是眠"的低落,也可从中得到更具体的解释。在"叶奕荃"考中,以《吴中叶氏族谱》所载元晖父叶国华在清军南下之际"渡江南奔",元晖"一月之中,往返数四",在兵荒马乱中赴浙寻父之事,与圣叹《元晖渡江》《元晖来述得生事》二诗对读,将诗中"诚忧盗贼时""渡江如绝域""亡命真不易,受恩殊复难""豺狗方骄横,鸾龙总破残"等语所指本事,一一落到实处。又如在秦松龄考中,指出康熙十三四年间,秦松龄在今江陵、武汉一带,写有《寄沈青城编修吴门》一首,作者"在考证沈世奕与金圣叹交游时,一直读不懂为何诗意如此伤感",后在家谱中看到其简历,才明白秦松龄因奏销罢官,失意家居,于三藩叛乱、国家用人之时,入湖广总督蔡毓荣幕府。则诗中"一路愁看万仞山""袱被关河明月冷"等语,皆为行踪和生活的写实;诗人以风流翰林不得已混迹行伍,内心屈抑可想而知,沉吟往事,泪下沾襟,也可理解了。

《研究》还善于借助时人观感勾连历史现场和当下论断。如在"王复阳"考中,揭出清初同声、慎交二社之抵牾与王氏周旋其中的窘态,其中对慎交社成立当天,"章素文悒悒在家,而阴遣其友王禹庆、钱宫声随群而至。书押之时,禹庆执笔不肯下,众苦之,奋袖出"的细节,作者仅以"场景颇有趣味"言之,而紧接圣叹友人姚佺致人书所云"稔知东南之间,蛮氏触氏战于牛角,血地数千里,其旌旗蔽天,皆书'慎交''同声'二字",以遗民眼光作场外冷评,遂使清初党社之争的"热闹和可笑"不言自现。在"宋德宏"考中,指出其壮年病逝,有"奏销案的打压,酒色无度的斫伤,夜以继日的博戏,病不求医的耽误"多重因素。篇末又云:"大约就在德宏逝世的这一年季冬,因丁酉科场案流放宁古塔获释不久的方孝标

(1618~1697)，南行路经苏州，参加了当地官署为唐代文学家韩愈诞辰举办的纪念宴会，参与的绅士众多，然官位、功名多被褫革，只有三位尚穿官袍：'衮衮群公为奏销，悬车岂待北山招？辕门昨日昌黎寿，止有三人衣锦袍。'在苏州城中这一世家宦族猬集蜂聚之地，足见奏销案对豪门大姓的打击。"在宋氏生平考中，此一奏销案沉淀而成的"景观"，出现得可谓不动声色而又犀利尖锐。在"邵点"考篇末，引"作为顺治十四年科场案前已经官至弘文院侍读学士的新朝进士"方孝标，康熙二年过苏州所写讽刺诗，照出了"翩翩褒袖说遗民，周粟夷齐颇入唇。闻得将军须记室，遍求书札荐陈琳"的假遗民、假山人的尴尬面目，而在"方孝标"姓名前所加的长长的"鉴定语"，又是何等的意味深长、冷峭可思！作者高超的"史笔"，常使史料的撷取和安放泯灭了"研究"感；反过来也可以说，当史料与史识的融合发展到一定境界之后，考证的过程也即如是的历史面目自然"浮现"的过程。

（四）学术史反思与"留痕"式撰述

《研究》的文字构成，在横向上可分为三个方面：一是学术史的反思，一是史实本身的研究，一是由史实研究而形成的克制而审慎的史断议论。其中对学术史的反思，不仅是推进史实研究的前提，也与作者所关注史实研究的"自足性"问题密切相关。学术史梳理和反思的自觉及系统，形成了全书"由专门学术史梳理实现对近代以来中国学术进程的反省"的写作特点。除了在不同历史时期，史料发现的途径和条件限制的客观性因素外，作者最为注意的是非学术性因素对学术研究的牵掣所导致的偏向和遮蔽现象。

如在《近现代金圣叹史实研究举要》中，作者将金圣叹史实研究分为滥觞、演化、争论、沉寂四个时期，并认为从第二个时期，出现了"科学"精神和学术自觉下的金圣叹研究,但同时也是其受到时势政局、思潮论争波及的开始。如胡适的《〈水浒传〉考证》在宣传友人出版的《水浒传》新式标点本的同时,对金圣叹的批点价值一笔抹杀。周作人的金圣叹史实研究,可视为周氏兄弟不同文学观点碰撞下的"副产品",故虽然在资料收辑方面成绩显著,缺陷遗漏亦不免,尤其是出于论争的需要,二人均扭曲和模糊了金圣叹的本来面目,借"临难家书"的真伪辩证,使其或呈现出不近人情的"幽默",或沦为消解"凶残"的"坏货"。而公盾的前扬后抑和何满子的"断章取义的征引或以偏概全的引申",更可典型见出当时金圣叹研究之服务于作者的政治观点的特点。对金圣叹史实研究学术史的全面梳理和评价,贯穿着作者对史实研究的学术"道德"(即"科学的精神和理性的态度")的坚持。也正因此,作者能将学术史意识贯穿到自身研究的肌理中,对前人研究几得而终失之的原因,均沿波讨源、由学术而人心,"将思想还原为历史","将主观的学术评价,变成探讨学者心路历程的事实分析"[1]。同时,对自己以往的研究,也保留"历史"痕迹,采用订补而不径改的方式,使读者不仅知道正确的结论,且能从中得到方法的启示:讹误和不足,是由于什么样的文献前提和研究思想产生,又是由于什么样的文献的发现或方法的完善才得以纠补的?又如,作者在文中明确罗列出没有考证出生平的近40人(第543、689页),希望学者以现有研究为基础,继续挖掘这些人的生平,体现了难得的胸襟和严谨。

综上可见,《金圣叹史实研究》是一部以个案研究探问文学史实研究之方法构成、专业规范及学科价值的独特著作,其学术建树不仅在于金圣叹史实研究本身的突破,更体现在为明清文学史实研

---

[1] 桑兵:《国学与汉学——近代中外学界交往录》,浙江人民出版社,1999年,第16页。

究和文学家研究提供范式性撰述的自觉意识及实际践行。围绕金圣叹基本史实和生平交游展开的实证研究，所涉及历史人物的多样性和复杂性，使每一个体的生平考述和人格揭示，成为展示普遍性研究方法的"高效度"调适及"特殊化"应用的丰富样本，并带来了文献种类的拓展和知识构成的更新。当然，作者将十数年明清文学文献整理研究的心得和收获，集中呈现于这一篇幅高达七十余万字的鸿文大作中，其价值和意义远非本文所能涵括，其学术理念和研究旨趣亦需读者长期沉潜、反复研读和领会。有学者指出："一般来讲，大的史学家，他对于时代的感觉是紧密的、敏感的、深刻的，像王国维，他对时代就有极大的敏感。就是其他近代的中国历史学者的作品，比如钱（锺书）先生、（陈）寅恪先生，他们选择的题目，跟他们的对时代的乐观、悲观、希望、失望，以至跟他们在历史上所看到的光明面和黑暗面，都有极密切的关系。"[1]如果此处的时代敏感也包含了对"学术"自身的敏感，那么，《金圣叹史实研究》呈现的学术态度，包括史实研究的选题、独立研究方法的建构、以史实研究为出发点和归宿的原则，甚至审慎严谨、一丝不苟的撰述风格等，本身就体现了对当下时代学术风气的敏感和回应。身处一个学术功利化和学术多元化的时代，学术"圈地运动"导致的浮躁与学术语境之"多元"带来的漠然，形成了众声喧哗表象下普遍的学术"无态度"现象。在此时代语境中，作者以鲜明的"学科自律"和自觉的使命感，传达了自立、自足、自由的"真学术"态度。

——原载《文学与文化》2015年第3期

---

[1] 侯宏堂：《"新宋学"之建构：从陈寅恪、钱穆到余英时》，安徽教育出版社，2009年，第361页。

通达有识　发覆表微

——读陆林先生《金圣叹史实研究》

解玉峰

我们正身处一个日新月异的时代，其发展之快速以至令人目不暇接。三十年前或更早些时候，人们一般或许都会为"日新月异"而欢欣鼓舞，而今天似大都对此习以为常，不再有多少兴奋和踊跃，甚或重新怀恋旧日的"慢"，2015年春晚刘欢演唱的《从前慢》大受热捧，或反映了当下很多中国人的心境。

在日新月异的时代背景下，反映中国经济总量的GDP三十年来迅猛增长，得益于经济发展，中国学术总量近十余年也迅速增长，这一点反映在各个学科，以中国古代文学研究中的明清文学研究为例，有研究者统计，自1980年至1989年十年间明清诗文研究共有48种著作出版，1990年至1999年十年间共有121种著作出版。但自2000年至2010年十年间，明清诗文研究著作已在400以上，且近年更有明显加速增长的现象。①

最近十多年学术论著、论文的快速增长，首先是因为国家及省、

---

① 周明初：《走出冷落的明清诗文研究——近十年来明清诗文研究述评》，《文学遗产》2011年第6期。

市各级科研项目的资助和推动以及硕、博学位论文的撰写需要等，与此相应的则是文献资料获取的便捷，国学宝典、中国基本古籍库、雕龙古籍数据库等新型电子文献数据库的陆续问世和各种大型丛书的电子化等都大有助力。

在看到知识总量迅速增长同时，我们也不难看到学术研究的日趋碎片化、平庸化。十余年来，突然涌现了无数"专家""教授"和"博士"，他们可能曾主持过某一课题，或曾致力于某种理论或历史人物的研究。在参加大型学术会议时，与会者们各自带来自己关心的论题，却可能发现别人对其话题漠不关心，大家很难有共同关心和交流的问题。二十世纪前半叶、五六十年代以及并不遥远的80年代、90年代，在各个领域似乎都有人所共知的学术大家、学术名著，如今似乎很难找到这样的人物、著作。

学术信息愈加方便快捷，社会日趋开放、自由，在这样的时代背景下，我们本可以期望更多的学术精品和学术大家，但似乎事与愿违。

在这样的时代症候中，捧读陆林先生所撰七十余万字的《金圣叹史实研究》（人民文学出版社，2015年），尤令人倍感沉重，心绪难平。窃以为此书今后可能会成为嘉惠学林的名著，故愿向学术界，特别是年轻学人推介此书，故不辞谫陋，略述个人读书心得如后。

陆林先生的《金圣叹史实研究》，顾名思义，是相关金圣叹的"史实"研究，具体说即围绕金圣叹生卒籍贯、主要事迹、生平交游等基本史实情况展开的实证性研究。这样的论题——围绕专人的个案研究，不论在过去、还是现在，都已有很多同类型著作。那么，陆林先生的《金圣叹史实研究》与其他同类型著作相比，究竟有何不同呢？

窃以为陆林先生的《金圣叹史实研究》与同类型著作最大的不

同者,此书并非仅仅是针对"金圣叹"的史实研究,而是在"金圣叹"的史实研究中展示了其从事"史实研究",特别是明清文学"史实研究"的研究理念和研究方法,而正是后者可能对一般研究者,特别是年轻学人提供学术启迪。

史实研究最基础、也最根本性的工作在史料的搜集和辨析。如何搜集史料?现在常见的说法是全面占有材料——所谓"一网打尽"以及所谓"占有第一手材料"。但针对具体研究对象的"全面占有材料"在大多情况下可能是非常困难、甚至是不可能的。拿金圣叹研究而言,金氏虽以才子、怪才闻名天下,但始终为一介寒儒,所结交者也多为底层士人,正史、方志、碑传、诗文集等多不载,更加上原始文献多以字、号或某老相称,故如欲考证其交游的来龙去脉,可谓非常之难!在这种情况下如何才算"全面占有材料",只能是研究者各自扪心、量力而行而已。

又如关于金圣叹的姓、名、字、号,相关文献如《哭庙异闻》《哭庙记略》《辛丑纪闻》以及清初人廖燕所撰《金圣叹先生传》皆可谓古人所留的"古代文献"或"原始文献",今人关于金圣叹的姓、名、字、号的纷纭众说也都正是以这些文献为依据的(所谓"言之有据"),其中何者算"第一手材料"、何者算"第二手材料"?如果没有具备辨析材料的眼光和能力,不能分辨材料之真、伪,即使"全面占有材料"也不能充分利用。

故高喊口号的意义不大,关键是有切实可行的操作方法。

陆林先生长期从事明清文学、文献的研究,对史料的搜求和辨析,自有许多心得体会。他在《金圣叹史实研究》"导言"中主要谈了三点:"在交游考证上充分利用家谱,在史料检索上努力有的放矢,在文献占有、文本细读上通过作品整理予以丰富和强化。"(第18页)

他认为,利用家谱从事专人研究,在学术界已有成果,但就总体看，对家谱的利用尚处在单一性或偶然性的阶段，还缺乏对家谱资料"文献查找的系统性和学术利用的自觉性"。仅以年谱编纂为例，通过寻找谱主的家谱来理清其世系、亲属和姻娅等关系，已经成为许多学者的共识，但却很少有人有意识地广泛利用旁族别姓的家谱，对谱主的其他社会关系，进行系统全面的考察。金圣叹交游所涉及多为没有功名的普通士人，许多人的事迹仅见于家谱记载，就不能不有意识地对家谱进行系统性利用。陆林先生一九九〇年代中期曾偶然获得一本内部印刷的《苏州市家谱联合目录》，其中有"丁氏宗谱二十四卷"。由于此前他已知金圣叹有《丁蕃卿生日》七律二首，并已知哭庙案中被杀的十八诸生有丁子伟、丁观生，于是带着疑问去南京图书馆查阅此"丁氏宗谱"，果然大有斩获：不仅发现了丁蕃卿的本名以及三位丁氏的准确生卒及彼此的亲缘关系，而且有这三人及其妻女的小传，为了解哭庙案的详情和影响，提供了新的史料。后来，他又系统性地利用《中国家谱综合目录》《上海图书馆馆藏家谱提要》等书所提供的家谱信息，经过多年的努力，虽然若干姓氏的家谱已亡佚，但金圣叹交游所涉及的人物史实研究大多获得了突破性进展，发表了一系列重要文章。

家谱文献并非灵丹妙药，可以解决所有问题，故还必须进行"有的放矢的文献搜求"。所谓"有的放矢"的文献搜求，主要是针对研究对象的特殊性，在一定观念指导下，进行竭泽而渔式的文献检索，尽可能多地掌握相关对象的史实文献。鉴于金圣叹本人及其交游者的社会地位，在搜求相关金圣叹生平和交游的文献时，陆林先生即有意识地对"地方文献"加以系统性利用。所谓"地方文献"，除家谱文献外，就其文献形式而言，一是方志，由省、府、县志而到乡镇志，如（长洲）《吴郡甫里志》和（周庄）《贞丰拟乘》，以及山水专志《百城烟水》《太湖备考》和轶事专志《吴门表隐》；二是秀才一级的地方科举史料,如《苏州府长元吴三邑诸生谱》(据此可考毛宗岗补诸生的时间和排名);三是郡邑乡镇诗文总集,如(太湖)《七十二峰足征集》、(长洲)《甫里逸诗》《贞丰诗萃》。以上相关金圣叹史实研究的特殊文献,大多为陆林先生首先利用。除"地方文献"外,他还广泛旁及其他各种别集、总集、野史、笔记、进士履历等相关生平、交游的文献。在长时间寻觅、大量占有原始资料后,始进入融会贯通式的考论阶段。故对同样问题或人物的考证,陆林先生的考证皆能胜出学界已有的研究,其关键正如有学者指出的那样:"其高出前人之处,在于综合利用谱牒、尺牍、笔记、别集等多种史料"。[1]

在史料搜求方面,陆林先生还强调"基本文献的系统掌握"的重要意义。对专人研究而言,所谓"基本文献"即是研究对象所留给今人的各种著述或文字。作为金圣叹史实研究的阶段性成果,陆林先生曾花费了三年时间(2006—2008)整理了《金圣叹全集》。整理《金圣叹全集》使得本书写作的完成大大延迟了,但全集的系统整理、反复校读,使其对金圣叹本人形成了全面、系统的理解和把握,也发现了很多金圣叹生平及交游的新史料,从而大大促进了金圣叹史实研究。他因此说:"通过辑校整理工作,已经使得我对金圣叹史实史料的占有和熟悉,居于一个优先和便利的地位了。"(第23页)这种对"基本文献的系统掌握",可能是单纯从事金圣叹史实研究的研究者难以相比的。

关于史料的搜求,陆林先生也谈到全文检索数据库利用方面的心得。中国基本古籍库、雕龙古籍数据库等大型电子数据库陆续问世后,学术界反应不一。有的学者非常乐观,认为我们从此将步入"e-考据"时代,传统的考据方法似应逐渐退出历史舞台。有的学者

---

[1] 吴正岚:《金圣叹评传》,南京大学出版社,2006年,第4页。

则非常悲观，说出耸听之言："基本数据库问世从此无考据"（或曰"雕龙数据库出而雕龙术亡"）。陆林先生认为，"从总体上这类数据库对于史实研究、文献考证应该是如虎添翼。"（第23页）但他同时也指出，这里所谓"虎"，既指研究者，又指研究成果。前者是说研究者应首先要谙熟史实研究的基本方法，才能充分利用数据库考证相关问题；后者是说当研究成果基本成型时，利用数据库才会有锦上添花之效，如果八字不见一撇就一头闯入数据库，可能收效甚微。他认为各类数据库不可能取代传统的文献实证研究，因为"考据"毕竟不是将某词输入其中检索那样简单。他形象地比拟说，"没有练就狙击手的能力，哪怕手持英国L96A1狙击步枪，也未必能击中笨熊，更别说是飞雀了。"（第24页）

　　以上所述，主要限于客观性的史料的搜求和辨析。陆林先生对金圣叹的"史实研究"主要是一种实证性研究，但与当前一般实证性研究或考据型论著大不同者，窃以为在其严守以客观史料为根基和前提，以"设身处地"的历史推理和想象，弥补历史链条的缺失。

　　阿诺德认为，历史学家与小说家一样，都是"讲述故事"，其不同之处是"一个小说家可以创造人物、地点和事件，而历史学家则要受制于证据所支持的东西。"但历史学家们"在处理、呈现和解释证据的时候，历史也伴随着想象"。[①]历史学家"讲述故事"之所以不能不使用推理或想象，从根本原因来看，他的研究对象已成过往，他无法亲身观察和感受它们，而只能依靠留存下来的文献和实物来进行研究。换言之，历史学家需要穿越时间进入另一个时空，以德里达所谓"不在场的在场"（presence）的方式去接近自己的研究对象。故历史研究不能不"设身处地"地去推测或想象。

---

① 阿诺德：《历史之源》，译林出版社，2013年，第13页。

在论及史实文献研究作为一门术业的独特性时，陆林先生明确提出，它需要"追求文本阐释与文献实证的结合、文学与史学的联姻；它需要长期沉潜其中，培植细腻的文献敏感性，激发热情的史实探求欲望；它需要耐得住书房的寂寞，淡漠于外界的精彩，尽可能多地掌握文献资料和历史文化风俗的相关知识。在较为丰厚的学术积累下，始有可能盘活所有的史实线索，对疑难杂症给予一针见血的剖析，对历史迷雾给予拨云见天的廓清。"（第17页）窃以为陆林先生所谓"文本阐释与文献实证的结合""文学与史学的联姻""盘活所有的史实线索"等都涉及研究者发挥主观能动性，以丰厚的文史积累和学术通识为前提，以合理的推理或想象，进入到历史史实的探求中。

如金圣叹去世后的前六十年中，对金圣叹才学最为推崇的是著名经史学家刘献廷（1648—1695），为刘氏作传的经史学家全祖望（1705—1755）对此颇觉"大不可解"。从时间上来看，刘献廷是于康熙五年（1666）才从大兴迁往吴江，其时金圣叹已亡故五年，二人没有直接交游的可能，刘氏为何如此"心折"圣叹？目前还没有（今后也未必会发现）直接的文献资料可以说明这一点。陆林先生在细密考证金圣叹与吴江沈氏的交游中，充分注意到沈永启、沈世楳、沈重熙等沈氏子侄与金圣叹间的深情厚谊，而刘献廷移家吴江后，与这些人又有非常密切的往来，故他推论云："凡此均显示出刘献廷心仪追慕金氏，必与深情怀念着圣叹的吴江沈氏有着密不可分的关系，而绝非'大不可解'之事。"（第279页）这样的推理或想象，可谓合情、合理！

又如金圣叹《沉吟楼诗选》中收七首绝句，皆题为"同姚山期、阎牛叟、百诗乔梓滞雨虎丘甚久，廿三日既成别矣，忽张虞山、丘曙戒、季贞诸子联翩续至，命酒重上悟石轩，快饮达旦，绝句记之"。

金圣叹家居苏州城西葑桥巷，距离虎丘不过八九里地，在陆林先生的想象中，如此近的距离，"具舟船之利，张一油纸伞或批一蓑笠衣，伫立船头，便可悠悠回城矣。"（第381页）那么，金圣叹何至于因连日春雨即留滞虎丘山寺"甚久"呢？

按，这一题组诗所涉及之人或是当时已声名藉藉的明遗民、文选家（姚佺、阎修龄、张养重），或是稍后即在文坛取得斐然成绩的硕儒俊彦（阎若璩、丘象升、丘象随），故此次虎丘聚会是金圣叹人生末期交游的大事，颇值得注意。徐朔方先生《金圣叹年谱》主要依据清人张穆为阎若璩编撰的《阎潜丘先生年谱》考订此次虎丘欢会为顺治十五年正月，而陆林先生据丘象随《西轩纪年集》，并取金圣叹、张虞山诗作互参，确证虎丘欢会事在顺治十八年（1661）二月二十三日至二十四日晨，也即当年震惊天下之哭庙事件爆发后之二十天后。故陆林先生由此推论，金圣叹所谓"滞雨虎丘甚久"，必因哭庙事后风声愈来愈紧，故暂时避匿虎丘。带着这样的理解或想象，他进而解析金圣叹的这七首绝句及姚、阎诸友的唱和之作，姚、阎诸人对金圣叹的关心、宽慰以及圣叹本人的消沉、低落，尽皆豁然可见！

在奉读陆林先生《金圣叹史实研究》一书的过程中，我不断体悟到：史实研究的水平，实主要取决于两方面：一是看研究者能否获取最细微（可靠）的历史细节或史实文献（这是前提），二是看研究者能否以其对历史文化的通识及世态人情的体悟，依据历史细节或史实文献，"设身处地"地展开合理的推理和想象。

最后，但或许却是最重要的，窃以为陆林先生对金圣叹的"史实研究"作为一种实证性研究，其与当前一般实证性研究最大不同者，在其最终目标是指向金圣叹作为生命个体的精神旨趣、悲欢喜乐及对世态人情的体察。

在很多人的想象中,"史实研究"本质上即是考据,搜集和辨析相关对象的文献史料,进而推断过往历史中人、事之真相而已,"史实研究"需要研究者始终客观、冷静,其最终的研究成果(论著或论文)也是冰冷无情或枯燥单调的——当下很多的研究论著也容易给人留下这样的印象。

由于历史研究的主要对象是人类历史中活生生的人,而非是古生物或商业活动,是人文学科、而非一般的社会学,故历史研究不仅仅由 A 到 B 简单的逻辑推演,也非是在大量历史史实或数据基础上而做出的普遍规律的抽绎,各种逻辑推演和普遍规律的抽绎最终目的则是指向有情感和思想的人,人类正是通过研究自己的过去而反观当下、前瞻未来。故柯林伍德《历史的观念》即指出:"历史学是'为了'人类的自我认识。……历史学的价值就在于,它告诉我们人已经做过什么,因此就告诉我们人是什么。"①

中国古代文学或可视为中国历史研究的一个分支,近些年来出现了明显的匠气化、技术化倾向,这引起一些学者的共同关注和思考。刘跃进先生即曾呼吁说:"(古典文学的研究者)必须要有宽广通透的学术视野和关注现实人生的精神境界。否则,我们的学术只能越做越技术化,而缺少人文情怀;越来越脱离社会,而引起人们对于文学研究的误解乃至排斥。"②

陆林先生《金圣叹史实研究》对精神情感、人情世态的关注显然有方法论的自觉,他在该书《导言》即明确提出,史实研究应重视"生态与心态的结合;在综合各种史料的基础上,既需要考究生卒交游与活动轨迹,也要关注人情冷暖、世态炎凉,以求最大程度地考察古人的生存状态、体悟彼时的世道人心。"(第17页)故捧读

---

① 柯林伍德:《历史的观念》,商务印书馆,1997 年,第 38 页。
② 刘跃进:《古代文学研究的思想境界》,《文学遗产》,2014 年第 2 期。

其《金圣叹史实研究》，每每可以感受到其对金圣叹及相关各类人物的体贴和同情，或悲或喜，或哀或叹，或心潮涌动、思绪万千，或了然洞彻、凡尘若远……这些情绪、思想或感叹也可能会深深感染每一位读者。

如《金圣叹史实研究》"《沉吟楼诗选》所涉交游考"一章论及清初著名选家姚佺（号辱庵）。姚佺平生孤傲疏狂，入清后借出家为掩护，暗中参与反清活动，其所编《诗源初集》有浓厚的"遗民"倾向，有"时人选时诗"的在场意义，与一般所谓"清人选清诗"很不同。对此，陆林先生已有很多令人信服的考证，他在节末充满激情地写道："金圣叹、姚辱庵这两位清初著名选家，在顺治十八年二月与淮安友人'滞雨虎丘……快饮达旦'的彻夜欢会后，很快一死于当年七月的哭庙案，一侥幸于次年春天贫困而亡……两人如远离政治，做识时务的俊杰，固然在当世或许会有较好的境遇，只是如无《诗源初集》的编纂，至少姚佺是不会为后人所关注的。……随着姚佺这样刚毅坚贞的遗民选家的相继去世，随着文字狱的严厉打击接踵而至，随着历史进入了统治更加稳固的康熙时期，清初人选清诗的编选活动虽然仍在继续，却不再有像《诗源初集》这样充满着悲怆愤懑的时代情绪的选集问世了。"（第 542 页）

又如《金圣叹史实研究》"尤展成：纠结半生的才子争名"一章主要考述对象是与金圣叹一生交集颇多的"才子"尤侗（1618—1704）。尤侗与金同为长洲人，均以"才子"著称于时，金圣叹年长尤侗十岁，且得名较早，而尤侗得名稍晚，享寿则长。陆林先生认为，尤侗的有关创作，多受金圣叹扶乩诗文的影响，是其才子争胜心态促成的。就整体而言，他也认为尤侗是一位"在时人口碑中甚好，而非爱妒忌谤议之人"。[①]但他认为，尤侗与金圣叹持续半世的

---

① 徐坤：《尤侗研究》，上海文化出版社，2008 年，第 251 页。

才名争较以及晚年对圣叹的丑诋也确实存在。他道出本章写作缘由云："本章以'争名'为切入点，研究尤侗作为主动一方与金圣叹数十年的才名较劲，并非旨在证实尤侗就是'爱妒忌谤议之人'，只是想说明自古文人相轻，为计较声名高低，有时毕生于兹不懈，即便'宽和'如尤侗者，亦在所难免。比起古今中外那些为争一时之高下而不惜造谣诽谤者，尤侗的各种招数尚属文人的惯用手法。书此不胜慨叹！"（第421页）这显然是"设身处地"地体察人情世态。

再如金圣叹人生最后期的虎丘欢会，涉及姚佺、阎修龄、阎若璩、丘象升、丘象随等重要人物，陆林先生在一一细致解析诸人聚会时之心迹后，最后取丘氏兄弟与阎若璩对比云："丘象升临殁刻成张养重《古调堂集》，象随康熙三十三年（1694）手订五十年所作诗（《西轩纪年集》自序），皆保留当年歌咏之作，无愧'深情一往''尤笃故旧'之赞。而在阎若璩传世诸作中，不仅有关经历毫无记载，反而在其子阎咏所撰《行述》中，竟平添出五十一岁金圣叹主动赴镇江拜访二十三岁阎若璩，并遭没趣之事。相形之下，不免于世态人心生出感叹。"（第383页）

在拜读《金圣叹史实研究》时，我愈来愈深地认识到，"史实研究"如果仅仅是史料的搜集、胪列和简单的推断，而不能进入研究对象的精神领域和情感世界，可能仍是有很大缺憾的。

高水平的研究著作，既有赖于研究者的天资、禀赋，也有赖于研究者自觉的研究理念和方法。陆林先生《金圣叹史实研究》给人的启迪可能是多方面的，这是我自知鄙陋，仍愿向学界，特别是年轻学人热诚推介的最主要动因。

——原载《古籍整理研究学刊》2018年第1期

史实研究的范式

——读陆林先生《金圣叹史实研究》

韩石

陆林先生的《金圣叹史实研究》（以下简称《研究》）作为"国家哲学社会科学成果文库"著作，于2015年3月由人民文学出版社出版。《研究》由导言、二十章及五种附录组成，共七十多万字，围绕金圣叹生卒籍贯、主要事迹、著作缘起、生平交游等基本史实情况进行了迄今最为详尽扎实的实证研究。长期以来，明清文学的史实研究，因其本身的难度以及跨学科性质，一些重要领域并未得到文学和史学研究者的深入系统研究，也缺乏典范之作。《研究》的问世，对弥补这一缺陷有重要的贡献。它达到的高度，不仅是站在传统实证研究的前沿，而且对照国际史学的相关研究理念和方法，也毫不逊色。作者充分利用方志，特别是乡镇志和家谱，解决了前人未解决或未彻底解决的一系列重要问题，对历史学、文学史等领域的研究具有重要的参考价值。这是在金圣叹研究及明清文史研究领域实现了方法、文献、识见完美结合的一部力作，堪称范式。

一、利用文献之眼光

史实研究，首重文献。陆先生的著作在文献的利用上显示出过人的眼光和非常的搜求分析之能力。这可从三方面来看。

（一）利用文献之丰富

取材丰富是《研究》利用文献的一大特点。仅从附录"主要参考文献"看，分为十大类。其中"金圣叹著述"15种；"方志"22种；"小传、传记"20种；"家谱、年谱"29种；"诗文总集"24种；"别集"36种；"笔记杂著"42种；"工具资料书"38种；"现当代专题著作"12种；"现当代专题论文"34篇（不包括其本人的40篇论文）。上述主要参考文献，据《导言》交代："不是将文中所有的参考书都在目录中列出。"《研究》涉及文学史学、目录版本、金石书画、典章制度、习俗生活等众多领域的文献。著名史学家严耕望说："为要专精，就必须有相当博通。各种学问都当如此，尤其治史。"[①]书中显示作者博通的例子很多。金圣叹的籍贯究竟为何？历来说法纷纭。陆先生解决这一问题就涉及古代行政区划、历史地理、古人行文惯例、古人报考诸生的惯例等多方面知识以及文献证据。而这些知识和文献绝非一知半解就能奏效，需要掌握全面方能驾驭。

史实研究对研究者的知识系统要求高同时也要求广。博通由读书之富与读书之用心而来。金诗《念舍弟》有句："记得同君八岁时，一双童子好威仪。"学者都认作兄弟同年，似只能作双胞胎解。但陆先生提供了另两种可能，一是或一正出一庶出，或两皆庶出；一是虽同年同母生而非双胞胎。前者如圣叹友人吴晋锡第四子第五子、周亮工第四子第五子，后者如沈自南、沈自东。考辨须有丰富的文献支持，而丰富的文献还必须融贯为研究者系统而有条理的知识，如此，文献的使用才能举一反三，得心应手。

---

① 严耕望：《治史三书》，辽宁教育出版社，1998年，第7页。

（二）利用文献之系统

利用文献的系统性和自觉性首先体现在对家谱系列文献的综合运用上。除此，为补家谱之不足，还要扩大地方文献的类型，《研究》利用的主要是三类文献："一是方志，由省、府、县志而到乡镇志如（长州）《吴郡甫里志》和（周庄）《贞丰拟乘》，以及山水专志《百城烟水》《太湖备考》和轶事专志《吴门表隐》；二是秀才一级的地方科举史料，如《苏州府长元吴三邑诸生谱》；三是郡邑乡镇诗文总集，如（太湖）《七十二峰足征集》、（长州）《甫里逸诗》《贞丰诗萃》"（第20-21页）。以上特殊文献，在金圣叹研究领域，多数为陆先生首先采用。

陆先生对地方文献的高度重视和充分利用是对传统文史研究方法的继承和发扬。章学诚说："夫家有谱，州县有志，国有史，其义一也。"[1] 自章氏主张实践之后，方志、家谱逐渐进入治史者的视野，但真正重视且能详尽彻底地加以利用者，为数不多。美籍华裔史学家何炳棣回顾自己"特别训练学生如何使用地方志和家谱"[2]。何先生为何如此重视地方文献？一方面与他所受国学与西方史学训练有关，另一方面与他本人的实践和创获有关。他说如果当初"没有那300多种北平善本方志的胶片，我对'丁'和'亩'制度内涵演变的讨论绝不会那样具有说服力；对近千年来由于早熟稻种的繁殖和新大陆作物的引进和传播所导致的农业生产革命的研讨，是绝不会那样充满信心的"[3]。当他在国会图书馆书库"遍翻3000多种中国方志及其他大量典籍之后"，"才充分感觉到在史料渊海中自由

---

[1] 章学诚：《文史通义新编》，上海古籍出版社，1993年，第892页。
[2] 何炳棣：《读史阅世六十年》，广西师范大学出版社，2005年，第354页。
[3] 何炳棣：《读史阅世六十年》，第282-283页。

游弋之乐和捕获之丰"①。在西方，史学家也自然"喜爱档案"②，"特别是对档案文献资料构建的事实感兴趣"③。

笔者之所以不厌其烦地列举中外大家的论述，就是要强调《研究》在这一方面所取得的实绩，既是对中国传统文史研究的发扬，又是与国际学术的接轨。地方文献的有效利用，使史实研究具有了肌理。具体来说，关于金圣叹姓名字号籍贯事迹著述的考证成果，得益于从地方文献中发掘到的关键性材料。除此，与金氏相关的众多人物的生卒年、生平的考证是利用家谱、世谱、族谱的结果。利用家谱系列材料解决了人物亲缘关系，并勾画出简明而清晰的亲缘图，从而解决了向来悬而未决的称谓、辈分等问题。特别要说的是，作者"有意识地广泛利用旁族别姓的家谱，对谱主的其他社会关系，进行系统全面的考察"（第19页），目前还少有人这样做。利用乡镇志等解决了金氏与莫厘王氏、周庄戴氏、吴江沈氏、甫里许氏、唯亭顾氏、蓊溪丁氏以及其他数十位人物的交游问题。利用乡镇志、别集、笔记杂著等考得地名及行政沿革、制度习俗等详情细节，如榜姓、庠姓、关使君等。而在方法上，作者也绝非机械死板地照搬文献。在具体的考证过程中，往往采用府县志、乡镇志、总集、别集、家谱系列文献、碑传、笔记杂著、科举资料等互证，取得了最佳的实效。作者甚至说地方文献的利用是自己"迄今为止在学术上的最大收获"（第20页）。

（三）利用文献之彻底

陆先生在《研究》中总结了利用文献的经验和教训。以往在以

---

① 何炳棣：《读史阅世六十年》，第476页。
② 安托万·普罗斯特：《历史学十二讲》，北京大学出版社，2012年，第49页。
③ 安托万·普罗斯特：《历史学十二讲》，第48页。

金圣叹"庠姓张"为中心的哭庙记闻版本研究中,陆先生说包括自己在内,都没有做到"详尽地占有材料的功夫"(第47页)。还有更为普遍的失误是对于关键字眼,大家"都没有想到对照原文"(第49页)。

鉴于上述教训,陆先生在《研究》中对哭庙记闻现存已知文献有关"庠姓张"的记载依问世时间先后进行了直观的列表,并插入了嘉庆二十四年(1819)己卯白鹿山房本《哭庙记略》扉页和第36页B面影印件。陆先生认为史实文献研究"其出发点和归宿都是对史实本身的考量、对事实真相的探索。它需要事无巨细的网罗,需要狮子搏兔的用力"(第17页)。这些学术理念和实践使人想到注重史学的法国人对历史学家基本情操的要求:"关注资料及其所述事实的来源出处。"①"所有考证方法都要回答如下一些简单问题。资料是从哪里来的?作者是谁?资料是如何流传和保存下来的?作者是真诚的么?他会不会有意无意地歪曲其证言?他说的是真的么?在他所处的位置上能掌握真实的信息么?会不会有什么偏见?"②当年,陈垣先生对学生进行史源学实习训练时也说:"史源学皆求其根源,俗云'打破砂锅问到底'。"③"考寻史源,有二句金言:毋信人之言,人实诳汝。"④这种对文献彻底的追问精神,就是史实文献研究者应具备的考证精神。书中这样的实例很多。诸如:对前人成果的利用,不是拿来就用,或者依赖成说。即便是细小的问题,也常有补订。作者长于使用方志,但对史源是审慎的。如在对许定升的考证中,指出:"民国县志文字虽详,但信息并不全面。"(第288

---

① 安托万·普罗斯特:《历史学十二讲》,第54页。
② 安托万·普罗斯特:《历史学十二讲》,第51页。
③ 陈垣:《史源学实习及清代史学考证法》,商务印书馆,2014年,第9页。
④ 陈垣:《史源学实习及清代史学考证法》,第1-2页。

页）方志记载事迹先后以及遣词的不严谨，往往造成对人物经历先后次序的颠倒认识。关于许虬，作者指出《进士三代履历便览》生日"误刻"（第 296 页）。其仕履，作者指出《清诗别裁集》、四库馆臣、《清代诗文集汇编》"均有误"（第 296 页），《清诗纪事初编》"全面而不准确"（第 296 页）。

除了在利用文献上的详尽占有和用力探求，在考证过程中还需要尽可能彻底利用所能利用的各种文献和证据。年鉴派大师布洛克早在他为史学家所写的"工作手册"《历史学家的技艺》中说："历史证据几乎具有无限的多样性。人的一切言论和著作、一切制作、一切接触过的事物，都可以也能够揭示他的状况。""设想每个历史问题都有一类特别的、专供该研究使用的资料，这是个严重的错觉。相反，研究越是达到事件的深处，就越不能指望显而易见的东西。"[①]我们可以举一个典型的例子，关于金圣叹"庠姓张"的问题，存在种种不准确或不正确的认识，而这些认识皆出自在金圣叹研究方面卓有成就的学者。这个难题也同样困扰陆先生多年，他深入明清时期各类文献，如当日的科场条例、文人笔记、地方志、诸生谱、进士题名碑录、进士三代履历、家谱、年谱等，彻底解决了"庠姓"问题。这一问题的解决，正印证了严耕望先生的名言："看人人所能看得到的书，说人人所未说过的话。"[②]

《研究》在文献利用的彻底性方面有两点值得一提。一是在成书前，作者自 1993 年始陆续撰成并发表了近四十篇有关金圣叹史实研究的专题论文。《研究》是此前研究的集大成，是充分利用此前研究的全景式成果。二是在撰写前的 2006—2008 年，作者耗时三载整

---

① 马克·布洛克：《历史学家的技艺》（第二版），中国人民大学出版社，2011 年，第 75 页。
② 严耕望：《治史三书》，辽宁教育出版社，1998 年，第 23 页。

理出版了《金圣叹全集》。这也是他所说的"竭泽而渔式的文献搜求"（第20页），"从而将一个问题做透做实"（第25页）。

二、高效度的史实研究

《研究》的追求很明确，作为明清文学文献史实研究，它是历史书写的一种类型，而历史书写必须要考虑效率问题。除了上述所说的文献的利用外，还需要具备高效度的研究方法，以期达到控御、揭示历史之目的。

（一）由点到面

《研究》凡二十章，作为核心的金圣叹的生平史实只占五章，如果再加一章惯常那类"交游考"，也就构成了一个有价值的"研究点"。但那样一来，它就再也不可能达到现在的高度，其价值和意义将大打折扣。作者突破了狭小的点，由点及面，其面的研究又具有多重目标的学术考虑。例如关于扶乩降神的史实研究，拓展到扶乩与文学批评的关系、扶乩的深远影响。最为精彩的"面"的研究，当数交游研究：有金圣叹与相关各家族群体关系的细节，旁及某些家族的亲缘关系；有在金圣叹生命中或不同阶段的重要人物的交游关系；有金圣叹著述中所涉及的人物交往。多角度、多层面的人物交游考其挖掘点又各不相同，综合起来则再现了那个特定时段的文化生态、世道人心、清初江南地区文人的生存状况和心路历程，这就立体地还原出金圣叹的社会关系以及所处的时代。

陆先生所做的真正符合史学家所强调的"'面'的研究"，"就是研究问题，目标要大些，范围要广些，也就是大题目，里面包括许多小的问题。如此研究，似慢实快，能产生大而且精的成绩"①。所谓"金圣叹史实研究"，似小实大，从其涉及的广度和挖掘的深度看，可在一定范围内补明末清初历史细节之阙，可作清初吴中文学文化史看。

（二）"事实"之还原

正像安托万所说："在教学中，事实是现成的。在研究中，得创建事实。"②《研究》力求"盘活所有的史实线索，对疑难杂症给予一针见血地剖析，对历史迷雾给予拨云见天的廓清"（第17页），旨在最大限度地复原历史事实。作者考述细腻、眼界开阔，具有高超地还原历史事实的能力，从而生动地展现出明末清初之文坛、批评界以及政治风尚复杂交织之关系。

1. 立体建构

史实还原很容易流于琐碎不连贯，如何还原出历史的细腻和完整，并非易事。陈垣说："考史源，一应密，二应首尾相连作成文章。"③这需要双重的功力。《研究》在这方面显示出出色的整合架构之匠心，力求最大限度地使所考人物呈现出完整性和丰富性。《研究》对哭庙案史实的还原十分典型。先于"导言"中简述哭庙案始末，接着讨论记载顺治十八年辛丑（1661）苏州十八诸生哭庙案的有关文献《哭庙异闻》《哭庙记略》《辛丑纪闻》。由这些文献可见当日哭庙案中人物的基本史实已经模糊不清、悬疑重重。又于事迹编年顺治十八年辛丑特补出圣叹系江宁狱，"他弟子皆避匿，独方思往询候。

---

① 严耕望：《治史三书》，第16页。
② 安托万·普罗斯特：《历史学十二讲》，第45页。
③ 陈垣：《史源学实习及清代史学考证法》，第48页。

采被刑,殓其遗骸,复奉棺置所居吴家港家庵中,人重其气谊"(第180页)。后于吴江沈氏交游考中,浓墨书写沈氏与金氏非同寻常、生死不渝的深厚情谊。哭庙案后,金家家产籍没,妻子流边。吴江沈世楙为存金氏一脉而将圣叹幼女金法筵娶为自己独子之媳。后来,法筵之子沈培福师事戴名世。戴氏论斩,"无以殓,元景(沈培福)与其所亲醵金棺殓而归葬之"(第277页)。可见沈、金后代之"敦信尚义"。细节读来,催人泪下。此可佐证清初江南士风人情极为可贵的精神。在讨论与顾予咸交游时,又及辛丑哭庙案。于蓊溪丁氏交游考中,再次详尽考述了哭庙案之始末、细节以及哭庙案对丁、金两家的影响。于圣叹辛丑仲春行迹考中重现了圣叹被捕前的活动和状况。最后又在尤侗等人物的生活中折射出圣叹的生前和身后的种种影响。对哭庙案的还原,重现了清廷在江南实行的残酷血腥的高压和死难者对此无畏地反抗,高扬了古人的气谊。陆著研究史实,特重存其精神。哭庙案的复原,前后人物事件相犯者多,作者特犯不犯。穿插藏闪,层层渲染,使史实最终具有了历史的纵深和厚重,从而构成清初江南文学文化文人生动而恢宏的叙事。

2. 注重细节

陆先生在《研究》的"导言"中多次说到对思想心态要有更加细微的触摸,对身世遭际要有更加具体的感知,对历史脉搏要有更加细致的把握,强调对交游细节的考证,重现构成文学史和文化史丰满血肉和真实肌理的人和事的细节。作者用一章的篇幅对金圣叹早年扶乩降神活动的研究是这一特点的典型代表。这也是一个由点到面的研究的典型。他充分利用了叶绍袁《午梦堂集》的丰富文献,辅以金圣叹、钱谦益、尤侗、周亮工、顾苓、释戒显、吴晋锡、赵时揖、庞元济、苏先、郑敷教、褚人获、王应奎、徐增、余扶上、朱隗、沈起凤、西泠野樵等人的著述，参以鲁迅、周作人、孟森、陈登原、徐朔方、郑志良、陈洪、王靖宇、杜桂萍、张宏生、华玮、邓长风等人的研究，证以方志、总集、家谱等文献，对金圣叹扶乩降神活动进行了非常细致的考述。其间叶绍袁一家的悲剧逆境，泐大师与叶小鸾亡魂哀婉的对白，金圣叹的文思才华和洞幽烛微，晚明苏州扶乩活动的狂热等都在这一章中展现得曲折细腻，淋漓尽致，引人入胜。其后陆先生又于考述尤侗一章，重提尤侗对圣叹扶乩诗文的暗中模仿。背面敷粉，使向来思想面貌模糊不清的青年金圣叹变得清晰真切起来。其实，这一章研究，不仅仅是还原出扶乩降神活动本身，其价值和意义还在于要从中看到早期扶乩活动是金圣叹创作实践的尝试，是其文学批评的演练，是其批评心路的形成，与其后来在文学批评中"能尽人之性"，强调"因缘生法"有着密切的关联。另外，扶乩情事对后来小说如《红楼梦》《红闺春梦》都有一定影响。陆著不仅于扶乩降神活动这样的大事考述细腻，以细节取胜，即便与史实研究相关的细节，如时间、地点、相似易误的人物事件、历史文化、生活习俗等都辨析细微、挖掘深入，结论板上钉钉。重地方文献，重细节，重数据，重字里行间细微处，重以往习焉不察处，这是《研究》贯穿始终的特点。其考据的生动性和可读性也在其中。当然，这首先在于其客观性和科学性。

3. 理解历史

雅克·勒高夫在为马克·布洛克的名著《历史学家的技艺》所写的"序言"中指出："历史应该是理解而不是裁判。这就是'历史分析'的目标，在历史考察和历史批评等前期工作过后，历史分析才是历史学家的真正工作的开端。""历史分析应特别致力于指明'众多社会现象之间的共同关联',提出'可靠的解释'。"①《研究》也属于历史著作,它对历史的认识的确达到了如此要求。在史实研究中,作为浪大师的青年金圣叹的扶乩降神活动,在今人看来,自然属于迷信活动。学者们认为其人"若非有意欺世,定是精神失常所致,或两者兼而有之";或"主要在于求名",或在于求利,抑或兼而有之。这些观点,更像是"裁判",而不是理解和分析。陆先生征引郑敷教、叶绍袁、钱谦益、王应奎等相关言论,又结合圣叹的宗教信仰,对圣叹的早年活动没有进行性质上的论断,而是"探讨其中表现出他怎样的神情思想,以及这种活动与稍后发生的文学批评具有怎样蛛丝马迹的联系"(第96页)。陆先生的结论对我们认识历史人物及其活动、认识文学批评活动中的个性因素,无疑提供了更为深入的"理解"。

《研究》的交游考不仅使我们增进了对金圣叹的理解,而且也增进了对金氏生活的时代、士人心态的理解。例如,通过对周令树性格、为官、主动结交金氏以及身后事的考证分析,对尤侗与圣叹持续半世的争名、晚年不遗余力对圣叹丑诋的深刻剖析,处处衬托着金圣叹性格、才情、遭际,使后人对金氏的理解有了更大范围的参照。这种网状的交游脉络映衬了主人公金圣叹,也复原了当时人物群像及其心态。再如,在"《沉吟楼诗选》所涉交游考"中,对或以遗民身份或以举子身份淹留京城潦倒落魄的士人境遇的勾勒与对《诗源初集》所涉诗人及其反抗精神的考察,可以前后关联起来看。对明末清初史实的钩沉细微深透,深度还原出当日世风士气的嬗变,加深了我们对金圣叹所处时代特殊性的理解。

最后,要强调的是,这是一部在生命的磨难中诞生的宏大之作。

---

① 马克·布洛克:《历史学家的技艺》(第二版),中国人民大学出版社,2011年,第19页。

作者的愿力、坚毅和勤奋，常人难以想象。2005年春天，病魔来袭，此后迄今，肿瘤为虐不休，但这竟然"未能真正阻滞过研究的进行"（第772页）。近四十篇金圣叹史实研究的论文，其中二十多篇是在这期间发表的。这期间完成了《金圣叹全集》的整理出版。完成了历时五年的国家社科基金项目。在此基础上，2014年底又完成了《金圣叹史实研究》。当然这里列举的还不包括这期间的其他著述。与愿力、坚毅、勤奋相伴的是热情和勇气。史实研究要求客观准确真实，但同样需要情怀、个性，甚至诗人的心灵。因为研究历史并不单是研究过去，更重要的是研究过去特定时空下的个体；是今人与古人的"对话"。读完《研究》，笔者深切领会到作者"追求生命澄明之境与学术精进之心互为砥砺的历程"（第18页），这也是作者与其著作相互创造的历程。

——原载《古籍研究整理学刊》2016年第5期

陆林先生学术年谱

谱 文

张小芳

1957年 一岁

12月25日先生出生于安徽省合肥市，籍贯安徽望江。

父亲陆鸿飞，笔名洪非，安徽望江人。一级编剧。生于1923年10月12日，卒于2007年7月29日。高中毕业，新中国成立前曾任中学教师、记者、编辑。1953年开始从事黄梅戏创作与研究，先后在安徽省文化局剧目研究室、安徽省黄梅剧团、安徽省艺术研究所工作。整理改编与创作戏曲作品《天仙配》《女驸马》《牛郎织女》等，并编著有《黄梅戏源流》《皖戏丛谈》《安徽戏曲志》（副主编）等。

母亲林青，原名林馥琴，安徽怀远人。中央戏剧学院导演系肄业，二级编剧。生于1930年11月24日。1953年开始从事专业戏曲艺术工作。先后为上海青年文工团、安徽省黄梅剧团演员，安徽省艺术学校导演专业教师，安徽省徽剧团导演。改编、创作戏曲作品《风尘女画家》等，并著有《我心中的严凤英》等十余篇随笔。（林陆、陆林编《陆洪非林青黄梅戏剧作全集》，安徽文艺出版社2012年9月出版）

按：先生在《中学毕业生登记表》"解放前家庭经济情况及主要经济来源""家在土改、私营工商业改造时划什么成分"二栏，填作"解放前祖父家有地120亩""祖父家划地主"。先生闲谈时曾提及，父亲为小地主家庭出身，母亲则毕业于上海的教会学校，在出身、教育经历等方面虽截然不同，但二老彼此相得，从未因此发生抵牾。

兄一。妹一。

1964 年　八岁

9月，就读于合肥师范附属小学。

1967 年　十一岁

父亲陆洪非被打成"牛鬼蛇神"，接受改造。

我虽说还没有无知到认为《天仙配》是什么"毒草"，但对他的"历史问题"有了怀疑。因为我曾经从剧团领导那里得知，他由于有"历史问题"而"提级"（加工资）未被批准，我那时也问过他，他并未详细向我解释解放前的那一段历史，只说：我没有什么隐瞒你的。现在回过头来看，那时他是无法解释清楚的。即使他说清楚了，我也只能相信组织，而不会相信他！记得有一次，他从"牛棚"回来，在家里拿着一把扫帚弯腰扫地，我带着3个孩子（老大13岁，老二11岁，女儿6岁）走到他跟前，孩子们齐声叫了一声：陆洪非！你要好好交代问题！（事先准备好的）当时他将手中扫帚一扔，立即毕恭毕敬地立正站好，说我在"牛棚"已得到充分改造，你们放心，我不会对不起你们和你们的妈妈！就算人间有风情万种，我依然情有独钟。……由于我的影响，孩子们的心灵也受到了极大的创伤，影响了他们对父亲的亲情。我要感谢3个孩子，当他们长大懂事后，能够正确对待他们的父亲，尤其是在他们的父亲得病之后，他们都能恪守子女的孝心，让自己的父亲有一个幸福愉快的晚年。（洪中为著《黄梅飘香之陆洪非传奇》记载林青语，中国文联出版社，2009年，第203页。）

1968年 十二岁

随母下放。

按：先生闲谈时曾提及，小时主要由外婆照顾，外婆的智慧、乐观、有条理的性格对他影响很大。随母亲下放淮北农村，更使他养成了审观物理、体察人情的习惯。先生曾从旁观察木匠的劳作过程，自己琢磨着将家里已散架的洗澡用的大木桶重新修好。先生还说，他说话撰文时，有时会用一些小时候在农村听到的歇后语，因为它们是农民日常观察和生活经验的凝聚，特别具有表达力，但往往只有真正在农村生活过的人，才能理解其传神和机智之处。

1969年 十三岁

9月，进入安徽省濉溪县杨柳公社中学读初中。

1971年 十五岁

9月，从杨柳公社中学转入合肥一中读书。

按：进入合肥一中读书的时间，1975年1月9日填《中学毕业生登记表》作"1971年9月"，1977年12月填《全民所有制新工人（学员）登记表》作"1972年9月"。

此年前后，已接触和阅读莎士比亚、斯坦尼斯拉夫斯基的剧作，以及话剧《洞箫横吹》《布谷鸟又叫了》、戏曲作品《团圆之后》等，并经常阅读《剧本》及其他戏曲刊物。

因为父母职业的关系，较之同龄人，我接触戏剧戏曲的时间，可能算早的。在那万马齐喑、百草荒芜的"文化大革命"期间，当中国大陆大多数人整日只能耳闻目睹八个样板戏时，我却可以随意翻阅父母被抄家返还的古今中外的一些戏剧作品和论著。记忆中的套书有《六十种曲》《缀白裘》《中国古典戏曲论著集成》(藏青色封面)、《莎士比亚全集》《斯坦尼斯拉夫斯基全集》等，只是多数缺一至数册，所谓劫余之物。说句老实话，除了莎翁的剧作看过几种，斯翁的全集想从里面看故事而未如愿，这些宝贵的戏剧基本典籍，竟然与《鲁迅全集》一样，没有引起我的阅读兴趣。在那个头脑如干涸的海绵、记忆却是人生最佳时光的日子里，面对这些人类精神文化优秀遗产，可以而未阅读，现在想想，真是令人抱憾终生的事情。但是，作为整天无所事事的毛头少年，还是找到自己阅读的对象，那就是一些零散的《剧本》及其他戏曲刊物。虽说是零散，毕竟是家中自一九五〇年代以来至文革爆发为止的持续订阅，所以一些著名的右派话剧如《洞箫横吹》《布谷鸟又叫了》以及戏曲《团圆之后》，都是被我阅读多遍的，以致在早已忘掉剧情的今日，还能隐约回味起那些剧本包蕴的沉郁忧伤的情绪氛围。能够将代言体的戏剧戏曲作品，当作小说去读，这或许就是那个文化蛮荒时代，赋予自己的人生体验吧！这就是我在二十岁以前的主要阅读经历了。(陆林：《曲论与曲史——元明清戏曲释考》，2014年，"自序"。)

1973年　十七岁

2月，升入高中。

1975年　十九岁

1月，从合肥一中高中毕业。

2月起，在家待分配。

12月起，进入合肥西市区益民制盒厂做临时工。

按：此据《全民所有制新工人（学员）登记表》。待业时间一作"1975年2月至9月"，进入制盒厂的时间一作"1975年9月至1977年8月"（1982年1月1日填《高等学校毕业生登记表》）。

此年前后，学写小剧本、说唱等。

你寄来的解放军文艺我7号才收到，所以这个小剧本到现在才写好。我主要是利用晚上的时间写的……你可能对我这次写的不满意，因为首先我自己就不满意。我感到自己的语汇太少，文字表达能力差，写的唱词经常前后重复。（先生给"爸爸、妈妈"的家信。按：信末所署时间为"18日晚"，因信中有"关于我下放与否，你知不知道什么新消息"等语，故系于此。）

歌词我写好了两首，原准备寄给海燕，可是，地址找不到了，现在就把它寄给你……剧本我已开始抄，改动的不大。是不是抄好后，先寄给你看，然后在（再）寄《工农兵演唱》？（先生给"爸爸"的家信。按：信末所署时间为"23号"，因信中有"你们中秋节过的怎么样"等语，故系于此。）

我的剧本妈妈还没有空看，我也没有时间改，只好等过了年以后才能改了。我写的说唱妈妈已看过，不过她没讲意见。（先生给"爸爸、哥哥"的家信。按：信末所署时间为"2月10日"。1975年春节时间为2月11日，因信中有"这几天因为准备过年，比较忙，所以没有立即给你们写信"等语，故系于此。）

陆洪非先生时在安徽省黄梅剧团工作，编剧。林青先生时在宿县地区梆剧团工作，导演。兄林陆在宿县符离公社沈圩大队薛后小队，下放知青。

1976 年　二十岁

在益民制盒厂工作。

创作曲艺小段。

你讲的《云泉战歌》我看了，兴趣是有的，但时间太少了，还没有动手。大前天晚，我值抗震班，闲着，我写了一个曲艺小段"坚决打倒四人帮"。写的时候，是没有主的，哪知道第二天西市区文化站的一个人就来找我，要的也是关于打倒四人帮的曲艺小段。我就把它改了一下给了他，今天已拿去油印了。（先生给"妈妈"的家信。按：信末所署时间为"10月26日"，应在1976年。）

12月，于合肥西市益民制盒厂加入共青团。

1977 年　二十一岁

8月起，在家待分配。

按：又作"1977年8月至10月，合肥市安庆路第三小学代课；1977年10月至12月，复习迎考"（1982年1月1日填《高等学校毕业生登记表》）。

12月起，至次年2月，在合肥市省港路机械厂做学徒工。

按：先生闲谈时曾提及，做学徒工的时间虽然短暂，但善于观察、学习和总结，使他能够在短时间内掌握师傅工作的步骤、要领，常常还没有得到示意，就提前把要用的工具准备好，及时递到师傅手里，因此颇得表扬，还被评为先进工作者。后来先生读研究生、分配工作后工资定级，工龄从77年12月算起，都是因这段工作经历而实际获益。

1978 年　二十二岁

3月，进入安徽大学中文系学习。

1980年　二十四岁

在安徽大学中文系学习。升入三年级后，学术兴趣明确集中于戏曲研究。

因痛感民族戏曲研究力量的薄弱，后继乏人，因而进入三年级后，便把较多的精力放在对我国古典戏曲作品和理论的学习与研究之上，并取得了初步的成绩。（1982年1月填《高等学校毕业生登记表》"自我鉴定"）

一九七八年初，我有幸成为"文化大革命"后恢复高考制度的首届大学生（所谓七七级），进入安徽大学中文系的汉语言文学专业。四年的学习生活，尤其是后两年，由于选修了李汉秋先生的"关汉卿杂剧研究"的课程，并在先生的指导下撰写"元明清包公戏研究"的学士学位论文，不仅强化了对古典戏曲的阅读兴趣，而且开始摸索着走上研究之路……先生是安大元明清文学专业的著名学者（后调农工民主党中央工作），如今大陆古典戏曲的研究名家赵山林、周维培和朱万曙，分别出自安大恢复高考后的前三届，均与先生在起步阶段的启蒙和引导有密切关系。（陆林：《曲论与曲史》，"自序"。）

发表论文：《从〈借靴〉说到讽刺剧》，《安徽文化报》1980年1月5日第4版。

发表论文：《寓教于乐贵在写人——庐剧〈借罗衣〉学习札记》，《安徽文化报》1980年3月8日第4版。

《庐剧〈借罗衣〉学习札记》，是对合肥本地传统小戏名剧创作手法的赏析，大约写于大三初期，经先父修改后，推荐给《安徽文化报》发表（1980年3月8日）。此次经内人和女儿反复翻检（我在医院遥控），终于在家中堆放无序的期刊和旧稿中找到报纸原件，收入集中，纪念意义自然是多重的。"（陆林：《耆年集——陆林文史杂稿三编》，人民文学出版社，2016年，"卷首语"。）

发表《陆游〈咏梅〉一解》,《艺谭》1980年第2期。

1981年　二十五岁

在安徽大学中文系学习。

发表论文:《黄梅新曲唱包公——谈〈包公赶驴〉与〈陈州怨〉》,《艺谭》1981年第3期。

大学二年级,我偶然看到《黄梅戏艺术》上金芝先生写的谈黄梅戏风格的文章,自己也有点感想,便也写了一篇谈黄梅戏风格的习作,但总是觉得心里没底。于是,在1981年的国庆节,就以一个年轻人的无知和大胆,竟然跑到文化厅宿舍去找"洪非先生",想请他给我加以指教。我本以为他就姓洪名非,到了那里一问,才知道他姓陆名洪非。当然,也就很顺利地找到了他家。记得他家在一楼的西头,进得门去,是拥挤的书房,好像还摆着一张床。那天,他家里有客人,后来我知道是借调在《艺谭》的茆耕茹先生在和陆林学兄谈稿子。……临走的时候,陆老又把我介绍给陆林,我和陆林学兄也从那次拜访开始建立友情,至今已经26个年头了。(朱万曙:《追思洪非先生》,《黄梅戏艺术》,2008年第1期。)

发表论文:《对包公艺术形象应有个正确的评价》,《江淮论坛》1981年第6期。

完成《浅谈祁彪佳的戏曲人物论》一文的初稿。(陆林:《曲论与曲史》,"自序"。)

1982年　二十六岁

1月,从安徽大学中文系毕业。

学士学位论文题目为"试论元明清戏剧中包拯形象的演变",

论文总字数 17900 字。

分配进安徽省新华书店，从事《安徽图书发行》的编辑工作。单位地址为合肥市长江路九十七号省新华书店。

父陆洪非，时在安徽省艺术研究所做研究工作；母林青，时任省徽剧团编导；兄林陆，时就读于安徽大学经济系；妹林小青，时就读于安徽农学院园林系。

1984 年　二十八岁

至本年 8 月，在安徽省新华书店工作。

考取南开大学中文系硕士研究生。

参与李汉秋先生主编《古代包公戏选》（黄山书社 1994 年出版），承担 13 万字的校注、评析工作。

一九八四年，本科毕业后两年，在先生的推荐下，我考取了南开大学中文系元代文学专业的硕士生。在考上而未赴校之时，又在其指导下，参与了《古代包公戏选》的注释评析工作，承担的是元杂剧《生金阁》《灰阑记》和明代南戏《珍珠记》，使我在文本细读和文献校注方面，得到了初步的锻炼。（陆林：《曲论与曲史》，"自序"。）

8 月，与杨辉女士结婚。

师母杨辉女士，亦出身书香之家。父武友谅时任安徽大学统战部部长，母杨芬时任安徽医科大学附小校长。

9 月，进入南开大学中文系古代文学专业元代文学方向学习，导师为宁宗一先生。

宁宗一先生是我的硕士生导师，他在古典小说、戏曲领域的阐释性研究，长期以来高屋建瓴地引领着学术风尚。宁先生独特的审美感悟和学术创见，强调通过"心灵史"建构文学史，以当代意识反观古代文本，以灵性启动历史的大家风范，永远令我等弟子仰视。作为导师的宽松和豁达，更使学生能够发挥自由心性。（陆林：《曲论与曲史》，"自序"。）

1985年　二十九岁

在南开大学中文系学习。

本年起，与导师宁宗一、同学田桂民合作撰写《元代杂剧研究概述》。

十四年前，陆林刚进南开大学中文系攻读戏剧小说研究方向的硕士学位不久，我接受了天津古籍出版社和教育出版社之约，为他们策划一套"学术指南"丛书，并指定我开头炮，撰写《元杂剧研究概述》。当时由于身体和精神状态都很坏，再加上知识储备的局限，我觉得难当此重任，所以希望陆林和田桂民两位研究生加盟，共同进行写作。一天，我们三个人碰了一次头，我只是提出一个极为粗糙的框架供他们考虑。可是没想到，数日后陆林就给我送来一份他设计的《元杂剧研究概述》一书相当完善的细目。这个细目思路清晰，构想全面，我深感满意，只作了些微调整，就成为我们写作该书整体框架的基础。后来出版社一位负责人对我说，有关写作框架及纲目已印成"样本"发给了其他各书的写作者供其参照，这也是出乎我意料之外的。此后《明代戏剧研究概述》也是在陆林的策划下，又和桂民一道完成了此书的撰写。而我只是各写了一篇较长的导言，对内文略作了一些调整和修改工作而已。"（宁宗一：《元代戏剧学研究》，安徽文艺出版社，1999年，"序"。）

与同学合作编写《南开大学图书馆藏古典戏曲研究书目》（油印）。

入学以后，能珍惜再次得到的学习机会，学习认真努力，专业方面，除修宁宗一先生"文艺研究方法论"和朱一玄先生"古典小说资料学""古典小说版本学"等课，并完成其规定作业外，还围绕元代文学研究方向，阅读了部分元人诗文别集和元人笔记，翻阅了《全元散曲》和《全金元词》，初步完成"元代曲论初探"和"明末祁彪佳日记中戏曲史料"两篇论文的资料收集工作，与另外两位同学合作编写了《南开大学图书馆藏古典戏曲研究书目》（已油印）。(《南开大学一年级研究生鉴定表》)

发表论文：《浅谈祁彪佳的戏曲人物论》，《艺谭》1985 年第 2 期，人大复印资料《戏曲研究》同年第 7 期转载；后收入《知非集——元明清文学与文献论稿》中。

1986 年　三十岁

在南开大学中文系学习。本年度获"三好学生"奖。

发表论文：《元杂剧分期之我见》，《社科信息》1986 年第 2 期。

发表论文：《简论张潮的小说批评》，《艺谭》1986 年第 5 期，存稿收入《知非集》中。

发表论文：《"元曲四大家"质疑的质疑——"郑"是郑廷玉说不能成立》，《戏曲研究》第 21 辑，文化艺术出版社 1986 年出版。

这篇辨析文章，因其资料之翔实，辩证之充分，很快得到戏曲研究界前辈的首肯。两书一文（按：两书指《元杂剧研究概述》和《明代戏剧研究概述》）一出场，就显得身手不凡。今天推想起来，也许当时其脑子里就已经有了一个戏剧学的影像了。（宁宗一：《元代戏剧学研究》，"序"。）

1987 年　三十一岁

在南开大学中文系学习。

1月，加入中国共产党。

按：关于入党具体时间，1992年1月填《干部履历表》为"1986年12月于天津南开大学由张田勘、单正平介绍加入共产党，1987年12月转正"。

发表论文：《白朴剧作不同风格之成因浅探》，《光明日报》1987年1月27日《文学遗产》第724期，后收入《知非集》。

3月，硕士学位论文初稿完成，论文题目为"元代戏曲理论初探"。

当我在硕士专业范围内决定以元代戏曲理论为题，展开学位论文的研究和撰写时，（宁宗一）先生给予了热情的支持；在一九八七年三月完成初稿后，先生又写信予以充分的鼓励（那时先生右手执笔不良，且同住校内，写信之举，实非寻常）。（陆林：《曲论与曲史》，"自序"。）

6月，硕士毕业。

7月，进入南京师范大学古籍所工作。

12月，《元杂剧研究概述》由天津教育出版社出版，1989年再版。其中《明代中后期元杂剧研究论略》一文，后收入《求是集——戏曲小说理论与文献丛稿》中。

按：在从事学位课题研究的前后，先生又指导我和师兄田桂民撰写《元代杂剧研究概述》（天津教育出版社一九八七年出版，两年后再版）和《明代戏剧研究概述》（一九九二年出版），亦促使我对明清学者有关元杂剧和明代戏曲的认识进行了系统的梳理，《明代中后期元杂剧研究论略》和《明人之当代戏剧研究论略》便是那一时期的读书产物。（陆林：《曲论与曲史》，"自序"。）

本年起，参加南师大古籍所科研项目《文献学辞典》（赵国璋、潘树广主编，江西教育出版社1991年1月出版）的编纂，具体负责其中道教、佛教和古代文学约25万字条目的审改，并撰稿约1万字。

发表论文：《元人戏曲表演论初探（上）、（下）》，《戏曲艺术》1987年第3期、第4期，后收入《曲论与曲史》中。

发表论文：《元杂剧喜剧研究综述》，《中华戏曲》第4辑，山西人民出版社1987年出版。

1988年　三十二岁

本年起，参加古籍所"日本所藏稀见中国古典小说"的整理，具体承担明末清初白话小说《空空幻》的校点。

发表论文：《钟嗣成戏曲文学创作论新探》，《戏曲研究》第26辑，文化艺术出版社1988年出版，后收入《知非集》。

发表论文：《晚明杂剧〈鱼儿佛〉作者考》，《艺术研究》第9辑，浙江艺术研究所1988年出版，后收入《知非集》。

1989年　三十三岁

本年起，参加《全明诗》的整理编纂，负责校点《临安集》和《草阁集》（共约15万字），其中《临安集》编入《全明诗》第1辑出版。

本年起，参加全国高校古委会八五重点项目《清人别集总目》的编纂。

1月，《黄小田评本红楼梦》（辑校，合撰），由黄山书社出版。

作为一家古籍出版社，古代白话小说一直是安徽黄山书社的出版重点，《红楼梦》更是其常印常销之书。该社出版的《红楼梦》，最早的大约是1989年由李汉秋先生和笔者以程甲本为底本整理的本子，其最大特色是首次辑录了晚清黄富民（字小田）的数千条评语，为红学研究提供了有价值的文献史料。（陆林：《古典白话小说整理的又一创举——从黄山书社新版〈红楼梦〉谈起》，《学术界》，2006年第4期。）

10月，获南京师范大学科研成果优秀论文奖。

12月，女儿陆洋出生。

发表论文：《〈空空幻〉提要》，《文教资料》1989年第1期。

《元人戏曲功能论初探》，《文学遗产》1989年第1期。

《元人戏剧史论初探》，《安徽大学学报》1989年第2期。

《〈鱼儿佛〉原作者及改编者新考》，中央戏剧学院《戏剧》1989年第2期。

《近年"汤沈之争"研究综述》，《文史知识》1989年第7期。

《明曲家徐复祚四考》，《古文献研究文集》第2辑，南京师范大学学报编辑部1989年出版；后收入《曲论与曲史》。

《〈封神演义〉人物形象三论》，《文学人物鉴赏辞典》，复旦大学出版社1989年出版；后收入《知非集》。

《幽艳显情深，清丽寓情浓——郑光祖[双调蟾宫曲]〈梦中作〉赏析》（合撰），《元明散曲鉴赏集》，人民文学出版社1989年出版。

《书会才人自风流——关汉卿[南吕一枝花]〈不伏老〉赏析》（与李汉秋先生合撰），《元明散曲鉴赏集》，人民文学出版社1989年出版；发表于《河北师院学报》1989年第2期。

1990年　三十四岁

本年起，主编《清代笔记小说类编》。《类编》初为南京师大青年科研基金项目，后被列入国家八五重点出版规划项目。

12月，由南京师范大学授予助理研究员职称。

1991年　三十五岁

6月，草拟"金圣叹研究资料"编选计划，开始了资料收集工作。

早在上个世纪的九十年代初期，进入南京师范大学古文献研究所工作不久，在完成与硕士导师南开大学宁宗一先生和田桂民学兄合作的《明代戏剧研究概述》之后，我便草拟了一个"金圣叹研究资料"的编选计划（1991年6月），并陆续阅读了一批野史、笔记、方志、别集、总集等明清史料。那时的南京图书馆古籍部在颐和路，我住水佐岗，骑车五分钟即可到达，索书又无当今诸般限制，包括《尺牍新钞》《七十二峰足征集》《吴江沈氏诗录》《苏州府长元吴三邑诸生谱》等原刻线装书，《西轩纪年集》《吴江诗粹》等稿本、抄本，均随意可借，每天如同上下班一样往来其间。……编选研究资料的计划终究束之高阁，因此抄录的几百页资料、近千张卡片却时时受用。（陆林：《金圣叹史实研究》，人民文学出版社，2015年，"后记"。）

9月，获南京师范大学科技进步二等奖（论文）。

12月，合作校点的明代话本《清夜钟》由江苏古籍出版社出版。先生排名第二。

撰写《清稗佳篇赏析》（六篇），编入《历代文言小说鉴赏辞典》，江苏文艺出版社1991年出版；后收入《知非集》。

1992年 三十六岁

本年起，主编《中华家训大观》，并承担约25万字撰稿。

6月起，撰写《〈金圣叹事迹系年〉订补》《金圣叹佚文佚诗佚联考》二文。

一九九二年便先后撰成两篇文章，一篇是《〈金圣叹事迹系年〉订补》（6月15日—7月2日初稿），投寄商榷之文的原发刊物；一篇是《金圣叹佚文佚诗佚联考》，刊于《明清小说研究》次年第一期。

虽然前者迟至一九九九年下半年才有编辑来函表示欲加采用（依稀记得联系人是张□先生），十余天后旋又直接退稿（稿件第一页已经被处理过，如用红笔标注"字数360×45"，版式为"顶格排，下同"等），但是后者的发表却转移了我从事资料汇编的撰述兴趣。承蒙萧相恺先生为了及时发表拙文，将之插入《明清小说研究》该期的"明清小说研究会1992年年会专辑"的栏目中（那时我并非该学会的会员，更没有参加该届年会）。……"系年订补"虽然没有发表，但是其主要部分都化用在后来的文稿中。（陆林：《金圣叹史实研究》，"后记"。）

8月，《明代戏剧研究概述》（合撰），由天津教育出版社出版。

发表论文：《徐复祚（评传）》，《中国古代戏曲家评传》，中州古籍出版社1992年出版；后收入《知非集》，题为《明万历戏曲家徐复祚评传》。

《贾仲明（评传）》，《中国古代戏曲家评传》，中州古籍出版社1992年出版；收入《知非集》，题为《明初戏曲家贾仲明评传》。

《元人赵半闲〈构栏曲〉漫论》，《中国典籍与文化》1992年第3期；收入《知非集》。

《清代文言武侠小说简论——兼谈文言武侠小说发展轨迹》，《明清小说研究》1992年第3、4期合刊；原为《清代笔记小说类编·武侠卷》选注前言，收入《知非集》。

《钱谦益诗文集版本知见录》，《文教资料》1992年第6期；收入《知非集》。

1993年　三十七岁

本年起，主持全国高校古籍整理研究项目"历代三字经整理研究"。

发表论文：《金圣叹佚文佚诗佚联考》，《明清小说研究》1993年第1期。

此为先生所发表有关金圣叹史实研究的第一篇论文，也是最早体现其史实研究的追求和特色的一篇论文。由此开始了长达二十余年的金圣叹史实研究，而研究兴趣的发生，则在80年代末。

关于金圣叹，大约在上个世纪80年代末，我便开始萌生了研究兴趣。经过数年的资料收集，于1993年初发表了辑考其"佚文佚诗佚联"的小文，这也是我有关金圣叹的第一篇文字。……《金圣叹佚文佚诗佚联考》虽然只是最初发表的有关短文，却也在冥冥中确定了迄今为止我个人对其研究的风格路数，即从原始文献入手，运用实证与阐释相结合的方法，考察其生存状态、人际关系、创作实绩及相关的基本史实。（陆林辑校整理：《金圣叹全集》，凤凰出版社，2008年，"整理后记"。）

发表论文：《试论周德清为代表的元人戏曲语言声律论》，《戏曲研究》第45辑，文化艺术出版社1993年出版；后收入《求是集》，题为《论周德清为代表的元人戏曲语言声律论》。

加入江苏省明清小说研究会。

1994年　三十八岁

1月起，主编《清代笔记小说类编》，由黄山书社陆续出版（1998年再版）。其中《武侠卷》的选注为先生承担，署名"易军"，为先生所用笔名。

各卷的类目及选注者分别是烟粉卷（王星琦、曹连观）、案狱卷（陈敏杰、丁晓昌）、精怪卷（江庆柏）、神鬼卷（钱兴奇）、计骗卷（李泽平）、奇异卷（王欲祥）、劝惩卷（赵生群）、武侠卷（陆林）、言情卷（赵山林）、世相卷（汤华泉）。

（丛书）以传奇体小说为入选重点，从清人所作的约150部笔记小说中选取200余位作家创作的约1900篇作品，按类分编成十卷，总字数近350万字，以较大的容量、独特的形式，反映了清代笔记小说创作的总体风貌。

本丛书为分类的专题性研究，提供了较丰富的历史资料。在文学史研究的范围内，它有助于引起对全面研究清代笔记小说的重视，并为分类笔记小说史的撰写，准备了基本材料；就广义的社会科学研究而言，笔记小说描写现实的真实性和形象性的特点，也使本丛书对中国古代历史、思想史、城市生活史、武术史以及古代神话、民俗、法学的研究，具有一定的史料价值。（陆林主编：《清代笔记小说类编》，"总序"。）

8月，主编《中华家训大观》，由安徽人民出版社出版，由先生父亲洪非题签。

全书共100万字。设计了人、书、文、事、言五位一体的结构样式。全书篇目的产生，除了参考前贤诸作外，还翻检了已出各种诗文断代总集、《四库全书》等大型丛书、历代家谱、族谱以及有关图书馆的藏书，力求全方位、多角度地反映出历代家训的基本面貌。（陆林主编：《中华家训大观》，安徽人民出版社，1994年，"前言"。）

发表论文：《钱谦益诗文集版本知见录续补》，《文教资料》1994年第1期；后收入《知非集》，为《钱谦益诗文集版本知见录》的附篇。

1995年　三十九岁

7月，评为副研究员。

主持江苏省教委社科项目"元代戏剧学研究"。

发表论文：《漫说〈三字经〉》，《中国典籍与文化》1995年第1期。

发表论文：《唐代〈戒子拾遗〉作者小考》，《古籍整理出版情况简报》1995年第10期。

1996年　四十岁

参与编撰的《清人别集总目》如期交稿。

在古籍所承担的古委会项目"清代笔记小说白话译丛"中，先生虽非项目申报人，但在设计体例、审读稿件、确定规模、联系出版等方面做了大量的工作。并承担15万字的撰稿。（1996年《教师年度考核表》）

发表论文：《朱柏庐生卒和别号》，《中国典籍与文化》1996年第1期；

《"善道"封建末世的"俗情"——试论潘纶恩〈道听途说〉》，《明清小说研究》1996年第3期；修改稿收入《道听途说》为前言，黄山书社1998年版；修改稿又收入《知非集》；

《试论先秦小说观念》，《安徽大学学报》1996年第6期，人大复印资料《中国古代、近代文学研究》1997年第3期转载；发表时有所删节，全文收入《求是集》。

1997年　四十一岁

本年起，先生主持"皖人笔记小说名著精刊"项目，为中国古籍整理出版九五重点规划项目。

发表论文：《〈志异续编〉——〈亦复如是〉版本考》，《文教资料》1997年第1期；收入《求是集》。

《宋元明清家训禁毁小说戏曲史料辑补》，《明清小说研究》1997年第2期；收入《知非集》。

《包公艺术形象的早期塑造——宋金笔记、话本、杂剧摭谈》,《中国典籍与文化》1997年第3期;收入《求是集》。

《宋遗民的独特视角——试论元初周密的戏剧学思想》,《戏曲艺术》1997年第3期。

《〈明语林〉人名索引》,《古籍研究》1997年第4期。

1998年　四十二岁

本年继续参与"清人别集总目"项目。受主持人委托,与陈敏杰先生共同负责三校样的校改和索引的编制。

3月,《元代戏剧学研究》初稿完成。

12月,整理校点《道听途说》《青泥莲花记》,由黄山书社出版。此二书为先生主持"皖人笔记小说名著精刊"项目中的子项目。

发表论文:《明杂剧〈一文钱〉本事考述》,《中国典籍与文化》1998年第1期。

《〈明语林〉校点后记》,《文教资料》1998年第2期;后与《〈明语林〉人名缺讹补正》合为一篇,收入《求是集》,题为《〈明语林〉版本及人名小议》。

《钟嗣成〈录鬼簿〉外论三题》,《戏曲研究》第54辑,文化艺术出版社1998年版;

《元代后期曲学家史实考辨》,《古籍研究》1998年第3期。

《理学家与曲学家的统一——元初胡祗遹曲学思想的重新审视》,《河北师范大学学报(哲学社会科学版)》1998年第3期,人大复印资料《中国古代、近代文学研究》同年第10期转载;收入《求是集》。

《叛逆和创新——钟嗣成〈录鬼簿〉剧学思想综论》,《艺术百家》

1998年第3期，人大复印资料《中国古代、近代文学研究》同年第11期转载；收入《求是集》。

《清代文言小说家宋永岳事迹系年》，《明清小说研究》1998年第4期；收入《知非集》，题为《文言小说家宋永岳事迹系年》。

1999年　四十三岁

1月，专著《元代戏剧学研究》由安徽文艺出版社出版。元代戏剧学研究是先生自研究生时代即心系于斯、积十余年而成的一个课题。该书在当时作为研究元人戏剧思想的唯一专著，有填补古代文论史和戏剧学史空白的贡献；在研究方法上，已体现了先生实证考据与理论思辨并重的特质。该书创设史论（理论家研究）与专论（理论专题研究）相结合、以理论家生平考述与戏剧学史料辨证为重要支撑的撰述体例，一方面以自身丰厚的学养、对文献史料价值的洞察力和缜密清明的思辨能力，丰富和更新了元代戏剧学的肌理构成与体系构架，另一方面也对一些学术界已成定论或向无异议的问题发表了新的见解，其中如对郑光祖、夏庭芝生年、钟嗣成卒年、杨维桢籍贯、高明称"高东嘉"之由来、《青楼集》写作时间等的考论，修正或改动了文学史、戏剧史上的某些成说。

早在1986年，与学兄桂民在导师宁宗一先生指导下撰写《元杂剧研究概述》一书时，对研究现状系统梳理后深感元代戏剧学研究之不足，便触发了或萌生了以此为课题，尝试进行全面、深入研习的设想。从此，便开始了对元代戏剧学时断时续的探索。……多年古代文献整理研究的经历，使我能够比起步阶段以远为审慎的态度去面对所要评说的戏剧学史料，也使自己比先前更有能力去就一些学术界已成定论或向无异议的问题发表出个人见解。（陆林：《元代戏剧学研究》，安徽文艺出版社，1999年，"后记"。）

3月起，从古籍所调至《南京师大学报》，从事文史类编辑工作。而迄今为止在古籍所的工作经历，也潜移默化地改变了先生的学术理路，并引发了进入新世纪后学术兴趣向文献史实研究的转向。

从南开大学毕业后，进入南京师范大学古文献研究所工作（十二年后至学报任文史编辑）。古籍所重视文献的学术氛围，以及耗时十年参编《清人别集总目》的学术经历，在耳濡目染和身体力行中，潜移默化地改变着自身的研究理念。渐渐地，凡是撰写阐释性文字时，往往会先期进行该论题的史实文献考证。……为胡世厚、邓绍基先生主编的《中国古代戏曲家评传》撰写《徐复祚传》时，首先写了《明曲家徐复祚四考》；在撰写《夏庭芝戏剧思想新论》之前，先写了《夏庭芝生年及〈青楼集〉写作时间考》；在撰写《试论清初戏曲家龙燮及其剧作》时，先写了《清初戏曲家龙燮生平、剧作文献新考》。（陆林：《曲论与曲史》，"自序"。）

发表论文：《梅鼎祚与〈青泥莲花记〉》，《中国典籍与文化》1999年第1期；此文为《青泥莲花记》前言，后收入《知非集》。

《文言小说家潘纶恩事迹系年》，《古籍研究》1999年第1期；修订稿收入《知非集》。

《元代戏剧学研究导论》，《文教资料》1999年第2期，人大复印资料《戏剧、戏曲研究》同年第8期转载。

《〈明语林〉人名缺讹补正》，《古籍整理出版情况简报》1999年第2期；收入《明语林》中作为附录。后与《〈明语林〉校点后记》合为一篇，收入《求是集》，题为《〈明语林〉版本及人名小议》。

《继承和影响——试论〈录鬼簿〉历史地位》，《戏剧》1999年第2期。

《〈舌华录〉作者和版本考述》，《明清小说研究》1999年第3期，人大复印资料《中国古代、近代文学研究》2000年第2期转载；收入《知非集》。

《欧阳兆熊生卒及其他》，中华书局《书品》1999年第4期；收入《求是集》。

2000年　四十四岁

调入学报工作后，能够很快转换角色，称职地担任文史类编辑的工作。所创设的"中国抗日战争史研究"栏目，社会反响很好，江苏省级报纸《扬子晚报》于本年12月13日在头版头条，摘登了本栏目所发论文。

4月，整理校点《太平天国演义》，由黄山书社出版。

先生在整理校点此书时，首次尝试以现代小说形式整理古代小说，根据文义划分段落，改变了以往古代小说整理分段偏粗偏大的方式，以偏细偏小的分段，形成眉目清楚、层次分明的效果，提升读者的阅读体验。

作为一位晚清重要的小说家，黄世仲生前还曾写过《廿载繁华梦》《大马扁》《宦海升沉录》《陈开演义》《镜中影》等描写现实、抨击时政、鼓动革命之作。然唯有本书在诸作中"尤为特出"（阿英撰《晚清小说史》），而且堪称中国"近代小说史上第一流的作品"（《中国通俗小说家评传》赵明政撰《黄小配》）。……本书自1905年在报纸连载后，次年章炳麟为之作序，称其书"事既得之故老，文亦适俗"，必将有利于"国家种族之事"；1908年黄世仲复撰自序，言所作"皆洪氏一朝之实录，即以传汉族之光荣"，此时当已有单行本问世矣。今之存世者，有清末民初石印本多种，现据以校点整理，以供读者欣赏。

古典白话小说在创作时原本是不分段落的，往往一回即一段；

今人的整理，在分段上向来是宜粗不宜细，段落划分偏大不偏小。这种偏粗偏大的分段，虽比原本已较易于读者的阅读欣赏，但在观感上似仍觉得嫌满嫌累。此次整理，根据这部小说情节转换极快、笔法颇富新意等特点，尝试着将段落以偏小偏细的方式予以断开，希望能取得眉目更清楚、层次更分明、视觉更轻松、版式更疏朗的形式效果；也是本人蓄意多年的想以现代小说形式整理古代小说的一个最初步的尝试。（陆林整理校点：《太平天国演义》，黄山书社，2000年，"整理前言"。）

7月，《清人别集总目》由安徽教育出版社出版。本书获1999—2000年度江苏省省社科优秀成果一等奖，先生排名第三（本校排名第二，撰稿量排名实为第一）；2001年、2011年再版。

本书在编例上创新多由陆林提出，并执笔定稿本书的"凡例"。他撰写的系目约占全书的三分之一，并编写了几项重要的"附录""索引"。在执笔者完成初稿后，主要由他负责全书的统编工作，对全书的系目进行校改、审订，纠谬补阙、增删分合，字斟句酌，从二校到四校，前后花了两年多时间，工作量甚大。总之，陆林同志在该书中分担了本应由主编完成的工作。（李灵年：《陆林同志在撰著〈清人别集总目〉中工作情况的说明》2005年4月17日。）

我承担的研究工作、撰稿量和审稿量均居首位。仅就有着明确记载或可以直接核查的诸如"凡例"的执笔、145万字正文的撰述、18万字《别集序跋题咏辑抄校注编选刊行者名号索引》的创设编纂及190万字的总编著字数等项，便可说明我在文学书目文献学和清代诗文书目文献及作家身世等史实研究方面所达到的水平。（2001年4月填《江苏省高等学校教师职务任职资格评审表》"研究员"。）

9月，宁宗一《新学院派批评与戏剧学的建构——陆林著〈元代戏剧学研究〉序》一文，评《元代戏剧学研究》之"体善思新"：

一方面，没有袭用原来戏剧理论史范式多是"戏剧理论论著评述史的连缀"的理论模式，而是"在实证研究与理论探索交错上升的过程中，将宏观问题包含在每一个具体问题之中，从而通过后者加以解决"；另一方面，改变了以往"考据和理论研究往往相互隔阂，甚至相互排斥"的弊端，而是"把二者纳入历史和方法的体系之中加以审视，力求所谓考据与义理'双翼齐飞'，即考以求其实，实以求其是，体现了资料与理论和文本细读的互补相生、互渗相成的新的学术个性"。因此，本书的出版，对于古典戏剧学研究而言，"既是一个特定的学科建构，又应看作是一个新的视角、一个新的路数，即历史性的研究和逻辑性的建构相结合的独特视角"。见《艺术百家》2000年第3期。

11月，许伯卿《学术规范与文献意识——谈〈元代戏剧学研究〉的著述特色》一文，评先生《元代戏剧学研究》，"把对学术创新的执著追求，建立在对文献的充分阅读和正确理解之上，从而解决了许多重大理论问题"。如从《录鬼簿》卷末文字所含"心机灵变，世法通疏，移宫换羽，搜奇索怪"四句话，阐述钟嗣成从戏剧作家的艺术资质、生活准备、创作特征和心理定势四个方面，揭示出了戏剧创作的基本规律，从而"为整部《录鬼簿》找到了理论评述的一条主线，一个总纲"；在众多典籍中首次发现元代重要的戏剧文献资料——咏剧诗《构栏曲》，从而说明元人以剧为戏的戏剧观的更趋成熟；不盲从、轻信，对许多看似细小实则最为基础的历史事实，如一些曲家、曲论家的生卒以及曲论著作的写作时间等，也一一加以考辨，得出与前人意见不同的正确结论。又指出先生"不贪功，不掠美，体现出体统学人的道德风尚"，对于他人发现的珍稀材料，都特为注明；在指出前人的失误时，也能站在前人学术研究的历史条件和现实立场，辨别失误产生的原因，更体现出谦逊、宽厚的学术品格。见《书品》2000年第6期。

发表论文：《明代前期元剧研究论略》，《河北学刊》2000年第1期；收入《求是集》，题为《明代前期元杂剧研究论略》。

《夏庭芝戏剧思想新论》，《艺术百家》2000年第1期。

《金圣叹与"哭庙案"中的"二丁"——从金诗〈丁蕃卿生日二章〉谈起》，《中国典籍与文化》2000年第2期。

此文为先生自1993年发表《金圣叹佚文佚诗佚联考》一文，沉潜八年后，再次发表有关金圣叹史实研究的论文，也是先生运用家谱文献考证金圣叹交游史实的第一篇研究成果。"有意识地广泛利用旁族别姓的家谱，对谱主的其他社会关系，进行系统全面的考察"，是先生在"金圣叹史实研究"过程中，针对"金圣叹的交游，大多是没有功名官职的普通人士，在事迹考察上难度很大，许多人的事迹仅见于家谱记载"这一特点，摸索出的科学、有效的研究方法。"从古典文学研究的角度看，家谱可谓是家族关系史。利用家谱从事'专人研究'，在学术界已有许多成果；但就整个研究领域而言，在古典文学的史实研究或文献研究中，对家谱的利用尚处在单一性或偶然性的阶段，还缺乏对家谱资料'文献查找的系统性和学术利用的自觉性'"。可以说，在家谱文献的利用上，实现"文献查找的系统性和学术利用的自觉性"，自先生始。

在利用家谱考证出"二丁"事迹后，先生将所收集到的与金圣叹有关系的百余位人士，按照姓氏予以编排、考察籍贯，编撰了《金氏友人家谱待查目录》，"凡是获知籍贯的，便去查该地的该姓家谱；未知籍贯的，便系统翻阅苏州府有关各县的该姓家谱"，在金圣叹史实研究领域里取得了系列显著成果。

先生去世后，弟子整理生前所用电脑，发现备份文件中，现仍存有名为"友人家谱"的电子文档，系以金圣叹友人姓氏笔画为序编排，其中共著录家谱163种。修改日期显示为"1999-12-23 星期四下午 5:33"，可见远非先生所寓目家谱的全部。如《金圣叹史实研究》中涉及的"文从简"考中所引《文氏族谱续集》，"毛宗岗"考所据《娄关蒋氏本支录右编》，秦松龄、秦松年考中所及《锡山秦氏宗谱》，"嵇永仁"考中所用《邹氏家乘》，"吴见思"考所引述《毗陵宣庄吴氏宗谱》《北渠吴氏族谱》，等，均不见于"目录"。

我对家谱的重视，起始于一九九〇年代中期偶然获得一本内部印刷的《苏州市家谱联合目录》。这是一份仅有八十三页篇幅的小册子，著录了苏州市图书馆、苏州博物馆、苏州大学图书馆和常熟、吴江、吴县图书馆收藏的诸多家谱，而且大多出于旧时苏州府所辖各县的著姓望族，并且在正文第一条便有如下记载：

丁氏宗谱二十四卷题清丁有铭纂清光绪刻本存二十三卷（一至十五、十七至二十四）苏州丁氏有哭庙案（苏图）。

由于在此之前，已经知道金圣叹有《丁蕃卿生日》七律二首，并已知道在哭庙案中被杀的十八诸生中有丁子伟、丁观生，于是心生疑问：金圣叹所贺者是何许人，家谱中是否有后二者的详细资料，三人之间是否存在着某种关系呢？带着这些问题，在南京图书馆古籍部（现为历史文献部）查阅了这一版本的《丁氏宗谱》。其结果是令人满意的：不仅发现丁蕃卿的本名以及三位丁氏的准确生卒及彼此的亲缘关系，而且有这三人及其妻女的小传，为了解哭庙案的详情和影响，提供了新的史料。（陆林：《金圣叹史实研究》，19页。）

那时，古文献研究所同时开展两个大项目，一是赵国璋先生主编的《江苏艺文志》，一是李灵年先生主编的《清人别集总目》，两个项目在资料上互通有无。我参加的是后一项目。一次偶然发现艺文志组在使用一本内部印刷的《苏州市家谱联合目录》（1986），从此启发我在考证交游时对家谱使用的关注，后来又结合《中国家谱综合目录》(1997),编撰了《金氏友人家谱待查目录》,在忙于《清人别集总目》的撰稿之余,按图索骥地先后查阅了南京、苏州、北京等地的家谱馆藏,积累了许多可供研究事迹、交游的第一手史料。在沉潜八年后,发表了《金圣叹与"哭庙案"中的"二丁"》(2000),此文与接下来问世的金圣叹与唯亭顾氏、莫厘王氏(2002)、松陵沈氏(2003)、汾湖叶氏(2004)、周庄戴氏(2005)的交游考一样,均主要得益于家谱文献的支撑。(陆林:《金圣叹史实研究》,"后记"。)

《杨维桢籍贯考》,《辞书研究》2000年第3期。

《陆长春评传》(与曹连观合撰),《明清小说研究》2000年第4期;收入《中国文言小说家评传》,中州古籍出版社2004年版,题为《〈香饮楼宾谈〉作者陆长春传略》;后又收入《知非集》。

《杨维桢戏剧序跋新论》,《暨南学报(哲学社会科学)》2000年第5期;收入《求是集》。

《〈中国文言小说总目提要〉求疵录》,《古籍整理出版情况简报》2000年第9、10期;收入《求是集》。

《生命中的最后一次欢会——金圣叹晚期事迹探微》,《南京师大学报(社会科学版)》2000年第6期,人大复印资料《中国古代、近代文学研究》2001年第5期转载。

文中将金圣叹《沉吟楼诗选》中《同姚山期、阎牛叟、百诗乔梓滞雨虎丘甚久,廿三日既成别矣,忽张虞山、丘曙戒、季贞诸子连翩续至,命酒,重上悟石轩,快饮达旦,绝句记之》组诗的写作时间,系于顺治十八年二月,修正了前辈学者(张慧剑《明清江苏文人年表》、徐朔方《晚年曲家年谱·金圣叹年谱》)系之于顺治十五年正月的既定结论,并由此揭示了金圣叹哭庙后、被捕前的一次重要的交游活动及当时的情绪心态。

我还清晰记得十四年前读到他《生命中的最后一次欢会——金

圣叹晚期事迹探微》一文时油然涌起的欣奋之情。该文对金圣叹因"哭庙案"被害之前的一段鲜为人知的生活考证梳理得清清楚楚,行文丝丝入扣。读着它,仿佛是观看由摄像机录下的一幕幕鲜活的镜头,而论文题目点睛恰到好处,更增魅力。从此我记住了陆林的名字,他以后发表的这类文章我基本都读,各篇的质量没有参差感。我确信,论文水平高超而且一直都保持稳定的质量,正是严格而成熟的学者的一个显著标志。(邬国平:《作者史实研究的硬功夫——评陆林〈金圣叹史实研究〉》,《文艺研究》,2015年第12期。)

《〈吴江诗粹〉所收沈璟轶诗辨析》,台北《书目季刊》第34卷第3期,2000年12月出版;收入《知非集》。

2001年　四十五岁

3月,获1999—2000年度校级优秀管理奖二等级。

9月,评为研究员。

本年因填报职称评审材料,先生总结自我在学术研究方面的追求,有"专著类成果争取主要章节能单篇发表,整理性著作亦要辅以研究论文""重视理论研究与文献实证的结合、文学研究与史学研究的联姻""追求水到渠成而无意急于求成,致力学术创新而不求轰动效应"等多条。

作为申报正高职称的科研人员,我希望能基本具有以下一些能力或特点:(1)在研究方向的范围内,独自承担和主持各类古典文学和文献学项目;(2)在选题上注意学界研究的薄弱环节,力求填补空白或有所创获;(3)专著类成果争取主要章节能单篇发表,整理性著作亦要辅以研究论文;(4)能胜任理论、文献、作家、作品、著述、校勘等多种研究任务;(5)在学术实践上,心慕"文献-历史研究学派"之路数,重视理论研究与文献实证的结合、文学研究与史学研究的联姻;(6)崇尚学养功力,学风严谨扎实,追求水到渠成而无意急于求成,致力学术创新而不求轰动效应。(见先生《江苏省高等学校教师职务任职资格评审表》"研究员"。)

在"科研量化"的提法和做法甚嚣尘上之时,先生对于人文类学科研究工作是否可以完全量化,以及量化标准是否合理,提出了质疑。

作为所上"其他专业技术人员"之岗,固然完成专业工作便已是基本完成任务,但作为学校员工,总希望对学校有更大贡献;作为中年学者,对自己尚有更高的要求。故本人此年度虽然只是副高7级岗,自我提出的"其他任务"却是:1.年均完成教授7级科研工作量(65分)。18个月下来,论文、论著和项目三项,累计科研分约217分(其中Ⅰ类190分),年均145分(Ⅰ类127,占87%),大大超过了博导10级125分,接近11级150分的科研量标准;而87%的Ⅰ类分比例,也超过博导11级70%的标准。换言之,我以兼职科研(主职:编辑)一人之身,完成了教授7级(65分)和教授8级(80分)两人的科研工作量,应该说对学校的科研方面是有所贡献的;即便以博导10级考核内容及标准算,在科研工作量上也属"超额"完成职责。……

附表《2000.7—2001年度陆林科研发表、出版、项目、获奖情况简表》备注2:《清人别集总目》2001年先后获国家图书奖提名奖(国家级二等奖)、全国古籍类图书一等奖、江苏省社科一等奖,本人从事10年,撰稿200万字,仅得53分(不够教授7级一年的科研工作量)。如此算法,何以鼓励学者甘坐冷板凳、十年磨一剑、努力出精品?是否可以增加一些权重加减法,或者特殊情况特殊对待。

例如本书总字数550万字，16开三大卷，每卷约180万字，每卷以一部书计分似不为过（可以有所增减）。（见先生2001年度考核表。）

10月29日至30日，参加在杭州召开的，浙江大学主办的庆祝徐朔方教授从事教学科研55周年暨明代文学国际研讨会。

12月，《元代戏剧学研究》获1999—2000年度江苏省哲学社会科学优秀成果三等奖。

发表论文：《〈中国文言小说总目提要〉初读——有关作者史实缺误商兑补苴》，《文学遗产》2001年第1期；收入《知非集》。

先生对《中国文言小说总目提要》这样一部学术界已有"定评"的工具书中，出现的讹误缺失以及导致这些问题的"见闻、学力、技术、态度"的因素，指误辨究。在文末，并对"世皆仁者，盛行恕道，务虚泛论者多，坐实点明者少"的学术风气提出了批评。《文学遗产》刊发此文时，同时配发了"期待优秀的书评"的编者寄语，并且指出应该提高书评的规格，优秀的学术性书评，应得到与论文同等的对待。

此后二三年间，先生对《晚明曲家年谱》《清初人选清初诗汇考》《王渔洋事迹征略》等学术著作的优劣得失，先后撰写长篇研究性书评，辨误纠谬，扬长击短，充分显露了自身在文学史实研究方面方法和学养的把握与积累。其襟怀坦荡、褒贬分明的学术个性，也引起了学术界的关注。

作为文言小说的第一部总目提要，且以个人独力完成，宁稼雨先生的贡献和不易，应是给予充分肯定和体谅的。笔者正是以此为前提，才耗时一月写此旁岔之文，旨在供"总目提要"的著书者和使用者参考，并不惜将一些尚未成文的独家发现予以披露，希望能为文言小说的文献研究推波助澜。效果不知如何，初衷却无恶意。此外，学术界近来时常就理论与文献、研究风气与学术规范等问题进行讨论,然而世皆仁者,盛行恕道,务虚泛论者多,坐实点明者少。予撰此文,只是想探讨一下即便在纯粹的文学工具书编撰中,如果不具备起码的文献修养和基本的文史知识,其结果会离开史实多远,以引起学术界对此问题的进一步关注。(陆林:《〈中国文言小说总目提要〉初读——有关作者史实缺误商兑补苴》,《文学遗产》,2001年第1期。)

可以说,研究性(批评性)的书评出现并引起关注,是本年度论文的一个亮点。

本年度一些重要论文,比如《文学遗产》2001年第1期发表的陆林《〈中国文言小说总目提要〉初读——有关作者史实缺误商兑补苴》,吴伟斌《关于元稹婚外的恋爱生涯——〈元稹年谱〉疏误辩证》,实质都是研究性的书评,篇幅只有几百字的"补白"《〈全宋诗〉小札》也是。

陆林的论文是针对一部已经有了"定评"的古代文学的工具书提出的具体批评。乍看似乎过于琐碎细微,也很难引起普遍关注。但读完却可以得到许多在文章具体文字之外的感悟。它之所以令人印象深刻,是因为文章提出的问题不论大小,没有一处属于学术观点的争执,而全部是属于实实在在的误读误用资料。然而,严肃的学术论著充斥着这类错误(有人叫作"硬伤"),早就引起了学术界关注,特别是对于工具书,这些具体问题(细节问题)带来的后遗症已经产生了意想不到的负面效应。作为"捅破"这一层"糊窗纸"的人,陆林将如此之多的精力与时间投注到为一部在学术界已经有了"资料翔实、考辨精当""有功学术、嘉惠士林"美誉的"重大成果"挑错,从根本来说也是一件"有功学术、嘉惠士林"的工作。在目前众多的学术著作之中,"无错不成书"变成了学人无可奈何的自嘲。当然,问题的出现并非始自今日,究其原因也非出自一端,但在学术界普遍期待学科学术水平有整体提高、学术规范进一步得到确认的今天，出版错误百出的著作早就不是新闻，具体切实地指出这一点，才具有普遍的意义。（李铁映主编：《中国人文社会科学前沿报告 No.3（2002 年卷）》，社会科学文献出版社，2004 年，第 280 页。）

《晚明曹臣与清言小品〈舌华录〉》（与李灵年合撰），《中国典籍与文化》2001 年第 1 期；收入《求是集》。

《读〈清初人选清初诗汇考〉》，中华书局《书品》2001 年第 2、3 期；收入《知非集》，题为《〈清初人选清初诗汇考〉平议》。

《歙人张潮与〈虞初新志〉》，《古典文学知识》2001 年第 5 期；收入《知非集》。

2002 年　四十六岁

7 月，聘为中国古代文学方向硕士生导师。

9 月，第一届硕士研究生吴春彦入学，中国古代文学方向。2005 年 6 月毕业，学位论文题目是《晚清文学家周伯义及其小说〈扬州梦〉研究》。

11 月，11 日至 13 日参加在南京召开的由复旦大学中国古代文学研究中心、南京师范大学文学院主办的明代文学国际学术研讨会。

19 日至 20 日，参加在上海召开的"中国文学评点研究"国际学术研讨会，提交论文《周亮工与金圣叹关系探微——兼论醉畊堂本〈水浒传〉和〈天下才子必读书〉的刊刻者》。

本月，参加在徽州召开的由安徽大学徽学研究中心主办的徽学学术研讨会，提交论文《清初总集〈诗观〉所收徽州诗家散论》。

12 月，先生标点选注的《朱柏庐诗文选》，由凤凰出版社出版。

身为出生于"大跃进"前夜之人，我对朱用纯知道得很晚很少。

迟至 1992 年从事古代家训文献研习时，才接触到所撰有关家训的文字，而对朱氏其他的诗文创作则一无所知。不料竟因有过这点学习经历，却被误认为对其曾有所研究，以致有幸于今年四月底受命承担《昆山三贤丛书》之《朱柏庐诗文选》的编写工作。为了保证在七月底如期交稿，约请了友人吴家驹及许伯卿先生共参其事。具体分工是：由我负责全书诗文的选篇、标点、题解、注释和附录资料的收集整理，吴先生不仅独立撰写入选文章的评析，在资料的收集方面亦予有力协助；而诗歌的评析，则出自长于诗词研究的许博士之手。（陆林：《朱柏庐诗文选·前言》，陆林、吴家驹选注评析：《朱柏庐诗文选》，凤凰出版社，2002 年。）

发表论文：《〈晚明曲家年谱〉金圣叹史实研究献疑》，《文学遗产》2002 年第 1 期，人大复印资料《中国古代、近代文学研究》同年第 6 期转载；收入《知非集》。先生此文曾寄呈徐朔方先生，得其鼓励嘉许。

笔者与徐先生向无一面之雅，出于对前辈学者的敬重，拙文之先后数稿皆寄呈请教。不仅多承先生鼓励，并蒙邀参加"浙江大学明代文学国际研讨会暨徐朔方先生从事教育和科研活动 55 周年纪念"。如此高风雅量，在赞扬则眉开眼笑、商榷则咧嘴龇牙的当今学界，不知可否以一段佳话视之。（陆林：《〈晚明曲家年谱〉金圣叹史实研究献疑》，《文学遗产》，2001 年第 1 期，"附记"。）

《金圣叹与周计百交往揭秘》，《河南师范大学学报（哲学社会科学版）》2002 年第 1 期，人大复印资料《中国古代、近代文学研究》同年第 10 期论点摘编。

《明代〈弘正诗钞〉辑者考》，《中国典籍与文化》2002 年第 1 期；收入《知非集》。

《由稀见方志〈越中杂识〉作者缘起》，《文献》2002 年第 2 期；

收入《知非集》,题为《文言小说家"清凉道人"考——由稀见方志〈越中杂识〉作者缘起》。

《金批〈西厢〉、〈水浒〉的参与者:王斫山、王道树事迹探微》,《戏曲艺术》2002年第2期。

《金圣叹与长洲唯亭顾氏交游考——兼论顾予咸与清初三大史狱之关》系,《艺术百家》2002年第2期。

《金圣叹与王鏊后裔关系探微》,《江海学刊》2002年第4期,人大复印资料《中国古代、近代文学研究》同年第11期转载。

《清代文言小说家潘纶恩生卒定考》,《明清小说研究》2002年第4期;收入《知非集》,为《"善道"封建末世的"俗情"——试论潘纶恩〈道听途说〉》一文的副篇。

《〈王渔洋事迹征略〉商订和献疑》,《南京师范大学文学院学报》2002年第4期。

《蒋寅〈王渔洋事迹征略〉》,商务印书馆《中国学术》2002年第4期;存稿收入《知非集》,题为《文学史研究进入"过程"的创获与艰难——蒋寅〈王渔洋事迹征略〉阅读札记》。

此文为先生受蒋寅先生主动邀约,为其大作《王渔洋事迹征略》所撰学术性书评。蒋先生乐于闻过、自求指误,先生亦先后撰文三篇(即此文与《〈王渔洋事迹征略〉商订和献疑》、次年发表的《〈王渔洋事迹征略〉拾遗补缺》),不讳不徇,以诚相示。二先生之风,令人崇慕。

"征略"于"康熙十六年"条正月记载有这样一段:"魏象枢属公定其诗,可否一无所徇。魏公以手札报谢云:'于论文较艺之中,见吾心不欺之学,足下真古人也。'公谓:'魏讲学,故云耳。然"不欺"二字,实谈艺根柢也。'"笔者引录这段文字,绝不是以"古人"自居,只是想说明:在评价《王渔洋事迹征略》的过程中,虽然我的确是力求"可否一无所徇"了,但是给我以直接动力者、热情鼓励我去这样做的不是旁人,而恰恰是该书的作者——蒋寅先生。他在大作出版后主动寄下,希望"为撰一书评,长短不拘,指其疏漏不确,匡我未逮";在接下来的两封信中,又先后要求"勿讳其失""请尽指其疏失而勿少吝,则作者、读者并益多多"。要知道,在此之前我们严格意义上并不相识;要知道,他之所以注意到我,大约是看过所写两三篇批评性的此类文字,故窃认为蒋先生完全是诚心诚意来垂询拙见的。扪心自问,自己做不到(偶一出书,常以"编辑需要评奖"为由,希望得到肯定性评价);但起码的良知,却使我由衷地敬佩具备这样学术风范的人。在自欺欺人盛行之世,"不欺"别人固然不易,"不欺"自己其实更难。蒋先生的作为,才是真正的古人之举,才是真正的不欺。乐于闻过、自求指误,给好评则喜、纠谬则怨的当今文坛,无疑是吹来了一股清新的风。如果这样的事情能够成为学界的惯常现象,对于学术的繁荣进步,应该是有益无害的。于是,笔者连续用了两个月的时间,一气草就三篇拙文,以求不负蒋先生的一片诚意,并愿为其振兴古道略助绵薄之力。(陆林:《〈王渔洋事迹征略〉商订和献疑》,《南京师范大学文学院学报》,2002 年第 4 期,"附记"。)

《夏庭芝生活时代及其他——〈元曲家考略〉读书笔记》,《文学遗产》2002 年第 5 期。

《教育家的执著和理学家的愤世——明遗民朱用纯的心路历程和散文创作》,《求是学刊》2002 年第 6 期;收为《朱柏庐诗文选》前言;后收入《知非集》。

《也谈〈给青年二十四封信〉是否朱光潜作——兼议章启群、商金林先生对其作者的"考证"》,《学术界》2002 年第 6 期。

《清初总集〈诗观〉所收徽州诗家散论》,《徽学》第 2 卷,安徽大学出版社2002年版；收入《知非集》。

《夏庭芝生年及〈青楼集〉写作时间考》，《中华戏曲》第27辑，文化艺术出版社2002年版；收入《知非集》。

《周亮工与金圣叹关系探微——兼论醉畊堂本〈水浒传〉和〈天下才子必读书〉的刊刻者》，章培恒、王靖宇主编《中国文学评点研究论集》，上海古籍出版社2002年12月出版；收入《求是集》；压缩版为：周亮工参与刊刻金圣叹批评《水浒》、古文考论，《社会科学战线》2003年第4期。

获省教育厅社科成果三等奖一项。

2003年　四十七岁

2月起，为文学院研究生讲授"中国古代戏剧学研究"课程，每周3节课。

对于研究生课程的开设及讲授，先生提出要达到"独家研究"的深度和水平，即授课者本人应在此课程方向上具有深入研究和前沿眼光，能真正在"研究"层面上对学生起到引领和指导作用。

一门课程是否适合作为硕士生课程的另一方面，在我看来，就是这门课是否包含了开课老师的较多的研究心得；换句话说，这门课在某种程度或某种意义上说，是否是深入研究的结果，是否能讲出一些独特的学习体会，是否能介绍一些具体的研究方法。如果达不到独家研究的深度，只是停留在综合性的、介绍性的层面上，这样的课程即便在内容上是研究生所需要的，但却没有太多的专门开课的必要，完全可以通过开列阅读书目并辅以几次讲座的形式，来达到掌握课程内容的目的。而在古代戏剧学研究中，尤其是对元代戏剧学的研究，是我留心十年的一个课题。我想通过这门课程较为系统的讲授，把一些基本的研究方法，通过与不同对象、不同问题的具体穿插，有目的、有意识地逐步予以介绍，并希望这些方法对大家今后的学习和研究能有一些借鉴作用。(见先生"中国古代戏剧学研究"讲稿，时间备注为"2002年12月—2013年1月准备，2003年春季（2—6月）首讲"。)

讲授"古代戏剧学"之研究，以"思路""资料""方法"并重，重视对学生收集文献的视野与能力的培养，注重具体的、有针对性研究方法的介绍和应用。

先生对古代戏剧学的资料来源进行分类，除了文物之外，就纸质文献而言，大致分为专书、杂著、序跋、评点、题咏、文章、校订、选本八种。对各种资料的范围、特点、价值加以辨析，有破有立，尤可见出先生在戏剧文献学方面的深厚蕴养和学术敏感性。如先生指出《中国古典戏曲论著集成》存在缺陷，可以重出一套"新编"，增加漏收的专著，增收评点类和曲目、曲谱、曲韵类，时间上沿至近代王国维、吴梅，等等。这样的整理构想，在今天学术界大都已经得到了同道者的践行。

鉴于"集成"的缺陷，我们可以重新编撰一套"新编中国古代、近代戏曲论著集成"。在保留"集成"所有的部分外，内容上分三大类：一，专著类，增加任讷所收胡应麟、蒋一葵、周晖、张大复、李斗、陈栋（可据《潘之恒曲话》辑录潘氏论曲；官桂铨介绍黄启太《词曲闲评》有《逸翰楼丛书》本，1989年1期《文献》），及凌廷堪论剧诗、《桧门观剧诗》《消寒新咏》，在时间上沿至于近代姚华、王国维、吴梅；二，增加评点类，精选五大名剧《西厢记》《琵琶记》《牡丹亭》《桃花扇》（孔尚任自评）《长生殿》（吴仪一评）和孟称舜的《古今名剧合选》的评点本、冯梦龙《墨憨斋传奇十种》；三，曲目、曲谱、曲韵类，增选杂剧、传奇曲谱、曲韵各两种左右；四，增加序跋类，由今人选编"古代剧目序跋百篇"。在全书之后，附录书名、人名、剧名、出名索引。目的：在古典戏剧研究及戏剧理论的基本文献方面，从此替代影响甚大的"集成"；在剧目上为研究者提供一个古典名剧的基本书目；为古典戏曲阅读者、整理者提供基本工具（如曲韵、曲谱和书后的索引）。（见先生"中国古代戏剧学研究"讲稿。）

6月，聘为中国古典文献学方向博士生导师。

9月，第二届硕士研究生卢劲波、高芳、戴春花入学，中国古代文学方向。学位论文题目分别为《胡应麟的小说与戏曲思想》《〈玉剑尊闻〉和〈明语林〉研究》《钮琇〈觚賸〉研究》。

发表论文：《金圣叹与吴江沈氏交游探微》，《复旦学报（社会科学版）》2003年第2期。

《〈王渔洋事迹征略〉拾遗补缺》，《中国诗学》第8辑，人民文学出版社2003年6月版。

《读"书"杂"品"》，中华书局《书品》2003年第4期。

《晚明书画家邵弥生年新说》，《中国典籍与文化》2003年第4期。

2004年　四十八岁

2月起，为文学院研究生讲授"元明清文学文献研究方法论"课程，每周3节课。讲稿中记录备课时间开始于2003年12月8日。先生于2005年春罹患癌症，正式、系统、全面的课堂授课，仅在2003年、2004年两年间。现存电子讲稿于2006年夏、2010年春各留有增补痕迹。

在"开课宗旨"中，先生提出"对研究资料的充分占有""对研究资料的充分利用""对工具书、资料书的了解熟悉"的原则。并强调本课程是针对"元明清文学文献"这一独特领域而开设的，与传统的、泛泛性的文献学课程具有不同之处。而将个人的研究心得

(也即"独家研究")传授给学生，由此引领学生窥见治学门径，仍是先生授课的一贯目的。

从我个人学习经历和接触的各种层次的学术同行来看，当我们决定在元明清范围内选择一个研究课题后（课题选择的学术原因主要是三种：兴趣、遵命、理性认识，非学术原因则可能有多种多样），往往首先就会遇到这样的问题：围绕特定的研究对象，究竟有多少文献遗存；有哪些文献史料是研究这一对象所必须掌握的；以及从何处寻找这些原始材料。做到这一点，即对研究资料的充分占有，对研究课题而言，才是万里长征走完了第一步；虽然是非常重要的一步，同时对许多初步进入研究领域的学人而言亦是非常艰难的一步……

但是占有了史料并不等于会利用史料，通过文献史料的剖析达到对研究对象的尽可能准确的认识，还有许多工作要做，譬如说文献的真伪和可靠性（选择版本），譬如说各种著述的问世先后，譬如说某人的生卒、经历、功名、仕履、家族亲缘、师友门生、学术传承，譬如说某一创作流派产生的交游背景、地域背景，等等与文学史实、历史事实有关的问题。做到这一点，即对研究资料的充分利用，既是古典文学研究自成一派的独立内容，更是从事理论分析、美学鉴赏、价值评判、学理探讨以及施展各种新观点、新方法的基础和前提。

此外，中国有句古话，便是孔夫子的"工欲善其事，必先利其器"，即工具领先论（器指用具、器具）。其实这也是从事中国古代文史研究的一个基本原则，最主要的就是对工具书、资料书的了解熟悉。要知道早已出版的各个方面的权威工具书，要关注新近出版、即将出版或正在编纂的工具书、资料书。

正因为基于这样的出发点，我认为我开的这门课，虽然按照学科分类似乎应该称之为"元明清文学文献学",或亦可称之为"元明清文学史料学",但其指归在于如何进行元明清文学的史实研究,或者说如何从文献、史实入手去研究元明清文学。因而与传统的文献学课有同有不同:介绍有关的文献学知识是同,更要讲授对文献问题如何研究是不同;介绍工具书的基本用途和使用范围是同,结合个人的实践经验点评其优劣和独特用法是不同;分门别类地单独介绍种种书目是同,结合具体事例讲授如何综合运用以解决实际问题是不同。另外,还有一个很大的不同点,本课程不想承担起元明清文学文献学学术史的责任,即不准备系统介绍有关书目和工具书,只是想尽可能把基本的、必备的书籍推荐出来;至于那些在学术史上曾发挥过重要作用,但是现在已被后出转精的同类之作所替代者,一般就不一定涉及了。总之,无论是同与不同,我想力争多讲一些个人的学习心得和研究体会。概括而言,此门课的开课目的是:通过有关内容的系统讲授,以及个人的学习心得和研究体会的专题介绍,希望大家初步形成较为敏感的文献意识、掌握较为基本的检索途径和熟悉较为常用的研究方法,即初步窥识如何从文献、史实入手去研究元明清文学的治学门径(而主要不是研究文献本身),至于登堂入室,则全在各人的兴趣、努力和需要了。但是,至少,我希望这门课对研究生阶段的学习有用;至少,我认为养成重实证、重史实、重证据的治学态度,对从事任何工作亦都是有用的。(见先生"元明清文学文献研究方法论"讲稿。)

  先生提出从事元明清文学文献研究,应该注意处理好五大关系,包括"文与史""充分占有资料与巧用工具书""注意吸纳前人成果与尽信书不如无书""推理的有限性与事实胜于雄辩""文献与理论"的关系。即在研究文学文献时,要充分了解彼时社会制度史,尤其是职官制度和科举制度;对文献材料既要充分占有,又要精于考辨；面对浩瀚的明清文献，要学会利用工具书，将"死翻"与"活查"结合起来，沿着特定的线索按图索骥，以求提高效率及增加"侥幸"收获的几率；要一方面将文献研究作为文学研究的基础，另一方面也要建立起文献研究可以作为独立学科、进行专门研究的意识和观念。其中既有学术生涯宝贵经验的倾囊传授，又有建立在甘苦自知的基础上，对刚刚走上学术研究之路的青年学生的告诫和期望。聊举数则，以见一斑。

文指文学，当然包括文学文献，从事元明清文学研究，必须注意有关的文学现象，这是不言而喻的事情。所谓史，不仅是要了解元明清历史的大致发展轨迹，至少要了解自己研究专题直接对应的历史阶段。但是，我这里强调的是对"史"的注意，主要不是这两个层面的史实，因为对有关史实背景的掌握，似乎也是不言而喻的事情，固然是元明清文学研究不可缺少的部分，但却非元明清文学文献研究最迫切的。那么，与文献研究直接相关的"史"是什么呢？我以为是制度史，包括社会制度、政治制度、职官制度和科举制度等，其中首先要了解的便是职官制度和科举制度。

充分占有资料，就是著名史学家陈垣（1880—1971）先生所提倡的"竭泽而渔"的原则，即"先将有关文献广泛搜罗，一网打尽，然后再严加考辨，找出最具代表性和说服力的作品用作例证，重点分析其历史内涵和历史价值，真正做到取宏用精、一石数鸟"（吴龙辉《古代文学研究与教学的断代总结——评〈先秦两汉魏晋南北朝文学史〉》，《书品》2000年第5期第11页，史为聂石樵撰）。社科院文学所胡念贻先生曾传授过"一个读论文、写论文的诀窍：要做一篇专题论文，除了遍读这一专题有关的材料之外，更要紧的还是要从相关论文中搜索它们引用了些什么材料，舍弃、遮掩、省略甚至歪曲了些什么材料。仔细揣摩、认真排比这些材料，不仅可以做出驳议，提出商榷，更重要的是可把这个专题研究推向深入，引导出更深层次的结论来"（胡明《文学所的五十年和我的二十五年》，《文学遗产》，2003年第5期，第11页）。虽然这只是从事科研的一个"技术经验"，却是一个起码的、基本的、必须的，也是行之有效的方法。

　　文献研究中固然主要是以史料说话，用扎实可靠的论据来说明问题，但并非每个问题都能获得和发现确凿无误的铁证来支持自己的观点，难免要借助逻辑推理表达自己对有关问题的看法。那么，当我们缺乏铁证时，一方面要努力避免用一连串的假设去得出认为是铁证如山的结论，另一方面，即便结论有若干证据可以佐证，对自己的逻辑推理也不要过于自信，至少在内心深处要提醒自己（行文则应努力做到既要言之凿凿，又要留有分寸），这样的结论尚不可以定论视之。为什么？原因很简单，即事实胜于雄辩；再有力的逻辑推理在事实面前，往往都是苍白无力的。而且这种内心深处对于逻辑推理的缺乏自信，正是推动文献研究最终达到接近事实本身的认识的重要动力。以下举一我自己的例子：《道听途说》是一部创作于晚清的文言小说集，具体时间约在道光中后期至咸丰初年。全书12卷，收录小说110余篇，大多数为情节曲折的传奇体之作。作者潘纶恩，字苇渔，安徽泾县人。生平事迹流传甚少，史传、方志皆未载其事。笔者曾以《"善道"封建末世的"俗情"》（《明清小说研究》1996年第3期）为题，对其简历、创作予以初论。其中，根据小说卷首其堂弟潘申恩光绪元年（1875）所撰序"余老矣，计苇渔先余殁者且二十年"一段，"推知"纶恩约卒于咸丰五年（1855），生年当在"乾隆末、嘉庆初，即1796年左右"。在稍后出版的笔者点校的《道听途说》附录《潘纶恩事迹系年》（黄山书社1998年版，第290至303页）中，又认为其道光六年（1826）约30岁，"逆推"

约于嘉庆二年（1797）出生；并进而将"且二十年"理解为19年，认为当在咸丰六年（1856）早期逝世。由于从许奉恩《里乘》卷十《朱封翁》引得"咸丰六年，粤寇犯泾县……越岁，贼再至"的记述，与其堂弟潘申恩序文所谓"吾乡之沦于贼、烬于贼、歼于贼，辛苦万状，苇渔皆等诸夏虫之不知冰"相参证，笔者对后一说法（指卒年），一时还是颇有些自信的。不料，事实胜于雄辩。有关"考论"在后来所读到的《荥阳潘氏统宗谱》面前，显得是那样的不堪一击。该家谱24卷，为光绪十年（1884）活字印本，编者为潘江藻，即潘申恩序言中所谓"苇渔之子春舫"者。其中有潘纶恩小传："字渭渔，一字炜玉，岁贡生"；"生嘉庆壬戌十一月十一戌，卒咸丰丁巳十一月廿三亥"。壬戌、丁巳，在这里分别是嘉庆七年（1802）和咸丰七年（1857）干支，由于咸丰七年自农历十一月十七日即为次年公历1月1日，据此可确知其具体生卒乃是1802年12月5日至1858年1月7日，仅享年57岁。卒年之误差仅一年，可忽略不计；那么，为什么生年原先的推算（1797年）会比实际大5岁（1802年）呢？主要是犯了两个错误：一、在准确考证出《董琳》描写的事件发生在嘉庆十年（1805）后，根据其按语说事发时"余年虽当童稚，然已略有知识"，认为是其八九岁少年时的事情（不料其乃为早慧少年，所记是三岁幼年之事，以至后来"犹能记忆之"）；二、在准确考证出其道光六年（1826）考中秀才后，根据小说中多次出现的对别人30岁尚没有中秀才或30岁刚中秀才的感叹，而认为作者为秀才也大约在此时（不料时年25岁）。两条佐证相结合，得出这么一个错误的结论。好在我一直想验证自己推算的准确程度，一旦发现其家谱尚存于世、并有机会查阅时，从而得以最终解决问题，并以《清代文言小说家潘纶恩生卒定考》再次撰文，发布最新成果、纠正自己错误（《明清小说研究》2002年第4期）。所以刚才说文献研究中自我内心深处对于逻辑推理的缺乏自信，是推动文献研究最终认识事实真相的重要动力。

从价值判断的角度看，我个人的观点是：一方面，文学的文献研究首先有其独立存在的意义，即如果把文献研究也看作是一门独立的科学，我们是可以专门从事文献研究而不及其他的。……另一方面，在古典文学研究中，文献研究又是一门基础性的学问，即它是为文学的理论研究服务的，因此它又是从属于理论研究的。作为独立的科学看待，则要求研究者对有关文献问题不避巨细地加以探索，提倡一字一考、一事一辨，基本不存在反对烦琐考证、考据为理论服务的问题；作为基础性的学问，则要求它以理论研究为中心，不能为考证而考证，文学研究的最终目的还是在于理论阐发、思想感悟、美学评价。

对偏好文献的年轻学子的忠告或建议：（1）青年时代：学术爱好和积累可以偏于文献，但研究实践和成果应偏于理论，至少是并重；中年时代：理论与文献并重的同时，可以向文献有所侧重。（2）要想做好文学的文献研究，没有一定的理论素养也是不行的；缺乏理论眼光，也很难发现许多独特的文献史料，换言之，许多文献的发掘、使用与阐释，都与研究者的理论视野密切相关。（3）要注意对自己想象力的培养，要注意文献研究的悟性发挥。（见先生"元明清文学文献研究方法论"讲稿。）

7月，聘为戏剧文学方向博士生导师。

9月，第一届博士研究生王卓华入学，方向为古典文献学。2007年6月毕业，博士学位论文题目为《邓汉仪〈诗观〉研究》。

第三届硕士研究生朱青红（古代文学方向）、刘叙武、李莹（戏剧戏曲学方向）入学。2007年6月毕业，硕士论文题目分别为《文言小说集〈虞初新志〉研究》《论毛批〈琵琶记〉的戏剧思想》《〈青楼集〉研究》。

10月，12日至14日，参加在北京召开的由国家图书馆主办的首届"地方文献国际学术研讨会"，提交论文《从文学研究的角度浅谈家谱文献的整理编纂》。此文收入《2004地方文献国际学术研讨会会议论文》，北京图书馆出版社2006年出版。

各类古籍整理项目及相关成果的问世，有功学术、利益百代，但在整理过程中，如何使所做的工作达到效果最优化，也是从事者应该考虑的问题。先生自20世纪80年代始，即参与、主持各类古籍整理项目，形成了兼顾"学理性"和"读者（研究者）意识"的整理原则。不仅在自己的整理著作中贯彻相关理念，在前言、后记中反复阐说，还专门撰文详加说明。在本文中，先生从便于"古典文学研究者，可能需要什么样的家谱资料的整理研究成果"、利于学术界养成家谱"文献查找的系统性和学术利用的自觉性"两个方面入手，对馆藏家谱卡片的著录、家谱书目编写的体例、家谱资料的整理编纂等，提出了细致的、科学的建议与条则，几乎可以作为完整的编纂"凡例"看待。

地方文献的研究者实际上就是文献的直接利用者。例如，南京师范大学陆林先生谈到，他在作古典文学研究时围绕一个小小的"金圣叹史实研究"的课题已查阅了五六十部家谱，还有数十部家谱待查。（王珊：《"地方文献国际学术研讨会"综述》，《国家图书馆学刊》，2005年第1期。）

25日至27日，参加在天津召开的由南开大学文学院、《文学遗产》编辑部、中国明代文学学会主办的"2004明代文学国际学术研讨会暨明代文学学会第二届年会"，提交论文《金圣叹早期扶乩降神活动对其文学批评的影响》。

本年，先生以"金圣叹史实研究"为题，申报国家社科基金项目，上会而未获批。

在二〇〇四年，以"金圣叹史实研究"为题、十二篇专题论文为前提成果，申报了国家社科基金项目，上会而未获批，遂被学校科研处列为国家项目的培育项目。（陆林：《金圣叹史实研究》，"后记"。）

发表论文：《"焦东周生"即丹徒周伯义——清代文言小说〈扬州梦〉作者考》（与吴春彦合撰），《明清小说研究》2004年第1期，人大复印资料《中国古代、近代文学研究》同年第9期转载；收入《知非集》，题为《文言小说〈扬州梦〉作者考》。

《〈午梦堂集〉中"泐大师"其人——金圣叹与晚明吴江叶氏交游考》，《西北师大学报（社会科学版）》2004年第4期。

《金圣叹早期扶乩降神活动考论》，《中华文史论丛》第77辑，上海古籍出版社2004年出版；收入《知非集》；又收入南开大学出版社2006年出版的《明代文学研究国际学术研讨会论文集》，题为《金圣叹早期扶乩降神活动对其文学批评的影响》。

此文与《〈午梦堂集〉中"泐大师"其人——金圣叹与晚明吴江叶氏交游考》二文，对金圣叹扶乩降神活动的揭示和分析，具有改写金圣叹文学批评研究史的意义。相关文献史料的发现和完备，不仅补了金圣叹史实研究中对其早期活动语焉不详的缺憾，而且带来了金圣叹文学批评研究的突破，启发了新的研究增长点。即一方面由扶乩降神活动的考述，对金圣叹文学批评的"一副手眼"说，作出"心理分析"的内涵认定，并指出，正是这种长于心理分析的论述特色，使得古代文学批评从片言只语的点评，发展为容量适当的阐释，由内容的需要导致了形式的突破；另一方面，由降乩活动史料的揭示，彰显出金圣叹文学创作的才华，使其价值论证从文学批评领域拓展到文学史领域成为可能，从而启发了学界的研究意识。

对于叶小鸾形象的塑造和播扬，当时著名的泐庵大师无疑发挥了重要作用。泐大师其人，前辈学者如孟森《金圣叹考》、陈登原《金圣叹传》已曾提及；陆林教授有关金圣叹史实研究之文，则通过翔实的考证首次将之与吴江叶家联系在一起，从而为思考有关降乩言行与叶小鸾形象关系提供了史实前提。应该说，如果没有金圣叹的扶乩活动以及叶绍袁的文学记录，叶小鸾的形象肯定会呈现为另一种面貌。（杜桂萍：《诗性建构与文学想象的达成——论叶小鸾形象生成演变的文学史意义》，《文学评论》，2008年第3期。）

至此年前后，先生有关明清文学史实研究的相关成果和研究特色，已引起前辈学者及学术界的关注，不仅得到徐朔方先生的勉励嘉许，以"畏友"视之，认为所撰商榷文字讨论的是"金（圣叹）学大事"；而早在十五年前（1989年）参与《全明诗》项目时，先生严谨认真的学术作风已得章培恒先生好评，本年4月美国学者王靖宇的金圣叹研究专著《金圣叹的生平及其文学批评》中英文双语本出版，章先生为之作序时，又特为指出："陆林教授对金圣叹生平、交游所作的一系列考证就是必须而有益的工作。"

像纯考证的文章，只要写得好也是很有意义的；以金圣叹研究而论，例如陆林教授对金圣叹生平、交游所作的一系列考证就是必须而有益的工作。（章培恒：《金圣叹的生平及其文学批评·序》，王靖宇著、谈蓓芳译：《金圣叹的生平及其文学批评》，上海古籍出版社，2004年。）

感谢徐朔方（1923—2007）、章培恒（1934—2011）两位学术前辈，早在十馀年前，他们便以不同方式，鼓励和嘉许我对这一课题的研究，并慷慨允诺成书后为之撰序。遗憾的是，由于我的拖沓，稿成之日，两位先生早已归道山了！（陆林：《金圣叹史实研究》"后记"。）

《〈高文举珍珠记〉第十八出〈藏珠〉赏析》，《明清传奇鉴赏词典》，上海辞书出版社2004年12月出版。

2005年　四十九岁

本年，被聘为戏剧戏曲学方向的学科带头人。

3月起，为文学院研究生开设"中国古代戏剧学研究"课程。

4月，2日至6日，参加在芜湖召开的"第二届中国韵文学国际学术研讨会"，提交论文《金圣叹所作"元晖"诗本事考》。

5月，先生查出患有结肠癌，住院手术、化疗。

9月，第二届博士研究生张英入学，方向为戏剧文学。2008年6月毕业。论文题目为《明代南京剧坛研究》。从这一届起，先生所带博士研究生均为戏剧文学方向。

第四届硕士研究生李娟、金文入学，方向为古代文学。2008年6月毕业。论文题目分别为《明遗民葛芝研究》（此文获2009年南京师大校级优秀论文）、《沈起凤戏曲小说研究》。

11月，9日至12日，参加在南京召开的"海峡两岸明清小说研讨会"，提交论文《金圣叹基本史实考论——〈沉吟楼诗选〉俞鸿筹"读后记"之读后记》。

12月，接受凤凰出版社邀约，整理《金圣叹全集》。

发表论文：《金圣叹与周庄戴氏交游探微》，《文史哲》2005年第4期。

《金圣叹所作"元晖"诗本事考——兼论清初戏曲家叶奕苞的生卒》，《古籍整理研究学刊》2005年第5期。

先生日常教导弟子，曾以此文与2000年发表的《生命中的最后一次欢会——金圣叹晚期事迹探微》二篇作为样本，说明研究明清文学史实，对于时人诗歌的笺注，要既释古典，又考今典。又云，给古人做年谱，如果有诗文集传世，就应该把年谱的撰写，建立在诗文笺注的基础上；如果对一个人的了解，连诗文笺注的水平、程度都没有达到，还做什么年谱呢？

说"快饮达旦"七章诗需加注意,除了所涉之人或是当时已声名藉藉的明遗民、文选家(姚佺、阎修龄、张养重),或是稍后便在及已在学界文坛取得斐然成绩之硕儒俊彦(阎若璩、丘象升、丘象随);还在于此题组诗揭示出圣叹人生末期一次重要的交游活动,可填补其事迹研究的一段史实空白。(《生命中的最后一次欢会——金圣叹晚期事迹探微》)

陈寅恪先生曾经说过:"自来诂释诗章,可别为二。一为考证本事,一为解释辞句。质言之,前者乃考今典,即当时之事实。后者乃释古典,即旧籍之出处。"其研究钱谦益、柳如是之诗,便对属于"今典"的"时地人三者考之较详",并指出今人根据当时诗歌研究明末清初文人史实,由于上距"作诗时已三百年,典籍多已禁毁亡佚",因而难度甚大。在金圣叹《沉吟楼诗选》现存为数不多的诗作中,有两首与友人"元晖"有关的五律,……这两首诗歌所咏对象和所涉史实,向来未见学者论及。笔者在陈寅恪先生重视研究"今典"的思路启迪之下,就初步掌握的些许史料,试考金圣叹《元晖渡江》《元晖来述得生事》所咏之事和元晖其人。(陆林:《金圣叹所作"元晖"诗本事考——兼论清初戏曲家叶奕苞的生卒》,《南京师大学报(社会科学版)》,2000年第6期。)

《清代指画名家高其佩小传异说辨误》,《文献》2005年第4期。

2006年　五十岁

2月,与顾青先生就《慎墨堂诗话》的整理交换意见,提出"全息索引"的构想。

关于《慎墨堂诗话》的结构,我完全赞同您的分上下编(或正、补编)的意见,待整理完稿后,看前后篇幅分量如何,再定。至于索引的编制,有几种深度:其一,所收诗人的名、字、号;其二,所收诗人的名、字、号、诗集;其三,同前,再加上该人小传、诗话中涉及的其他同时人的字号;其四,同前,再加上该人小传、诗话中涉及的前代诗人的字号、诗名。……

考虑到《诗观》丰富的文献价值,我认为该书索引的编制至少要深入到第三地步。这样的索引,我称之为"全息索引",它对一部资料书文献价值的提升,是不言而喻的事情。但是,有两点是要事先说明的:其一,这种索引难度甚大,即使如我,也不敢保证能将在总评或小传中所提及的所有字号全部考出本名(即便考不出来,列出这些字号也是有用的!);其二,这种索引的篇幅会比较大,贵社要有心理准备。(见先生书札,2006年2月10日。)

7月,论文集《知非集——元明清文学与文献论稿》,由黄山书社出版。此论文集为先生在上年化疗期间选编。

《知非集》所收录论文发表时间上跨越二十五年之久,体现了先生的学术兴趣,从古典戏曲到小说、戏曲并重,再转向文学与文献研究的变动过程,而其中史实研究与理论阐释相结合的研究思路,则是贯穿始终的。正是在《知非集》中,先生充分展示了其"侧重从文献入手研究明清文学史实,试图以实证和阐释相结合的方法,去探索文学家的生存状态、人际关系、创作实迹以及相关文学文献的基本事实"的学术追求,郑重提出了以文献实证研究作为古典文学研究"必不可少的一支""作为专攻的术业"的学科构想。

此书之所以能在现在编选出版,实际上有很大的偶然性。按照正常情况,我无论如何不会在当下这一时段去考虑什么出版个人论文集的事情。因为致力多年的"金圣叹年谱"和"金圣叹史实研究"两部书稿,再花一两年的工夫就可以基本告竣;力求版本最早、搜辑最全的《金圣叹全集》的整理编纂工作,亦在积极操作之中。可是世事难料,生活之车有时会突然偏出其原本按部就班的常辙。

去年5月下旬，本人意外地获得了在家全休的机会，大夫、亲人、师友、同事、领导均要求我身心静养。可是习惯了以往的生活方式，身养尚能基本遵嘱，心静却难以完全做到。仰面浮想之际，思忖着总不能就这样无所事事地熬过数月的疗休吧。如何在积极配合治疗的同时，做一些既不过于劳神、又不虚度光阴的事情，将自己已经发表的文字搜集起来，编选一部论文集，这或许是最可行的方式了。就在这一念头尚处朦胧状态的时候，恰蒙安徽黄山书社的领导同志冒着酷暑驱车数百里专致问候，他们当即慷慨允诺成全我的心愿。于是，从8月至11月，断断续续历时4个月，终于完成了此书的案头工作。

　　令人感动的是，黄山书社在接到书稿后，不仅迅即安排认真热情的张向奎先生处理一切编务，还细心地邀请到项纯文先生为本书的特约编辑。因为他们知道，现为皖省政协常委、副秘书长的项先生原是该社的资深编审，早在1989年就约我主编过十卷本《清代笔记小说类编》（此事对我后来兼研文言小说颇有影响）。希望他能够再次伸以援手，在真正的百忙中不辞辛苦地为拙著把关，其实也是我未便启口的不情之请。项先生和张先生的共同努力，最大限度地减少了书中存在的谬误、提升了稿件的质量。至于扉页有关拙著书名的精美题签，是出自安徽大学黄德宽教授之手。虽然其治古代汉语和主一校政务两者皆忙碌繁重，但请其题字，仍一如当年大学本科同窗之时，我在上铺、他在下铺那样方便。

　　在此书即将面世之时，内心颇感忐忑不安。在我治疗休养的大半年间，单位的同事领导、各地的师友文侣，以种种方式表达着对我的惦念和牵挂，一再叮嘱要注意身体、"为道珍重"（谢正光先生语）。"道"哪里会需要我，来自各方的眷注才包含着真正值得珍视的友谊。书生人情一张纸，编选个人论文集的目的之一，就是想以此感谢师长友朋和领导同事的无限关爱。因此,恳切地希望他们不要过于责备我的休而不够全、养而不够静,而能欣然接受这承载着深深情意的微不足道的一叠纸。(《知非集》后记)

文集以"知非"为名,典出汉代《淮南子·原道训》:"凡人中寿七十岁,然而趋舍指凑,日以月悔也,以至于死,故蘧伯玉年五十而有四十九年非。"后人遂多以"知非"来代称特定的年龄,或表示对以往过失的反省。但是《原道训》篇接下来还有一段重要文字,解释一个人为何应该不断追悔、不断悟过:"何者?先者难为知,而后者易为攻也。先者上高,则后者攀之;先者逾下,则后者蹶之;先者隤陷,则后者以谋;先者败绩,则后者违之。由此观之:先者,则后者之弓矢质的也。"作为汉代道家代表著作,《淮南子》提倡清静无为,主张应"守清道而抱雌节,因循应变,常后而不先",认为如此才可避免陷入成为后人之"弓矢质的"的窘境。这种宁为刀背、不为刀锋(原是以戈矛的"鐏之与刃"为喻的)的处世哲学,古今皆有其存在的理由或依据,只是在学术研究中不宜完全遵循,但是其"日以月悔,以至于死"的自省意识,却是对工作、事业执著追求、精益求精者应具的心态。从事学术研究工作,努力弥补前人缺失、突破前人藩篱、超越前人局限固然是题中应有之义,同时也应该认识到"先者难为知,而后者易为攻",认识到自己的研究同样是会由后者而变为先者的。尤其是在当今学界,各种工具书先后出版,各种珍本秘籍纷纷影印现身,各种全文检索也在陆续问世,从而给古典文学及其文献研究带来了前辈学者难以想象的便利,为我们超越前人并被后人超越提供了丰实的基本条件。故以"知非"为书名,寓有这样几层意思:约50岁时之选集;文章内容时以先者为质的;努力省悟自己以往的不足;奢望成为后者之质的。之所以用"奢望"一词,是因为能作为他人在研究同一课题时的参考、商略对象,已经是十分荣幸的待遇了。身处知识迅速更新的时代，想使所谓"成果"不很快便沦为后人不屑一顾的学术垃圾，谈何容易？

说到此集的编辑体例，我很佩服将自己多年论文结集成书而能编成像模像样专著的那些学者。因为这不仅体现出集腋成裘的编纂功夫，更说明了他们在前此研究中的系统性、专题性、计划性。相比之下，我要逊色很多，除了元代戏剧学和金圣叹史实研究稍成系列，其余约五分之三的文章大多都是"打一枪换一个地方"的产物。其中少部分是催生于约稿，少部分是古籍整理的附属，更多的文字是读书所得或兴趣所至的结果。究其原因，缺乏一以贯之的学术韧性，或许是症结之一。这种涉猎较广（自我安慰）或下笔过杂（确属实情）的结果，自然是无法将论文集编成专著；好在据说不重专著重论文的评价观点在学术界也已有了一席之地，这至少令我在面对将前此论文编选问世是否有价值的问题时，不至于十分犹豫。只是论题的过于宽泛枝蔓，真正是东一榔头西一棒锤，使得文章的编排分类成为难题。即便是现在这样分成三辑，也实在是不得已而为之。固然各辑中均不乏名实相符的专题之作，但是在"戏剧"而不论戏剧、在"小说"而不论小说、在"诗文"而不论诗文，或者可入此而彼、可入彼而入此的文章，也所在多有。这种论文分类上的尴尬，其实也是本人近年来在学术研究中的实际处境。有学者曾以"徜徉于文学与艺术之间"，来概括20世纪戏曲研究的得失。我却不知道自己在元明清的时段内，是如何从专注于古典戏曲的研习，一变而为浪迹于戏曲和小说两域，再变为游走在文学与文献之间的；近些年更侧重从文献入手研究明清文学史实，试图以实证和阐释相结合的方法，去探索文学家的生存状态、人际关系、创作实迹以及相关文学文献的基本事实。这样的学术取向，当然不应该也不可能成为古典文学研究的主流，甚或未必需要成为必不可少的一支，但是从全局来说一般尚能视之为"基础"，从个人来说也自可作为专攻的术业。其实，只要是自己的学术兴趣所在，只要是持以严谨的学术态度，则无论是微观还是宏观，无论是理论解析还是文献实证，都不妨为之付出精力和智慧，都自有其存在的价值或意义，否则一切都是扯淡。（陆林：《知非集》，黄山书社，2016年，"前言"。）

在《知非集》中，先生多年潜心文学文献研究的诸多方法，大多得到了成熟和极具个性化的呈现。其特点有：利用一般学者不重视的家谱、家训、方志、题名录、青衿录等文献；考证追求一事一考、一字一辨的精确，考证历史时间尽可能地具体到某日，考证地点尽可能地具体到某村；对文献"竭泽而渔"地搜求，与利用基础工具书"有的放矢"地追索相结合；重视文史"常识"的价值，敏感地捕捉到其中蕴藏的史实信息，以助考述。

《知非集》的学术价值还体现在"结集补注"体例的创立上。如何对待已经发表文章内容的缺失或错漏，一向是编纂个人论文集者感到头痛的麻烦问题。该书解决的原则是：对于发表文字，不做观点和文献上的修改、需要补订者用脚注方式加以说明。这也体现了先生不讳过饰非的学风。

先生日常常以"有一是一"教导弟子，且云：我从来不径改自己原来的论文，都会用结集补注的方式把原来的错误修正，而不会悄悄地掩饰自己原来的不足；不足，也可以看出学术史的进程，可以给后人的相关研究提供经验教训。

8月，14日至17日，参加在哈尔滨召开的由哈尔滨师范大学人文学院和中国社会科学院文学研究所中国古代小说研究中心主办的"第三届中国古代小说国际研讨会"。

21日至23日，参加在杭州召开的由中国明代文学学会（筹）、《文学评论》编辑部、《文学遗产》编辑部和浙江大学人文学院主办，浙江大学人文学院承办的"中国明代文学学会(筹)第四届年会暨2006年明代文学与文化国际学术研讨会",提交论文《明遗民徐懋曙戏曲活动考略》。

9月,第三届博士研究生张小芳入学,2009年6月毕业。论文题目为《清代〈西厢记〉理论批评研究》(此文获2010年南京师大校级优秀论文)。

第五届硕士研究生李贵连、侯荣川(古代文学方向)、孟宪华(戏剧戏曲学方向)入学。论文题目分别为《明末清初山阴祁氏家族女性文学研究》《梅鼎祚戏曲研究》《周昂戏曲评点研究》。

12月,王华宝撰文《文学文献学的一部力作》,评介《知非集》。见《中国典籍与文化》2006年第4期。

发表论文:《金圣叹"诗选"俞鸿筹"读后记"考辨》,黑龙江大学《学府》2006年卷,黑龙江人民出版社2006年版;收入《求是集》;删节本为:《金圣叹基本史实考论——〈沉吟楼诗选〉"读后记"史实探源与辨误》,《南京师范大学文学院学报》2007年第3期,人大复印资料《中国古代、近代文学研究》2008年第1期转载。

《清初文言小说〈觚賸〉作者钮琇生年考略》(与戴春花合撰),《文学遗产》2006年第1期;收入《知非集》,题为《〈觚賸〉作者钮琇生年考略》。

《古典白话小说整理的又一创举——评黄山书社新版〈红楼梦〉》,《学术界》2006年第4期;收入《求是集》,题为《古典白话小说整理的又一创举——从黄山书社新版〈红楼梦〉谈起》。

此文集中呈现了先生欲以当代文化意识,推进古典白话小说整理形式之革新的理念。主要有两点体现:一是对小说语言原本不分的"他""那""的"等代词、助词"按现代汉语规范";二是对小说人物对话"以现代小说形式排版"。这是先生站在今人阅读习惯的立场上，为缩短古代文本与当代读者之间的距离而提出的。黄山书社2005年版《红楼梦》在这两方面作出了积极的尝试，与先生的一贯理念合契，故撰文为之鼓吹。

自亚东版古典白话小说系列问世至今，已经过去80余年。在这80年间，尤其是建国以后，我们的古籍整理出版事业取得了巨大的成就。但是在古典小说的整理形式上，除了将繁体字改为简体字、异体字改为通行字外，可谓尚未越亚东雷池一步。时间已经进入21世纪，古典小说早已失去了最具吸引力的图书地位；面对着的潜在读者，主要是整日从互联网上汲取丰富多彩的种种信息的新新人类。作为古典白话小说的整理者，我们能为他们做些什么，或者说应该为他们做些什么？对此，黄山书社的新版《红楼梦》做出了崭新的尝试，归纳起来，主要有两点：其一，对小说语言原本不分的"他""那""的"等代词、助词"按现代汉语规范"；其二，对小说人物对话"以现代小说形式排版"（《校勘说明》）。对于今人来说，第二点一说就明白，其最大好处是既得版面疏阔之美，又合当代读者阅读习惯。第一点则要稍加说明：在白话小说中，（1）无论是男性、女性，还是猫鼠、松竹，只要是指代第三者，皆用"他"字混称；（2）无论是表疑问的代词，还是表指示的代词，均以"那"字表示，故一个"那"字，在诵读古旧小说时要根据上下文意，临时决定是发第三声还是第四声；（3）结构助词，无论是与定、状、补搭配，一般都用"的"字（有时会分用"地""得"，但并不彻底）。如此混用混称，其于阅读文意的不便、对领会文心的窒碍，是自不待言的。

本文之所以对黄山书社新版《红楼梦》的有关创新加以几无保留的鼓吹，首先是因为此举实在是深得我心。作为一个有着一定的校点、选注、主编古代白话、文言小说学术经历的整理者，近些年来一直在考虑如何通过我们的努力，在形式上缩短古代文本与当代读者之间的阅读距离。1998年9月，我在为校点一部晚清白话小说撰写前言时，就分段问题曾经写下过这样的文字……（按：此指2000年4月由黄山书社出版的《太平天国演义》，引文见本年谱"二〇〇〇年"条）从形式上说，就我个人的理解，自汪原放后的白话小说整理，主要是根据情节进展分段；而现代小说似乎叙述内容是以情节为据来划分段落，但人物说话则往往一次结束便另起一行。既然是"最初步"的尝试，自然是没有完全到位（主要顾虑是怕出版社认为想多骗稿酬），往往是以一次对答为一段。2003年下半年，南方某经济特区出版社拟出一套白话小说丛书，我承担了《儒林外史》的整理工作，于是又进而提出区别他、那、的等字和按照现代小说形式分段的建议。由于未得该社L总编辑的认同，故"的"字一仍旧贯，只是擅将"他""那"根据情节而具体分为他、她、它和那、哪。因为反正交出的是电子文本，如果社方不同意，可以很轻易地用电脑的查找、替换功能复其旧貌的。自以为颇有创意的此书至今未见出版，而黄山版《红楼梦》已经闪亮登场了！作为先行的思考者和实践者，自然会为其在小说整理"变脸术"的采用上拔得头筹拍案叫好。（陆林：《古典白话小说整理的又一创举——评黄山书社新版〈红楼梦〉》，《学术界》，2006年第4期。）

《清初戏曲家徐懋曙事迹考略》，《艺术百家》2006年第4期；收入《知非集》。

《明人之当代戏剧研究论略》，《中华戏曲》2006年第2期；收入《知非集》；原载于《明代戏剧研究概述》，天津教育出版社1992年出版。

2007年　五十一岁

6月，"金圣叹史实研究"获得国家社科基金项目立项。

27日至29日，参加在南开大学召开的"中国小说史学术研讨会"，提交论文《小说戏曲家冯梦龙、袁于令事迹新考》。

7月，先生父亲陆洪非去世。

9月，第四届博士研究生裴喆入学。2010年6月毕业，论文题目为《祁彪佳与〈远山堂曲品〉、〈剧品〉考论》。

第六届硕士研究生孙烨、柳红、胡瑜入学，三人均为戏剧戏曲学方向。柳红、胡瑜2010年6月毕业，论文题目分别为《舒位戏曲研究》《清中期常州曲家群体研究》；孙烨2014年毕业，论文题目为《陈栋戏曲作品及其戏曲理论研究》。

5月，刘立志《四美具，二难并——评陆林先生〈知非集〉》一文，评先生《知非集》"结集补注"体例的创立，对收入论文集中的已发表之作，不厌其烦地进行了大量的增补修改工作："新加文字均以'结集补注'字样标明，出现在脚注之中，全书多达八十余处。这种体例全然出自作者的匠心独创，前此未见。诸多'结集补注'，或是充实例证，进一步证成文章论点；或是援引学界最新成果，加强论说的力度与深度；或是着意细节，辩驳论者之失；或是提示相关线索，裨益读者深入探研；或是自纠己误，一意求真。"见《古籍整理研究学刊》2007年第3期。

9月，葛云波《知非矻矻廿余载，珠玉聚集映学林——读陆林〈知非集〉有感》一文，评述先生的治学特色，特别指出"死翻"诗文集与"活查"工具书相结合，以考察历史人物的生平事迹的方法，对于提高文献考证的科学性及效率的好处：

在考察历史人物的生平事迹上，学者多注意正史、碑传等，不少学者也渐多注意从诗文集中搜罗材料来考察，但是因为更多的历史人物没有诗文集传世，更未上得正史，故其生平事迹的考察还有赖别种途径。陆林先生以其精彩的实践和个案指导，为我们指明了探寻到目标的方法。

另外，对于先生建立在丰厚的文史学养基础上，由对史实信息的敏感带来文献考证的突破的治学特点，也做出了揭示：

古代文学经历了漫长的时期，其间形成了种种'术语'性质的词，涉及典章制度、历史沿革、文化风俗、政治风云等，在古人那里，只是常识，随手用之。这是作者所极其重视的。……然而今天的学者对一些古代常识多有忽视，甚至搞错，不仅失去了分析问题的一个途径，也容易因误解而产生错误的观点、结论。(《书品》2007年第5期。)

11月，《知非集》获江苏省哲学社会科学优秀成果二等奖。

发表论文：《读杜桂萍〈清初杂剧研究〉》，中华书局《书品》2007年第1期。

《朱国祚生卒年小考》，《辞书研究》2007年第2期。

《清初戏曲家叶奕苞生平新考》，《文学遗产》2007年第3期；收入《求是集》，第一节文字为结集时所补。

《冯梦龙、袁于令交游文献新证》，《文献》2007年第4期；发表时有所删节，全文收入《求是集》。

2008年　五十二岁

5月，汶川大地震发生。先生主动交出特殊党费600元。

6月，14日至15日参加在徐州召开的"江苏省明清小说研究会会员代表大会暨明清小说学术研讨会"，提交论文《金圣叹扶乩降神史实编年》。本年江苏省明清小说研究会换届选举，先生当选为学会副会长。

9月，第五届博士研究生吴春彦入学。2011年6月毕业，论文题目为《明末清初常州地区戏曲活动与创作研究》。

第7届硕士研究生王珺（古代文学方向）、王丽丽、邓雯超、刘于锋（戏剧戏曲学方向）入学。2011年6月毕业，论文题目分别为《叶承宗〈泺函〉研究》《戏曲家陈与郊研究》《黄图珌戏曲研究》《杨恩寿戏曲研究》。

10月，24日至27日，参加在南京、常熟召开的由中国韵文学会、南京师范大学、常熟理工学院联合主办的"第三届中国韵文学国际学术研讨会"，提交论文《金圣叹佚文佚诗佚联新考》。

12月，整理辑校的《金圣叹全集》由凤凰出版社出版。

先生日常与弟子谈及学术研究的质量时，一方面反对把研究专著写得像教材，认为专著类的撰写，要注重学术含金量，衡量标准就是主要章节能否作为单篇论文独立发表；另一方面，对于整理类著作，则要求将整理与研究相结合。后者又体现为两种情况，一种是由整理类著作衍生出的研究成果，即先生在《知非集》自叙中所云"古籍整理的副产"，如《宋元明清家训禁毁小说戏曲史料辑补》《梅鼎祚与〈青泥莲花记〉》《〈舌华录〉作者和版本考述》《〈觚賸〉作者钮琇生平考略》《文言小说家潘纶恩事迹系年》等文章，由先生历年来整理古典白话小说、文言小说、家训、戏曲剧本等所得；一种是将专门和深入的研究，作为古籍整理的学养底座，将整理建立在深入研究的基础，由专门研究完善古籍整理，由古籍整理深化专门研究，如《金圣叹全集》。

《全集》的整理，由先生对金圣叹史实的研究而获益的地方，如：

一、"前言"的撰写，不同于一般的引导式、介绍式前言，而是首次为整理性著作注入个人最新的学术成果，其中所论金圣叹早期扶乩降神与形成其文学批评特点的内在关系，是先生的学术独创，曾以系列论文形式发表，相关内容并被《新华文摘》以"金圣叹批评心路探寻"为题摘要介绍，学术反响较大。

二、全集以简校为原则，底本不误不出校记，故校勘记仅500余条。但在整理过程中，对有关异文的选择，却是以扎实的史实研究为基础的。如《鱼庭闻贯》中收有金圣叹《与许祈年来光》一札，"来光"，今人整理本多据民国有正书局排印本作"来先"；《与顾晦年陈晄》，"陈晄"今人多作"陈陇"，先生据方志和家谱，判断贯华堂原刻本正确。金批《西厢记》有"吾友斫山王先生，文恪之文孙"一语，向来令人困惑：文孙是对他人之孙的美称，王翰不可能是明中期王鏊之孙。先生利用家谱研究出此处"文"应为"玄"的形近而误，故出校记"'文'，据史实当为'玄'字"。又如《沉吟楼诗选》中《冬夜读徐瀑悬诗》一诗，对诗题、小序及诗句出有三条校记，则是翻检徐增别集并参照叶绍袁《甲行日注》所得，是先生由金圣叹史实研究的需要，将视野放射到其生平交游的结果。这已非单纯严守校勘原则所能达到，而是整理者同时又是研究专家的身份，在古籍整理过程中特有的优势呈现。

三、在编排体例上，依据现代学理，科学分类，分为诗词曲卷、白话小说卷、散文杂著卷，是兼顾了金圣叹著述的批评特色、古今文学观念的融通、今人研究领域的分类等多种因素而形成。其中为方便研究，而以学理为依据对原本做出的大胆突破，是本书的特色之一。设身处地为"读者""研究者"着想，是先生对古籍整理提出的一以贯之的原则，不仅在自己的整理著作中，积极推行符合当代文化意识、方便研究者使用的编排方式，而且多次撰文（如《古典白话小说整理的又一创举——评黄山书社新版〈红楼梦〉》《从文学研究的角度浅谈家谱文献的整理编纂》等）呼吁学术界关注这一问题。

作为金圣叹史实研究的阶段性成果，我用三年时间（2006～2008）整理出版了《金圣叹全集》。较之以往出版的同类著作，该书主要有以下三个特点：

（1）首次对收入的所有著述，均努力以现存最早版本为底本，参校后出的主要版本。因圣叹著述曾遭禁毁，原刻本甚为稀见。本书以充分的文献调查为基础，网罗其著述的现存最早版本（《第六才子书》是现存最早的贯华堂刻全本），其中多数是原刻本，解决了一些向来悬疑的问题。如《天下才子必读书》，其中贾谊《治安策》自"天下之势方倒悬"起一大段原文和金批，因言及"匈奴"，被重刊各本删去而仅注"文阙"，从此相沿至今。此次据康熙二年初刻本整理，不仅数百年来首次示人以全璧，亦为研究清初文化生态提供了重要佐证。

（2）首次收集整理了《小题才子书》以及新发现的佚诗、佚联、佚文三十余篇，为金圣叹研究提供了新资料。《小题才子书》极稀见，所收为明末清初文人科举考试之文，其中包含有丰富的金批文献，为研究其文学思想和生平史实提供了新线索。如金批"昔者王遂东先生谓吾言：'看花宜白袷，踏雪宜艳妆。'吾尔时甫十五岁，便识此语是古人笔墨秘诀"，这是能够证明圣叹向晚明大家王思任问学的唯一史料，对研究其早年交游和美学思想的师承很有价值，学界从无论及。

（3）首次在正文后编著了近十九万字的《附录》，分为年谱简编、著作序跋、传记资料、"哭庙案"史料四个系列。其中《年谱简编》约四万字，对金圣叹生平、交游、创作等各个方面的事迹，给予了迄今为止最为详尽的搜罗和考订。序跋资料中最珍稀的是赵时揖《贯华堂评选杜诗》序及总识和徐增《天下才子必读书》序，尤其是徐序，以湖北省图所藏《九诰堂集》抄本为底本，以康熙二年原刻本卷首序参校，既解决了两本的文字出入脱漏，又解决了刻本为避祸而有意误刻"必读书"刊刻时间的疑问。（陆林：《金圣叹史实研究》，第 22 页。）

先生的金圣叹史实研究，也由于《金圣叹全集》的整理而获益。正是通过三年来围绕金圣叹著述的系统整理、反复校读，对作品版本、金氏思想心态、身世遭遇等，都有了更加清晰的体认。先生后来在总结自己的研究心得时，将"在文献占有、文本细读上通过作品整理予以丰富和强化"（《金圣叹史实研究》第18页），作为其中重要的一环。

正是通过近三年来围绕金圣叹著述的系统整理、反复校读，对其作品版本有了更加清晰的体认，对其思想心态有了更加细微的触摸，对其身世遭际有了更加具体的感知，真是磨刀不误砍柴工。如，为了比较《唐才子诗》各种版本的异同，发现康熙后的一些刻本在卷首《鱼庭闻贯》中，竟将圣叹与友人某某或答某某的数十篇尺牍，铲去或删除了收信者的姓名字号，仅保留了"与""答"等动词。这类文字出入，在校勘上是无须出注说明的，但是却生动地反映出早已身首异处的金圣叹在康熙年间的真实影响。（《金圣叹全集》后记）

尽管因为整理《金圣叹全集》使得整个写作的完成大大延迟，但我绝不后悔耗时三年从事这项工作……其实因整理全集而对其史实研究的促进，远不止此：如果不是为了整理全集、辑校文献，可能要迟到国图所藏《小题才子书》可供借阅后才能看到这部重要佚作，可能不会比勘序跋和正文都有较大出入的《天下才子必读书》，可能不会去杭州抄录《贯华堂评选杜诗》的序跋（正是其中明确指出"先生善画，其真迹吴人士犹有藏者，故论画独得神理"），可能不会发现王瀚对金批《西厢记》、王学伊对《释孟子》和《杜诗解》的深度参与，可能不会千方百计地寻查圣叹佚文《风嗋集序》……尽管此部全集仍有许多缺陷，但是通过辑校整理工作，已经使得我对金圣叹史实研究史料的占有和熟悉，居于一个优先和便利的地位了。（陆林：《金圣叹史实研究》，第23页。）

发表论文：《也谈寅半生之"八应秋考"及其他》，《明清小说研究》2008年第1期；收入《求是集》，题为《也谈寅半生之"八应秋考"和"堂备"》。

《〈文章辨体汇选〉"四库提要"辨误——兼论"施伯雨"撰〈水浒传自序〉的来源》，《文学遗产》2008年第3期，人大复印资料《中国古代、近代文学研究》同年第9期转载；收入《求是集》。

《金圣叹晚明事迹编年》，《明清小说研究》2008年第4期。

《金圣叹佚诗佚联新考》，《古籍整理研究学刊》2008年第6期。

《"才名千古不埋沦"——金圣叹事迹和著述简论》，此文为《金圣叹全集》整理前言，凤凰出版社2008年出版；收入《求是集》；删节版题为：《"才名千古不埋沦"：金圣叹精神风貌和批评心路简论》，《江苏社会科学》2009年第1期；《新华文摘》同年第12期论点摘编。

2009年　五十三岁

3月，校点《皖人戏曲选刊·龙燮卷》，由黄山书社出版。

龙燮为清初安徽望江籍戏曲家，亦是陆洪非先生投以关注、深入研究的戏曲家。先生整理校点龙燮剧作，包含了对父亲的深切追念。

在整理过程中，尝试将原本中"那"和"他"两字，依上下文义，以现代汉语的规范，区分为"那""哪"和"他""她""它"。

作为出生于合肥的人士，由于种种原因，我至今没有去过祖籍望江。自幼时对该地的印象，只是知道古人有"无过雷池一步"之语和《登大雷岸与妹书》之信，其中雷池和大雷岸，都是本县的地名（后来才晓得分别出自《晋书·庾亮传》和南朝宋鲍照），因为那是先父早年对我灌输最多的地理文化。在我考上大学中文系不久，他还曾拿出几册纸张黄黄的抄本，说："这是清初龙燮的两种剧作，他是我们望江古代惟一的戏曲家。你如果有兴趣，可以看看。"可惜那时，我对这故纸堆中之物并无爱好，更不能领会父亲为何这样说。不久，他的那篇首次全面研究龙燮两部剧作和准确著录作者生卒的论文，在期刊上发表了。是否拜读过，已经印象不深。但是从此以后，我对望江的了解，除了一语一信外，还知道有一人，那就是剧作家龙燮。

大学毕业后，我一直在外地工作。由于曾在较长的时间内主要从事古籍整理研究和个人的学习兴趣所在，父子俩见面时基本上不再谈论有关戏剧的话题，更没有提过"龙燮"这个名字；再后来，他不幸患上了小脑萎缩之顽症，连正常的交流也难以进行，在理论上可以说我永远也无法知道其当时介绍龙燮的全部想法了。去年七月二十九日，在晨曦微露之时，他老人家离开了这个曾经给予其许多荣耀和痛苦的人世，安详地走了，享年八十四岁（生于一九二三年十月十二日）。

此后不久，一位专注于古代杂剧研究的朋友来信，询问先父所藏"龙燮公传和年谱"等资料的现在下落。在整理遗物时，我只看到两个剧本的抄本原件，而未见所谓传记和年谱；同时凭着对文献的敏感性，知道这可能是极稀见的珍贵史料。于是顺着友人提供的线索，从安徽文联的网站上，查到署名周春阳撰写的悼念文章。始知周先生亦为望江人，长期在省文化厅工作，与先父可谓忘年交。二〇〇二年在其主编的《安徽新戏》杂志上，刊发了家母据汤显祖《牡丹亭》改编的黄梅戏剧本，还专门配发了《陆洪非与林青的黄梅情缘》的"名人名家专访"。嗣后周先生专至拜访，"临别时，陆老将他精心保存的《芙蓉城记》（龙燮著、龙雯手抄本）及《龙燮公传和年谱》慎重地托付于我，先生希望我能为这位古代乡贤的遗著找一个归宿"。但因种种原因，该剧终究未能由其推出，周先生在深表遗憾的同时，"希望有朝一日《芙蓉城记》能在故乡的刊物上刊出或以其他方式出版,使望江戏剧能有一种传承的象征"(《我所认识的陆洪非先生》)。接下来的事情,不仅是顺理成章,而且是好事成双:通过家母的联系,周先生很快将有关文献以挂号直接寄下("龙燮公传和年谱"是先父在封面上用钢笔题写的诸字,内里是据抄本复印的龙光撰《燮公传》和龙垓撰《燮公年谱》);几乎同时,安徽省古籍整理出版办公室主任诸伟奇教授来电,说拟将龙燮有关剧作收入《安徽古籍丛书》之《皖人戏曲选刊》,交稿最后期限是今年八月底,希望我能承担整理任务。我的爽快应允是可想而知的,因为这提供了一个实现先父遗愿的机会。

在交代这些从事整理龙燮戏曲作品的个人缘起后,读者诸君会以为,这样的结局先父一定会很满意了。是的,现在将篇幅较长的《琼花梦》传奇与《芙蓉城记》杂剧以及其独藏的有关传记资料,以专书方式结集出版,应该是大大超出其生前希望的;同时可以告慰在天之灵的还有,他所改编创作的《天仙配》《女驸马》,已收入中国戏曲学会主编的《当代百种戏曲集》而正式出版;《陆洪非林青戏曲作品集》(按:此书于2012年9月由安徽文艺出版社出版,书名为《陆洪非林青黄梅戏剧作全集》),在郡人项纯文先生的热情帮助下,出版事宜亦在积极安排中。这些象征着文化传承的工作,在许多热心人的努力下,进展十分顺利。只是作为后人,我的心里却隐隐作痛:二〇〇二年前后,正是一心忙于自己的课题而"无暇"他顾之时,对父亲意欲出版龙燮作品的想法竟全然不知(其实可能植根于二十年前有关谈话时我的消极态度!)。而安徽省古籍办申报的由我领衔的皖人戏曲选刊,在新世纪之初,就被列入全国古籍整理出版"十五"规划之中,最早的一种,已于二〇〇五年底问世。如果我当时了解父亲的殷切心愿,如果我也有整理乡贤典籍的强烈意识,如果我也有传承地方文化的自觉担当,而不是受制于什么校点古籍不算科研成果之类的浅薄制度和委琐观念，父亲可能在生前就看到了整理出版的龙燮戏曲集。但是这种可能，却由于我的懈怠，永远只是令人愧悔的不可能了。

感谢诸伟奇教授。除了以上已经涉及到的原因外，还因为在整个整理过程中，他给予我的许多格外礼遇和学术自由。譬如，允许我尝试将原本中只是"那"和"他"的两字，根据上下剧情具体区别为"那""哪"和"他""她""它"。虽然有些举措，作为古籍整理的资深专家，他并不完全同意，甚至可能要为此担责，但依然硬着头皮答应了我的请求。故希望反对者不要贸然指责诸先生违背行规，尽可以批评在下的无知妄为。（陆林校点：《皖人戏曲选刊·龙燮卷》，黄山书社，2009年，"后记"。）

7月，10日至12日，参加在长春召开的由中国《史记》研究会、东北师范大学联合主办，东北师范大学文学院、古籍整理研究所、《古籍整理研究学刊》编辑部具体承办的"中国古代典籍与文化学术研讨会暨中国史记研究会第八届年会"，提交论文《清初戏曲家龙燮生平、剧作文献新考》。

8月，8日至11日，参加在兰州召开的"第八届中国古代戏曲学术研讨会"，提交论文《试论清初戏曲家龙燮及其剧作》。

28日至30日，参加在湘潭举行的"第七届明代文学年会暨明代湖南文学国际学术研讨会"，提交论文《金圣叹晚明扶乩降神活动编年汇考》。

9月，第六届博士研究生周凌云入学。

第八届硕士研究生陈静华、姚萍（古代文学方向）、赵彦军、黄艳芬（戏剧戏曲学方向）入学。2012年6月毕业，论文题目分别为《"秋水轩倡和"文学活动研究》《水绘园文学活动研究》《〈桃花扇〉清代接受研究》《晚明戏曲家许自昌研究》。

11月，7日至8日，参加在江阴召开的由江苏省江阴市人民政府、江苏省哲学社会科学界联合会、江苏省明清小说研究会联合主办的"2009年海峡两岸夏敬渠、屠绅与中国古代才学小说学术研讨会"。

21日至22日，参加在南京召开的由南京大学与日本东京大学合作主办的"南戏国际学术研讨会暨钱南扬先生诞辰110周年纪念会"，提交论文《清初戏曲家龙燮生平、剧作文献新考》。

12月，先生弟子裴喆撰《广搜博考　融汇贯通——读陆林先生〈知非集：元明清文学文献论稿〉》，见《福建论坛（社科教育版）》2009年第12期。

发表论文：《金圣叹佚文新考》，《上海师范大学学报（哲学社会科学版）》2009年第2期。

《金圣叹清初事迹编年》，《明清小说研究》2009年第3期。

2010年　五十四岁

2月，继五年前初患癌症后，先生再次查出癌症。初以腰背疼痛难忍，误以为尿路结石，复查出恶性肿瘤，继以手术、化疗。3月开刀，5—8月化疗，颇受磨难。在此之间及以后的恢复休养期间，仍坚持学报的编辑工作和参加自己指导的博硕士研究生的答辩等，对学术、对同道、好友的科研状况仍然投以热心关注。

南京师范大学陆林先生，是我多年的好友，虽然当面常以兄长称之，但内心始终是尊之如师的。他豪爽率性，不屑世俗，对待学术执着严苛，且有超常的领悟力，令我常有听君一席话，胜读十年书的感慨。徐朔方先生生前即曾以"畏友"视之。但他冷峻的外表下，却是一片古道热肠。每每看到有关陈维崧的材料，他总会及时提醒我注意。当听说初稿完成后，又不顾自己大病初愈，主动提出要帮我看看。在我,这当然是求之不得的事,只是考虑到他的身体状况,实在于心不忍。稿子寄给他只一个月,就返了回来。打开一看,上面密密麻麻,批满了文字,有建议,有更正,也有补考的人物生平——当然还少不了善意的揶揄和调侃。在这个浮躁的世界上,人人都在追求个人利益的最大化,谁肯花费大量的时间和精力,再搭上自己的学术积累,对别人的著作这样下力气打磨呢?对此,我感激不已。(周绚隆:《陈维崧年谱》,人民出版社,2012年,"后记"。)

3月,苗怀明《精雕细琢　嘉惠学林——〈金圣叹全集〉简评》一文指出:先生以长期的、系统的金圣叹史实研究的积累,从事"全集"的整理,"多年的学术积累加上深厚的学养及严谨的治学态度,保证了全书的高水准";《全集》编排允当,层次明晰,"不仅是一部搜罗完备、校勘精良的金圣叹全集,而且对中国古代其他作家作品的搜集整理也同样具有重要的启发和借鉴"。见《书品》2010年第2辑。

先生弟子张小芳撰《整理工作本身也是研究工作——陆林教授辑校整理的〈金圣叹全集〉评述》,见《古籍整理研究学刊》2010年第2期。

9月,第七届博士研究生胡瑜、张岚岚入学。胡瑜2013年6月毕业,论文题目为《清代常州剧坛研究》;张岚岚2014年6月毕业,论文题目为《明清传奇对〈牡丹亭〉的接受》。

第九届硕士研究生高银花(古代文学方向)、刘敏、邵殳墨、黄军、曹冰青、潘伟娜(戏剧戏曲学方向)入学。2013年6月毕业,论文题目分别为《黄钧宰及其创作研究》《清代戏曲家瞿颉研究》《清代戏曲家龙燮研究》《〈全清词·顺康卷〉中的戏曲史料研究》《金兆燕及其戏曲研究》《谢堃戏曲研究》。

11月,19日至21日,参加在北京召开的由中央民族大学文学与新闻传播学院主办的"中国古代叙事文学国际学术研讨会",提交论文《试论清初戏曲家龙燮及其剧作》。

发表论文:《清初戏曲家龙燮生平、剧作文献新考》,《文献》2010年第2期。

《试论清初戏曲家龙燮及其剧作》,《社会科学辑刊》2010年第4期;原为《皖人戏曲选刊·龙燮卷》前言,收入《求是集》。

2011年　五十五岁

6月,先生在散步时意外摔伤,造成腰椎骨折,至9月仍需绑缚医用腹带支撑,不能长时间起坐。

9月,在去年开刀处,再次发现恶性肿瘤。会诊后确定不能手术,只能直接进行放疗。

自去年开刀、化疗后,本人身体一直不是太好,今年六月又意外摔伤,导致腰椎压缩性骨折;九月在去年开刀处,再次发现两个恶性肿瘤(已采取射波刀治疗)。在此背景下,对单位的工作承担得较少,只能坚持做好最本职的文学类稿件的编辑工作。有关工作得以进行,主要是依靠单位同事的大力帮助;对于我的身体,也始终得到领导和全体同仁的热情关怀。在此,对大家表示深深的谢意!(见先生2011年考核表。)

第八届博士研究生刘于锋入学。2014年6月毕业,论文题目为《晚清文人戏曲研究》。

第十届硕士研究生张鹏、李玉入学,二人均为古代文学方向。2014年6月毕业,论文题目分别为《姚佺选评〈四杰诗选〉研究》《徐增及其诗学思想研究》。

10月,参加在扬州召开的"第九届中国古代戏曲学会学术年会暨纪念徐沁君先生诞辰100周年学术研讨会"。

11月，25日至27日，参加在全椒召开的"吴敬梓诞辰310周年纪念大会暨中国《儒林外史》高峰论坛"。

发表论文：《二十世纪金圣叹史实研究的滥觞》，《明清小说研究》2011年第4期。

《胡适〈《水浒传》考证〉与金圣叹研究》，《文学遗产》2011年第5期。

《陈登原〈金圣叹传〉的学术贡献及缺憾》，《文艺研究》2011年第8期；人大复印资料《中国古代、近代文学研究》同年第12期转载。

2012年　五十六岁

1月，《话说金圣叹》（与弟子张小芳合撰），由江苏人民出版社出版。此书为《人文社会科学通识文丛·文学江苏读本》（第一辑）之一种，丛书获2014年江苏省第十三届哲学社会科学优秀成果奖（普及成果类）二等奖。

3月，发现两处病灶，射波刀治疗后，从4月15日开始第一次化疗，每半月一次。

9月，先生与兄长林陆合编《陆洪非林青黄梅戏剧作全集》，由安徽文艺出版社出版。

2007年7月29日，陆洪非与世长辞。一生辛勤劳作的成果竟撒手不顾，好不潇洒！作为幸存者，只得收拾残局，将他的几部流传于民间数十年的剧作结集，加上我自己的几本习作，乘机"搭便车"，凑个上、中、下三卷，看起来好看，听起来好听，希望不至于和他的不张扬、不计较的本性相悖。（林青《陆洪非林青黄梅戏剧作全集》后记）

父亲去世后，母亲和家人都有一个心愿，就是将他们几十年来创作、改编的一些戏曲舞台剧、电视剧剧本搜集、整理，汇集成一套书出版。众多黄梅戏迷，还有我们家的亲朋好友也非常支持这件事，并期盼这部书的早日问世。但由于种种原因，出书的事未能如愿。直到 2010 年 11 月，经望江老乡周玉冰先生的积极奔走、牵线搭桥，将书稿交到了安徽文艺出版社后，本书的出版才按照出书的正规程序顺利进行。

安徽文艺出版社 1985 年就出版了父亲的第一部专著《黄梅戏源流》，对父母的剧本也比较认可。接到书稿后，出版社社长助理、总编办主任刘冬梅当即表示此书很有出版价值，立项没有问题。朱寒冬社长也表示要将此书作为重点项目推出，并提出了许多具体意见。出版社还在经济上给予了全力支持。

本书虽名为《陆洪非林青黄梅戏剧作全集》，但还是有一些父亲"文化大革命"前创作的剧本，经过抄家以及在几次被迫搬家的折腾中被丢散。这次未能搜尽二老平生作品，如有可能，在今后再版时给予弥补。还有几个剧本首演是庐剧、徽剧。但考虑到最有影响力的还是《天仙配》《女驸马》《风尘女画家》等黄梅戏，出版社建议用现在的书名……（林陆、陆林：《陆洪非林青黄梅戏剧作全集·附记》，《陆洪非林青黄梅戏剧作全集》，安徽文艺出版社，2012 年。）

第十一届硕士研究生王云云、袁好（古代文学方向）、王思佳、王雅静、李志珍（戏剧与影视学方向）入学。王云云、袁好、王雅静、李志珍 2015 年 6 月毕业，论文题目分别为《陈济生与〈启祯两朝遗诗〉研究》《徐崧与其诗歌编选研究》《黄之隽戏曲研究》《清初戏曲家孙郁研究》。

9 月，14 日至 15 日，参加在合肥召开的由安徽大学文学院、中国社会科学院文学研究所古代文学研究室主办的"清代文学国际学术研讨会",提交论文《鲁迅、周作人论金圣叹——明末清初文学与现代文学关系之个案考察》。

10月,先生整理辑校的《金圣叹全集》获江苏省哲学社会科学优秀成果一等奖。

12月,国家社科科学基金项目"金圣叹史实研究"结项,结项鉴定等级为"优秀"。专家鉴定意见指出:"作者具有鲜明的'问题意识',从文献史料入手,推究入微,层递累进,逼近本原,从而真正达到了本论题所追求的'史实研究'的目标,成为一个多世纪以来金圣叹研究最有创获、最有深度的研究成果";"全文流畅准确,干净文雅,摈弃了那种晦涩难懂、故作高深、词不达意的文风,显示了一个积学之士的文字功底,而且从文字中感受到论者从容淡定的为人,对学术事业的热爱与激情"。(全国哲学社会科学规划办公室编《国家社会科学基金年度报告2013》第45页,学习出版社2014年5月出版。)

28日至30日,参加在哈尔滨召开的由黑龙江大学明清文学与文化研究中心、黑龙江大学文学院主办的"古典戏曲辨疑与新说"国际学术研讨会,提交论文《金圣叹评点〈西厢记〉史实二题》。

发表论文:《〈诗法初津〉作者叶弘勋小考——金圣叹交游考证一例》,《古籍整理研究学刊》2012年第4期。

《金圣叹籍贯吴县说献疑》,《学术研究》2012年第9期;人大复印资料《中国古代、近代文学研究》2013年第1期转载。

《唱经堂与贯华堂关系探微》,《社会科学战线》2012年第11期。

《金圣叹史实研究的现代历程》,《明清文学与文献》第一辑,黑龙江大学出版社2012年10月出版。

2013年　五十七岁

2月,周锡山诉《金圣叹批评本西厢记》(凤凰出版社2011年版）抄袭《贯华堂第六才子书西厢记》（江苏古籍出版社1985版）。11月，上海市第二中级人民法院判决，周氏诉讼主张缺乏法律和事实依据，法院不予支持。2014年1月，周氏不服判决，提出上诉；2014年7月，上海市高级人民法院二审"驳回上诉，维持原判"。

3月，在CT检查时，发现继2010年、2011年、2012年连续三年腹部肿瘤之后，再次出现肿瘤情况，4月至7月间化疗未见效果，11月进行射波刀治疗。

9月，第九届博士研究生张芳入学。

第十二届硕士研究生秦婧（古代文学方向）、马珊珊、耿陈陈、张莹（戏剧与影视学方向）入学。秦婧、马珊珊、耿陈陈2016年6月毕业，论文题目分别为《明末清初诗人王抃研究》《清初戏曲家许廷录研究》《清代戏曲家许鸿磐研究》。

本年先生获教育部人文社科基金项目一项，项目名称为"金圣叹学术史编年"；江苏省社科基金项目一项，项目名称为"金圣叹事迹、影响编年考订"。

发表论文：《金圣叹姓名字号异说辨考》，《文史》2013年第1期。

《鲁迅、周作人论金圣叹——明末清初文学与现代文学关系之个案考察》，《文史哲》2013年第1期，人大复印资料《中国古代、近代文学研究》同年第4期转载，《新华文摘》同年第10期转载。

《金圣叹律诗分解说的审美批评特点》（合撰），《苏州大学学报》2013年第1期。

《哭庙记闻版本与金圣叹"庠姓张"讨论平议——清代文学文献研究个案的学术史回顾》，《文史哲》2013年第6期。

先生日常讲授研究方法，很看重对明清"基本史实"的把握。如果要保证研究的学术性，研究者应该了解明清的基本史实。这样即使同样是推测，在了解了基本史实前提下的推测才能具有学术性。在说明这个观点时，先生即以金圣叹"庠姓张"为例，指出，"'庠生'问题，在十几年前还没有发现哭庙案的最早文献明确载明'庠姓张'的情况下，我就已经撰文，对'庠姓'问题作出了不离史实真相的猜测'结论'（按：此指撰成于2001年的《〈沉吟楼诗选〉"读后记"史实探源与辨误》一文，针对前人研究中"庠姓"不词说，指出"作为一种古代应试的非常规现象及有关语词，对其事实的存在及其在古籍中的著录应该是毋庸置疑的"。此文纸本发表于2007年，实际完成于2001年12月初，参见《文史哲》2013年第6期第85页脚注3）。而这种正确度的保证，就是来自对"庠姓"现象的史实认知，即对明清大量存在的本人姓氏与庠姓不同的现象的发现和认知。

"基本史实"构成了明清文学文献研究的"生态基座"。读懂史料、分析史料，需要史实知识的博雅。这些知识的构成，有制度性的，可经由系统学习而得；有的则是文化性的，风俗性的，甚至是"惯例性的"，必须在反复的研究实践中自我提炼、自我习得。"庠姓"问题就属于后者。在已不知庠姓为何物的当今，在金圣叹"庠姓张"的问题上，先生经过多年的史料积累，以对史料文献的数量和覆盖面的把握，确认其作为一种明确无误之史实的存在，解决了这个长期困扰学术界的问题。

由这一"基本史实"的发现，先生还进一步指出"学术界对庠姓、榜姓的研究十分不够，包括专门的进士题名录的整理文献"。并在"金圣叹史实研究"的课题中，将之纳入人物"姓名字号籍贯功名"考证的"史实系统"中，对所涉人物之庠姓、榜姓、庠名、榜名、庠籍、榜籍等一一交代、辨析。引入此一史实后，在人物考方面也取得了相应突破，如对圣叹友人吴县陆志舆的籍贯、字号、姓名的各种异说，即以榜名（吴世恒）、榜籍（无为）与本名、原籍不同为介而得以梳理、澄清,并由此得以将陆志舆、吴世恒、陆世恒之事迹归拢至一人。

《清初姚佺评选〈诗源〉的时代特色》,《文学遗产》2013 年第 6 期,人大复印资料《中国古代、近代文学研究》2014 年第 2 期转载。

《〈小题才子书〉所涉金圣叹交游考》,《中国典籍与文化论丛》第 15 辑,凤凰出版社 2013 年 12 月出版。

《金圣叹评点〈西厢记〉史实二题》,《辨疑与新说:古典戏曲回思录》,黑龙江大学出版社 2013 年 12 月出版。

2014 年　五十八岁

上半年,腹腔再次发现肿瘤,8 月份确诊,进行了射波刀治疗。由于长期卧床,左腿出现血栓,住院治疗一星期。此后持续口服化疗药,每两周服药,休息一周,再继续服两周,如此循环。

甲午七月初,二竖复来袭。尿血日以频,腰痛日以剧。CT 加 PET,症状遂明晰。前者缘劳累,后者因瘤起:腹瘤咂椎骨,波及神经系。治以射波刀,伤人不留迹。五脏六腑裂,肠胃功能靡。阵疼伴腹泄,体惫精力疲。整日惟在床,难以坐与立。不能操电脑,诸务皆废弃。书稿差几节(金氏史实研究),无奈且搁笔。校样置枕旁,才看千四余(邓汉仪诗话校样两千页)。朱主戏曲编,旁观如在壁。杜倡别集事,只能虚委蛇。谅我与罪我,一任君之意。西非埃博拉,南京青奥聚,美俄忙暗战,巴以交攻急。电视时我陪,仰观天下奇。人生苦与乐,焉知无伏依。明日好友来,相会欢何极。

按:先生此诗作于 8 月 15 日。此时已经过四次射波刀治疗。因左腿肿胀,只能平躺垫高左腿,故看电视云"仰观"。"好友"指参加南大主办的学术会议的诸友。

6 月,"金圣叹年谱长编"获得国家社科基金项目立项。

9月,《金圣叹史实研究》入选国家哲学社会科学成果文库。23日,南京师范大学人文社会科学研究院在"科研动态"栏,报道了此事。

近日,全国哲学社会科学规划办公室公布了 2014 年度《国家哲学社会科学成果文库》入选名单,我校文学院陆林教授的科研成果《金圣叹史实研究》入选。

2014年《成果文库》共申报475项,经专家评审、社会公示和全国哲学社会科学规划领导小组批准,仅有59项成果入选,入选率为12%。入选的成果具有重要的理论意义、实践价值和较强的创新性、开拓性,体现了本研究领域的前沿水平。

陆林教授的研究成果《金圣叹史实研究》历时十五年而成,是一部兼有史实研究价值和方法示范意义的重要著作。它以学术史梳理、疑难问题辨析、事迹佚作编年订补和交游探考为结构,以史实考索的细密坚实为质量追求,以新史料的发现和新结论的形成为支撑点,达到了对金圣叹一生行迹的基本勾画。在具体研究方法方面,一方面建构了由家谱、各级方志、地方科举史料和郡邑乡镇诗文总集组合成的文献系统,将传统的文献研究法推向了科学、专业、有效的高度,另一方面采用了以史实研究"复现"人物心史和人文生态的研究思路,为明清文学及文化研究提供了深度推进和视域拓展之可能,并由此探索和揭示了史实研究之于明清文学及文化研究的方法论意义。

陆林教授的研究成果入选,使我校的科研成果入选《成果文库》数达到8项。在此谨向陆林教授表示祝贺!(南京师范大学社科处,2017年12月5日。)

第十届博士研究生王慧入学。

第十三届硕士研究生周礼丹、郭婧、韩郁涛入学,三人均为戏剧与影视学方向。

9月，22日至24日，参加在上海召开的复旦大学"第三届文学评点国际学术研讨会"，提交论文《邓汉仪心路历程与〈诗观〉评点的诗学价值》。

10月，24日至26日，参加在天津召开的由《文学遗产》编辑部和南开大学文学院联合主办的《文学遗产》古代小说研究论坛，提交论文《金圣叹佚作辑考订补》。

发表论文：《金圣叹与武进许氏兄弟交游考》，《中国典籍与文化》2014年第1期。

《四库存目〈吾好遗稿〉作者章静宜小考》，中华书局《书品》2014年第2期。

《金圣叹佚作辑考订补》，《明清小说研究》2014年第3期。

《毛宗岗事迹补考》，《文献》2014年第4期。

《清初书画家周荃生卒考》，《学术研究》2014年第9期。

《金圣叹交游考：徐崧与陈济生》，《南京师范大学文学院学报》2014年第4期。

《金圣叹事迹编年订补》，《国学》第一集，四川人民出版社2014年12月出版。

2015年　五十九岁

1月，中共望江县委、望江县人民政府组编《望江文学精品》由安徽人民出版社出版，其中收录有先生研究望江籍戏曲家龙燮的学术论文。

按：据师母回忆，翻阅样书时，先生曾有"父子同在一书"的感喟，指书中"戏剧卷"收有黄梅戏剧作《天仙配》，"理论卷"收有《试论清初戏曲家龙燮及其剧作》一文。

2月底，先生因恶性肿瘤侵蚀腰椎，疼痛难忍，坐卧难安，住院治疗。3月初，在南京中大医院接受了骨水泥手术。胃纳渐差，常常胃痛。6月初，因严重贫血导致一切功能丧失，呕吐不止，再次入院。7月3日突然咳血不止，转入省人民医院。初时尚能每天输液后回家，后输液时间更长，常至深夜，很难离开病房了。11月中旬后，因肾坏死陷入昏迷，做过两次透析。在这样的情况下，也一直坚持看书、工作；弟子辈到医院探望陪护时，先生仍常就研究方法和做人之道，娓娓而谈，谆谆教导。

3月，《金圣叹史实研究》由人民文学出版社出版。

《金圣叹史实研究》前身是为同题国家社科基金项目，2012年以鉴定结论"优秀"结项后，又历时一年半修改、增删，入选"国家哲学社会科学成果文库"，总字数71万字。先生在《金圣叹史实研究·后记》中指出："金圣叹史实研究"，是一个既与宏大叙事、中西贯通无关，又乏宏观架构、理论阐释的实证课题，能够先后获批、列入国家社科基金和优秀成果文库，固然有天道酬勤的因素在，更体现出新世纪以来古典文学界对学术评价的多元和对实证学风的认可。

作为明清之际著名的文学批评家，金圣叹在古代文学理论批评史上具有重要地位。自新时期以来，金圣叹的研究一直是古典文学界的热点所在，甚至有学者提出建立"金圣叹学"的主张。但是，有关成果绝大多数是围绕着金圣叹文学理论而阐述，以身世和交游为中心的史实研究一直是弱点所在。《金圣叹史实研究》通过专门而系统的研究，达到了对金圣叹一生基本史实的精准考述和全面复现。其在金圣叹基本史实研究方面的建树有：（1）通过对哭庙文献的版本考订和有关论争的历史考量，对学术界一向众说纷纭的姓、名、字、号、籍贯等问题，提出了可信的意见。（2）对金圣叹生平事迹的前此研究成果，以编年的方式给予逐条订补。（3）通过讨论影响其一生行止和评价的扶乩降神的基本史实、其中表现的精神风采,揭示给其随后从事的文学批评活动烙下的鲜明的个人印记。(4)首次对金圣叹佚文、佚诗、佚联和语录给予最为详尽的辑考。

《研究》在"金圣叹史实"之外,还包含了为学科立规范的目的在。早在十年前申报国家社科基金项目时,先生便提出此课题旨在"以研究其身世、交游、著述情况为中心,以探求其文学活动的心路历程和文学思想的历史生成为指归。试图通过对相关史实的实证研究,展示以金圣叹为中心的明末清初一批边缘文人的人生轨迹",并有感于在文学史实研究中"明清领域里范式性著作尚不多见",而试图"通过各种事例的考述,展示研究者摸索多年、体现了明清文学文献史实研究独特方法的心得",即立志撰写一部明清文学史实研究的范式性著作。

《金圣叹史实研究》的范式意义,首先体现为它是先生将文学的史实研究视为一门独立的科学,可以"专门从事文献研究而不及其他"的学科理念的践行。本书通过准确、细致而精彩的文献考索,复现历史真相,构筑金圣叹个人的生存档案、心路历程,以及明清之际江南下层文人群体的精神史、生态史,从而确证了独立的史实研究的自我价值。史实研究不是作为文学研究、理论研究的附庸,也与单纯的"考证"不同,而是体现为"真相即价值"的认知和追求。这里的"真相",在基本事实之外,还同时包含了通过史实研究形成历史"智识"的意义,指介于史料与史观之间、以史识和史断"照明"文献的研究旨趣。

其次,为明清文学史实研究摸索出行之有效、丰富多样的研究方法,并在金圣叹史实研究的过程中加以呈现。

先生跟弟子闲谈时,曾自我评价说,他的研究最重要的是对方法的发现和应用,其次才是在金圣叹史实研究方面的贡献。从这个意义上说,《研究》同时也是一部方法学著作,其中所考述的历史人物,在总体数量上、在对每一个体的人格丰富性的揭示上,以及人物事迹的罕见、资料搜集的难度等方面,在同类学术著述中均居于显著地位,可为明清文学文化研究(尤其是家族和地域文化研究等)提供研究方法、学术积累和样本资源。

就具体方法而言,主要有:(1)体现了家谱"文献查找的系统性和学术利用的自觉性"的意识及实际有效应用,为家谱文献科学、深入、全面的应用提供了诸多案例。(2)针对研究对象多属于名不见经传的下层文人的特点,形成了由家谱、各级方志、"低级"地方科举史料和郡邑乡镇诗文总集组合成的文献系统,富有成效地钩索出若干已被尘埋的人物及其生平事迹。(3)注重文献与史实、文学与文化、事迹与人心研究的结合贯通,以史实研究"复现"人物心史和人文生态,进而阐释史实事迹与文学文化现象之深刻关联,改善了或局限于文学、或局限于文献的"一元化"研究思路所造成的空疏之风或琐屑之习气,促进了文献研究法的意义提升和文学研究法的深度夯实。

再次,其中也包含了先生对史实研究作为一门学科所应该树立的学科规范的认识。

《研究》出版后,邬国平先生撰写了题为《作家史实研究的硬功夫》的书评,先生在病榻上读到书评,感叹说:"邬先生虽然是搞理论研究的,但对文献研究的甘苦有真正的了解,看出来了我在这本书中,通过脚注、学术史梳理和参考文献排列方式等,间接传达出来的对学术风气的批评。"

先生所反对的,往往是学术界习以为常的一些现象。例如对前人的研究成果或使用而不注明,或混用而不辨析;在脚注中大量注水,引述很多常识性的、与论题无关的信息;参考文献以拼音排序,看不出著作在文献阅读和征引上的知识系统和学术逻辑。因此,《研究》所采取的撰述体例和行文风格,也含有规范学风的目的。即,以史实文献说话,不过度阐释;以学术史反思作为推进研究深化的前提;对自己在研究历程中曾出现的讹误一律保留痕迹,对尚未解决的问题也明确指出,希望学者以现有的研究为基础,进一步探索。

在长期的明清文学与文献的学习探索过程中,笔者逐渐形成这样的学术理念:在中国古代文学尤其是作家研究的范围内,无论是说学术发展,还是论个人兴趣,史实文献研究都不应该是附庸,也不应该仅仅是基础或前提(或者可以说理论素养是实证研究的基础),而是一门具有强烈独立性、需要专攻的术业,有着自身鲜明的学术规定性。这种研究,不是为了出人意表而选择考述对象,不能为了证明某种观点而随意取舍史料,其出发点和归宿都是对史实本身的考量、对事实真相的探索。它需要事无巨细的网罗,它需要狮子搏兔的用力,需要"一事不知,学者之耻"的自警。所谓"反对一事一考、一字一辨"的说法,不过是显示出对此门学问的隔膜:没有一事一考、一字一辨的习惯和功夫,何谈考大事、辨重典?不从一事一字入手,如何能发现大事重典?作为一门独立的学术,它需要多方面的学术素养和准备,追求文本阐释与文献实证的结合、文学研究与史学研究的联姻;它需要长期沉潜其中,培植细腻的文献敏感性,激发热情的史实探求欲望;它需要耐得住书房的寂寞,淡漠于外界的精彩,尽可能多地掌握文献资料和历史文化风俗的相关知识。在较为丰厚的学术积累下,始有可能盘活所有的史实线索,对疑难杂症给予一针见血的剖析,对历史迷雾给予拨云见天的廓清。(陆林:《金圣叹史实研究》,第17页。)

3月,女儿陆洋从日本名古屋大学国际言语文化专业硕士毕业,4月,升入同校同学院攻读博士学位。

按：先生闲谈时有云，对于孩子的教育，言传虽不多，身教起码有两点可自信者："一、随时随地都看到我在书房写作；二、与人谈话从不涉及蝇营狗苟之事。"

5月，冯保善《一部体大思精的学术力作——读〈金圣叹史实研究〉》一文，指出作为专题性研究著作，《研究》的意义，首先在于"澄清了金圣叹史实研究中系列悬案，使之成为定谳"。见《书品》2015年第3辑。

8月，卜键《灵眼觑见 灵手捉住——陆林的金圣叹扶乩降神研究三议》一文，评《金圣叹史实研究》中对金圣叹扶乩活动的考述，"不仅考证精审，论列详悉，更将之与他的文学批评相衔接，凸显其形象塑造、文思才情，真可谓'灵眼觑见，灵手捉住'"，并评价先生的学术品格与考述文章云："一生秉持求真务实，节操凛然，不稍假借"；"从不取巧，著作力求坚实厚重，又以情驭笔，每不离人情世相"。见《文艺报》2015年8月24日第8版。

葛娟《功深熔琢，纯青而出——读陆林〈金圣叹史实研究〉》一文，评《研究》是"一部明清江南下层文人的精神史"，"一部明清文学史实研究的方法学"，"一部承载生命之重的学术著作"。文章指出，《研究》采用既见树木又见森林的研究方法，将金圣叹个人历史的建构，与明清江南文人的心灵史、精神史和文化史的复现结合起来，实现了关于明清文学和文化史的微观建构和宏观透视；针对不同的个案和研究对象，形成不同的研究方法和路径，"这些研究方法和经验，有的是作者在行文中，常常有感而发地予以总结，更多的是作者将研究过程化入到行文之中"，使读者在获得对相关文献和史实认识和了解之时，还能清晰地感知作者的研究思路、考证方法以及文献考述特点等。见《浙江传媒学院学报》2015年第4期。

先生弟子张小芳撰《论明清文学史实研究的"自足"之境——

以陆林教授的新著〈金圣叹史实研究〉为例》,见《文学与文化》2015年第3期。

9月,第十一届博士研究生周固成入学。

第十四届硕士研究生王阳、谭雪红入学,二人均为戏剧与影视学方向。

22日,先生跟弟子谈及评论前人学术研究的"历史性眼光",云:"你如果要评价一个学者的成绩,一定要记住,站在一个学者当时条件的前提下,这个前提,包括当时的研究方法和时代局限、所能见到的资料等等。你要设身处地,如果你在与他同样的条件下,能不能做得比他好,如果不能,你就不能苛求他,批评他。对你的学生也是如此,如果你在自己做硕士时在同样的条件下没有能做到的,你就不要要求你的学生做到。"

23日,先生教导弟子,做学术研究要有"宿业"意识:"如果做诗文集研究,你仅仅去分析诗文好坏,能行吗?你要去研究今典。这个词不是我发明的,是陈寅恪发明的。我发明的词是'宿业'。以前我对别人盯着一个人研究一辈子,觉得很不以为然,现在经过十几年金圣叹史实的研究,我才明白,做这样的研究,是真的需要持久的长时间的研究的,我称为'宿业'。"

10月,17日上午,先生参加了在东南大学召开的"第十一届全国戏曲学术研讨会暨中国古代戏曲学会2015年年会"。

当时,先生已很少进食,基本依靠输营养液维持所需,身体非常虚弱,但仍坐着轮椅参加年会开幕式,拍了集体照。鉴于先生的身体状况,大家都劝他不要去参加。先生说,这次开会,学界同仁和朋友们,来南京的很多,听说我住院,很多人肯定要来看我,大家日程安排都很紧,来来往往很不方便,不如我去一次,大家看到我的情况,说几句话就行了,也免了这么多人特地抽出时间来。

12月，邬国平《作家史实研究的硬功夫——评陆林〈金圣叹史实研究〉》一文，评价《金圣叹史实研究》一书，"是一部代表迄今金圣叹史实研究方面最高水平的著作，恰如为金圣叹建立了一宗翔实可靠的档案"。对于先生课题及结项成书皆以金圣叹史实"研究"而不是以"考证"为名的原因作出阐释，指出"这种'史实研究'是以文献和史实的实证探索为核心的综合性研究，手段很多，范围很广，追求的目标也很远，具有涵容风云翻腾变幻的气象，而不是一种偏狭、单一的功夫"，"在这样的'史实研究'中，研究者的理论素养并没有退场，也没有必要退场，它作为'实证研究的基础'，依然会在上述的综合研究中发挥作用"，《研究》所秉持和践履的以实证探索为核心的综合性研究这一学术理念，对于从事文史研究和古代作家研究，是很值得借鉴的。文章还指出，先生"对治学的规范性要求很高，自律严格"："对同行已有的成果，无论是出自前辈、同辈还是晚辈，都一概以平等的态度加以关注和检讨，以不知为不安。对事关核心而又缠夹难理的史实，所作每一辨析、每一判断，皆语不虚置，的然有据"；"对别人发现了什么资料、提出了什么看法、解决了什么问题、具有什么学术意义，都予以明白地叙述和肯定"，"对别人所用资料、所下论断的不足或错误不肯迁就，计较得很。他一般不满足于仅仅指出某些说法是不当的或错误的，还要寻出它们何以不当、何以致讹的原因"。这样"能够讲清楚、讲准确别人已经做了什么，而且乐意把它们讲清楚、讲准确""真正认识自己实际做了什么，不夸大，也不减少"的治学态度，"是关系着学术规范之大者"，同时，也正因此，《研究》固然是研究金圣叹生平实际等情况的专著，也不妨称它为一部有关这一专题的研究史著作，"二者合为一体，使读者读一部书，能够兼而收到读两部著作的效果"。见《文艺研究》2015年第12期。

发表论文：《〈诗观〉作者邓汉仪原籍与寓籍》，中华书局《书品》2015年第1期。

《金圣叹官员交往诗新考》，《江海学刊》2015年第1期。

《金圣叹与甫里许氏交游考》，《江西师范大学学报（哲学社会科学版）》2015年第1期。

《金圣叹〈沉吟楼诗选〉所涉交游六人考》，《文学与文化》2015年第1期。

《"三吴才子"的半世争名：尤侗与金圣叹》，《文学遗产》2015年第2期。

《清初邵点其人及与金圣叹交游考——兼论金诗〈春感〉八首的创作心态》，《中国典籍与文化》2015年第2期。

《清初戏曲家嵇永仁事迹探微》，《戏曲艺术》2015年第2期。

《邓汉仪心路历程与〈诗观〉评点的诗学价值》，《中山大学学报（社会科学版）》2015年第5期。

《〈鱼庭闻贯〉所涉金圣叹交游考》，《中国典籍与文化论丛》第17辑，凤凰出版社2015年10月出版。

《论明清文学史实研究的学术理念——以金圣叹史实研究为中心的反思与践行》，《社会科学战线》2015年第11期。

2016年　六十岁

1月，先生为纪念六十寿辰，编选论文集《耆年集——陆林文史杂稿三编》。

先生跟弟子首次提起要编选文集，是2014年10月下旬，先生说自己当时的写作处于真空状态，一是《慎墨堂诗话》校样刚刚寄出，要等二校；二是金圣叹年谱写作是个长工程，目前尚未想动笔，因此想趁此机会整理一本论文集，第二年出版。2015年7月，先生在病房中，再次提起这本论文集，想把它编好，在 2016 年六十虚岁时出版，也含有纪念的意义。此时收入论文集中的论文和几大栏目都已定好，并交代弟子如果他不能活到论文集出版，"出版说明"中要交代的具体内容。至今年 1 月下旬，再次确定了各栏目所收论文，并写好了卷首语。此时，先生因长期服用止痛药，浑身乏力，也不能长时间用电脑，卷首语是手写后由弟子过录到电脑中的。

《耆年集》上编所收，除先生撰于三十五年前的学士学位论文外，其余均为近几年发表的学术论文；下编分为"疑古脞录""读曲丛札""阅稿浅见"和"自著序跋"四个板块，文字篇幅相对短小。先生去世后，电子稿由弟子们整理后交付出版社。其中"阅稿浅见"收录了先生受全国社科规划办和省级规划办委托而撰的社科项目的成果鉴定意见，后囿于评阅意见"不能公开发布"的规定，将此栏从书稿中全部撤下（电脑统计字数共 34000 字），"卷首语"中相关文字也做了删除。

现将先生所撰"卷首语"全文过录，一方面感谢先生的好友及出版社方面为此作出的努力，另一方面存此一段文字，以兼见先生的严峻学风与忠厚性情，也算是为中国当代学术史保留一则小小史话吧。

《耆年集——陆林文史杂稿三编》，所谓"三编"是指本人自《知非集——元明清文学与文献论稿》（2006 年）、《求是集——戏曲小说理论与文献丛稿》（2011 年）之后的第三本自选集。相对于前两本的专业性或专题性，此集内容更加杂芜，涉及古代和现当代多种文史现象，文字长短不拘，长者两三万，短者一两千。为使如此杂乱的书稿眉目相对清晰，本书分上、下编。上编除了附篇是 1981 年 7 月写成的安徽大学中文系的学士学位论文，从未整体刊行过，其余十篇皆为近些年先后发表。其中有关金圣叹研究的三篇，在拙著《金圣叹史实研究》中，虽时有片段重组和观点融汇，却没有整篇的引入,论述的重心自有差异,故仍收入此集。写于三十五年前的学士学位论文,固然难脱时代风气和个人认识的局囿,但毕竟体现了普通高校七七级相关专业一般水平毕业生学位论文的基本面貌,且为钢笔誊写的手稿,经过多次迁徙而幸存,也算是一种缘分吧。

下编近四十篇,皆为短文,所撰缘由不一,形式多种多样。为便于阅读,分为四个板块。"疑古胜录"收录的是各种文史杂考,其中《冯梦龙交游文献补记》的来由是:在《曲论与曲史》(2014)这本台湾出版的戏曲研究自选集中,收入《冯梦龙、袁于令交游文献新证》(原载于《文献》2007年第4期),在结集和出版过程中,以"结集补记"的方式陆续新增了有关冯氏交游的三则。故从中辑出,以便学者阅读参考;《〈清人笔记随录〉补缺》一文,原为笔者《读"书"杂"品"》(中华书局《书品》2003年第4辑)中的一节。"随录"作者来新夏先生看后,主动电话联系,请我为其五十万字的书稿把关。几经推辞,感其不耻相"求"之诚,将其书稿拜读一过,提出意见若干条。去年上半年,本想撰写《我与来新夏先生〈清人笔记随录〉》,以释"随录"自序末尾所云"南京师范大学陆林先生百忙中为通阅全稿,多所订正"的来龙去脉。但是因为需要翻找来先生所示多篇信札,而时已行动不便,无力于此。现在只能以当时在看完书稿后所呈电子信件和部分意见为主体,附载集中。在我看来,自然是未定稿,读者也不妨视之为特殊的表达或撰述形式。

下编中,另外三组文章分别是读曲丛札、阅稿浅见和自著序跋。"丛札"是将与戏曲、散曲有关的短文汇为一体,其中《庐剧〈借罗衣〉学习札记》,是对合肥本地传统小戏名剧创作手法的赏析,大约写于大三初期,经先父修改后,推荐给《安徽文化报》发表(1980年3月8日)。此次经内人和女儿反复翻检(我在医院遥控),终于在家中堆放无序的期刊和旧稿中找到报纸原件,收入集中,纪念意义自然是多重的。"阅稿浅见"是一组较为特别的文字形式,大多数为受全国社科规划办和省级规划办委托而撰的社科项目的成果鉴定意见("屠绅"一篇是为某学术专业刊物撰写的双向匿名审稿意见)。鉴定或审稿,在我看来,是有关部门为促进学术进步,给学界同道提供的广泛多向的交流机会。每次我都会借此将自己积累的微末研究心得,与至今亦不知姓名的学者"隔空"探讨,并在鉴定表中选择"愿意"公开鉴定意见,希望能将这份诚意传达给对方。这次趁"三编"结集的机会,选择几篇,列为一组。其中指出的许多问题(至少在我看来是个问题),在当今的古代文学研究中,尚属较为普遍的学术存在,有必要引起从事相关研究的学人关注。至于每篇涉及到的具体课题名称,只是不得已的学术记录,亦是一种学术缘分的体现,希望不会引发同行的非议和当事人的反感,也不知是否有违什么学术规范(即:不知道是否存在不能擅自公布匿名评审意见的学术条规)。如果引发和违背了,则敬请有关各方予以谅解。"自著序跋",既指序跋的对象只是由本人撰述的论著和编校的古籍,亦指序跋的性质是自序自跋。收入集中的跋即后记,序则大多不包括前言。因为相关学术著述的前言、绪论或导语,往往篇幅较长,多以论文形式单独发表。如《清代笔记小说类编·武侠卷》(1994)选注前言,先期以《清代文言武侠小说简论——兼谈文言武侠小说发展轨迹》为题,刊于《明清小说研究》1992 年 3、4 合期(后收入《知非集》);《元代戏剧学研究》导论,发表于《文教资料》1999 年第 2 期,人大复印资料《戏剧、戏曲研究》同年第 8 期转载……回顾十多年来自撰的各种序跋,可以基本勾勒出个人的治学之路和求学之思,例如《知非集》自序,首次提出"试图以实证和阐释相结合的方法,去探索文学家的生存状态、人际关系、创作实迹"的学术理念和研究重心;《曲论与曲史》后记,则大致回忆了个人如何与戏曲研究结缘的心路历程。

早在十年前出版首部个人选集《知非集》时,便有如果生命允许，十年后再出一本的念头，以之为本人六十人生的一个学术小结和自我纪念。关于这本选集的正名，我曾有过多种考虑。最初拟为"问津集"，因它寓含着我自负笈津门，才正式走上学术研究之路，并在这里获得许多真挚的友情；同时也体现了个人治学的一些特点，即多着眼于乏人问津的小众问题。可是，自去年以来，随着身体的每况愈下，在思想上发生了很大变化，学术的诗意浪漫已失，代之而起的是内心渐生渐浓的消极情绪。物化于书名，便是想改为"谢幕集"。人生如戏，每个人的一生都在演戏。努力于事业的成功，即将人生大戏演好，应该是很多人的不懈追求。我并不知道自己在学业上是否有所成就，但是，在实际进入此书编纂之后，却真切地感受到该"谢幕"了。于是，萌生以此为题，向一直关心或关注我的相识与不相识的学界朋友，做一学术的告别。虽然，它不意味着今后便绝缘于专业研究并退出人生舞台（这不完全取决于主观），退役并不妨碍复出；但毕竟心里明白，自己不再会像近二十年那样持续不断地投入产出了。这一谢幕情绪，贯穿于选文的始终，规制了编纂的格局和体例。

然而，真的进入敲定书名的最后阶段，在考虑撰写选集卷首语时，还是踌躇犹豫了。去年七月住院后，牵动了众多友人的心。本地朋友自不必说，外地师友同学专程甚至多次前来问候，单位的同仁更是一如既往地给予各方面的具体帮助；弟子门人坚持轮流陪护值班，影响了他们各自的家庭生活和学习、工作，还要默默忍受我因病情反复引发的烦躁情绪。各级有关医护人员，都尽心尽力地去延缓病况的发展，减轻身体的痛楚，半年以来的朝夕相处，已情如家人。以上涉及的诸位，是一份长到卷首语难以容纳的名单，我只能铭记于心底了。固然所有的朋友都真心劝我今后要一切以身体为重，不要再从事科研和写作，但是我想：以"谢幕"为题流露出来的感伤情怀，辜负了友人对我一贯坚强并永远坚强的认知和希望，一定是他们所不乐见的。可是，在如今的状态下，也实在想不出什么具有正能量的题目，经反复斟酌而定为此题。在古代，耆年本义指老年人，与耆相关的词汇多含年高德重的褒义。作为今人，六十只是中老年之交的初始阶段，不能算老；就我个人而言，以"耆年"为题，只是借用《礼记》"六十曰耆"，表明这是一本编成出版于虚龄六十的小书，既与年长寿高没有关系，亦无关乎道德高低、修养深浅。如果朋友们从题目中感受到积极正面的意义，我只能将之视为是对自己的祝福和对他们的安慰，其实不过是指花甲或耳顺之年而已。

选集中所收文章，只有"自著序跋"是基本按照写作时间排序，其他各组多是根据写作对象的时代先后编排。上编的各篇，原本没有摘要的，一律补写"摘要"或"说明"（仿邬国平先生《明清文学论薮》之例）。凡是已入《知非集》和《求是集》者，不再选入。除了已经说明的两篇，皆属正式发表者。书末附个人已经问世之论著、论文目录，统计截止时间为2016年末。

本集扉页后的那幅忘忧草插画，是所住医院的陈今云护师于新年伊始所赠，希望我在新春开始，忘却忧愁，远离烦恼，诸事顺利，一切向好。感其情谊，特将赠画置于此书之中。本科同窗黄德宽教授，继"知非集""求是集"之后，又为本书题写书名。值得一提的是：多年前已请他预赐了"问津集"，虽然如今已换新题，但是其墨宝我会继续收藏着，作为数十年从未间断过的友情的一个见证。人民文学出版社的朋友们，一如既往地关心着我的学术，热情接纳了此书的选题，这也是它能在年内顺利问世的重要保证。（陆林：《耆年集》，人民文学出版社，2017年，"卷首语"。）

3月9日下午4时15分，先生病逝于江苏省人民医院。

3月11日上午8时，追思会在南京市殡仪馆福安厅举行。

4月,《梅鼎祚戏曲集》(校点,合撰),由黄山书社出版。

4月14日,由朱万曙先生主持的国家社科基金重大课题"《全清戏曲》整理编纂及文献研究"研讨会,在南京师范大学文学院召开。先生为此重大项目的子项目负责人。《全清戏曲》第一辑样书出样,而先生已不及见。

6月,先生本科毕业论文《试论元明清戏剧中包拯形象的演变》,刊发于《玉林师院学报》2016年第3期。

按:本期《试论元明清戏剧中包拯形象的演变》一文,是陆林先生撰于三十五年前的学士学位论文,蒙其生前允许,同意稍做删节后在本刊刊出。陆林先生作为"文化大革命"后第一届大学生考入安徽大学中文系,这篇文稿反映了普通高校七七级毕业生学位论文的基本风貌与学术追求,值得珍视。其论述之审慎周密,思考之深广精博,说理之透彻清晰,在今天仍难以超越。今先生已长往,本刊发表此文,不仅保存一份珍贵的"学术档案",亦藉此表达对一位杰出学者的痛挽与追念。

前二年投稿,身后刊发的论文有:《清初周荃"安抚"苏州事略及与"密云弥布"圆诤关系考论》,《文史》2016年第2辑。

按:陆林先生二〇一六年三月九日不幸于南京病逝,《文史》编辑部深表痛悼。此文之刊发先生已不及寓目,校样亦未经先生批阅,深以为憾。先生学养深厚,广识博通,此文可见一斑。

《徐增与金圣叹交游新考》,《文史哲》2016年第4期。

8月14日,先生骨灰安葬于南京市雨花台功德园颐安苑。墓志铭文由生前好友黄德宽先生改定。

9月,韩石《史实研究的范式——读陆林先生〈金圣叹史实研究〉》一文指出,长期以来,明清文学的史实研究,因其本身的难度以及跨学科性质,一些重要领域并未得到文学和史学研究者的深入系统研究，也缺乏典范之作。《金圣叹史实研究》的问世，对弥补这一缺陷有重要的贡献。它达到的高度，不仅是站在传统实证研究的前沿，而且对照国际史学的相关研究理念和方法，也毫不逊色，"是在金圣叹研究及明清文史研究领域实现了方法、文献、识见完美结合的一部力作"。见《古籍整理研究学刊》2016年第5期。

11月，《金圣叹史实研究》获江苏省第十四届哲学社会科学优秀成果奖二等奖。

附　记

2010年4月19日，早晨大雨。我去看望先生，进门尚未坐定，先生即拿出《朱柏庐诗文选》相送，说："我的书你都有了，这本书出得早，没有给你。我自己留了一本，这是剩下的最后一本了。""这本诗文选，题解、校注都是我做的。严迪昌先生曾以我这本书为例，跟他的学生讲，古籍的注释就要像这样。我的书不仅注释古典，也注释今典，对于涉及到的人名可考的都加以说明。"又说："我送这本书给你是有用意的。如果我不能活到退休，要你为我写一篇文章，谈谈我的学术研究和著述；能平安活到退休，六七十岁，文章自然就不要写了。因为那样，像我这样的学者很多，没有写的价值。如果不能，你给我写。"彼时先生癌症复发，刚做过一次大手术，有关金圣叹研究的书稿还没有完成，故有此一番叮嘱。此后六年，先生年年受病痛折磨，但著述不辍，志气、锐气未尝受挫，完成了"金圣叹史实研究"的课题，出版了71万字的《金圣叹史实研究》。先生一生的学术成就，已不必弟子辈著文赘述。在这病痛蚀毁和学术精进的漫漫长途中，先生积极向生，但从未因求生而扰乱本心，亦未尝言称豁达向死而堕厌苦颓唐之境；积极向学，但不急进以求名利，亦不刻意淡泊而去名心。一分耕耘，求一分收获，道心清明，坚毅强大，先生给我们的言传身教，却是说也说不尽的。

本年谱中年龄按照传统采用虚岁,并以足先生《耆年集》所云"六十"之数。先生参加学术会议的情况,由裴喆收集整理;先生谈论学术研究和生平志趣的言论观点,未见于正式出版之文字的,均据弟子辈日常记录及回忆。

最后,感谢先生生前供职的南京师大学报社科版编辑部的领导和同事,在为先生编撰年谱、查阅档案方面给予积极支持。还要特别感谢南京师大档案馆馆长高峰先生及馆里各位老师,是他们在档案馆搬迁期间,在诸事繁杂纷乱之中,特地为我和韩郁涛师弟辟出一方长案,让我们得以从容核查相关材料,大大减少了年谱中时间节点记载的模糊失误。

张小芳

二〇一六年九月三十一日记,十二月七日改定

附录 陆林先生科研成果目录

一、著作与古籍整理（按出版时间先后顺序排列）

[1] 元杂剧研究概述（合撰），天津教育出版社1987年出版，1989年再版。

[2] 黄小田评本红楼梦（辑校，合撰），黄山书社1989年出版。

[3] 明代戏剧研究概述（合撰），天津教育出版社1992年出版。

[4] 清代笔记小说类编（主编），黄山书社1994年出版，1998年再版。

[5] 清代笔记小说类编·武侠卷（选注），同上。

[6] 中华家训大观，安徽人民出版社1994年出版。

[7] 道听途说（整理校点），黄山书社1998年出版。

[8] 青泥莲花记（整理校点），黄山书社1998年出版。

[9] 元代戏剧学研究，安徽文艺出版社1999年出版。

[10] 明语林（整理校点），黄山书社1999年出版。

[11] 舌华录（整理校点），黄山书社1999年出版。

[12] 太平天国演义（整理校点），黄山书社2000年出版。

[13] 清人别集总目（合撰），安徽教育出版社2000年出版，2001年、2011年再版。

[14] 朱柏庐诗文选（标点选注，合撰），凤凰出版社2002年出版。

[15] 知非集——元明清文学与文献论稿,黄山书社 2006 年出版。
[16] 金圣叹全集（整理辑校）,凤凰出版社 2008 年出版。
[17] 皖人戏曲选刊·龙燮卷,黄山书社 2009 年出版。
[18] 金圣叹批评本《水浒传》（校点）,凤凰出版社 2010 年出版。
[19] 金圣叹批评本《西厢记》（校点）,凤凰出版社 2011 年出版。
[20] 求是集——戏曲小说理论与文献丛稿,中华书局 2011 年出版。
[21] 陆洪非林青黄梅戏剧作全集（合编）,安徽文艺出版社 2012 年出版。
[22] 话说金圣叹（合撰）,江苏人民出版社 2012 年出版。
[23] 曲论与曲史——元明清戏曲释考,2014 年出版。
[24] 金圣叹史实研究（国家哲学社会科学成果文库）,人民文学出版社 2015 年出版。
[25] 梅鼎祚戏曲集（整理校点,合撰）,黄山书社 2016 年出版。
[26] 耆年集,人民文学出版社 2017 年出版。

二、学术论文（按时间、期号顺序排列）

[1] 从《借靴》说到讽刺剧,《安徽文化报》1980 年 1 月 5 日第 4 版。
[2] 寓教于乐　贵在写人——庐剧《借罗衣》学习札记,《安徽文化报》1980 年 3 月 8 日第 4 版。
[3] 陆游《咏梅》一解,《艺谭》1980 年第 2 期。
[4] 黄梅新曲唱包公——谈《包公赶驴》与《陈州怨》,《艺谭》1981 年第 3 期。
[5] 对包公艺术形象应有个正确的评价,《江淮论坛》1981 年第 6 期。

[6] 浅谈祁彪佳的戏曲人物论,《艺谭》1985 年第 2 期,人大复印资料《戏曲研究》同年第 7 期转载;收入《知非集》。

[7] 元杂剧分期之我见,《社科信息》1986 年第 2 期。

[8] 简论张潮的小说批评,《艺谭》1986 年第 5 期;存稿收入《知非集》。

[9] 《"元曲四大家"质疑》的质疑——"郑"是郑廷玉说不能成立,《戏曲研究》第 21 辑,文化艺术出版社 1986 年版。

[10] 白朴剧作不同风格之成因浅探,《光明日报》1987 年 1 月 27 日,《文学遗产》第 724 期;收入《知非集》。

[11] 元人戏曲表演论初探(上),《戏曲艺术》1987 年第 3 期;收入《曲论与曲史》。

[12] 元人戏曲表演论初探(下),《戏曲艺术》1987 年第 4 期;收入《曲论与曲史》。

[13] 元杂剧喜剧研究综述,《中华戏曲》第 4 辑,山西人民出版社 1987 年出版。

[14] 明代中后期元杂剧研究论略,《元杂剧研究概述》,天津教育出版社 1987 年出版;收入《求是集》。

[15] 钟嗣成戏曲文学创作论新探,《戏曲研究》第 26 辑,文化艺术出版社 1988 年出版;收入《知非集》。

[16] 晚明杂剧《鱼儿佛》作者考,《艺术研究》第 9 辑,浙江艺术研究所 1988 年出版;收入《知非集》。

[17] 《空空幻》提要,《文教资料》1989 年第 1 期。

[18] 元人戏曲功能论初探,《文学遗产》1989 年第 1 期。

[19] 元人戏剧史论初探,《安徽大学学报》1989 年第 2 期。

[20] 《鱼儿佛》原作者及改编者新考,中央戏剧学院《戏剧》1989 年第 2 期。

[21] 近年"汤沈之争"研究综述,《文史知识》1989 年第 7 期。

[22] 明曲家徐复祚四考,《古文献研究文集》第 2 辑,南京师范大学学报编辑部 1989 年出版;收入《曲论与曲史》。

[23] 《封神演义》人物形象三论,《文学人物鉴赏辞典》,复旦大学出版社 1989 年出版;收入《知非集》。

[24] 幽艳显情深,清丽寓情浓——郑光祖[双调蟾宫曲]《梦中作》赏析(合撰),《元明散曲鉴赏集》,人民文学出版社 1989 年出版。

[25] 书会才人自风流——关汉卿[南吕一枝花]《不伏老》赏析(合撰),《元明散曲鉴赏集》,人民文学出版社 1989 年出版;发表于《河北师院学报》1989 年第 2 期。

[26] 清稗佳篇赏析(六篇),《历代文言小说鉴赏辞典》,江苏文艺出版社 1991 年出版;收入《知非集》。

[27] 徐复祚(评传),《中国古代戏曲家评传》,中州古籍出版社 1992 年出版;收入《知非集》,题为《明万历戏曲家徐复祚评传》。

[28] 贾仲明(评传),《中国古代戏曲家评传》,中州古籍出版社 1992 年出版;收入《知非集》,题为《明初戏曲家贾仲明评传》。

[29] 元人赵半闲《构栏曲》漫论,《中国典籍与文化》1992 年第 3 期;收入《知非集》。

[30] 清代文言武侠小说简论——兼谈文言武侠小说发展轨迹,《明清小说研究》1992 年第 3、4 期合刊;原为《清代笔记小说类编·武侠卷》选注前言,收入《知非集》。

[31] 钱谦益诗文集版本知见录,《文教资料》1992 年第 6 期;收入《知非集》。

[32] 金圣叹佚文佚诗佚联考,《明清小说研究》1993 年第 1 期。

[33] 试论周德清为代表的元人戏曲语言声律论,《戏曲研究》第 45 辑,文化艺术出版社 1993 年出版;后收入《求是集》,题为《论周德清为代表的元人戏曲语言声律论》。

[34] 钱谦益诗文集版本知见录续补,《文教资料》1994 年第 1 期;收入《知非集》,为《钱谦益诗文集版本知见录》的附篇。

[35] 漫说《三字经》,《中国典籍与文化》1995 年第 1 期。

[36] 唐代《戒子拾遗》作者小考,《古籍整理出版情况简报》1995 年第 10 期。

[37] 朱柏庐生卒和别号,《中国典籍与文化》1996 年第 1 期。

[38] "善道"封建末世的"俗情"——试论潘纶恩《道听途说》,《明清小说研究》1996 年第 3 期;修改稿收入《道听途说》为前言,黄山书社 1998 年出版;修改稿又收入《知非集》。

[39] 试论先秦小说观念,《安徽大学学报》1996 年第 6 期,人大复印资料《中国古代、近代文学研究》1997 年第 3 期转载;发表时有所删节,全文收入《求是集》。

[40] 《志异续编》——《亦复如是》版本考,《文教资料》1997 年第 1 期;收入《求是集》。

[41] 宋元明清家训禁毁小说戏曲史料辑补,《明清小说研究》1997 年第 2 期;收入《知非集》。

[42] 包公艺术形象的早期塑造——宋金笔记、话本、杂剧摭谈,《中国典籍与文化》1997 年第 3 期;收入《求是集》。

[43] 宋遗民的独特视角——试论元初周密的戏剧学思想,《戏曲艺术》1997 年第 3 期。

[44] 明杂剧《一文钱》本事考述,《中国典籍与文化》1998 年第 1 期。

[45] 《明语林》校点后记,《文教资料》1998年第2期;后与《〈明语林〉人名缺讹补正》合为一篇,收入《求是集》,题为《〈明语林〉版本及人名小议》。

[46] 钟嗣成《录鬼簿》外论三题,《戏曲研究》第54辑,文化艺术出版社1998年出版;

[47] 元代后期曲学家史实考辨,《古籍研究》1998年第3期。

[48] 理学家与曲学家的统一——元初胡祗遹曲学思想的重新审视,《河北师范大学学报(哲学社会科学版)》1998年第3期,人大复印资料《中国古代、近代文学研究》同年第10期转载;收入《求是集》。

[49] 叛逆和创新——钟嗣成《录鬼簿》剧学思想综论,《艺术百家》1998年第3期,人大复印资料《中国古代、近代文学研究》同年第11期转载;收入《求是集》。

[50] 清代文言小说家宋永岳事迹系年,《明清小说研究》1998年第4期;收入《知非集》,题为《文言小说家宋永岳事迹系年》。

[51] 梅鼎祚与《青泥莲花记》,《中国典籍与文化》1999年第1期;此文为《青泥莲花记》前言,后收入《知非集》。

[52] 文言小说家潘纶恩事迹系年,《古籍研究》1999年第1期;修订稿收入《知非集》。

[53] 元代戏剧学研究导论,《文教资料》1999年第2期,人大复印资料《戏剧、戏曲研究》同年第8期转载。

[54] 《明语林》人名缺讹补正,《古籍整理出版情况简报》1999年第2期;收入《明语林》中作为附录。后与《〈明语林〉校点后记》合为一篇,收入《求是集》,题为《〈明语林〉版本及人名小议》。

[55] 继承和影响——试论《录鬼簿》历史地位,《戏剧》1999年第2期。
[56] 《舌华录》作者和版本考述,《明清小说研究》1999年第3期,人大复印资料《中国古代、近代文学研究》2000年第2期转载;收入《知非集》。
[57] 欧阳兆熊生卒及其他,中华书局《书品》1999年第4期;收入《求是集》。
[58] 明代前期元剧研究论略,《河北学刊》2000年第1期;收入《求是集》,题为《明代前期元杂剧研究论略》。
[59] 夏庭芝戏剧思想新论,《艺术百家》2000年第1期。
[60] 金圣叹与"哭庙案"中的"二丁"——从金诗《丁菶卿生日二章》谈起,《中国典籍与文化》2000年第2期。
[61] 杨维桢籍贯考,《辞书研究》2000年第3期。
[62] 陆长春评传(与曹连观合撰),《明清小说研究》2000年第4期;收入《中国文言小说家评传》,中州古籍出版社2004年出版,题为《〈香饮楼宾谈〉作者陆长春传略》;后又收入《知非集》。
[63] 杨维桢戏剧序跋新论,《暨南学报(哲学社会科学版)》2000年第5期;收入《求是集》。
[64] 《中国文言小说总目提要》求疵录,《古籍整理出版情况简报》2000年第9、10期;收入《求是集》。
[65] 生命中的最后一次欢会——金圣叹晚期事迹探微,《南京师大学报(社会科学版)》2000年第6期,人大复印资料《中国古代、近代文学研究》2001年第5期转载。
[66] 《吴江诗粹》所收沈璟轶诗辨析,台北《书目季刊》第34卷第3期,2000年12月出版;收入《知非集》。

[67] 《中国文言小说总目提要》初读——有关作者史实缺误商兑补苴,《文学遗产》2001年第1期;收入《知非集》。

[68] 晚明曹臣与清言小品《舌华录》(与李灵年合撰),《中国典籍与文化》2001年第1期;收入《求是集》。

[69] 读《清初人选清初诗汇考》,中华书局《书品》2001年第2、3期;收入《知非集》,题为《〈清初人选清初诗汇考〉平议》。

[70] 歙人张潮与《虞初新志》,《古典文学知识》2001年第5期;收入《知非集》。

[71] 《晚明曲家年谱》金圣叹史实研究献疑,《文学遗产》2002年第1期,人大复印资料《中国古代、近代文学研究》同年第6期转载;收入《知非集》。

[72] 金圣叹与周计百交往揭秘,《河南师范大学学报(哲学社会科学版)》2002年第1期,人大复印资料《中国古代、近代文学研究》同年第10期论点摘编。

[73] 明代《弘正诗钞》辑者考,《中国典籍与文化》2002年第1期;收入《知非集》。

[74] 由稀见方志《越中杂识》作者缘起,《文献》2002年第2期;收入《知非集》,题为《文言小说家"清凉道人"考——由稀见方志〈越中杂识〉作者缘起》。

[75] 金批《西厢》《水浒》的参与者:王斫山、王道树事迹探微,《戏曲艺术》2002年第2期。

[76] 金圣叹与长洲唯亭顾氏交游考——兼论顾予咸与清初三大史狱之关系,《艺术百家》2002年第2期。

[77] 金圣叹与王鏊后裔关系探微,《江海学刊》2002年第4期,人大复印资料《中国古代、近代文学研究》同年第11期转载。

[78] 清代文言小说家潘纶恩生卒定考,《明清小说研究》2002年第4期;收入《知非集》,为《"善道"封建末世的"俗情"——试论潘纶恩〈道听途说〉》一文的附篇。

[79] 《王渔洋事迹征略》商订和献疑,《南京师范大学文学院学报》2002年第4期。

[80] 蒋寅《王渔洋事迹征略》,商务印书馆《中国学术》2002年第4期;存稿收入《知非集》,题为《文学史研究进入"过程"的创获与艰难——蒋寅〈王渔洋事迹征略〉阅读札记》。

[81] 夏庭芝生活时代及其他——《元曲家考略》读书笔记,《文学遗产》2002年第5期。

[82] 教育家的执著和理学家的愤世——明遗民朱用纯的心路历程和散文创作,《求是学刊》2002年第6期;收为《朱柏庐诗文选》前言;后收入《知非集》。

[83] 也谈《给青年二十四封信》是否朱光潜作——兼议章启群、商金林先生对其作者的"考证",《学术界》2002年第6期。

[84] 清初总集《诗观》所收徽州诗家散论,《徽学》第2卷,安徽大学出版社2002年出版;收入《知非集》。

[85] 夏庭芝生年及《青楼集》写作时间考,《中华戏曲》第27辑,文化艺术出版社2002年出版;收入《知非集》。

[86] 周亮工与金圣叹关系探微——兼论醉畊堂本《水浒传》和《天下才子必读书》的刊刻者,章培恒、王靖宇主编《中国文学评点研究论集》,上海古籍出版社2002年12月出版;收入《求是集》;压缩版为:周亮工参与刊刻金圣叹批评《水浒》、古文考论,《社会科学战线》2003年第4期。

[87] 金圣叹与吴江沈氏交游探微,《复旦学报(社会科学版)》2003 年第 2 期。

[88] 《王渔洋事迹征略》拾遗补缺,《中国诗学》第 8 辑,人民文学出版社 2003 年 6 月版。

[89] 读"书"杂"品",中华书局《书品》2003 年第 4 期。

[90] 晚明书画家邵弥生年新说,《中国典籍与文化》2003 年第 4 期。

[91] "焦东周生"即丹徒周伯义——清代文言小说《扬州梦》作者考(与吴春彦合撰),《明清小说研究》2004 年第 1 期,人大复印资料《中国古代、近代文学研究》同年第 9 期转载;收入《知非集》,题为《文言小说〈扬州梦〉作者考》。

[92] 《午梦堂集》中"泖大师"其人——金圣叹与晚明吴江叶氏交游考,《西北师大学报(社会科学版)》2004 年第 4 期。

[93] 从文学研究的角度浅谈家谱文献的整理编纂,《2004 地方文献国际学术研讨会会议论文》,北京图书馆出版社 2006 年出版。

[94] 金圣叹早期扶乩降神活动考论,《中华文史论丛》第 77 辑,上海古籍出版社 2004 年出版;收入《知非集》;又收入南开大学出版社 2006 年出版的《明代文学研究国际学术研讨会论文集》,题为《金圣叹早期扶乩降神活动对其文学批评的影响》。

[95] 《高文举珍珠记》第十八出《藏珠》赏析,《明清传奇鉴赏词典》,上海辞书出版社 2004 年 12 月出版。

[96] 金圣叹与周庄戴氏交游探微,《文史哲》2005 年第 4 期。

[97] 金圣叹所作"元晖"诗本事考——兼论清初戏曲家叶奕苞的生卒,《古籍整理研究学刊》2005 年第 5 期。

[98] 清代指画名家高其佩小传异说辨误，《文献》2005年第4期。

[99] 金圣叹"诗选"俞鸿筹"读后记"考辨，黑龙江大学《学府》2006年卷，黑龙江人民出版社2006年出版；收入《求是集》；删节本为：金圣叹基本史实考论——《沉吟楼诗选》"读后记"史实探源与辨误，《南京师范大学文学院学报》2007年第3期，人大复印资料《中国古代、近代文学研究》2008年第1期转载。

[100] 清初文言小说《觚剩》作者钮琇生年考略（与戴春花合撰），《文学遗产》2006年第1期；收入《知非集》，题为《〈觚賸〉作者钮琇生年考略》。

[101] 古典白话小说整理的又一创举——评黄山书社新版《红楼梦》，《学术界》2006年第4期；收入《求是集》。

[102] 清初戏曲家徐懋曙事迹考略，《艺术百家》2006年第4期；收入《知非集》。

[103] 明人之当代戏剧研究论略，《中华戏曲》2006年第2期；收入《知非集》；原载于《明代戏剧研究概述》，天津教育出版社1992年出版。

[104] 读杜桂萍《清初杂剧研究》，中华书局《书品》2007年第1期。

[105] 朱国祚生卒年小考，《辞书研究》2007年第2期。

[106] 清初戏曲家叶奕苞生平新考，《文学遗产》2007年第3期；收入《求是集》，第一节文字为结集时所补。

[107] 冯梦龙、袁于令交游文献新证，《文献》2007年第4期；发表时有所删节，全文收入《求是集》。

[108] 也谈寅半生之"八应秋考"及其他,《明清小说研究》2008年第1期;收入《求是集》,题为《也谈寅半生之"八应秋考"和"堂备"》。
[109]《文章辨体汇选》"四库提要"辨误——兼论"施伯雨"撰《水浒传自序》的来源,《文学遗产》2008年第3期,人大复印资料《中国古代、近代文学研究》同年第9期转载;收入《求是集》。
[110] 金圣叹晚明事迹编年,《明清小说研究》2008年第4期。
[111] 金圣叹佚诗佚联新考,《古籍整理研究学刊》2008年第6期。
[112] "才名千古不埋沦"——金圣叹事迹和著述简论,此文为《金圣叹全集》整理前言,凤凰出版社2008年出版;收入《求是集》;删节版题为:"才名千古不埋沦":金圣叹精神风貌和批评心路简论,《江苏社会科学》2009年第1期;《新华文摘》同年第12期论点摘编。
[113] 金圣叹佚文新考,《上海师范大学学报(哲学社会科学版)》2009年第2期。
[114] 金圣叹清初事迹编年,《明清小说研究》2009年第3期。
[115] 清初戏曲家龙燮生平、剧作文献新考,《文献》2010年第2期。
[116] 试论清初戏曲家龙燮及其剧作,《社会科学辑刊》2010年第4期;原为《皖人戏曲选刊·龙燮卷》前言,收入《求是集》。
[117] 二十世纪金圣叹史实研究的滥觞,《明清小说研究》2011年第4期。
[118] 胡适《〈水浒传〉考证》与金圣叹研究,《文学遗产》2011年第5期。

[119] 陈登原《金圣叹传》的学术贡献及缺憾,《文艺研究》2011年第8期;人大复印资料《中国古代、近代文学研究》同年第12期转载。

[120] 《诗法初津》作者叶弘勋小考——金圣叹交游考证一例,《古籍整理研究学刊》2012年第4期。

[121] 金圣叹籍贯吴县说献疑,《学术研究》2012年第9期;人大复印资料《中国古代、近代文学研究》2013年第1期转载。

[122] 唱经堂与贯华堂关系探微,《社会科学战线》2012年第11期。

[123] 金圣叹史实研究的现代历程,《明清文学与文献》第一辑,黑龙江大学出版社2012年10月出版。

[124] 金圣叹姓名字号异说辨考,《文史》2013年第1期。

[125] 鲁迅、周作人论金圣叹——明末清初文学与现代文学关系之个案考察,《文史哲》2013年第1期,人大复印资料《中国古代、近代文学研究》同年第4期转载,《新华文摘》同年第10期转载。

[126] 哭庙记闻版本与金圣叹"庠姓张"讨论平议——清代文学文献研究个案的学术史回顾,《文史哲》2013年第6期。

[127] 清初姚佺评选《诗源》的时代特色,《文学遗产》2013年第6期,人大复印资料《中国古代、近代文学研究》2014年第2期转载。

[128] 《小题才子书》所涉金圣叹交游考,《中国典籍与文化论丛》第15辑,凤凰出版社2013年12月出版。

[129] 金圣叹评点《西厢记》史实二题,《辨疑与新说:古典戏曲回思录》,黑龙江大学出版社2013年12月出版。

[130] 金圣叹与武进许氏兄弟交游考,《中国典籍与文化》2014年第1期。
[131] 四库存目《吾好遗稿》作者章静宜小考,中华书局《书品》2014年第2期。
[132] 金圣叹佚作辑考订补,《明清小说研究》2014年第3期。
[133] 毛宗岗事迹补考,《文献》2014年第4期。
[134] 清初书画家周荃生卒考,《学术研究》2014年第9期。
[135] 金圣叹交游考:徐崧与陈济生,《南京师范大学文学院学报》2014年第4期。
[136] 金圣叹事迹编年订补,《国学》第一集,四川人民出版社2014年12月出版。
[137] 《诗观》作者邓汉仪原籍与寓籍,中华书局《书品》2015年第1期。
[138] 金圣叹官员交往诗新考,《江海学刊》2015年第1期。
[139] 金圣叹与甫里许氏交游考,《江西师范大学学报(哲学社会科学版)》2015年第1期。
[140] 金圣叹《沉吟楼诗选》所涉交游六人考,《文学与文化》2015年第1期。
[141] "三吴才子"的半世争名:尤侗与金圣叹,《文学遗产》2015年第2期。
[142] 清初邵点其人及与金圣叹交游考——兼论金诗《春感》八首的创作心态,《中国典籍与文化》2015年第2期。
[143] 清初戏曲家嵇永仁事迹探微,《戏曲艺术》2015年第2期。
[144] 邓汉仪心路历程与《诗观》评点的诗学价值,《中山大学学报(社会科学版)》2015年第5期。
[145] 《鱼庭闻贯》所涉金圣叹交游考,《中国典籍与文化论丛》第17辑,凤凰出版社2015年10月出版。

[146] 论明清文学史实研究的学术理念——以金圣叹史实研究为中心的反思与践行,《社会科学战线》2015年第11期。
[147] 清初周荃"安抚"苏州事略及与"密云弥布"匦诤关系考论,《文史》2016年第2辑。
[148] 试论元明清戏剧中包拯形象的演变,《玉林师范学院学报》2016年第3期。
[149] 徐增与金圣叹交游新考,《文史哲》2016年第4期。

后　记

先师陆林公去世后，其生前师友、同事、同学皆为痛悼，或致唁电，或撰文纪念，或评其著述，或论其贡献，积五年之功，今汇以成帙，也是陆门弟子表达对先师的最好纪念了。

读文思人。我们敬佩先师的为人，我们沾溉先师的学术。若用一个字概括先师的为人与为学，"真"字大概是最恰当的了。

为人真诚是先师的第一等品格。记得初见先生是在 2003 年的冬天，当时我正在南京大学访学。有一天，时为江苏古籍出版社编辑的同学冯保善告诉我说："南京师大的陆林先生学问做得特别好，正好遴选为博导，你何不投其门下学习？"在保善同学的引荐下，我拜见了陆老师，自此与陆老师结缘。陆老师决定招收我这个年龄有点大的学生后，来拜见的学生络绎不绝，大多是有意报考先生博士研究生的，但陆老师一一谢绝了，他说："我已经有了人选，就不能耽误你们了。"信任使我终生难忘，不耽误其他人却也正是先生为人处世的品格。

在陆老师身边学习的日子是我感觉最幸福的日子。2004年南京的冬天有点冷，我住的西山十一舍102室是一间阴面的房子，门窗又是陈旧的铁皮，四处透风。老师看到我冻得瑟瑟发抖，从家里送来了暖风机。同宿舍的李建华同学说："真没有想到，平时那么严厉的陆老师竟然那么细心，那么贴心。遇到这样的老师真幸福！"现在想起在南京的日子，我总是禁不住地泪流满面。记得当时每到周末和假日，我总是带着几个师弟师妹到老师家蹭饭，不仅吃，而且走时还要带上。老师是不喝酒的，但他喜欢我们喝他的酒，而且逗着我们消耗他的好酒。我们喝得脸红脖子粗的时候，也是他最高兴的时候。喝了老师多少酒我记不清了，拿了老师多少茶我也记不清了，但相聚的每一个场景，我都历历在目！

从先生问学也是幸福的，尽管这与生活完全是两个样子。在生活上先生是非常细心照顾我们的，但在学问上却是非常严厉的。求真，是先生做学问的第一原则。先生求真的精神在南京师大、在学界也是出了名的。有时，先生这种求真的精神甚至被某些人误解为"较真"，但先生对学术追求依然一往而深、对弟子教育依然严格之至，他是全然不在意别人怎么说的。因为年龄大的原因，我和先生接触得自然多些，年轻的师弟师妹是最怕先生的，学业上有问题要拜见先生的时候，大家往往要拉上我，以便为他们壮胆。如果课程论文不认真，哪怕一个标点符号出了问题，后果一定是非常严厉的批评。年轻的师弟师妹以为我年长，先生不会批评，其实不然。我的毕业论文是《邓汉仪〈诗观〉研究》，关于邓汉仪的生平，我一直按照成说，即根据沈龙翔《邓征君传》记载，邓汉仪为"苏州人，徙家泰州。少颖悟，读书日记数千言。长，工属文，十九岁补吴县博士弟子员",以为其出生于苏州,甲申之变后隐居泰州。但先生以其学术的敏锐和认真的态度,对我提出了严厉的批评,认为我缺乏考据功底,态度不认真。先生据陈维崧顺治十四年（1657）为邓汉仪《过岭集》撰序所云其"序阀阅,则邓仲华簪组之族,门户清通;谱邑里,则吴夫差花月之都,山川绮丽。"特别是记其"籍虽茂苑,产实吴陵",以及时人称其"以吴趋之妙族,生东阳之秀里"和"厥世吴国,实产海陵"等等,考订后认为邓汉仪出生于泰州。另据道光《泰州志》卷一《建置沿革》知,泰州汉为海陵县,东汉废,并入东阳,晋复设,唐武德三年改名吴陵,于县置吴州,七年州废,仍名海陵,南唐升为泰州治所,明省海陵县入州,领如皋一县,属扬州府辖,清初因之。也就是说邓汉仪应该是自父辈开始就寓居泰州了,另外在《诗观》二集卷二也得到了印证。邓汉仪《诗观》二集卷二记其与泰州人黄云"童稚情亲",为少小之交。先生的批评是严厉的,指导和示范更是认真的,这种基于文献的考证和学理教诲也是让我受益终身的。

每年的开题季和答辩季,先生是最忙碌的。即便是后来身体出了问题,动过三次大的手术后,先生依然严谨地审阅各种论文。有次在医院病房,看到先生身边有一大摞论文,每份论文都有密密麻麻的评语,我说:"陆老师,您身体状况这么不好,挑几处错别字什么的就可以了,或者让我们帮着看看就好,许多老师都如此,还那么认真干嘛!"我以为先生能听得进去,可是他非常严厉地批评我说:"你白做了那么多年的老师!不知道老师的责任是什么吗?我们怎么能糊弄学生!"在学问上,他挑了那么多人的毛病,也得罪了不少人,但我想,先生是光明磊落的!生活中他是一个真诚为人的人,学问上更是一个求真的人,一个一丝不苟的人。有的老师评价说:"陆林是为学术而生的,学术就是他的生命!"信然!

先生是国内研究金圣叹的大家,他的《金圣叹史实研究》为学界广泛推崇。金圣叹是一位见解观点最令人脑洞大开的文艺评论家,其生前友人、族兄金昌对金圣叹的杜诗评点曾做过这样的评价:"余尝反复杜少陵诗,而知有唐迄今,非少陵不能作,非唱经(金圣叹书斋号唱经堂)不能批也。大抵少陵胸中具有百千万亿旋陀罗尼三昧,唱经亦如之。乃其所为批者,非但剜心抉髓,悉妙义之宏深;正复祛伪存真,得天机之剀挚。"(《叙第四才子书》)。先生一生为人与为学,岂不正是"非但剜心抉髓,悉妙义之宏深;正复祛伪存真,得天机之剀挚"乎!天妒英才!哀哉!

今天是2021年的平安夜,明日即是先生的冥诞。我想,《存真集》的出版,正是对先生最好的纪念。

《存真集》是在师母杨辉老师的精心指导下完成的,其中陆门弟子裴喆组织并初审了所有文章,门弟子张小芳、胡瑜、侯荣川等亦出力甚多。也感谢西南交通大学出版社的李晓辉等先生,襄成此举。

2021年12月24日夜,门弟子王卓华稽首拜撰